임철초의 用神論과
宗主命理의 用神論의 비교분석

滴天髓定石 I

박헌구 · 이민창 共著

장서원 도서출판

<제목 차례>

2권

滴天髓闡微 原文과 宗主命理의 解說

滴 天 髓 闡 微

通 神 論 卷一

第一 天道

第二 地道

第三 人道

第四 知命

第五 理氣

第六 配合

第七 天干

第八 地支

第九 干支總論

第十 形象章

第十一 方局(上)

序

자연만물의 道에는 體와 用이 있어 만물은 저마다 '用의 상태'를 바랍니다. 用은 體가 지향하는 방향성으로 인생이 고해가 될지언정 희망과 보람을 담고 있기 때문입니다. 體와 用을 풀어가기 위해 본서는 『滴天髓闡微』에 대한 새로운 解釋과 解說을 달았습니다. 『滴天髓闡微』에 대해 그간에 여러 사람들이 번역을 하고, 註를 달고 하였지만, 원저자인 임철초님의 해석을 벗어나 임의대로 해석한 것이 명리학사에 비극이 될 줄 미처 몰랐던 것입니다. 오늘날 명리학이 제자리를 잃고 제 가치를 받지 못한 것은 임철초님이 『滴天髓闡微』에 담아둔 명리의 **宗主命理理論**(이하 '宗主命理'라 함)을 보지 못했기 때문입니다.

임철초님의 이론과 법칙을 발견하여 현대적으로 재정립한 것이 '宗主命理' 입니다. 宗主命理는 指數法으로 體와 用을 정해서 정확한 用神을 찾아내는 것입니다. 用神이 발견되어야 物象을 자유자재로 通辯할 수 있지만, 用神없이 物象을 활용하는 것은 눈을 감고 길을 가는 것과 같습니다. 命理의 完成을 위해 언젠가는 생겨날 수밖에 없는 것이 '宗主命理'입니다. 늦은 감이 있지만 명리학도라면 자신의 로망을 이룰 수 있는 이론이 될 것입니다.

宗主命理는 명조의 體가 되는 宗主旺神을 구하는 것이 관건입니다. 그래서 五行指數가 등장합니다. 지수계산은 지구의 공전과 자전의 법칙에 따라 천문수리의 근간인 하도낙서와 자연분할비의 기준으로 천간과 지지를 구분하여 산출하고, 年月日時의 宮을 자연분할비에 따른 가중치를 적용하는 방식으로 오행의 氣와 質에서 산출하는 것입이다. 산출된 오행지수 중에 가장 強하고 旺한 **宗主旺神**을 사주프레임에서 찾아내는 것입니다.

명리학을 공부해오면서 用神 때문에 고민하고 힘들어했던 분들을 위해 개발한 것이 宗主旺神을 體로 정하고 五運六氣의 원리에 따라 用을 찾아내는 '**宗主取用法**'입니다. 용신을 억부론으로 접근하면 신강신약의 함정에 빠져 용신을 찾아내지 못하지만, '宗主取用法'으로 접근하면 정확하게 用神과 格局을 짚어낼 수 있습니다. 宗主旺神의 지수를 강도에 따라 미달, 적정, 태왕, 극왕으로 구분하고 차종주의 존재를 보면 用이 바로 드러나기 때문입니다.

이제, 여러분은 '宗主命理'를 잡는 순간 用神을 잡는 '宗主取用法'을 터득하게 됩니다. 지금 이 책과 인연이 닿은 여러분은 命理의 體用의 혜안이 열리고 명리의 참맛과 명리의 희기의 기준을 명확히 구분하게 될 것이니 체용원리의 학습을 통하여 보람과 희열을 느끼시길 바랍니다.

'宗主命理'란 종주취용법으로 발견한 '宗主用神'으로 명조를 추론하는 새로운 패러다임의 명리입니다. '자평명리'는 일간 위주로 취용하는 명리이지만 '宗主命理'는 종주왕신을 위주로 취용하는 명리입니다. 오행지수는 단순히 천간지지의 개수로 오행의 강약을 보는 자평명리에서 진화된 것을 확인할 수 있습니다. 향후는 '宗主命理'가 지배할 것을 기대합니다.

10여 년간의 각고의 노력 끝에 저자는 『滴天髓闡微』에서 발견한 命理定石을 명리의 스승인 임철초님 앞에 고개 숙여 받칩니다. 끝으로 본서가 출간되도록 적극적으로 도와주신 장서원의 장석홍 사장님께 심심한 사의를 표하는 동시에 강호제현의 따뜻한 성원과 지도편달이 계속되길 진심으로 바라며 서언을 대신합니다. 또한, '宗主命理'가 세상의 빛을 보게 된 계기를 마련해주신 박헌구님에게 깊이 감사드립니다. 아울러 원고교정에 애써주신 학이님께 지면을 빌어 감사드립니다.

2015년 6월

政象 李 旻 倉

머리말

과연 命理學이 미신이라는 汚名을 벗어버릴 수 있을 것인가? 본 譯評者가 이러한 고민을 하게 된 동기는 본인이 박사논문을 쓴 이후 일반인들이 인식하고 있는 '命理學은 迷信이다'라는 인식을 불식시키기 위하여 고민하기 시작한 명제다. 물론 본 역평자도 이 학문을 접하기 전에는 일반인들과 같은 인식을 가지고 삶을 살아왔다는 것에 대하여 얼굴이 붉어질 따름이다.

심지어는 命學을 전공하는 본인의 동문인 송부종님도 그의 논문인 『淵海子平』飜譯硏究의 머리말에서 다음과 같이 어려운 심경을 토로하고 있다. "命에 대한 思惟의 방식과 準據는 사람마다 제각각이다. 그러나 부인할 수 없는 것은 어떤 형태로이든 命이 존재한다는 사실일 것이다. 그러나 그 누구도 命이 어떤 것이라고 확정적인 결론으로 명쾌하게 斷言하는 경우는 드물다. 혹 있다 해도 그것은 일부분 首肯하는 정도이지 命에 대한 전반적으로 完全한 해석으로 보기는 힘들다. 몇 마디의 말로서 이 命에 대한 이치를 다 담아내기도 어려울뿐더러 누구도 그 말에 대해서 온전하다고 믿지 않을 것이기 때문이다. 그만큼 命의 의미의 深奧함이 있음을 反證하는 것이다."[1]고 하여 심지어는 命學을 궁구하는 학인 스스로가 命에 대해 자신이 없음을 토로하고 있는 실정이다.

첫 단락에서 일반인들의 인식과 두 번째 단락에서 명학인의 어려움을

---

1) 圓光大學校 東洋學大學院, 2005.

토로한 이유는 본 역평자의 생각으로는 아마도 命을 감정하는 방법이 학문적이고 체계적인 수단의 결여에 원인이 있다고 생각하고 있다. 그렇다면 이 학문적이고 체계적인 방법의 결여를 어떻게 해결할 것인가? 이 해결 방법은 이미 수천 년을 흘러 내려온 각가지의 이론을 과학적인 방법에 의해 증명을 하면 앞으로 이 명리학이 학문적 체계를 갖추어 음지의 학문이 양지의 학문으로 발전할 수 있을 것이라는 결과에 이르게 될 것이다.

수천 년 전이란? 다시 말해 명리학의 태동의 근거가 된 『河圖洛書』로부터 『낙록자소식부주』, 『연해자평』, 『자평진전』, 『적천수』에 이르기까지 기본주제를 파악하면 될 것이다. 하지만 이러한 命書들의 단점은 쓴 이는 그 기본주제를 인지하고 서술하였지만 후대에 내려오면서 해석하는 이들의 잘못된 해석의 결과로 각각의 주제이론이 연결되지 못하고 오히려 독립된 이론으로 해석하는 현대 명리학자들이 대부분이다. 하지만 이러한 방법은 잘못된 연구방법이라는 것이 본 역평자와 『滴天髓定石』을 共著하기로 약속한 정단님의 주장이고 본 역평자도 그 주장에 공감하기 때문에 이 머리말을 쓰게 된 동기가 되었다.

그러기 위해서는 우리는 우선적으로 고전을 바탕으로 하여 현대과학적인 방법으로 검증해야 할 것이다. 왜냐하면 고전을 무시한 현대명리학 이론은 砂上樓閣에 불과하기 때문에 반드시 고전에 근거한 用/喜神의 도출과 그 用/喜神에 의한 吉凶禍福을 正斷해야 할 것이다. 위와 같은 생각은 본 역평자가 아래와 같은 논문을 발표하고도 만족하지 못하고 괴로워하던 중 갑자기 머리에 떠오르는 생각이 있었다.

그 생각의 내용은 '『滴天髓闡微』에 나오는 512개의 명조를 본인이 연구논문에 활용하였던 심효첨의 『子平眞詮』의 격국론과 계절을 중시하는 작자미상의 『窮通寶鑑』을 비교분석해서 용신이 일치하는 지를 점검해보자'는 생각이 들어 약 3개월간 진행하던 중 중화론의 용신론과 격국론의 상신론과 조후용신에 상당한 차이가 나타나는 것을 확인하였다.

다시 이 때문에 고민하던 중 또 다시 떠오르는 생각이 있었다. '아! 이 3者의 이론을 현대명리학적으로 풀어 확인해보면 어떨까?'하는 생각이 들었다. 물론 이렇게 생각이 든 것은 정단님이 생각나서이다. 정단님과 본인과의 인연은 약 4~5년 전에 인터넷을 검색하던 중 '정단명리'라는 사이트[2]를 만나 數値를 가지고 용신을 취하고 이 수치는 과학적[3]인 방법으로 도출되었다는 정단님의 주장에 반신반의하면서 책을 인터넷을 통하여 상권을 구입하여 보니 전혀 생소한 이론이었다.

그러나 본 譯評者의 관심을 끌었던 경우가 생겼는데 정단님이 용신을 검증한 사례명조가 대부분 『滴天髓』에 실려 있는 명조들이었다. 하지만 논문을 쓰는 기간인지라 깊게 공부할 여유가 없었으며 다시 하권이 나왔다는 소식에 하권을 구입하여 보니 철초님이 부정하는 신살론이 위주이므로 하권은 당시에 철초님의 이론을 중심으로 논문을 쓰던 때인지라 덮어두었다가 최근에 살펴보고 보니 하권의 내용은 송대에 徐升이 지은 『淵海子平』에 근거로 서술된 것을 확인할 수 있었다. 아무튼 2013년 3월경 정단님과 대면하여 나의 계획을 설명 드리고 허락을 받게 되었고 오늘과 같은 결과물이 나오게 되었다.

龜隱 朴憲九

2) 정단명리학회 http://cafe.daum.net/yongsinjo

3) 물론 이 주장은 다른 사람들이 정단님과 본인만 믿고 있는 이론이라고 하여도 부정은 하지 못한다.

『滴天髓闡微』 硏究

序 論

硏究의 目的

본 논문은 현대 술수계의 대중화에 기여한 『滴天髓闡微』의 중심사상인 중화사상과 그 사상을 근본으로 하는 음양오행설에 근거를 둔, 일명 사주팔자를 통하여 인간운명의 예단가능성을 밝히는데 목적이 있다. 인간에게 있어서 '運命'이란 개념은 자신의 의도나 일을 포함하여, 자신의 의지와 관계없이 움직이기 어려운 결정에 의해 통제되어 있다고 생각할 때, 운명이란 단어가 떠오르듯이 인간의 지능과 지식을 초월한 힘이라고 말할 수 있다. 비슷한 의미의 용어로 '숙명'·'천명' 등의 단어가 사용된다.

한편으로, 인간은 창조할 줄 아는 존재로서, 이성과 아울러 풍부한 감성을 이용하여 잠재되어 있는 사유를 통한 초월적인 이미지를 형상화할 수 있는 잠재능력의 소유자이다. 때문에 과거를 뒤돌아보고 그 과거를 거울로 삼아 새로운 미래에 대한 두려움을 극복하여 자신의 모습을 찾고, 미래를 알기위한 끊임없는 노력을 했으며, 현재도 그 노력을 하고 있는 중이다.

일반적인 예로서 서양에서는 점성술이 발달하였으며, 동양에서는 음양오행설을 근본으로 하는 四柱命理와, 天文/星學을 응용한 단식점법인 星占 · 奇門 · 六壬 · 六爻 등의 수단을 통하여 인간 자신의 미래에 대한 궁금증을 해소함과 동시에 현재의 안위를 도모하고자 하였다. 이와 같은 수단과 방법은 인간만이 소유하고 있는 지적능력을 바탕으로 한 지적활동의 소산물이라고 할 수 있겠다.

본 연구의 대상인 『적천수천미』도 일종의 미래를 예단하는 占書로서, 진/한 이래로 발전해 내려오는 음양오행을 근본으로 하여, 인간이 태어난 생, 년, 월, 일을 사주팔자의 天干과 地支로 삼아, 그 干支의 정황에 따라 음양오행의 변화에 의한 인간의 운명을 예측하는 방법으로 발전해 왔다. 그와 같이 발전하게 된 방법을 연구하는데 목적이 있다.

여기서 『적천수천미』에 관한 문제점이 발생하는데, 그 문제점은 원저자가 밝혀지지 않았다는 사실이다. 원저자에 관하여서는 확실하게 알 수는 없지만, 청대 중기 임철초가 지은 『적천수천미』의 찬집에 도움을 준 蘅園 主人인 孫君의 「孫序」에 의하면 『滴天髓』라는 책은 京圖(?-?)라는 사람이 撰하여 서로 전해오던 것을 劉誠意가 注를 하였다고 밝히고 있다. 결국 劉誠意는 원주자가 된다.

劉誠意는 名은 基이며, 號는 伯溫이다. 明太祖인 朱元璋(1328-1398)이 명나라를 건국하는 과정에서 그의 책사로 공을 세운 劉基에게 謚號를 誠意로 하사한 것이다. 劉伯溫은 태조인 주원장이 명나라를 건국하는 과정에서 그의 책사임무를 수행하면서, 그를 돕기 전에 스스로 터득한 奇門遁甲 · 天文 · 兵法 등을 이용하여 몽고군을 무찌르고, 주원장이 나라를 세우는데 공을 이루어 개국공신의 반열에 오른 인물이다.

당시 중국은 정치적 · 사회적 · 경제적 격변기를 맞이하고 있었기에, 위로는 국운이 뒤바뀌는 상황이었으며, 아래로는 각 개인의 신분상승과 이를 뒷받침하는 富의 변동이 심하게 요동치는 현상이 일어나고 있었다. 즉 富는 貴로, 그 貴는 신분의 상승요인이 되었던 것이다. 또한 그 貴는 富가 없으면 유지할 수 없기에 賤의 상태로 전락하는 사회적 현실이었다.

인간이 자신에게 있어서 현실적으로 불가항력 상태이고 또, 미래예측이 불가능하며, 안정되지 못한 시대적 상황 아래에서는 자연스럽게 현실의 안위를 생각하고, 미래를 예측하는 수단과 방법이 발생하는 요인을 제공할 수밖에 없다. 이와 같은 사회 현실적 혼란기의 상황아래 일반인들에게는 단식점인 奇門遁甲 · 天文 · 兵法보다는, 장기적으로 본인의 안위와 신분상승과 부귀의 척도를 가름하는 사주명리에 관심을 가진 것은 자연스러운 현상이었다.

이와 같은 당시의 시대적 현상은 신분의 고하를 불문하고 자연스럽게 인간의 운명에 관하여 탐구하는 요인을 제공하는 상황이 되었다. 특히 정치적으로 안정을 필요로 하는 당시의 위정자에게는 새로운 인재 등용의 기준을 戰功을 우선으로 하되, 이차적으로는 그 인물을 선별함에 외형으로는 觀相을 중요시하고 이차적으로는 덕성과 아울러 개별화된 인간 내면의 깊숙이 숨어있는 성정과 심리를 사주명리를 통하여 탐구하였다.

이러한 정치적 상황아래에서 유백온은 『적천수』 원본에 주를 달고, 인간의 운명을 감명하는 방법의 書를 저작하는 동기의 개연성을 짐작할 수 있다. 그러한 이유로 술수계에서는 일반적으로 『적천수』하면 원저자인 경도의 『적천수』라고 부르지 않고, 유기 또는 유백온의 『적천수』라고 통칭하고 있다.

그 이유는 청대(1636-1912)의 陳素菴(1605-1650)이라는 인물이 劉伯溫 著 『滴天髓輯要』라고 하여 集注를 한 책을 내놓았으며, 약 100년 후 다시 任鐵樵(1773-?)라는 인물이 어느 책에 근거를 하였는지 근거는 밝히지 않았지만 표제에 '誠意伯秘授天官五星玄澈通旨'라고 하고, 任鐵樵 增注, 袁樹刪 撰輯이라고 하여 『滴天髓闡微』라는 책명을 붙여 내놓았다. 이 같은 일련의 『적천수』의 출현의 자세한 원인은, 「Ⅱ. 『滴天髓』理論의 成立과 板本, 2. 『滴天髓』의 板本과 註釋에서 자세히 밝히겠다.

본 연구에서는 임철초가 증주한 『적천수천미』를 저본으로 하고, 진소암의 『적천수집요』에 기록되어 있는 원문과 유기의 원주를 참고하여, 과연 인간의 운명을 예단할 수 있는 이론으로 가능성이 있는지 그 가능성을 검토하고자 하는데 목적이 있다. 아울러 진/한대를 이어 당대를 거쳐 송초까지 유행하였던 성명학과 송말/명/청대까지 시대에 따라 변화되는 각각의 술수서의 중심사상과 『적천수천미』의 중심사상인 중화사상과의 상관관계를 밝히는데 목적이 있다.

<譯評> 단, 위의 목적은 본인의 박사논문을 쓰기위한 학문적 목적으로

『연해자평』『궁통보감』『적천수집요』『명리약언』『자평진전』에 의하여 논술하였다면, 이하 4者의 이론을 아울러 본인의 학문적 이론을 검증하여 줄 현대명리학의 과학적 분석가인 정단님의 이론을 접목하여 인간의 운명을 종합적으로 분석할 목적으로 글을 쓰게 되었다. 이하 연구의 방법은 참고하시기 바랍니다.

硏究의 方法

연구의 목적에서 언급한 신분상승의 변화는 시대적으로 물질문명과 지적문명이 발달하면 할수록 오히려 貴에서 富로 다시 회귀하는 현상이 나타나면서 현대생활을 하는 사람들은 富를 기준으로 신분의 고하를 구별하는 심화현상이 나타나게 되었다. 이 같은 심화현상은 현재 우리가 살아가는 현실사회에서는 우리 모두에게 한번쯤은 고민하여 본 사회문제로 나타나고 있는 실정이다. 예를 들어 진로를 선택하는 문제라든지, 직장을 구하는 문제라든지, 사회생활을 하면서 동업관계나 또는 경쟁상대라든지, 배우자를 선택하는 문제 등이 최선을 다하여 고민하고 선택해야할 문제라고 생각되기 때문이다.

동양에서 인간 최고의 지성과 이성의 능력을 보유하는 자로 인정받고 있는 孔子(전551-전479)는 나이 서른에 학업을 성취하였으며, 그 학문을 바탕으로 사십대에는 일을 처리함에 있어서 부동의 정신력으로 사회생활을 추구하였고, 오십대에 노나라의 정치에 참여하여 많은 업적을 남겼으나, 정적인 계씨의 모함에 정치생활을 청산하고, 그를 따르는 제자들과 십 년이 넘도록 각 제후국들을 주유하면서 그가 가지고 있는 '君子의 道'를 정치적으로 실현하려 하였지만, 그의 사상과 주장은 제후들의 요구에 맞지 않았으며 가는 곳마다 실패를 하였다.

그리고는 고백하기를, "나는 쉰 살이 되고 나서야 天命을 알게 되었다."[4]고 할 정도로 '知天命'을 하기 위한 오랜 시간과 경험이 필요한 것으로 보인다. 공자가 철환천하를 하면서 자기의 염원을 실현하지 못한 것에 대하여, 뒤늦게 깨달은 것은 '天命'이 과연 있다는 것을 알게 된 것이다. 이와 같이 최고 지성인도 나이 오십이 되고 나서야 깨달은 '知命'을 오늘날 우리 같은 범인들이 깨닫고 사는 이들은 과연 얼마나 있을 것인지 궁금할 뿐이다.

이와 같은 이유로 본 논문에서는 한 인간이 잠시 머물다 살아진다고 비유되는 지구상에서의 짧은 생활 속에서 예상치 못하는 인간의 운명을 무엇으로 어떻게 파악할 것인가? 더 나아가 각자 지닌 '命'[5]에 의하여 과연 인간의 운명을 예단할 수 있는가? 그리고 이러한 의문의 해답을 해줄 수 있는 학적 이론적 체계로서의 학문이 존재할 수 있는가, 라는 논제를 가지고 연구하는데 방법을 둘 것이다.

이러한 의문의 해답을 이론적 체계를 갖추어 밝히기 위한 방법으로 현대 명리학계에서 주류를 차지하고 있는『적천수천미』를 저본으로 하여 연구하는 방법을 택하였다. 우리는 일상 삶의 주변에서 나타나는 여러 가지 형태의 피할 수 없는 불행한 사건과 사고의 형태를 자주 경험하고 있다. 이러한 경험을 하면서, 논자는 과연 사람에게는 '타고난 運命이라는 것이 있는 것일까?'라는 의문점이 생기게 되었다.

이러한 의문점을 해결하기 위하여 유기(백온)가 원문에 원주를 한 진소암의『적천수집요』를 우선적으로 살펴보고, 다음으로 임철초가 증주한『적천수천미』를 통하여 규명하는 방법으로 삼을 것이다. 또한『적천수천미』이전의 명서에 나타난 이론 가운데 현재 명학계에서 주로 이용하는 '格局論', '調候論', '中和論'의 祖宗인『淵海子平』과 심효첨의『子平眞詮』과 작자 미상인『欄江網』에 서락오가 註를 한『窮通寶鑑』과 서락오의 유일한 저서인『子平粹言』을 중심으로『천미』에 등재되어 있는 명조를 가지고 비

---

4) "子曰吾........五十而知天命.........."『論語』「爲政」4장.
5) 命理學에서는 그 주인공이 태어난 年·月·日·時인 四柱八字를 그 사람의 天賦的 氣質之性으로 보고 天命이라고 간주한다

교분석하는 방법을 취하여 이 三者論의 虛와 實을 밝힐 예정이다.

『滴天髓』의 板本과 註釋

原著者 問題

서론에서 언급하였듯이, 『적천수』의 원저자에 관하여 논란이 있다. 청대의 相國을 지낸 陳素庵의 『滴天髓輯要』의 「自序」의 내용에 따르면 『적천수』라는 책은 명을 아는 어느 사람이 만들어 誠意伯 劉基[6)]의 이름을 가탁한 것이라고 하였다.[7)] 이렇게 진소암이 주장하듯 『적천수』라는 책을 유기의 이름을 가탁하였다면 그 어느 '명을 아는 사람'이 누구였는지에 관하여 의문점이 생긴다.

그러나 구체적으로 임철초가 증주한 『적천수천미』의 찬집자인 원수산은 증주자인 임철초에 대해서만 자세히 설명하고 가탁자에 대해서는 언급하지 않았다. 한편으로 『천미』의 찬집에 도움을 준 蘅園主人인 孫君의 「孫序」에는 『적천수』라는 책은 京圖(未詳人)[8)]라는 사람이 찬하여 서로 전해오던 것을 劉誠意가 주를 하였다[9)]고 밝히고 있다.

최근 鐘義明의 『現代破譯滴天髓』의 「代序」에 의하면 '滴天髓라는 이름이 처음 발견된 곳은 『明史』의 「藝文志」에 기록으로 유기의 『三命奇談滴

---

6) 劉基 : (1311~1375) :浙江淸田인 字는 伯溫, 劉濠의 증손이다. 元 順帝 元統元年에 진사가 되어, 高安縣丞, 江浙儒學副題擧의 관직을 지냈다. 나중에 太史令에 제수되었고, 여러 차례 御使中丞으로 전보되었으며, 明 건국 후 誠意伯에 봉해졌다. 書經과 史書에 통달하였으며, 象緯之學에 정통하였고 시문을 잘하였으며, 宋濂과 더불어 문장의 태두이다. 저서로는 『郁离子』 『覆瓿集』 『犂眉公集』 등이 있다. 張撝之·沈起煒·劉德重 主編, 『中國歷代人名大辭典』 卷上, (上海 : 古籍出版社, 1999), p. 640

7) 滴天髓之書, 乃一知命者所作, 託於誠意伯劉基. 陳素菴 輯注 『滴天髓輯要』 「自序」, (臺灣 : 瑞成書局印行), p. 1.

8) 앞으로 보다 많은 명학에 관한 고서적들이 발견되어 경도라는 인물에 관한 자세한 정보를 입수하기를 기대한다.

9) 滴天髓一書, 相傳爲京圖撰, 劉誠意註. 任鐵樵 增注·袁樹珊 撰輯 『滴天髓闡微』 「孫序」, (臺灣 : 武陵出版有限公司, 1997), p. 7.

天髓』一卷이 있으며, 청대 초 順治 15년(1658) 중춘에 이르러 진소암이 『滴天髓輯要』를 지었으며, 康熙 시절 黃虞稷이 千頃堂의 목각본인 『命理須知滴天髓』가 있다는데, 표제에 '京圖撰·劉基注'로 되어 있으며 道光 4년(1824)에 程芝雲이 교정하였다.'[10]라고 주장하여 보다 구체적으로 『적천수』가 경도가 찬하고 유기가 주를 하였다고 주장하였다.

유기의 『滴天髓』라는 책은 단지 원문과 원주부분만 있었으며, 진소암의 『적천수집요』에도 이른바 사람의 태어난 년 · 월 · 일 · 시에 따라 정해지는 사주팔자를 가지고 운명을 직접적으로 논한 경우는 없었다. 결국 이러한 책들이 여항에 유포된 지 400년이 지난 후 청대의 사람인 임철초가 유기의 『적천수』의 중심사상인 중화론에 따라 기존 자평학의 격국과 신살과 이격을 배제하고, 오로지 사주팔자에 나타난 오행의 음양을 태과와 불급을 구분하여, 중화적 용신을 구하여 술수적인 이론을 첨가하고 실제 연구한 감명사례 512개를 함께 실어 증주를 펴내므로 인하여 그 동안 고법 명리론에 얽매어 있던 술수계에 새로운 지향점을 제시하였다.

그러한 이유에서인지는 몰라도 현재도 대만과 일본에서는 『滴天髓』라는 이름으로 주석, 내지는 새로운 이론을 발표하고 있지만 『滴天髓』의 중심사상인 중화론의 범위를 벗어나지는 못하고 있다. 국내에서도 번역으로 출간된 번역서류가 상당한 수가 있으며, 술수학을 전공하는 이들에게 가장 관심 있는 이론서로 주목받고 있다.

『滴天髓』原註者 劉基의 生涯와 思想

原註者 劉基(伯溫)[11]가 태어나던 당시의 중국의 역사적 정치적 상황은

10) 『滴天髓』之名始見於《明史》,〈藝文志〉錄有劉基《三命奇談滴天髓》一卷 ；迨清初順治十五年(一六五八) 仲春有陳素菴點定之《滴天髓輯要》 ；康熙時有黃虞稷「千頃堂」木刻本《命理須知滴天髓》, 題京圖撰·劉基注, 道光四年(一八二四) 程芝雲校訂. 鐘義明 著, 現代破譯『滴天髓』「代序」, (臺灣 : 武陵出版有限公司, 1997), p. 24.

11) 南陽彭直上先生鑒定, 『太師劉文成公集』, 「行狀」, (栝芝南田果育堂藏板), 朝

14세기 초이므로 북방의 다른 민족인 몽고족에 의하여 세워진 원나라의 세력에 지배를 받고 있을 때이나 유기가 성장하는 과정에 따라 오히려 그동안 약 반세기 정도의 왕성했던 원나라는 세력이 점점 쇠퇴해지는 시기가 되면서 원나라 내부의 국정이 해이해지기 시작하여 사회적 여러 모순들이 심화되어 갔다.

劉基(伯溫)는 1311년에 절강성 청전에서 태어났으며 字는 伯溫으로 劉濠의 증손이다. 元 順帝 元通 元年에 진사가 되었다. 공의 諱는 基이고 字는 伯溫으로, 조상대대로 處州府 靑田縣에 살아온 사람이었다. 나이 14세 되던 해에 府에서 세운 학교인 庠에 들어가 스승을 모시고『春秋經』을 수학하였는데 다른 사람들은 그가 경서를 들고 소리 내어 읽는 것을 결코 본적은 없었지만 배운 내용을 묵묵히 알아 빠뜨림이 없을 정도 총명하였다.

대체로 천문 · 병법 등의 여러 책들은 눈으로 한번 보면 그 요점을 분명하게 알았다. 復初 鄭先生(?-?)으로부터 성리학에 대해서 배우면서 濂洛[12]의 심법에 대해서 들었는데 곧바로 그 요점을 깨달았다. 그리고 남다르게 천문 · 병법에 관심이 있어서 유기가 燕京에 있을 때 간간이 책방에 들러 천문서 한권을 읽고는 그 다음날 책을 펴보지도 않고 물 흐르듯 외워버리니 文安公 揭曼碩(?-?)이 그를 보고 "이 사람은 魏徵(580-643)과 같은 무리인데 영특함은 그보다 뛰어나니 앞으로 시대를 구제할 그릇이다."[13]라고 하였다.

鮮總督府圖書館(現 國立中央圖書館) : 圖書登錄番號, 古 21430, 참조.

12) 濂은 濂溪의 周敦頤를, 洛은 洛陽의 程顥와 程頤를 일컫는 말로, 北宋 때 性理學의 두 學派를 가리킨다.

13) 公諱基字伯溫, 世爲處州青田人, 年十四入郡庠, 從師受春秋經, 人未嘗見其執經讀誦, 而黙識無遺習舉業, 爲文有奇氣, 決疑義皆出人意表, 凡天文兵法諸書, 過目洞識其要, 講理性於復初鄭先生, 聞濂洛心法, 即得其旨歸, 先生大器之, 乃謂公父, 曰吾將以天道無報於善人, 此子必高公之門矣. 後應進士擧, 授江西高安縣丞, 揭文安公曼碩, 見公謂人, 曰此魏徵之流, 而英特過之, 將來濟時器也. 公在燕京時, 間閱書肆有天文書一帙因閱之, 翊日即背誦如流, 其人大驚欲以書授公,

여러 지방에서 크고 작은 폭동이 일어났는데도 중앙에서는 권신들이 정쟁에 여념이 없었다. 폭동은 확대되어 한족에 의한 민족적 반란으로까지 발전하여 주원장에 의한 明朝의 정권이 출현하게 되는 시기가 되었다. 이와 같은 때에 유기는 한족으로서 외세인 몽골족을 몰아내고 주원장(1328–1398)을 도와 명나라를 세우는데 공을 세워 개국공신이 되었다.

洪武 元年(1368) 정월에 주원장이 남교에서 황제의 자리에 올랐다. 유기는 군대를 설립하여 법을 지키고 御史臺 中丞 같은 직책에는 외부에 있는 사람으로서 잘 알지 못하는 자는 제외시킬 것을 은밀히 아뢰었다. 황제가 된 주원장이 유기를 재상으로 삼으려 하자 "신이 자신을 알지 못하는 것이 아닙니다. 신은 악을 미워하는 것이 아주 심하고 매우 힘든 일을 견디지 못합니다. 이 때문에 장차 폐하의 큰 은혜를 저버리게 될 것입니다."하고는 사양하였다.

주원장이 명나라를 개국하고 조정에서 업무를 볼 때에는 위엄이 엄중하였으나 오직 유기만이 곧고 바른 말로 큰소리로 말하였으며, 이해 때문에 그 마음을 두려워하지 않았다. 태조 또한 유기에게 매우 예우를 하여 항상 노선생이라 일컫고 이름을 부르지 않았으며, 또 말하기를 "나의 子房(張良)[14)]이다"라고 하였다.

3년 7월에 홍문관 학사로 제수되었으며 11월에는 승진하여 誠意伯으로 봉해졌으나, 4년 정월에는 고향으로 돌아가 노년을 한가로이 지내도

公曰已在吾胸中矣. 無事於書也之. 『太師劉文成公集』, 「行狀」 참조.

14) 張良 : (?~BC168) 漢나라 高祖 劉邦의 功臣. 謚號는 文成公. 字는 '子房' 漢나라 名門 出身으로, BC 218년 博浪沙(河南省 博浪縣)에서 始皇帝를 습격하였으나 실패, 下邳(江蘇省 下邳縣)에 隱身하고 있을 때 黃石公으로부터 『太公兵法書』를 물려받았다고 한다. 陳勝·吳廣의 亂이 일어났을 때 劉邦의 陣營에 屬하였으며, 後日 項羽와 劉邦이 만난 '홍문의 會'에서는 劉邦의 危機를 구하였다. 先見之明이 있는 策士로서 漢나라의 서울을 秦나라의 故地인 關中으로 定하고자 한 劉敬의 主張을 지지하였다. 蕭何와 함께 策略에 뛰어나 漢나라 創業에 힘썼다. 그 功으로 留侯에 冊封되었다. 張撝之·沈起煒·劉德重 主編, 『中國歷代人名大辭典』 卷上, (上海 : 古籍出版社, 1999), p. 1211.

된다는 명을 받았다. 고향으로 돌아 온 후에도 장남 璉을 통해 황제에게 올리는 글을 받들고 대궐에 나아가 은택에 감사드리도록 하였다. 황제는 이에 글로써 답을 내리시고 8월에는 직접 편지를 써서 천상의 일에 대하여 자문을 구할 정도로 유기와 황제 사이에는 각별한 정을 나누었다.

유기는 고향에 거처할 때는 예의를 지켰으며 절약과 검소함을 숭상하였고, 음덕을 많이 베풀었으며 부귀하다고 하여 남에게 교만하게 굴지 않았다. 애초에 같은 郡의 葉景淵公, 胡仲淵公, 章三益公, 金華 宋景濂公과 함께 출사와 은퇴를 같이 하고 대대로 사귀어 오는 정분이 있는 집으로 우호가 있었는데, 관직에 있으면서 정사를 담당함에 있어서는 각각 자신들의 뜻을 행하여 모두 공명으로써 세상에 드러남이 있었는데, 유기만이 宋公(생몰연대미상)과 함께 또한 문장으로써 당대에 으뜸으로 일컬어졌다.[15)]

당시에 胡惟庸(?-1380)이 좌승이 되어 중서성의 일을 관장하고 있었는데 이전에 유기에 대한 원망을 가슴에 품고 있었기 때문에 유기를 모함하려는 계책을 세워 형부상서 吳雲訥와 오래된 벼슬아치로 하여금 유기를 비방하도록 하였다. 마침내 걱정하고 괴로워하였으므로 이전의 질병이 더욱 악화되었다.

洪武 8년 정월에 승상이 된 胡惟庸이 의원을 데리고 와서 병을 살피고 그가 준 약 두 첩을 마시고 배 속에 주먹만 한 돌 정도의 물질이 생겼다. 유기는 고향에 돌아와 집에 거쳐한지 한 달이 지나서 세상을 떠났다.

---

15) 公生平剛毅慷慨有大節, 每論天下安危則疑形於色, 然與人交遊開心見誠坦然無間阻, 至於義所不直無少假借,. 雖親之者以此, 而忌之者亦以此, 惟上察其至誠任以心膂, 公亦以爲不世之遇知無不言, 每遇急難勇氣奮發計劃立就, 外人莫能測其機累贊上成大功, 上嘗臨朝稱之, 公輒逡巡不敢當, 家居惟飮酒奕棋, 未嘗自言其功, 每天象有大變則累日不樂, 凡公以天下蒼生休戚爲憂喜者卽此可知矣. 上天威嚴重惟公抗言直, 議不以利害怵其中, 上亦甚禮公常稱爲老先生, 而不名又曰吾子房也. 廷臣或有過失得譴者, 公密爲救解而免, 其人或知而詣公謝者則拒不納, 其人不知亦未嘗爲人言也.『太師劉文成公集』,「行狀」 참조.

유기는 至大(元 武宗의 年號) 신해(武宗 四年 1311)년 6월 15일에 태어나서 洪武(明 太祖의 年號) 을묘(太祖 八年 1375)년 4월 16일에 세상을 떠났으니, 향년 65세이셨다. 유기의 아들 璉과 仲璟은 그 해 6월 모일에 그의 고향인 하산 언덕에 예장을 치렀다는 기록이 남아 있다.

行狀을 쓴 黃伯生 말을 빌리자면, "내가(백생: 행장을 쓴 황백생) 황공하게도 같은 군에 살면서 제생의 대열에 참여하였는데, 그의 아들 璉·仲璟과 함께 서로 알아줌이 가장 깊었다. 지금은 그가 돌아가시고 연도 죽었는데, 중경과 연의 아들 廌가 공의 유사를 기록해주기를 청하였다. 이로 인하여 옛적에 들었던 것을 수집하여 행장을 대략 작성하였다.

황상께서 사람을 알아보는 감식력과 남에게 의지하여 마음을 쏟은 두려움과, 그는 (황상을) 만나 천하의 사람들을 감격시키고 공평한 의견으로써 인주를 보좌한 것은 성의백을 장사지내던 날 후인들이 올린 글을 관찰하고 성취한 공적을 살펴보면 알 수 있다. 그러나 전쟁 당시 장막안에서 산가지를 헤아려 전쟁을 승리로 이끈 것은 모두 상세히 기록할 수 없는 것이 있으므로 감히 억지로 바로잡지 않는다.

洪武 癸亥(明太祖 十六, 1383)년 맹춘에 將仕朗[16] 秦府 紀善[17] 같은 군의 생원 황백생은 행장을 쓰다."[18] 이러한 것을 미루어 보면 공의 사상

---

16) 從九品, 文散官의 名. 한가한 地位에 있는 官吏로 隋·唐代부터 設置함. 『唐書』「百官志一」吏部郎中, 云云, 凡文散階二十九, 云云, 從九品上曰文林郎, 從九品下曰將仕郎. 諸橋轍次 著,『大漢和辭典』卷四, (東京 : 大修館書店, 昭和31), p. 21.

17) 明代, 親王屬翊善, 翊善, 宋代官名. 太子·親王皆之置講授. 明代에 親王(皇帝의 伯·叔父·兄弟와 아들들)에 딸린 벼슬인 翊善을 말한다. 諸橋轍次 著,『大漢和辭典』卷四, (東京 : 大修館書店, 昭和31), p. 937.

18) 伯生辱在同郡預諸生列, 與公子璉仲璟相知最深, 今公薨而璉沒, 仲璟與璉之子廌請錄公遺事因輯乎. 昔所聞大略爲行狀至於, 皇上知人之明倚注之重, 公之遭遇感激以天下, 公議輔人主者觀綸綍之文考成效之績可見矣. 其籌策帷幄有不能盡詳者亦不敢强質也. 洪武癸亥孟春將什郎秦府紀善同郡諸生黃伯生狀.『太師劉文成

은 소년기에는 정상적으로 학교에서 유학인 경을 배우고, 청년기에는 천문과 병법을 익혀 외세에 항거하는 정신이 투철하였으며, 그 천문과 병법과 유학을 아우르는 천명사상에 관하여서도 자연스럽게 접근할 수 있었을 것이다.

輯註者 陳素菴의『滴天髓輯要』

集注者인 素菴(1605-1650)은 名은 之遴이고 字는 彦升이며, 말년의 號는 素菴老人이라 하였으며 절강성의 해령인으로, 明末 崇禎 10年(1637) 丁丑科에 합격하여 벼슬을 中允이 되었다. 順治 8년(1651)에 예부상서로 발탁되었으며, 9년에는 홍문원의 대학사를 제수하였으며 더하여 少保와 太子太保職을 겸임하였는데, 당의 운영에 개인적으로 연루되어 요양에 유배되었으나 머지않아 다시 돌아왔다.

뒤에 내감 吳良輔의 뇌물사건에 연루되어 목숨까지 위태로웠으나 다행히 죽음은 면하여 尙陽堡(遼寧開原縣東四十理)로 유배를 당하여 그 곳으로 가는 도중에 세상을 떠났으며, 그의 繼室로는 徐燦이 있으며, 字는 明霞이고 閨閣詩人이라고 한다. 진소암은 萬曆州 3년에 태어나 順治 15년에 세상을 떠났으니 당시 나이는 54세였다.

그는 해령진씨 가운데 벼슬살이를 가장 깨끗하게 하였으며 집안에는 풍부한 장서들이 진실로 많았는데, 후세에 전해지는 술수류의 秘本이 그의 장서에서 나온 것이 허다하다.[19] 라고 되어 있으며 그가 지은 저서로

公集』,「行狀」참조.,

19) 陳素菴, 名之遴, 字彦升, 晩號素菴老人, 浙江海寧人. 崇禎十年(一六三七)登丁丑科進士榜眼, 官中允. 入淸, 順治八年(一六五一)擢禮部尙書, 九年授弘文院大學士加少保兼太子太保, 人坐黨營私被原官發放遼陽居住, 不久召還. 後來以賄結內監吳良輔, 因罪論斬, 免死, 流放尙陽堡(遼寧開原縣東四十里), 卒於徙所. 其繼室徐燦, 字明霞, 爲閨閣詩人, 陳素菴生於萬曆州三年(一六百五), 卒於順治十五年(一六五八), 五十四歲. 他是海寧陳氏仕淸的第一人, 家藏固豊, 後世許多術數類秘本出於其家藏. 鐘義明 著,『現代破譯滴天髓』,「代序」, (臺灣 : 武陵出版有限公司, 1997), p. 1.

는 『命理約言』이 있다. 위의 원주자 유기(백온)도 절강인이고 집주자인 진소암도 절강인이며 아래의 증주자인 임철초(1776~)도 절강인이라는 사실로 미루어 이 세 사람은 같은 지방 사람이 확실하다. 『적천수집요』를 지은 진소암의 「自序」에 의하면,

> 『적천수』라는 책은 어느 명을 아는 사람이 지어서 성의백 유기의 이름을 가탁한 것으로 그 책은 간지의 정을 연구하여 음양의 변화와 통하게 하였다. 기존에 있는 격국이론에 구애받지 않고 신살을 사용하지 않았으며 단지 명의 이치에 따라서 추구하므로 들어가면 들어 갈수록 미묘하고, 미묘하면 미묘할수록 현달하니, 진실로 이것이 도의 유일한 정수가 될 것이니 술가 중에 발군이라 하여야 할 것이다. 『子平』 이후로 지금까지는 세상에서 응용되던 구서들을 압도할만한 것으로 혹자는 말하기를 그 이론이 너무나 고원하여 감당하기가 어렵다고는 하지만, 사주팔자 간지 속에는 방법과 이치가 있다는 것을 알지 못하고 하는 소리다. 운명을 논할 때는 반드시 통하기 어려운 것이 있기 마련이지만 이치를 연구하면 통하지 않는 것이 없으니, 학자들은 이 귀한 책으로 자세히 연구하고 열심히 노력하며 그 이론을 완미하다보면 명의 이치가 마음으로부터 자연히 깨닫게 될 것이며, 이러한 방법을 사용하였다. 단지 명을 이름 짓는데 아름답지 못하고 그 명을 논하는 순서 역시 다소 들쑥날쑥하며 또한 그 사이에 전달하려는 뜻이 없어서 내가 그 편과 목차만 바로잡고 말과 문구를 조금 고쳤으나 옛 모습을 고치지는 않고 그 이름을 따랐으니 감개무량하다. 높은 지식과 도도히 물 흐르듯 논한 이론이 이와 같으니 어찌 성의(유기)의 잡찬을 없애고 빌붙어 이름을 의탁하여 후세에 전함을 구하겠는가? 세상에 재능을 품고도 스스로 드러냄을 얻지 못하니 이와 같은 사람이 어떻게 도를 말할 수가 있겠는가?[20]

20) 滴天髓之書, 乃一知命者所作, 託於誠意伯劉基, 其書窮干支之情, 通陰陽之變,

고 밝힌다.『적천수』는 어느 명을 아는 이가 유기의 이름을 가탁하였다고 하였다. 그렇지만 진소암은 가탁과는 관계없이 그 책의 내용을 다음과 같이 평하였다. “그 책은 간지의 정을 연구하여 음양의 변화와 통하게 하였다. 기존에 있는 ‘격국이론’에 구애받지 않고 ‘신살’을 사용하지 않았으며 단지 명의 이치에 따라서 추구하므로 들어가면 들어 갈수록 미묘하고, 미묘하면 미묘할수록 현달하니, 진실로 이것이 도의 유일한 정수가 될 것이니 술수가들은 발췌하여야 할 것이다.『子平』이후로 지금까지는 세상에서 응용되던 구서들을 압도할만한 것으로 혹자는 말하기를 그 이론이 너무나 고원하여 감당하기가 어렵다고는 하지만, 사주팔자 간지 속에는 방법과 이치가 있다는 것을 알지 못하고 하는 소리다.”[21]라고 주장하였다.

결론적으로 진소암의『적천수집요』는 경도의 원문과 유백온의 원주만 실려 있으며, 이 책이 세월의 차이는 있어도 동향인으로 추정하는 평민 술객인 임철초에게 전해져『적천수천미』라는 술수서가 탄생하게 된 것이다.

增註者 任鐵樵의『滴天髓闡微』

청대(1616~1911)의 명리서들은 대부분 기본적으로 자평명리론 체계가 확립된 형태를 띤다. *沈孝瞻*(18C.人)이 지은『子平眞銓』은「격국

不拘格局, 不用神煞, 但從命理推求, 愈入愈微, 愈微愈顯, 誠此道之專精, 術家之拔萃; 世俗狃於子平舊書, 或謂其高遠無當, 不知干支八字, 數也, 有理焉. 言數則必有難通, 言理則無所不貫, 學者得是書而詳味熟玩之, 命之理曉然於心, 用以推數, 安有執一而不全, 臆斷而罔驗者乎? 但命名未雅, 其論次亦頗參錯, 且間有不達意者, 余故釐正其篇目, 而於誠意雜撰, 而顧附託名求傳後世, 世之懷才而不得自見, 若是君者, 可勝道哉! 順治戊戌春二月望日素庵老人書. 陳素菴 輯注,『滴天髓輯要』,「自序」, (臺灣 : 瑞成書局印行, 1996), p. 1.

21) 其書窮干支之情, 通陰陽之變, 不拘格局, 不用神煞, 但從命理推求, 愈入愈微, 愈微愈顯, 誠此道之專精, 術家之拔萃; 世俗狃於子平舊書, 或謂其高遠無當, 不知干支八字, 數也, 有理焉. 陳素菴 輯注,『滴天髓輯要』,「自序」, (臺灣 : 瑞成書局印行, 1996), p. 1.

론」[22]을 전개하고 있는데, 당시 대부분의 명리서들이 비교적 일간 위주로 왕쇠 · 강약과 평균개념의 억부법이라면 『자평진전』은 일간을 중심으로 하되, 주로 월령에 의한 「격국론」을 전개하고 있다.

그렇다고 『자평진전』이 일간의 왕쇠 · 강약 등을 완전히 무시한 것이 아니고 일단 그 명조의 격, 즉 틀을 잡고 그 격(틀)에 고저와 청탁 등을 결정하는 중요한 기준 중에 하나로 결정되었다.

다음은 임철초 자신이 태어난 년 · 월 · 일 · 시를 공개하면서 사람이 자기가 태어난 명의 운을 벗어나서 살아갈 수 없음을 이해시키고 있다.

乾隆三十八年四月十八日辰時

壬　丙　戊　癸
辰　午　午　巳
庚 辛 壬 癸 甲 乙 丙 丁
戌 亥 子 丑 寅 卯 辰 巳

> 이 명조는 철초 나 자신의 명조로, 역시 긴 여름날에 태어났으며 앞의 명조(癸丑 · 戊午 · 丙午 · 壬辰)와 같으나 단지 축토 한 글자만 바뀌었는데 살아가는 삶이 하늘과 땅의 차이가 난다. 무릇 丑土 안에는 북방의 濕土가 포함되어 있으며 충분히 丙火의 맹렬함을 식혀 줄 수 있으며, 충분히 午火의 치열함을 거두어들일 수 있으며, 또 충분히 水를 저장하고 金을 감출 수가 있으나, 巳火는 남방의 왕한 火로 癸水가 절지에 임하니 한 잔의 물로 한 수레의 섶단에

22) 四柱上 格局論은 정확히는 格論과 局論으로 나뉜다. 格이 四柱의 骨格을 뜻한다면, 局은 骨格에 붙은 筋肉과 血液循環의 부수된 상황을 말한다. 따라서 格과 局을 함께 취급하는 이유가 여기에 있다. 일반적으로 格이 地支 가운데 있는 地藏干 中에서 天干에 透出이 되면 즉 天干과 地支의 通根이라는 縱的 紐帶狀況을 본다면, 局은 天干 또는 地支 단독의 橫的 紐帶狀況을 본다. 格은 크게 보아서 正格과 變格, 그리고 雜格으로 구분한다. 심규철, 앞의 논문, p. 202.

> 붙은 불을 상대하는 형상이라, 혼잡되어 습하게 된 것을 기뻐하고 혼잡 되지 않고 청한 것을 기뻐하지 않는 것이다. 앞의 명조는 戊癸合을 하였어도 화하지 않았으며 이 명조는 戊癸合을 하여 반드시 화하여서 단지 살을 돕지 못할 뿐만 아니라 오히려 억제하고 또 火로 변하여 刦財가 되어서 반대로 羊刃을 도와 미치고 날뛰게 한다. 巳火 가운데에 庚金은 끌어당기어 도울 수 없고 壬水는 비록 자기의 庫에 뿌리를 내렸다 하여도 결론적으로 도와주는 金이 없어 淸枯한 형상이 되었다. 아울러 40년간이나 木/火運으로 옮겨오니 刦財와 羊刃을 지지가 도와주기에 바로 이러하므로 위로는 아버지의 뜻과 이름을 이루지 못하고 아래로는 전원과 창업하신 것을 지키지를 못하고 형제와 육친들은 그림의 떡과 같았으며 반평생을 하는 일이 역시 뜬구름과 같았다. 卯大運에 이르러 壬水가 絶地에 임하고 羊刃이 생을 만나서 형제들에게 변이 생기고 이러한 이치로 집안이 기울고 재산이 물에 쓸려 가는 듯이 사라졌다. 그 위에 더 기억나는 것이 있으니 내가 아직 命을 공부하기 전에 기억나는 것은 사람을 불러 추명을 하였는데 하나의 허황된 칭찬의 말로 "명예와 부를 마음대로 될 것" 이라고 하였으나 마침내 후일에 털끝만큼의 효험을 보지 못하였으니 이 어찌 괴롭지가 않겠는가?[23]

하였다. 이와 같이 인간의 명을 논하는 자가 자기의 명조를 스스로 공개하면서 명의 이치를 궁구하는 자들에게 적극적으로 '인간은

---

23) 此鐵樵自造, 亦長夏天, 與前造只換一丑字, 天淵之隔矣. 夫丑乃北方之溼土, 能晦丙火之烈, 能收午火之焰, 又能蓄水藏金, 巳乃南方之旺火, 癸臨絶地, 杯水輿薪, 喜其混也. 不喜其淸也. 彼則戊癸合而不化, 此則戊癸合而必化, 不但不能助殺, 抑且化火爲刦, 反助陽刃猖狂, 巳中庚金, 無從引助, 壬水雖通根身庫, 總之無金滋助, 淸枯之象, 兼之運走四十載木火, 生助刦刃之地, 所以上不能繼父志以成名, 下不能守田園而刱業, 骨肉六親, 直同畵餠, 半生事業, 亦似浮雲, 至卯運, 壬水絶地, 陽刃逢生, 遭骨肉之變, 以致傾家蕩産, 猶憶未學命時, 請人推算一味虛褒, 以爲名利自如, 後竟一毫不驗, 豈不痛哉, 任鐵樵 增注· 袁樹珊 撰輯, 『滴天髓闡微』, 「官殺」, (臺灣 : 武陵出版有限公司 1997), p. 162.

타고난 운명대로 살아갈 수밖에 없다.'고 설득하였다.

원수산은 임철초가 스스로 밝힌 명조와 그 설명에 의거해서 임철초의 생애와 사상을 추정하고 있다. 여기에서 원수산은 위로 아버지의 선업을 이루지 못하고 아래로는 전원을 지키지 못했다고 토로한 것을 보고는 임철초의 조상은 名臣출신으로 중류정도의 가산을 가지고 있었을 것으로 추정했다. 또한 아버지가 돌아간 뒤에 명학에 몰두하여 호구지책을 삼았다고 한 것을 보고 명리학을 배운 연도가 30년이 넘었다고 추정했다.

또 그의 성품이 古拙하여 아첨하지 못하고, 오기가 많아 사람들과 교류 왕래함에 잘 어울리지 못했는데, 할아버지 아버지의 忠厚의 가르침을 버릴 수 없었기 때문이었다고 한 것을 보아, 임철초의 성품이 밝고 절개가 있으며 고풍스럽고 안빈낙도한 인물이었다고 평가했다.[24]

최근에 나온 연구에 의하면 임철초의 명조를 볼 때 火多者의 특성이 그대로 들어난다고 분석하기도 했다. 火가 많은 사람은 치우침이 있고 소심 꼼꼼한 경향이 있기 때문이다. 자존심이 강하고 오만한 것 역시 火多者의 특성이고, 직설적이고 바른말을 거침없이 해대는 것도 火多者의 특성이다. 그러나 늠름한 기상은 陽刃이 偏官 用神을 만나서 귀격을 형성하였기 때문일 것이라고 분석하기도 했다.[25]

아무튼 원수산은 『적천수천미』의 내용에 대해 다음과 같은 평가를 남겼다.

> 學理는 진소암 선생과 심효첨 선생의 이론을 조종으로 삼아 글은 힘이 있었으며, 이치를 정밀하게 구하였고, 상투적인 말이 없이 요

24) "上不能繼父志, 以成名, 下不能守田圃, 而務本, 始知先生之先德, 必爲名宦, 先生之家産, 必爲中人, 又曰, 變生骨肉, 家産蕩然, 又曰, 先嚴逝後, 潛心命學, 計爲糊口, 始知先生學命之年, 已逾三旬矣, 又曰, 賦性古拙無諂態, 多傲骨, 交遊往來, 落落寡合, 所凜凜者, 吾祖若父, 忠厚之訓, 知先生之人格, 必爲亮節高風, 安貧樂道也", 任鐵樵 增注·袁樹珊 撰輯, 위의 책, p.4.

25) 이영환, 앞의 논문, p.13, 참조.

지만을 기록한 진실로 명리서 중에서는 보기 드문 책이었다...감사하는 마음으로 손을 씻고 책을 펼치자 작년에 보고 느꼈던 것처럼 과연 이치의 정밀함과 논리 정연한 이론에 감탄하지 않을 수 없었다.[26)]

고 하여, 임철초가 지은 『滴天髓闡微』에 대한 찬사를 아끼지 않았다.

다시, 원수산은 임철초의 문체가 힘이 있고 간결하면서 논리정연하게 요점을 정확하게 표현한 명저라고 칭찬하면서, 그가 진소암과 심효첨의 영향을 받았다고 한 바 있다. 원수산의 평대로 임철초의 명리론은 진소암에 영향을 받은 것은 사실이다. 다음은 진소암의 『命理約言』의 일부 내용이다.

> 비유한 것이 질서를 잃었으니, 甲은 대들보, 乙은 藤蘿, 丙은 太陽, 丁은 燈燭, 戊는 담장, 己는 田園, 庚은 頑鐵, 辛은 珠玉, 壬은 江河, 癸는 雨露라고 하여 서로 따른 지가 오래 되다보니, 그 이치가 실제로 그러한 줄 믿고 명을 논할 때도 그대로 적용한다. 예를 들면 甲木은 뿌리가 없는 죽은 나무요, 乙木은 뿌리가 있는 살아있는 식물이라고 하면서 마침내 木을 가지고 생과 사를 가르는데 까지 이르렀으니, 어찌 陽木만 (죽은: 삭제) 유독 죽은 기운을 받고, 乙木만 유독 생기를 받았단 말인가. 또 살아있는 나무만 물의 범람을 두려워하고 사목은 물이 범람해도 두려워하지 않는다고 하였는데, 어떻게 살아있는 초목은 물을 만나면 표류하는데 마른나무는 물을 만나면 오히려 떠나지 않고 안정될 수 있단 말인가? 이런 식으로 천간을 논하여 판단하는 것은 하나도 만족할 것이 없으니 마땅히 깨뜨려 없애야 한다.[27)]

---

26) "學宗陳沈, 必有鑪錘, 理必求精, 於無泛說, 誠命學中罕見之古本也", 任鐵樵 增注·袁樹珊 撰輯, 앞의 책, p.3,

27) "比喩失倫, 甲爲棟梁, 乙爲藤蘿, 丙爲太陽, 丁爲燈燭, 戊爲城牆, 己爲田園, 庚爲頑鐵, 辛爲珠玉, 壬爲江河, 癸爲雨露, 相沿既久, 以爲其理失然, 用以論命,

그런데 이와 거의 동일한 내용이 『적천수천미』의 「天干」장에도 등장한다.

> 비겨 견준 것이 질서를 잃었으니, 마침내 甲木은 대들보요, 乙木은 꽃나무니 하고, 丙火는 太陽이요, 丁火는 燈燭이니, 戊土는 城의 담장이요, 己土는 田園이라 하며, 庚金은 頑鐵이요 辛金은 珠玉이니, 壬水는 큰 江이요, 癸水는 이슬이나 비라고 하는 말은 이미 오랜 세월 흘러 굳어져 깨지지 않는 理論이 되어버리고 이러한 理論으로 命을 論하는 것은 크게 잘못된 것이다. 例를 들어 甲木이 뿌리가 없으니 죽은 나무라 하고, 乙木은 뿌리가 있으니 살아있는 나무라고 하는데, 이와 같이 나무의 生과 死를 分別하면 어찌 陽木만 唯一하게 죽은 나무의 氣運의 性品이고, 陰木만 오로지 살아있는 나무의 性品을 가졌겠는가? 또한 말하기를 살아있는 나무는 물의 汎濫을 두려워하고 죽은 나무는 물의 汎濫을 두려워하지 않는다 하였는데, 어찌 살아있는 나무는 물을 만나면 또 뜨고, 반대로 마른 뗏목나무는 물을 만나면 安定이 된단 말인가? 모든 天干을 이러한 方法으로 論하였으니, 이러한 종류는 하나라도 만족할 수 없으므로 마땅히 그러한 理論은 깨뜨려 없애야 한다.[28]

고 하여, 이를 보면 글자 몇 개만 다를 뿐 진소암의 『명리약언』에서 주장한 내용을 거의 그대로 인용하고 있음을 볼 수 있다. 이로 볼 때 임철초는 진소암의 영향을 많이 받았다고 말할 수 있다.

則爲甲爲無根死木, 乙爲有根活木, 遂至一木而分生死, 豈陽木獨稟死氣, 而乙木獨稟生氣乎, 又謂活木畏水泛, 死木不畏泛, 豈活奔遇水且飄, 而枯槎遇水反定乎, 論斷者干如此之謬, 不一而足, 當盡闢之", 陳之遴 著, 韋千里 編著, 『精選命理約言』, 書成書局, 2004, p.83.

28) 比擬失倫, 甲木爲梁棟, 乙木爲花果, 丙作太陽, 丁作燈燭, 戊作城牆, 己作田園, 庚爲頑鐵, 辛作珠玉, 壬爲江河, 癸爲雨露, 相沿已久, 牢不可破, 用之論命, 誠大謬也, 如謂甲爲無根死木, 乙爲活木, 同是木而分生死, 豈陽木獨稟死氣, 陰木獨稟生氣乎, 又謂活木畏水泛, 死木不畏水泛, 豈活木遇水且漂, 而枯槎遇水反定乎. 論斷諸干, 如此之類, 不一而足, 當盡闢之.

그러나 원수산은 임철초가 심효첨의 영향을 받았다고 했는데, 필자의 생각으로는 심효첨보다는 서자평의 영향을 받았다고 하는 것이 더 정확하다고 본다. 심효첨의 『子平眞銓』에서는 「格局論」[29]을 전개하고 있는데, 『삼명통회』나 『명리정종』 같은 명리서들이 『연해자평』의 이론을 벗어나지 못하는 상황에서 『자평진전』에서는 일간을 중심으로 하되, 새롭게 월령에 의한 격국론을 전개했다. 또 神殺에 관해서는 과감하게 배제를 하였으나. 『연해자평』에 있는 奇格[30]은 雜格으로 구분하여 그대로 이어받았다.

더하여 임철초는 신살론을 부정한 것은 사실이지만, 심효첨의 격국용신론에 대해서는 비판하면서 새로운 중화용신론을 제기하고 있다는 점에 주목할 필요가 있다. 물론 비판을 하면서 그로부터 영향을 받을 수도 있겠지만, 일반적으로 말한다면 임철초는 심효첨에 대해 진소암처럼 영향을 받았다고 할 수는 없고, 오히려 비판적인 관점을 가지고 있었다고 하는 것이 정확하다고 보는 것이다.

아무튼 원수산은 임철초에 대해서 여러 사실들을 정리해서 언급하고 있는데, 특별히 임철초와 진소암 심효첨의 고향과 연대 관계에 대해서도 소개하고 있다.

> 임철초가 거처하던 마을은 원서에 실려 있지 않으므로 감히 억측할 수는 없지만, 그러나 증주한 책의 내용을 살펴보면 대체로 『명리약

---

29) 四柱上 格局論은 정확히는 格論과 局論으로 나뉜다. 格이 四柱의 骨格을 뜻한다면, 局은 骨格에 붙은 筋肉과 血液循環의 부수된 상황을 말한다. 따라서 格과 局을 함께 취급하는 이유가 여기에 있다. 일반적으로 格이 地支 가운데 있는 地藏干 中에서 天干에 透出이 되면 즉 天干과 地支의 通根이라는 縱的 紐帶狀況을 본다면, 局은 天干 또는 地支 단독의 橫的 紐帶狀況을 본다. 格은 크게 보아서 正格과 變格, 그리고 雜格으로 구분한다. 심규철, 앞의 논문, p.202.

30) 井欄叉格, 倒沖格, 合祿格, 朝陽格, 丑遙巳格, 刑合格, 遙合格, 刑合格, 拱祿格 등.

> 언』과 『자평진전』을 참조한 듯하며, 『약언』은 해령의 진상국 소암이 지었으며, 『진전』은 산음 심진사 효첨이 지은 것으로 두 사람 모두 절강인이다. 그 책들은 세상에 알려지지 않고 사가로만 傳抄되던 것으로 역시 절강인이 많이 가지고 있었을 것이며 또한 진상국도 그러하였을 것이다. 진상국이 세상을 떠난 해가 康熙 5년이고, 심진사가 세상을 떠난 해가 乾隆 4년이고, 임씨가 세상에 태어난 해가 乾隆 38년이니 상국께서 생존하셨던 사이와 기간이 멀어도 백년 내이며 가까우면 수십 년밖에 되지 않을 것이다. 이러한 것으로 관찰해 보면 임씨 또한 절강인일 것이다.[31)]

고 하여, 여기에는 중요한 사실을 전해주고 있다. 임철초나 유백온도 절강성 청전인이며, 진소암이나 심효첨도 같은 절강인이라는 것이다. 또한 진소암이 세상을 떠난 해가 1666년(康熙 5년)이고, 심효첨이 세상을 떠난 해가 1729년(乾隆 4년)이고, 임철초가 세상에 태어난 해가 1763년(乾隆 38년)이니 이들 간의 생존연대가 그 기간이 멀어도 백년 내이며 가까우면 수십 년밖에 되지 않는다는 것이다. 이와 같다면 비슷한 년대에 같은 절강성에서 살았던 기이한 인연을 가지고 있음을 알 수 있다.

또한 임철초를 제외한 위 3인은 모두 관록을 경험한 사람들이라는 점에 공통점이 있지만, 임철초만큼은 본인 사주에서도 고백하였듯이 선조들은 상류층 가문이었으나 본인 대에 이르러 집안이 몰락하게 된 가문의 출신이었던 것으로 보인다.

당연히 같은 지역 비슷한 시기에 살았다면 임철초는 진소암이나 심효첨의 영향을 받았다고 볼 수 있을 것이다. 필자의 견해로는 아마도 원수

---

31) 至先生里居, 原書未載, 不敢臆斷, 然觀其書中增註, 大都採自命理約言子平眞詮, 約言爲海甯陳相國素菴著, 眞詮爲山陰沈進士孝瞻著, 二公皆浙人也. 其書世無刊本間有私家傳鈔, 亦必浙人爲多且, 陳相國謝世於康熙五年, 沈進士通籍於乾隆四年, 以先生乾隆三十八年誕生計之, 其相距遠亦不過甫逾百年, 近僅數十年耳. 由是觀之, 先生殆亦爲浙人乎. 任鐵樵 增注·袁樹珊 撰輯, 앞의 책, p.5.

산이 이런 동향관계에 주목해서 진소암과 더불어 심효첨까지 포함해서 영향관계를 언급한 것이 아닐까 추정해본다.

또 『적천수천미』에는 원수산의 서문 뒤에 孫序라는 또 하나의 서문이 있다. 거기에서는 임철초의 명리이론에 대해 전체적으로 다음과 같이 평가하였다.

> 通神과 六親을 취하여 두 개의 큰 벼리로 삼고 天道로부터 貞元에 이르기 까지 모두 62장으로 나누었는데, 이치를 근원까지 분석하고 미묘한 것에 전부 이르러서는 그 말이 예스럽고 오묘하여 배우는 자가 병으로 여겼다...... 임철초 선생의 증주를 읽고 그 편을 나누어 주석하고 격을 들어 증명한 것을 좋아했다. 천지 음양의 分化와 三元五行의 변화에 대해 반복해서 펴내어 글이 명료하고 이치에 통달하여 지난날의 모든 것에 통하게 하니, 그 지은자의 공신은 족히 후학을 기를 만하다.[32]

고 하였다. 이와 같이 난해한 적천수의 원문과 뜻을 임철초가 명료하게 해설하고 하나하나 증명해주었다는 것으로 임철초의 공로를 평가했다.

『적천수천미』는 두개의 부분으로 구성되어 있다. 첫째, 상편에 해당되는 1권과 2권을 「通神論」으로 이름하고, 명리학에 기초적이면서도 뿌리가 되는 음양오행과 우주론을 명학에 입문하는 초학자들에게 총론적이면서도 입문적인 설명을 하였다. 둘째, 하편에 해당되는 3권과 4권은 「六親論」으로 이름하고, 우리가 살아가고 있는 현실세계에서 그 사람의 운명, 즉 家族關係 · 富貴 · 貧賤 · 疾病 · 壽夭 등과 아울러 그 사람의 性情과 出身 · 地位까지 감명하는 방법을 체계적으로 논술하였다.

---

32) "取通神六親, 爲兩大綱, 自天道至貞元, 凡分六十二章, 析理竟原, 悉臻微妙, 第其辭旨古奧, 學者之病,,, 讀任鐵樵先生增註, 喜其分篇詮釋, 受格擧證, 於天地陰陽之分化, 三元五行之推旋, 反覆引申, 辭名理達, 翕歸於理, 其爲作者功臣, 而足以津梁後學信矣", 任鐵樵 增注·袁樹珊 撰輯, 위의 책, p.7.

또 특이한 점으로는 임철초는 자신의 명조까지 포함해서 자신이 간명하였던 명조 512개를 해당하는 목록에 적용하여 설명하여『적천수』의 이론을 실증적으로 확인하도록 했다.『적천수천미』의 孫序에서도 이에 대해 “임철초 선생의 증주를 읽고 그 편을 나누어 주석을 하고 격을 들어 증명한 것이 좋다”고 평가하였다.[33] 이렇게 구체적으로 명조의 실례를 하나하나 들어 증명하는 방식은 그 이전에 찾아볼 수 없었던 시도라고 평가받는다.[34]

청대에서 현재에 이르기까지 진소암, 임철초, 서락오 등에 의해『적천수』의 주요한 주해서들이 발표되었다. 대만인들에 의해 출간된『적천수』의 주해서는 다음과 같다.『적천수징의』(서락오 편주, 무릉출판, 1934),『적천수보주』(서락오 편주, 무릉출판, 1937), 『적천수신주』(반자단 주, 1938),『명운음양오행과학적천수』(곽홍면 주, 1975),『적천수집요평주』(이철필 주, 익군서점, 1998),『현대파역적천수』(종의명 주, 무릉출판, 1999) 등이다.[35] 일본에서도 阿部泰山『滴天髓和解』를 지어 국내에서도 그 번역본이 출판될 정도이다.[36] 이와 같이 이른바『적천수』학파라 할 만큼 많은『적천수』의 주해서들이 연찬되었다. 이들 주해서들은

33) 위의 책, 같은 곳.

34)『滴天髓闡微』이전의 命書들은 대개 명리이론만 소개할 뿐 실 명조 사례를 제시하면서 간명하는 방법을 구체적으로 설명한 명서는 없다. 그 방면에서는『滴天髓闡微』가 최초의 모델이 된 셈이다. 그 이전『三命通會』에서 만민영이 약 3천개의 사례를 채집해 실었으나, 이 사례들은 모두 관직이나 직업만 소개하고 있을 뿐이고 명조를 놓고 실제 상세하게 통변한 것은 아니다.『淵海子平』,『命理正宗』,『子平眞詮』등에서도 많은 명조의 사례가 나오지만 이것은 格局을 설명하기 위한 元局의 분석에 그치거나, 혹 명리 이론의 이해를 돕기 위하여 간단하게 해설하였을 뿐 구체적으로 명조를 통변한 것은 아니다.『滴天髓闡微』가 세상에 나오므로 인하여 비로소 명학자들은 명을 판단하는 기준과 간명의 순서, 그리고 통변의 방법 등을 실례를 통하여 보다 상세하게 이해하게 된 것이다. 이영환, 앞의 논문, p.1.

35) 심규철, 앞의 논문, p.50 참조.

36) 阿部泰山 著, 정민현 역,『(四柱推命學)滴天髓和解』, (서울 : 삼원문화사, 1998)

『적천수』의 원문 및 원주에 대하여 다양한 주해를 시도하여 대중화에 크게 기여하였다.

임철초는 『적천수』를 증주하여 『적천수천미』라는 책을 지었는데, 임철초가 자신이 어느 책을 근거로 증주를 하였다고 밝히지는 않았지만, 진소암이 집주를 한 『적천수집요』와 차례와 내용이 다소 차이는 나지만 기본적으로 『적천수』의 원문과 원주의 전달하고자 하는 의미는 크게 벗어나지 않고 있다. 이러한 이유로 임철초와 진소암과 심효첨과 유백온은 동향일 것이라는 원수산의 주장에 신빙성을 더한다.

임철초는 자신이 연구한 명조를 무려 512개를 해당하는 목록에 적용하여 설명하므로 인하여 『적천수』의 이론을 현실적이며 실증적으로 확인시켰다. 더불어 청대와 민국과 현재에 이르기까지 진소암, 임철초, 서락오 등에 의한 주요한 주해서를 포함하여 이른바 『적천수』 학파라 할 만큼 많은 『적천수』의 주해서들이 연찬되었다. 이들 주해서들은 『적천수』의 원문 및 원주에 대하여 다양한 주해를 시도하여 『적천수』 적 관점의 다양화와 대중화에 기여하였다.

徐樂吾의 『滴天髓補註』

『滴天髓徵義』와 『滴天髓補註』을 엮은 서락오는 청대 光緖 12년 3월 초3일(1886년 4월 初6일) 신시에 출생하였다. 서락오가 직접 쓴 『古今名人命鑑』과 『子平一得』 등의 내용을 살펴보면, 형제는 3명이 있으며, 형제 중에서 가장 어렸다. 조상의 공로로 인한 특권을 가지고 있어서 집안은 풍족하였다. 본인은 두 명의 처가 있었고, 두 아들과 두 딸을 길렀다.

서락오는 14세인 기해년에 부모를 잃어서 어머니의 보호를 받지 못했다. 15세 이후에 공부해서 시험을 봐서 학교에 들어갈 수 있었다. 20세 이후에는 더욱 순조롭게 나타나서 정계에 투신했지만 별다른 일을 할 수는 없었다. 29세에 일본에 관광을 갔다 와서 귀국 후에 절군부에서 직책을 맡았다. 47~8세에 상해에서 발생한 1·28사변으로 모든 것을 탕진했다.

후, 서락오는 기존의 명리서를 평주하는 방식과 명리서를 집필하면서 자신의 학문적인 세계를 형성해 나갔다. 50세에『적천수보주』, 51세는『자평진전평주』, 52세는『적천수징의』, 53세는『子平雜言』, 56세는『造化元鑰評註』, 민국26년에는『궁통보감평주』를 썼으며, 이와 서로 관련된 서적으로『命理一得』,『子平一得』,『古今名人命鑑』등의 책을 틈틈이 저술했다.

그러나 자신의 독창적인 이론을 주장하지 않았으며, 기존의 명리서를 평주하는 과정에서 습득한 논리에 충실하였다.『적천수보주』를 쓰기 이전에『적천수징의』를 평주하였다. 그는『자평진전평주』을 쓰면서『적천수』의 십간론을 보충하고,『궁통보감』을 평주하면서『적천수』,『자평진전평주』에 있는 내용을 참고하도록 평주에서 설명하였으며,『자평수언』을 지어 그동안 명학을 궁구하면서 그가 알고 있는 명리이론을 神煞論부터 格局論과 中和論과 調候論을 총체적으로 정리하여 명대의 만민영의『三命通會』의 방식을 따라 그 나름대로 정리하였다.

이런 방식을 통해서 논리적이고 객관성을 지닌 명리이론을 설명하려했고, 근대 술수가로 이름이 났으며, 평저가 매우 풍부했다. 27세 이후에 명리를 연구하기 시작했으며, 일생동안 술수가로써 이름은 났지만 영리를 도모하지는 않았다. 63세에 심장병을 치료하지 못해서 사망했다.[37] 서락오는 그가 지은『적천수보주』에서, 집주자인 진소암의『적천수집요』에서 주장한 어느 미상인이 유기(성의백)의 이름을 가탁하였다는 주장을,『적천수보주』에서는 오히려 유기가『적천수』를 지어 다른 사람의 이름을 가탁하였다고 뒤집어 주장한다.

대체로 명 태조는 운명에 관한 글을 꺼려하였다. 이에 유기는 재빨

37) 鍾義明 著,『古今名人命運鑑賞』, (臺灣 : 武陵出版有限公司, 1999), pp. 398-401. 참조.

> 리 저자와 체제를 바꾸어 관상 · 완점서를 모아 석실에 보관하여 봉한 뒤, 여는 것을 삼가고 후인이 배우지 못하도록 유언하였는데, 유기가 죽은 다음 해 과연 태조가 李鐸에게 명하여 그 집안에서 이 문헌들을 취하게 하였다는 기록이 유기의 묘지에 보인다. 이로써 태조가 유기를 시기하였음을 알 수 있고, 유기는 이를 미리 알고 (적천수의 저자로) 경도라는 가명을 사용함으로써 유기 자신은 주석을 기술한 것일 뿐 본문을 지은 것이 아님을 내보인 것이다. 이는 태조의 미움을 피하고 화를 멀리하려 그러한 것이다.[38)]

고 하였다. 하지만 이는 서락오의 주장일 뿐 『적천수천미』의 찬집에 도움을 준 형원 주인인 孫君의 「孫序」에는 『적천수』라는 책은 경도라는 사람이 지어 서로 전해오던 것을 劉誠意가 주를 하였다라고 되어 있다. 누구의 주장이 옳은지는 보다 더 많은 관심과 깊은 연구가 요구되는 대목이다.

최근에 이르러서는 鍾義明의 『現代破譯滴天髓』의 「代序」에 의하면 『적천수』라는 이름이 처음 발견된 곳은 『明史』의 「藝文志」의 기록으로 유기의 『三命奇談滴天髓』 一卷이 있으며, 청대 초 順治 15年(1658) 중춘에 이르러 진소암이 『적천수집요』를 지었으며, 康熙時節 黃虞稷이 千頃堂의 목각본인 『命理須知滴天髓』가 있다는데, 표제에 京圖撰 · 劉基注로 되어 있으며 道光 4년(1824)에 程芝雲이 교정하였다라고 주장하여 보다 구체적으로 『적천수』가 경도가 撰하고 유기가 주를 하였다는 근거를 제시하고 있다.

38) 蓋明太祖忌刻星性, 誠意疾革, 以觀象玩占書, 封於石室, 遺命亟上之, 毋令後人習, 歿之次年, 上果命李鐸就其家中取之, 見誠意墓誌, 可見洪武之猜忌, 誠意早知之, 假名京圖, 以示述而不作, 所以避嫌而遠禍也. 徐樂吾 著, 『滴天髓補註』, 「後序」, (臺灣 : 武陵出版有限公司, 1997), p. 1.

『滴天髓闡微』의 構成內容

『滴天髓闡微』는 4권 1책 64장으로 구성되어 있으며 그 64장 중에서 1장 「天道」부터 35장 「坎離」까지는 「通神論」으로 이루어졌으며, 「六親論」은 「夫妻」부터 「貞元」까지 29장으로, 「통신론」과 「육친론」을 모두 합하여 64장으로 이루어졌다. 『적천수천미』를 찬집하는데 도움을 준 형원 주인인 손균의 서문에는 通神과 六親을 大綱으로 하여 天道부터 貞元까지 62장으로 되어 있다[39]고 되어 있으나 본 논자가 일일이 세어 본 결과 위에서 언급하였듯이 64장으로 이루어진 것을 확인할 수 있었다.

구성의 특징은 「통신론」은 한 인간이 이 세상에 태어난 년, 월, 일, 시의 사주를 음양 · 오행의 상생 · 상극의 원리에 의하여 그 명조의 주인의 운명에 어떻게 작용하는가의 원론적으로 설명하는 방법을 취하고 있으며, 「육친론」은 그 작용의 원리를 어떻게 해석할 것인가를 설명하는 방법을 취하고 있다.

내용 이론의 특징은 처음 첫 장에 「天道」를 두어 우주의 형성과 변화의 원리를 설명하고, 다음으로 「地道」를 두어 만물의 생성되는 원리를 설명하였으며, 그 다음으로 「人道」를 두어 모든 만물 가운데에서 사람만이 천기와 지기의 조화에 의하여 운명이 결정된다고 주장하고 있다.

다음으로 「知命」이 있고 그 지명을 알기 위하여 이기와 배합이 중요하다고 설명하고 있다. 이렇게 원론적인 이론을 1권과 2권에서 「通神論」이라고 하여 35장으로 되어 있으며, 3권과 4권에서는 기술적인 이론, 즉 명리학의 실무적인 이론이 「六親論」이라고 하여 29장으로 되어 있다.

하편인 3~4권은 「육친편」으로 이름하고 우리가 살아가고 있는 현실세계에서 그 사람의 사회생활을 영위하는 出身 · 地位까지 다루면서 가족관

39) 取通神, 六親, 爲兩大綱, 自天道至貞元, 分六十二章. 任鐵樵 增注·, 袁樹珊 撰輯, 『滴天樹闡微』, 「孫序」, (臺灣 : 武陵出版有限公司, 1997), p. 7.

계, 富貴 · 貧賤 · 壽夭 등과 아울러 그 사람의 성정까지 술수적으로 예단하는 방법을 설명한「何知」장을 두었다.

그리고『적천수』첫 머리의「天道」에는 우주 삼라만상의 근본인 三元, 즉 天元 · 地元 · 人元을 알고자 하려면 음양과 더불어 오행을 살펴야만 한다.[40]고 하였다. 특히 통신편의 첫 장인 天道부터 그 이후에 地道 · 人道 · 知命 · 理氣 · 體用 · 精神 · 中和 · 順逆 · 隱顯 · 君象 · 臣象 · 地位까지 당시 성리학자들이 많이 사용하는 용어를 목차에 사용하는 특징을 보이고 있다.

또한「淸氣」가 나오면 그 다음으로는「濁氣」가 따라 오고,「震兌」가 나오면 그 다음으로는「坎離」가 따라 오고,「寒暖」이 나오면「燥濕」이 따라 온다. 이와 같이 모든 장이 대칭적으로 구성되어 있고, 또한 각 장 안에서도 세부적으로 설명하는 경우에도 한결같다.

예를 들어「性情」장에서는 火에 대한 설명이 있으면 다음으로 水를 설명하고, 木에 대한 설명이 있으면 다음으로는 金을 설명하였으며, 順生을 설명하면 다음으로 逆生을 설명하고, 陽明을 설명하면 陰濁을 설명하고 있다. 이와 같이 모든 구성이 正/反合으로 치밀하게 짜여진 것을 특징으로 들 수 있다.

더욱이『적천수』는 기존의『子平』이론인「格局論」과「神煞論」을 배제하고 음양 · 오행의 변화를 통한 '中和'에 의한 명의 이치를 추구하는[41] 것이 특징이라고 할 수 있다. 이러한『적천수』의 내용 중 특징적으로 강조하는 중화에 의한「억부론」은 儒書 가운데 하나인『中庸』의 중심사상인 '中和思想'을 借用하여 설명하고 있다.

끝으로『적천수』의 감명법의 특징으로, 상권에「知命」장을 두어 술수

---

40) 欲識三元萬法宗, 先觀帝載與神功. 陳素菴 輯注,『滴天髓輯要』,「天道」. (臺灣 : 瑞成書局印行, 1996), p. 1.

41) 通陰陽之變, 不拘格局, 不用神煞, 但從命理推求. 陳素菴 輯注,『滴天髓輯要』「自序」, (臺灣 : 瑞成書局印行, 1996), p. 1.

가가 감명을 하는 방법과 그 감명을 어떻게 하면 알 수 있을 것인가 하는 법을 설명하는 '知命法'으로 설명하고 있으며, 또한 하권에는 「何知」장을 두어 그 방법을 어떤 방법을 써야만 명을 알 수 있을 것이라는 '何知法'을 두어 방법을 설명하는 것이 특징적이다.

『滴天髓』 마지막 64장에 「貞元」 장을 두어 이 세상에 태어난 인간은 죽음으로서 끝이 아니라 그 죽은 자의 나머지 대운도 그대로 후손에게 영향을 미친다는 논리를 풍수지리를 비유하여 설명하고 있다. 이는 역설적 추론에 의하면 돌아가신 조상들도 공경히 받들라는 '孝敬思想'의 뜻이 함축되어 있으며, 이 이론은 후한의 왕충의 '元氣論'에 영향을 받았다.

格局論의 無用論

격국은 왕정 시대의 신분 계급의 반영이며, 오늘날엔 일부 직업이나 성향을 알려준다. 사주를 배우거나 책을 보면, 가장 많이 강조되는 것이 격국론이다. 격국이 어쩌고저쩌고… 그런데 막상 사주를 풀거나 實監하는 과정에선 그 강조하는 만큼 실효성이 많이 떨어지는 건 어쩐 일인가.

격국이 무엇이기에 고전일수록 요란하게 떠들고 있으며, 오늘날 實監 현장에선 그다지 환영을 못하는가? 신뢰를 잃어가고 있는 건 격국론이 책대로 적중하지 못하기 때문이다. 심지어 어떤 이들은 격국론을 아예 부정해 버린다. 격국론 볼라도 사주 감정하는 데에 아무런 지장이 없다는 이유다.

왜 이토록 격국론이 격하되고 무용지물이 되고 있는가? 격국의 原義는 무엇이며, 무엇 때문에 격국이 이 시대엔 평가절하 되고 사라져야 하는 운명을 겪는가? 오늘은 이 점에 대해 얘기하고자 한다.

子平術의 形成概要

易法上으론 4주 8자가 성립하지만, 운명 철학상 사주술로선 먼저 년지

-월지-일지-시지 등의 4주설의 실제 간법이 中唐(766~835)부터 체계를 갖추어나갔다. 그 대표적 인물이 상용 이허중(762~813)인데, 그는 처음으로 생년월일에 간지로 치환해서 운명을 봤다고 전한다.

만당(836~907)이 지나고 북송(960~1126)에서도 지식인과 지배자들은 자신들의 운명을 28宿에 의한 星占으로 봤다. 가장 유명한 사례로, 한유(768~824)가 스스로 생년월일의 타고난 星宿를 읊은 {三星行詩}라든가, 두목(803~853)이 스스로 지은 묘지명에도 타고난 별 宿의 암시를 읊고 있다. 중국적 별점은 <적도 12次와 28宿>에 의한 운명을 읽는 것이 대세였다. 이것들은 주로 <북극성과 은하수를 중심으로 한 천문>에서 나온 별점 양식이다.

더구나 송대 대문장가 蘇內翰(1037~1101)이 자주 자신이 관재에 걸려 벼슬에서 좇겨나거나 좌천-귀양되는 그 연유를 타고난 별 宿의 암시로 돌리는 시구가 널리 알려져 있다. 문장가 소내한의 불운한 파란곡절의 인생을 빗대어, 이후 문장은 훌륭하나 주변에서 질시하는 무리로 인해 곤욕을 당한다는 생년월일의 운명을 자주 인용해 사용하는 전거가 됐다. 우리나라 조선 때 허균(1569~1618)도 자신의 정치적 곤경을 팔자소관으로 돌려 소내한과 견줬고, 연암 박지원(1737~1805)의 사주 설명에서도 그러했다.

宋이 金에 좇겨 남쪽으로 내려와 남송(1127~1279)을 유지할 때, 그들 지배층 한족과 사대부 층은 커다란 충격을 받아, '도대체 이건 어떤 天道의 변화와 영향인가?'하며, 기존 역법을 연구하고 새롭게 改曆하면서, '과연 왕후장상의 씨가 따로 있는가?'하는 심각한 철학[42]을 하기 시작했다.

---

42) 이와 같은 증거가 바로 남송의 서대승(서승)이라는 인물이 『淵海子平』에서 正官格을 설명하기를, "正官은 반드시 月中에 있는 것을 구해야 한다. 傷하지도 않고 破하지도 않아야 귀함이 끊이지 않으며, 옥 관대와 금 안장을 타는 부귀를 누릴 수 있고, 양편으로 깃발을 거느리고 皇州로 올라간다."(正官須在月中求, 無破無相貴不休, 玉勒金鞍眞富貴, 兩行旌節上皇註), 『淵海子平』「正官詩訣」, 권5, p.1.

이때가 바로 북 왕조가 금나라에 의해 남쪽으로 도읍을 옮겨 왔던 터라, 사회의 기존 질서나 계급적 신분에도 많이 변동이 있었고, 흐름은 상류 문화가 하층에까지 널리 보급 전파되는 양상을 가졌다. 또한 남쪽의 부유한 경제력을 바탕으로 출판문화도 크게 향상되고, 전쟁 통에 흩어지거나 말살된 옛 자료들을 복구하려는 노력도 여기저기서 일어났다.

이런 역사적 과정에서 천문과 사주술에 관한 지식도 왕족으로부터 농부 필부에 이르기까지 보급돼 모두에게 관심을 일으키는 문화 환경을 이루었다. 일종의 사주술에 대한 붐이 확산됐는데, 이때 사주술에 관한 서책이나 비결 등 자료들이 많이 쏟아져 나왔다. 그러나 그때의 자료들은 몇 개를 제외하고는 거의 초보적이고 천박한 수준의 것들이 많고, 대체로 사주술의 온전한 걸음마를 하기 시작한 태동이라 하겠다. 이것이 자평술의 효시다.

이때 자평 사주술 형성에 결정적 자료가 된 중요한 것들이 있다.

1) 서양-인도 점성술에서 전래된 <황도 12궁설>

2) 고래로 역법에서 전래된 <24기설>

3) 六爻에서 유래한 육친법

4) 기존의 록명술 체계

이 중 특징은 1)과 2)다. 황도 12궁설은 수대(581-618)부터 유입되면서 당대(618-907)에 상당히 관심을 가졌고, 오대(907-959)와 북송에서, 재래의 24기에 맞추어 황도 12궁설을 적용 대입하기 시작했다. 24기와 12궁의 조합으로 빚어놓은 게 지금의「월주 · 절월력」이다. 24기나 12궁은 모두 일종의 태양력이므로, 운명의 길흉에 관한 조합 작업도 보다 수월했으리라.

그리고 운영 체계도 북극성 중심의 천문에서 황극(黃極) 중심의 것으로 옮겨서, 年干에서 바로 日干중심으로 사주술 체계를 바꿨다. 이것은 사주술에서 대전환이다. 천동설에서 지동설로 옮겨간 것 같은 환골탈태다. 이는 모두 황도 12궁설의 실효적인 영향이다. 이렇게 되자 기존의 명술의 자료들도 일주 중심으로 재편성됐다. 3)와 4)는 그 범주에 포함됐다. 그런 과정을 통해 자평술 체계가 자리잡아갔다.

格局의 원 뜻은 : 移動하는 王宮

절대 군주는 정치의 중심이며 구심체다. 그 군주가 기거하며 정치하는 곳이 궁궐이다. 경복궁 같은 곳이다. 군주는 경복궁에 머물며 나라의 모든 것을 통치한다. 그런데 가끔 이궁(移宮)해서 덕수궁이나 창덕궁으로 행차해서 그 궁에서 정치하는 경우도 많다. 또는 멀리 화성궁(지금 수원)으로 행차하면서 나라를 다스리기도 한다. 궁을 옮겨가며 정치하는 건 군주의 당연한 통치 행위다.

고천문에 유명한 대전제가 있다. '모든 별들은 태양을 중심으로 돌고, 그 태양은 지구를 중심으로 돈다!' 우리는 태양계에 속해 있어, 태양의 영향을 받고 살아간다. 태양은 天子로서 황도를 따라 12궁을 옮겨가며 천하를 통치한다. 태양이라는 천자가 행차하면 모든 문무백관이 함께 따라간다. 황궁이 옮겨가면서 천하의 통치 기구도 함께 이동한다.

사주에서 일간은 태양이다. 그 태양이 황도를 따라 행차하듯, 일간 태양은 월지 황도를 따라 12궁을 옮겨간다. 모든 별들이 태양을 둘러싸 돌듯, 일간의 월지의 행궁에 따라, 모든 정치 기구들도 함께 옮겨간다. 이동하는 황궁이 곧 사주상의 격국이다.

격은 정치하는 형태나 속성이나 특징을 이름이요, 국은 전체적인 흐름이나 형세를 말한다. 격(종적)은 보이는 특징이요, 국은 그러토록 이루는 환경(횡적)이다. 가령, 군주가 아무개를 이조판서로 임명함은 격이요, 그렇게 되도록 주변 환경과 여론이 호응함은 국이다. 조정에서 그런 분위기와 정서가 형성돼야 이조판서 자리가 아무개에게 주어지는 까닭이다. 이런 군주의 통치 행위는 군주가 머무는 곳에서 언제나 이루어진다.

格局은 그처럼 그 사람의 운명을 전체적으로 규정하고 특징짓는 속성을 가진다. 정재격하면, 그는 正財가 갖는 별의 성분을 타고나서 평생 그런 범주에서 인생을 살아간다. 食神格이면, 食神의 성분을 갖고 평생 살아간다. 이런 식이다. 格局은 날 때부터 이미 정해져 있다.

과거 왕정 시대엔 직업과 신분이 거의 세습됐었다. 가장이 선비 집안이면 나도 선비 계급, 가장이 장사꾼이면 나도 장사치 계급, 가장이 천민이면 나도 천민 계급, 이와 같이 태어 날 때부터 철저한 계급 신분 질서 체제에서 살아갔다. 그러므로 격국은 애당초 왕정 시대 신분 계급 질서의 반영이다.

어느 시대를 막론하고, 동서양이 절대 왕정 시대의 계급 사회였고, 이것은 모든 것의 바탕이 됐기에, 子平術도 그 영향을 받아 사회 신분 계급 질서를 반영해야 했다. 사주는 인생의 그림이라면 그 인생은 그 사회 체제의 그림자일 수밖에 없기 때문이다. 환경을 떠나 어느 누구도 살 수 없다. 사주에서 신분 질서를 어떻게 반영해야 하는가?

왕정 시대는 忠-孝를 통치 이념으로 삼는다. 나라 체제의 축소가 가족이요, 가족의 확대가 곧 나라 체제였다. 나라에서 군주가 정점으로 지배하듯, 가족에서도 가부장이 가족을 지배 통치한다. 가족은 가문의 명예와 번영을 최우선으로 삼는다. 그래서 「자녀<부부<가장, 수장」의 계급 질서를 중요시한다. 가족은 가부장 중심으로 운영된다.

가부장 시대엔 가부장이 정해준 대로 시집 장가도 갔고, 직업도 구해졌다. 매사 활동도 가부장의 영역에서 이루어졌다. 개인은 가문과 가부장의 울타리 속에 녹아 있었고, 개별적 개인은 없었다. 개인은 가족이나 가문을 떠나 살아갈 수 없었다.

四柱에서 年柱는 祖上 자리요, 月柱는 家父長 자리다. 日柱는 夫婦 자리요, 時柱는 子女 자리다. 가부장 중심으로 가족을 운영해야 하므로, 월주가 운명의 축이요 마당이 된다. 가정의 거실과 같다. 가장이 거실에서 가족을 다 모아놓고 무엇을 논의하고 지시하는 것과 같다. 나라로 말하면 조정이요 중앙청사다. 조정에서 논의 합의된 국사를 군주가 결재하면 곧 집행되는 체계 같다.

그런 거실이나 조정 같은 월주의 역할을 사주술 용어로 '격국'이라 부른다. 그러니까 격국은 절대 왕정 시대의 신분 계급 질서의 전적인 반영이다. 계급을 가지고 사람의 높낮이나 부귀영화 등을 논하듯이, 격국을 가지고 인생 품격의 높낮이를 따진다. 귀족은 부귀 영화로울 것이고, 천민은 비천하고 고통스런 삶을 살 것이다. 상류층 중류층 하류층… 이런 식으로 사람의 품격을 읽어낸다는 것이 원래 격국론이다.

이러한 발상은 송-원-명대에 완전한 체계를 갖추고, 청대엔 다시 원숙한 단계로 발전했다. 처음으로 초보적인 자료들이 모아져 『연해자평』(1600, 1634)으로 편집되고, 『자평진전』(1776)이 발간돼 나옴으로써, 자평술은 비약적으로 발전하는 붐을 탄다.

특히 『자평진전』은 조정 중심의 국정 운영을 고집하는 재상 체제를 닮아 月支 本氣를 격으로 삼아 사주의 준거의 틀을 세웠다. 그래서 『자평진전』은 사주 격국론의 완결판인데, 철저히 신분 계급 질서의 높낮이를 반영하고 있다. 격국의 성패에 따라 빈부귀천과 길흉화복을 논한다. 그러나 현대엔 다양한 직업에 의해 신분과 계급 이동이 이루어지고 있다.

그런데 문제는 현대에서 그러한 격국론이 현장의 실감에서는 그리 잘 맞지 않다는 지적이다. 현실과 동떨어진 경우가 많고, 심지어는 『자평진전』 갖고는 사주를 實鑑할 수 없다는 극단론이 나오기까지 한다. 『자평진전』 식 말고도, 어떤 격국론이라도, 그것이 사주술의 요체는 될 수 없고, 현실의 實鑑에서 격국은 그리 실용치 못하다는 여론이 비등하고 있다. 급기야 "격국 무용론"이 진작 대두된 상태다.

요컨대 격국론이 잘 맞지 않아서 버려야 할 거란다. 그러면 왜 심택번(1714-1769) 시절엔 잘 맞았고, 오늘날엔 맞지 않는가? 과거엔 잘 맞은 격국론이 이제는 무용지물이 될 판이라니, 이게 무슨 뜻인가? 여기에 크게 세 가지 이유가 있다고 생각한다. 하나는 사회 체제의 완전한 변화요, 두 번째는 핵가족 형태의 일반화 추세고, 세 번째는 개인주의나 개성주의 팽창이다.

과거엔 신분 계급과 고정된 직업이 일치하고 매우 단조로웠다. 옷차림이나 하는 행색을 보아도 그 사람의 신분과 계급을 알 수 있었던 시대라, 사주술에서 월지 격국론을 그대로 적용해도 손색이 없었다. 사회 인생의 반영이 곧 사주술이기 때문에, 군왕과 가부장이 권력을 쥐고 휘두르듯이, 격국에 의해 사주 전체가 조정되고 좌우됐었다.

지금에는 그런 왕정 세상도 아니요, 또 가부장 시대도 아닌지라, 과거처럼 君父가 막강한 권력을 주무르던 격국론은 이제 퇴색했다고 봐도 지나치지 않는다. 과거의 격국 자리에 지금은 직업과 일부 성격론이 차지하고 있다. 즉 오늘날 격국이란 일부 직업이나 성격 정도를 아는 데 필요한 도구일 뿐이라는 설명이다. 직업을 아는 데엔 격국을 중심으로 좌우상하를 살피면 쉽게 추론이 가능해진다. 그러나 5만 가지 이상이나 되는 직업들을 아는 데엔 분명히 한계가 있다.

또 한 가지는 가족 형태의 뚜렷한 변화다. 대가족 형태에서 핵가족 형태로 급속히 변화되고 재편되고 있다. 대가족 형태는 가부장이 중심이 돼서 가정을 운영하므로 언제나 월주가 중심이 되지만, 핵가족 형태에선 부부가 중심으로 운영되므로 '일주가 그 격국 노릇'을 한다.

그 뿐만이 아니다. 서구 문명의 영향으로, 현대인은 대부분 개성화되고 개인주의를 표방하고 삶의 구조가 그런 방향으로 줄달음질치고 있다. 개인주의는 개인의 능력과 힘을 숭상한다. 결혼도 자유연애로 하며, 직업도 개인 스스로 구해간다. 가부장의 힘은 축소되거나 없어지고 개인의 힘이 중시되고 요구되는 시대다. 이제 공동체의 유지 보다 개인의 성공과 출세를 지향한다. 이것이 사주에선 강력 오행을 중심으로 힘의 균형을 요구받는다. (위 (3): 삭제) 유력 오행 격국론이다.

그래서 전엔 월주 중심으로 좌우(곧 일주와 년주)가 '담 안'이 됐는데, 지금은 일주가 중심이니 좌우(곧 시주와 월주)가 '담 안'이 되고 있다. 사주 운영의 중심축이 년에서 월로, 월에서 일로 변동해 왔음을 알 수 있다.

가령, 신살의 변동사를 통해서도 잘 알 수 있다. 그래서 지금은 일주를 중심으로 직업 사랑 건강 운세 등 모든 것을 변별해야 하는 형세에 와 있다. 이런 점에서 일주론의 습득은 매우 중요하고 실효적이다. 이런 변화는 과거에 예상치 못하던 것이라 공부할 때에 유의하지 않으면 안 된다.

아래와 같이 정리한다.

1) 사주술은 인생의 반영이므로, 시대와 國體에 따라 그 특성이 변화된다.
2) 월지 격국론은 처음에 왕정 시대의 신분 계급 질서의 반영이었다.
3) 현대에선 다양한 직업과 성향을 알리는 정도로 변질 격하됐다.
4) 일주에서 오히려 '그 격국 노릇'을 하고 있다.
5) 격국을 공부하더라도, 결코 거기에 매달려서는 곤란하다. 공부를 망칠 수도 있다.

사례

(1)일본 황태자 德仁親王 1960.02.23.16:15

[1960남3]

丙辛戊庚

申巳寅子

a. 月支 本氣 甲이니, 本氣 正財格

b. 藏干 丙戊 나왔고, 丙이 먼저이니, 當令 時上 正官格

c. 전체 오행 중 金이 가장 강하나 比劫이라 안 되고, 다음 丙이 강해, 時上 正官格

d. 특징적 형상으로 보아, 군주 좌우에서 丙-戊가 상생하니, 寅月 官印

生主格

(2) 일본 德仁親王 비 雅子 1963.12.09.22:37

[1963여10]

己丙甲癸

亥戌子卯

(辛壬)

a. 月支 本氣 子이니, 本氣 正官格

b. 藏干 壬이 투출했으니, 當令 偏官格

c. 月支 藏干 癸가 天干에 나왔으니, 年上 正官格

d. 전체 오행에서 가장 유력한 오행이 癸水니, 年上 正官格

e. 또 특징적 형상으로 보아, 년월간에서 癸-甲이 丙을 귀하게 생하므로, 年月 官印生主格.[43)]

이와 같이 왕정 시대에는 사주로 간택하여 격국을 최우선적으로 택할 수밖에 없었다. 또한 일단 世子로 태어났으면 특별한 유고가 없는 한 왕이 될 것이며, 오래 살다보면 천황까지 오를 수 있기 때문이다. 그러므로 世子妃를 간택할 경우 특별히 揀擇을 위한 四柱單子가 필요했던 것이다.

그러나 오늘날에는 위에서도 언급하였듯이 시대의 흐름에 따라 핵가족화로 인한 가부장제도 사라지고 부모가 결혼을 반대해도 본인이 좋으면 된다는 식이며, 특히 부모들은 말리지는 못하고 오히려 빨리 결혼하라고 재촉하여도 혼자 사는 독신주의자들이 늘어나는 추세이다. 그러므로 사주술 역시 개인적인 추세에 의해 간명을 해야만 적중할 것이다.

이 같은 결과로 개인중심 위주론이 주가 되는 임철초의 『滴天髓闡微』의 특징은 본인의 논문에서도 밝혔듯이, 사주의 일간을 중심으로 월령을 살펴 得令과 失令을 판별한 이후 또 다시 일간을 중심으로 時柱와 年柱를 종합적으로 살펴서 네 가지 경우의 수로 일간의 강약판단을 한다.

---

43) http://www.bauddha.org. 참조.

첫째로 득령을 하고 그 주위가 월령의 세력으로 이루어졌으면 從强으로 갈 확률이 많고,

둘째 득령을 하였으나 일간 주위가 온갖 공격을 하는 세력으로 포진하여 있으면 '强變爲弱'한 상태로 월령이 용신이 되는 경우가 있으며,

셋째 실령을 하였으나 일간 주위가 도와주는 세력들이 포진되어 있으면 '弱變爲强'으로 이때는 그 강한 세력을 剋洩하는 오행신이 용신이 되며,

넷째 실령한 상태에서 일간 주위에 도와주는 세력이 없으면 종세격으로 갈 확률이 많다.

또한 사주체에 용신이 정해진 이후에는 다시 대운을 살펴서 용신운으로 흐르면 好命이 되는 것이고, 사주체에서 용신이 정해진 후에 용신을 거역하는 대운으로 흐르면 不好命이 되는 것이다. 이러한 임철초식 용신론에서는 '命不如好運'이라는 용어를 사용한다.

이와 같이「격국론」에서는 기본적인 격과 국을 본 후에 호명과 불호명으로 판단하지만「중화론」에서는 격을 보는 것이 아니라 사주체의 필요한 오행용신을 찾은 후에 다시 대운을 살펴서 호명과 불호명을 결정한다는 것이 차이라고 할 수 있다.

이 같은 이론은 임철초가『연해자평』에서 조금씩 시도하기 시작한 중화론과 종격론을 보충 확대하여 발표한 이론이다. 필자의 견해로는 본인의 논문에서도 발표하였듯이 고법 삼명학과 현대 명리학의 가교 역할을 한『연해자평』을 기점으로 하여 심효첨은「격국론」을, 임철초는「중화론」,「종격론」을 확장 발표함으로 오늘날 명리학계의 양대 이론의 형태를 이루게 된 것이다.

정단의 宗主命理란

宗主命理란 사주의 宗主五行이 사주 해석에 기준이 된다는 사주명리학이다. 사주명리학은 人文學의 기본에 해당하며, 命造를 통하여 한 사람의 생로병사, 길흉화복, 빈부귀천을 파악할 수 있기 때문에 人事는 命理라고 한다. 수백 년간 명리학의 고전을 增註하거나 評註한 해설서는 많이 있었지만, 과학적인 이론으로 재조명한 명리이론서는 宗主命理가 유일하다.

적천수천미에 나오는 512개의 명조는 淸代(1636년 ~ 1912년)의 실전 명조를 정리한 것으로 명조의 풀이에 대해서는 신뢰가 가지만 풀이한 내용만으로 명리의 정수를 터득하기는 어렵다.

명리의 역사는 수천 년간 되었지만 명리의 이론은 발전이 없었다. 오히려 과거보다 명조간명의 적중률이 뒤떨어진 면이 있다. 왜냐하면 과거에는 자연현상의 관찰을 통해 명리를 이해하는데 비해 오늘날은 과거처럼 자연현상을 관찰할 수 있는 여건과 이해가 부족할 뿐만 아니라 명리가 시대에 따라가지 못하고 정리되지 못한 단편적인 지식에 급급하다보니 자연에 대한 통찰력이 뒤떨어지기 때문이다.

명조감정에 첫 번째 단계가 되는 오행의 분석을 천간지지의 피상적인 개수에 의존하여 불완전한 육감이나 추측으로 접근한다는 자체가 어불성설이다. 무엇보다 오행분석만큼은 현대인의 입장과 성향에 맞도록 사주에 배정된 오행의 정확한 비중을 계측하여 强弱衰旺를 철저히 논리적이고 과학적으로 측정하여야 한다.

宗主命理는 기존의 子平命理와 달리, 사주를 천간지지와 지장간의 역월일시별 배분지수를 산정하여 오행의 강약을 계측한 宗主로 봐야 한다는 주장을 하는 것이다. 겨우 천간지지의 개수나 계절로 오행의 강약을 보는 기존의 子平命理와는 차원이 다르다.

자평명리가 일간 위주로 취용하는 관법과 달리 宗主命理는 宗主 위주로 取用하는 觀法을 취한다. 종주명리는 철저한 수준별 체계로 구성되어 있어 指數法을 모르고는 取用法으로 나아갈 수 없고, 취용법을 모르고는 통변법을 논할 수 없게 되어 있다. 결국, 신묘한 통변술은 정확한 취용법에 근거를 두고 있으며, 취용법도 완벽한 지수법에 바탕을 두고 있다.

宗主命理를 알고자 하면 먼저 기본적인 지수법을 배우고 익혀야 한다. 그리고 지수법에 기반을 둔 취용법을 터득하게 되면 비로소 사주 앞에 자유롭고 무궁무진한 통변도 가능하여 감동과 탄성을 자아내게 할 수 있다. 宗主를 중심으로 풀어가는 宗主命理는 오행의 정확한 무게를 계측하는 것에서 명조의 해석이 출발되어야 한다는 思惟에서 비롯되었다. 宗主命理의 指數法과 取用法을 먼저 소개하고자 한다.

첫째, 指數法

指數法은 오행을 역학적 근거와 과학적인 근거로 지수화하여 보편성과 객관성이 확보되어 있으므로 누구든지 指數法을 알면 같은 결과로 宗主五行을 도출할 수 있다.

宗主命理의 指數法은 주역의 모태가 된 河圖洛書에 근거를 둔다. 지수법의 정확성을 기하기 위해 연월일시별 월배분율의 人元用事에 따라 지장간의 지수를 계산하여 오행의 기질와 비중을 계산함으로써 계측에 객관성과 보편성을 기하였다. 초보자를 위해 '지수조견표'를 마련하였기에 처음에는 표를 보고 찾아서 적용하면 쉽게 활용할 수 있다.

둘째, 宗主取用法

宗主取用法은 指數法으로 드러난 宗主五行의 상태를 보고 生法取用과 剋法取用을 구분하여 취용하므로 종주오행을 알면 바로 정확하게 용신을 찾아낼 수 있다. 명리에서 용신은 사주의 방향성이자 명주의 가치관에 해당하는 가장 중요한 오행이자 육신이다.

宗主命理의 이론이 명리학계에 보편화되지 않는 한 명리에 대한 의혹과 미신시하는 풍조가 사라지지 않을 것이다. 가감승제처럼 풀어나가는 指數法을 본다면 감히 미신이라고 말할 수 없을 것이며, 시계바늘처럼 돌아가는 取用法을 보고 이현령비현령이라고 함부로 조롱하지 않을 것이다. 명리연구가와 술사들이 많지만 이처럼 과학적이고 합리적인 명리를 세상에 선보인 적이 없었다. '격의 구조도'에 수천 년간 감추어진 취용의 비밀을 간직하고 있어 '격의 구조도'를 보기만 해도 用神이 보이는 놀라운 결과를 경험할 수 있다.

필자는 명리의 현대화와 과학화를 위해 20년간 노력해왔다. 종주명리는 자평명리에서 공전과 자전의 법칙을 통하여 진화된 것으로 사주명리의 종결판이 될 것이다. 필자는 宗主命理를 완성하기 위해 적천수천미를 수백 번 모니터링하면서, 명리가 무시당하는 풍조를 불식시키기 위해 宗主命理에 열정을 받쳐서 찾아낸 취용법이기 때문이다.

셋째, 因緣通辯法

지수법과 종주취용법은 디지털식으로 접근하는 理法체계이지만, 인연통변법은 아날로그식으로 접근하는 氣法체계이다. 기법체계는 物象을 보고 읽어내는 것이니 영감이나 직감이 필요하다. 음양오행의 象에 대한 통찰력과 혜안이 있어야 가능하다.

음양과 오행의 운동성과 조후에 대한 기본지식체계를 바탕으로 物象을 읽어내면 사주를 영상을 보듯이 조감할 수 있다. 天地人의 삼재와 根苗花實의 운동성을 통하여 하늘의 五行과 땅의 四行을 읽어내면 천태만상의 변화를 알 수 있게 된다. 인연통변법은 고급관법으로 이 단계까지 마치면 신묘할 달인 경지에 이르게 된다.

제1장. 命理基礎

작은 나뭇잎 하나가 떨어질 때도 아무런 규칙성이 없이 떨어지는 것처럼 보여도 다 정해진 수순과 나름대로 규칙성을 가지고 움직인다. 인간이 태어날 때도 사주의 카오스(chaos) 속에는 내재된 법칙과 이론이 있다. 사주 속에 존재하는 과학적인 법칙과 이론을 주먹구구식의 연구에서 탈피하여 과학적인 지수법으로 五行을 풀고 體用을 취하여 干支의 象을 풀어내는 새로운 패러다임의 명리가 필요하다.

1-1. 오행의 기본원리

동양학의 출발은 하도낙서에서 출발한다. 성리학과 상수학의 기본인 주역도 마찬가지이다. 하도에서 體를 취하고 낙서에서 用를 취하니 오행에 대한 이해와 取用法도 하도낙서를 벗어나지 않는다.

하도는 본래 하늘을 가리키고, 낙서는 땅을 가리키는데, 河圖는 10이 있어 합이 55이고, 洛書는 10이 없어 합이 45인데, 하도와 낙서를 합하면 완전수 100이 된다. 하도는 선천수로 체가 되고 낙서는 후천수로 용이 된다. 하도에 오행의 상생이 나오고 낙서에 오행의 상극이 나온다.

만물은 水에서 만들어지므로 一水라 하고 乾坤이 교류하여 둘을 만드니 二火이다. 水火가 합작하여 셋을 만드니 三木이다. 또 3이 생하여 4를 낳으니 1,2,3,4는 생수가 되며 이것이 水火木金이다. 그리고 중앙에 5

토를 만들어 1과 5가 만나 6, 7, 8, 9로 성수가 된다는 것이 하도의 원리이자 선천수의 원리이다. 生數가 필름이면, 成數는 스크린에 투영된 영상이다.

하도와 낙서의 道가 서로 교류하면서 만물을 내고 생장시키고 죽이기도 한다. 60갑자와 64괘는 서로 같이 움직이는 易의 이치 속에 함께 존재하며 음양이 오행이고 오행이 음양인 것이다.

龍馬河圖(相生)

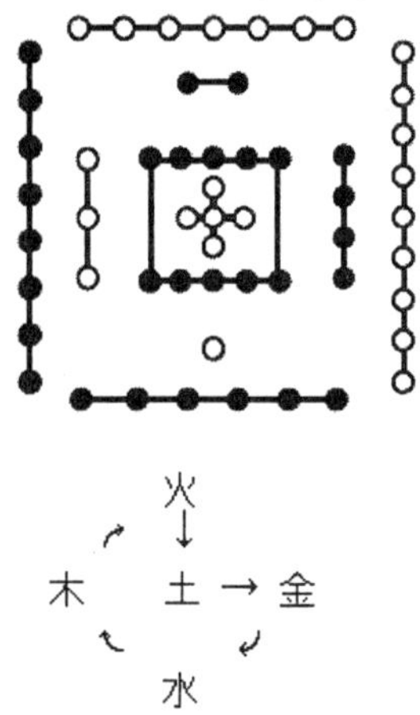

태양이 東에서 西로 지는 順行

神龜洛書(相剋)

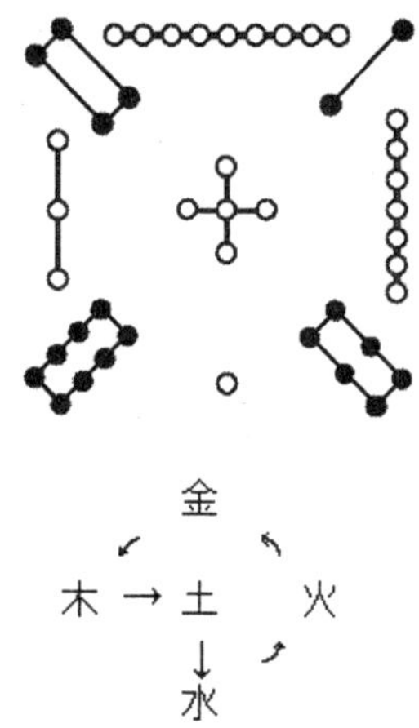

달이 西에서 東으로 지는 逆行

洛書에서 金火交易이 생기는 것은 河圖에서 뿌린 씨의 열매를 거두어 들이기 위해 火가 필요하기 때문이다.

1) 河洛의 象과 數[44]

우주의 모든 변화는 運과 氣의 勝負작용에 의해서 이루어진다. 하지만 변화현상의 勝負작용이란 것은 다만 관념적인 인식이나 공상에 그치는 것이 아니라 이것을 현실적인 事와 物에서 포착할 수가 있는 實學이 되어야 한다. 그러므로 우주의 변화현상을 실학적으로 연구하고 또 이것을

---

44) 한동석의 "우주 변화의 원리"에서

실용화하려면 사물의 변화와 꼭 부합되는 運과 氣의 운행법칙을 연구하고 사물을 탐색하는 방법인 象과 數에서 배워야 한다. 현실세계에서 동정하고 있는 모든 사물은 그 변화상태가 측량할 수 없을 정도로 잡다하다 할지라도 象의 幾微를 잘 관찰할 수 있다. 또한, 만일 우주의 사물들이 단순히 象만 판단하면 혼란이 생길 수 있지만 數가 있어 象의 의미와 내용을 증명해 주기도 한다.

數라는 것은 일반적인 의미에서 보면 사물의 질량을 계산하며 측정하는 수단과 방법일 수도 있지만, 철학적으로 고찰해 보면 數는 사물의 기미이며 또한 有와 無의 변화하는 象이며 單과 多의 운동현상인 것이다.

다시 말해, 우리가 우주 간에서 변화하는 사물의 象을 살펴보면 그의 변화원리가 微妙莫測하여 그의 유서를 찾아낼 수가 없지만, 상세하게 고찰하면 우리가 알아낼 수 있는 기미는 數에서 찾을 수 있다. 즉, 우주변화의 주체인 有와 無 및 陰陽의 分合이나 單과 多의 투쟁은 모두 數의 조화다. 서양의 단다론은 無象을 무시하고 有形에서만 單多의 현상을 보려고 하였기 때문에 單과 多의 사이에서 일어나는 모순을 조절하지 못하여 單多의 통일을 설명할 수 없다. 그러나 동양철학은 單多의 기원을 '無'에 두고 있기 때문에 거기서 물질의 형성을 설명할 수 있으며 또한 물질이 아닌 정신이나 생명을 말할 수 있는 것이다. 따라서 單多作用의 현상을 물질의 설명대상뿐만 아니라 無에서 일어나는 單多의 象도 아울러 설명된다.

천태만상의 자연현상계의 근원을 '하나'로 보면 單元論이고, '다수'로 보면 多元論이다. 동양의 화엄사상도 一卽多 多卽一로 설한다. 바로 '프랙탈 원리' 임을 주장한다. 즉, 무한과 유한, 본체와 현상, 전체와 부분, 사랑과 미움, 낮과 밤, 사랑과 미움의 관계를 초월자의 입장에서 보면 모두 하나인 것을 알 수 있다. 즉 그것들은 둘이면서 하나이고, 하나이면서 둘이다. 바로 이 모습 자체가 數이고 항상성의 원리와 연계되어 있음을 의미하는 것이다.

이처럼 數는 사물의 기미이며 또한 유무와 단다가 작용하는 象이다. 數는 이와 같은 기미에서부터 시작하여 象을 파악할 수 있는 기본이다. 그래서 우주대자연의 象數와 理致가 담겨진 하도와 낙서의 함의를 알아야 한다. 「字典」에서 '數'자의 의미를 살펴보면 '數'자에는 '機微'라는 의미와 '計算'이라는 의미와 또는 '細密'이라는 뜻이 있은즉 이것은 모두 徵兆의 計數를 말하는 것이다. 다시 말하면 징조라는 것은 있는 것 같기는 하나 알 수 없는 것을 말하는 것인즉 바로 기미이며 또한 細密인 것이다. 즉, 그 기미를 알 수 없는 것은 사물의 내용을 너무 세분하였기 때문이므로 너무 세분된 곳, 즉 기미에서는 실상을 파악하기 어렵다.

'計'라는 것은 발전과 통일의 종합점이다. '言'자의 뜻은 생장의 발전을 의미하는 것이고 '十'자의 뜻은 통일을 의미한다. 一點水가 세분화될 때에 나중에는 그의 形마저 상실되어 유형이 무형으로 비약되는 그 象이 바로 細密의 중점이다. 無라고 하는 것은 통일의 시작점이며 또한 數가 나타나는 본원을 의미한다.

2) 河洛의 수와 오행[45]

數는 계산을 위하여 인간이 임의로 만든 것이 아니고 數 자체가 진리이며 철학인 것이다. 그러므로 數가 나타내는 모든 象은 허상이 아니고 실상이다. 다시 말해, 만물은 그의 본질대로 象이 나타나고 象에는 반드시 數가 있다.

만물의 본질에 대한 탐색은 사물 자체의 象에서 직접적으로 찾는 것이나 그것을 연구하기 위하여서 數象에서 찾는 방법부터 공부하여야 한다. 다시 말해, 河圖는 자연수가 통일하는 象을 표시한 것이고, 洛書는 자연수가 발전하는 象을 나타내는 것이다.

---

45) blog.naver.com/mtman001/주역의 상[象]과 수[數]

河圖를 살펴보면 하부에 있는 六은 一을 내부에 안고 있는 象인데 一이 내부에 있고 六이 외부에 있는 것을 표시한 象은 바로 六이라는 成數가 一이라는 生數를 포위하고 있는 象이다. 이처럼 象이 北方正位에 있는 것은 六이 결국 포위망을 이완하면서 一을 生으로 방출할 수밖에 없는 象을 머금고 있는 것이다. 그러나 하도의 一은 아직 그 뜻을 실현하지 못하고 있는 象이다.

하도가 발전한 象인 낙서를 보면 一은 정북방에 놓였고 六이 서북방에 있다. 낙서에 이와 같이 표시된 것은 낙서는 하도와 같은 의사표시만이 아니고 이미 행동인 것을 나타내는 것이다. 다시 말해 서북은 수축이 未及한 곳이요, 正北은 통일이 완성된 곳인바 여기에서 새로운 활동이 시작되는 것이다. 그러므로 '六'자는 'ㅗ' + '八'하는 두 글자의 象을 합하여 만들어졌다. 'ㅗ'자는 古字의 上字다. 그러므로 우뚝 올라가려는 象이 있다. '八'자에는 포위망을 뚫고서 나가려는 象이 있다. 그렇게 만든 것은 지하에 있는 八(木)이 상향하려는 象을 六字에 표시하기 위함이다. 그런즉 이러한 '六' 이 외부를 포위한 象을 하도에 표시한 것은 다만 一六이 生意만 가지고 있다는 것을 표시한 것이지만 낙서에 六을 西北에 놓은 것은 六은 아직 완전한 통일이 아니고 正北의 一에 이름으로써 완전한 통일이 되어 가지고 東北位에서 八하려는 행동과정을 표시한 것이다.

즉, 一이 多로 변화하는 준비의 기본은 一六八의 준비과정인 北方坎水에 있다는 것을 알 수 있으며 따라서 현실적인 생장변화의 象은 낙서에 있고 다만 그의 기본만 하도에 있다는 것도 알 수 있다. 이와 같이 一은 六에 의하여 이루어지고 六은 一의 완성을 도우면서 또한 形의 본질로서 존재하는 것이다. 그러므로 一은 생명의 본질이고 六은 형체의 기본이다.

陽은 三에서 팽창하여 坎宮에서 극에 도달하여 一이 되고 陰인 二는 수축을 하여 乾宮에서 극에 도달하여 一과 六이 만나 생명을 만들어 내는 것이다.

3) 河洛이전의 數와 陰陽

하락이 생기면서 생긴 후천수는 用으로 쓰이고, 하락이전에 생긴 선천수는 體로 쓰인다. 하락이전에 음양이 생기면서 생겨난 先天數는 사물의 속성을 담고 있는 것이다. 선천수는 天合地沖으로 생겨난다.

甲己子午는 九이고, 乙庚丑未는 八이고, 丙辛寅申는 七이고, 丁壬卯酉는 六이고, 戊癸辰戌은 五이고, 巳亥는 四는 선천수이다. 최고의 수를 陽의 시작인 甲부터 시작되고 地支도 子에서 一陽이 시작되고, 陰의 시작은 天干은 己부터 시작되고, 지지는 午부터 一陰이 시작되기 때문이다.

1-2. 四行과 土

1) 水火木金의 원리

"태초에 하느님께서 하늘과 땅을 지어 내었다. 땅은 아직 모양을 갖추지 않고 아무 것도 생기지 않았는데, 어둠이 깊은 물 위에 뒤덮여 있었고 그 물 위에 하느님의 기운이 휘돌고 있었다. 하느님께서 '빛이 생겨라' 하시자 빛이 생겨났다."(창세기 1:1-3)

성경의 창세기에 의하면 물은 불보다는 먼저 생겨난 것으로 말한다. 역학에서도 물이 먼저 생겼다는 것과 맥을 같이한다. 물은 어둡고 검고 차갑고 모으고 아래로 내려가고 수축하는 성질이 있다. 불은 밝고 빨갛고 뜨겁고 흩트리고 위로 올라가고 발산하는 성질이 있다. 물만 있고 불이 없으면 물의 성분에 의거 물이 어떻게 될지 짐작 할 수 없다. 물이 수축되고 응축되다가 결국은 더 이상 응축이 불가한 상태에서 폭발해 버려 불이 생겼을 것이다.

불만 있고 물이 없다면 불은 금방 사라져 버린다. 장작은 금방 타 버리지만 송진이 있어 장작은 오래 탄다. 불은 물에 의지해서 형체를 오래 보존할 수 있기 때문이다. 물 만 그대로 두면 고체가 되고, 불은 그대로 두면 사라져 없어진다. 물이 부드럽게 되고 그로 인하여 흐를 수 있는 물의 모양을 갖추는 것은 불의 작용이 있기 때문이다. 불이 사라지지 않고 불의 모양을 유지하는 것은 물이 있기 때문이다.

빛은 물에 의해서 열로 변한다. 물은 땅에 있어 태양에서 오는 빛은 땅에 가깝게 올수록 열이 점점 올라간다. 빛은 물과 만나서 열이 발생되는 것이므로 물이 없으면 열도 없다. 물과 불은 서로가 생명력을 불어넣기 때문이다. 빛 자체는 온도가 없는데 수분이 작용에 의하여 열이 발생하고 온도가 올라가는 것이다.

물이 먼저 생기고 그 다음 불이 생겼다. 水과 火의 상호작용으로 생겨난 것이 바로 木과 金이다. 물과 불은 사랑하는 남녀와 같아서 서로 얼싸 안고 포옹을 하며 놀고 있는데 어떨 때는 불이 물을 감싸 안을 때도 있고, 어떨 때는 물이 불을 감싸 안는다. 물은 움츠리고 감싸고 응축하고 저장하는 작용을 하고, 불은 타오르고 펼치고 분산하는 작용을 한다. 불이 물을 감싸 안을 때는 불의 작용이 밖에서 작용하므로 물의 움츠리는 작용을 자꾸 펴 줄 것이다. 불은 물을 끌어내어 위로 오르려고 힘 쓸 것이다. 불이 움츠리기만 하는 물을 당기고 펴서 끌어 올리는 작용 때문에 木이라는 자식이 생긴다.

물이 불을 포옹하고 놀 때는, 불은 펼치고 분산하지만 움츠리는 물속에 갇혀 버린다. 물속에 갇힌 불의 심정을 헤아려 보면 아마도 그 괄괄한 불같은 성질에 아마도 발광을 하고 환장하여 미쳐버릴 지도 모를 일이다. 힘센 남자가 여자를 너무 꽉 안아버리면 숨이 막히고 갈비뼈가 으스러지도록 꽉 껴안아 주길 바란다. 그래서 물은 아랑곳 하지 않고 불을 계속하여 압축해 들어간다. 불의 활동범위가 줄어들고 점점 농축하게 되며 물은 오로지 압축 운동을 멈추지 않는다. 이렇게 해서 생겨난 것이 금이니 단단한 것이 金의 기본성질이다. 그러므로 木金은 水火의 자식이고 수화가 만든 작품인 것이다. 火가 水를 끌어내어 만든 자식이 木이고, 水가 火를 응축시켜 만든 작품이 金이다.

2) 사행과 오행

『周易』에 이르길, “易에는 太極이 있으니, 이것이 兩儀를 낳고, 양의가 四象을 낳고, 사상이 八卦를 낳는다.” 태극이 陰陽을 낳는 것이 첫 단계의 분화이며, 음양이 사상을 낳는 것이 두 번째 단계의 분화이며, 사상이 팔괘를 낳는 것이 세 번째 단계의 분화이다. 여기서 四象 곧, 서로 대립이 되는 형태의 구조로 되어 있는 水火木金이며, 四象에 土를 더하면 五行이 된다. 음양은 서로를 잉태하며 생장 소멸하는 순환과정을 무한 반복한다. 음양을 가장 단적으로 상징하는 것은 水와 火이다. 水는 陰이 極에 이른 시점을 상징하며, 火는 陽이 極에 이른 시점을 상징한다.

‘陽極卽陰生 陰極卽陽生’을 통해 배웠듯이 陽이 가득하게 되면 하나의 陰이 시생하고, 一陰이 성장하면서 상대적으로 陽은 쇠퇴하게 되는 것이다. 이렇게 極陰에서 極陽으로 변화되어가는 과정을 木으로 상징한다면 반대로 極陽에서 極陰으로 변화되어가는 과정은 金으로 상징된다. 이렇게 음양은 태양과 소양, 태음과 소음의 4가지로 나뉘며 오행 중 土를 제외한 나머지 四行은 분명하게 자신의 위치를 점유하게 된다. 그러나 음양을 변화의 과정상 木火金水로 나누면 四行은 분명한 위치가 정해지는데, 유독 土만은 주어진 위치가 없다. 토는 四行에 기생하며 四行을 주관하기 때문이다. 따라서 土는 음양의 단계적인 특징을 드러내지 않고 중화를 지키고자 한다. 하지만 土 자체로서는 조절자의 역할에 충실할 뿐 주도적인 성향이 없어 주변의 세력에 쉽게 휩쓸린다.

솟아오르는 木은 봄을 형성하고, 성장하는 火는 여름을 꾸미며, 거두고 마무리하는 金은 가을을 나타내고, 갈무리해서 적막한 水는 겨울을 상징한다. 土는 계절마다 간직하고 있는 자궁이요 산실로서 일정한 절기를 가지고 있지 않다. 生하고 死하는 것은 水火木金의 四行으로서 오고 가는 것이다. 土는 四行을 낳기 위한 터전이고 대기상태이다. 四行이 처음 나타나는 것은 立이 들어가는 立春, 立夏, 立秋, 立冬이다.

해 뜨는 아침의 生氣는 처음 발생하는 木氣로서 봄의 절기이고, 해가 남방의 중천에 오른 정오의 뜨거운 熱氣는 火氣로서 여름의 절기이고, 해가 서산으로 기울고 신선한 바람이 부는 양기는 金氣로서 가을의 절기이며, 해가 완전히 땅에 떨어진 밤의 寒氣는 水氣로서 겨울의 절기이다.

이처럼 절기는 천지운기가 오르고 내리고 뜨며 가라앉는 昇降浮沈의 현상이나 起承轉結을 구체적으로 분류하고 명시한 운기의 진행과정이다. 지지는 春夏秋冬 즉 四行운동을 한다. 지지는 三合運動을 하면서 四行을 하는데, 삼합운동은 輪廻를 말한다. 가령, 火는 寅에서 生을 꽃피우고, 午에서 화려함을 자랑한 후 戌에서 잠재운다. 우리는 朝晝夕夜의 四行운동 속에 살고 있으며 春夏秋冬 四行운동 속에 생활한다.

명리에서는 천간과 지지를 연결하는 이론은 항상 火土同法을 사용하여 우주의 오행운동을 四行운동으로 연결하고 있다. 대표적인 것이 12운성이나 공망이고 각종 신살 등에서도 火土를 함께 보고 있다. 지구는 四行운동을 하는데, 五行운동을 적용하려 하니 혼란이 야기될 수 있다. 지구가 四行운동을 하는 이유는 지축의 기울기 때문이다. 23.5도 기울어진 지축의 기울기에 의해 4계절이 생겨나므로 지구에 사는 모든 만물은 4계절운동의 지배를 받고 있는 것이다.

계절은 土가 만들어 준다. 土는 태극이고 혼돈(chaos)이다. 水火木金은 土가 없으면 四行이 없어 기운이 진퇴하는 계절변화가 없는 것이다. 土는 사행의 중심축으로 항상 고요하며 변화가 없어 토는 진퇴의 영향에 큰 의미를 두지 않는다. 四行과 五行은 사실상 같은 것이다. 四行은 靜의 상태이고 五行의 動의 상태일 뿐, 動과 靜은 무한 반복을 한다.

五行의 순서는 水火木金土이다. 河圖에 이르길 물은 하늘(1陽)에서 생겨(生) 땅(6陰)에서 이루어지고(成), 불은 땅(2陰)에서 타올라(生) 하늘(7陽)로 올라가고(成), 나무는 하늘(3陽)에서 씨가 떨어져(生) 땅(8陰)에서 무성하게 자라며(成), 쇠는 땅(4陰)속에서 파내어(生) 세상(9陽)에 모두 쓰이는(成) 것이고, 흙은 한 알갱이(5陽)의 흙이 모여 쌓이는(10陰) 흙(成)이다. 數라는 陰陽에서 물체인 五行이 나온다.[46]

3) 오행의 특수성

(1) 토의 가변성

① 火土同根과 水土同根

土를 만나면 확산에너지가 중지된다. 土는 에너지를 가두어 버리기 때문이다. 火의 확산을 막기 위해 戊土로 정지하게 하고, 水의 확산을 막기 위해 戊土로 정지하게 한다. 그래서 後天에서는 火土동근이 되고 先天에서는 水土동근이 된다. 이는 후천에서는 戌中戊가 작용하고 선천에서는 辰中戊가 작용하기 때문이다. 土는 體와 位가 일정하지 않으며, 戊土는 乾道로 中止시키고 己土는 坤道로 反轉시킨다.

火는 양운동이고 水는 음운동으로 이 두 가지 물질이 음양운동의 主가 되는데, 서로 전환되기 위해 己土가 조절역할을 한다. 火生土하나 土가 많으면 埋光되고 土生金하나 土가 많으면 埋金된다. 음양은 상대적이면서 공존하고 순환하여 조화를 이룬다.

② 土의 작용

辰戌陽土는 자기 주체 좌표를 유지하기 위한 磁場引力으로 구심체를 형성하는 역할을 하고, 丑未陰土는 객체인 우주전체와의 상대적인 작용에서 자신의 운동유지를 위한 推力作用으로 遠心力을 발휘하며 軸과 角度를고수하는 조화의 土로서 두개의 土가 존재한다.

---

46) http://cafe.daum.net/dnstjdkim(고운성)

心은 5행상 土에 해당한다. 土라는 증거는 시간「ㅣ」과 공간「ㅡ」을 합한「十」구심점이 土의 진리에 해당하기 때문이다. 土는 음양이 극을 달하면 운동이 시작된다. 동시에 상대적으로 음체와 양체가 생긴다. 이때 중심의 1점이 동남방 2점을 합세하여 3점이 되면 陽性子를 이루는 동시에 양성체였던 것이 음성체로 바꾸어지며 核力이 생겨 회전운동과 아울러 振動과 波長이 일어나 氣가 발생하여 확대된 것이 현상계이다.

(2) 오행의 대표성

오행 중에 火는 陽을 대표하고, 水는 陰을 대표한다. 火와 水는 대표성이 강하여 오행작용 및 조후에 결정적인 역할과 특수한 작용을 한다. 金木土와 달리 음양허자를 도충해오거나 쌍자도충을 해온다. 천간은 五運으로 들어오고 지지는 六氣로 들어오니, 壬壬이 丁을 끌어오고 丁丁이 壬을 끌어오고, 丙丁이 巳午를 끌어오고 壬癸가 亥子를 끌어온다. 상세한 내용은 후술한다.

1-3. 천지인

1) 천지인의 의미

三元은 각각 天地人을 말한다. 天元은 天干이며, 地元은 地支이고, 人元은 支藏干이다. 천간은 주연이고 지지는 조연이며 지장간은 엑스트라에 비유된다. 지장간은 운에 따라서 잠깐 나타났다가 사라진다. 특히, 삼합의 기운을 중기에 감추고 있다가 운에서 삼합을 이루면 드러나서 활동을 하는 것이다. 지장간은 주로 천간의 뿌리역할을 많이 하며 합, 충, 형의 변화에 따라서 드러나게 된다.

천간은 하늘에 드러난 것이니 氣的이고 象的이다. 지지는 땅바닥에 있으니 실질적이고 현실적인 形이고 物이다. 지장간은 드러나지 않으니 소극적으로 쓴다. 지장간이 드러나지 않는다 하여 형편없거나 힘이 없는 것이 아니다. 천간에 있는 것은 넓게 멀리 있으니 모두가 아는 것이고 지지에 있는 것은 실질적으로 나를 아는 주변은 다 아는 것이고 지장간에 있는 것은 아는 사람만 알거나 나만 아는 것이다.

가령, 여명의 관성이 천간에 있다면 남들이 알아주는 남편이고 지지에 있다면 실질적인 혜택을 주는 남편이고 지장간에 있다면 명예나 실질적인 것을 남들은 모르지만 나름대로 분야에서 알아주는 남편이다. 寅申巳亥 속에 있는 지장간은 어설픈 천간이나 힘없는 지지보다 좋을 수 있다. 지장간에 숨어 있다는 것은 합충의 타격이 적기 때문이다. 지장간 속에 있으면 변화가 많지 않지만, 대운에서 같은 글자를 만나면 動하여 조연에서 주연으로 등장하게 된다. 지장간에 있어도 精神氣가 좋으면 제 역할을 다하는 것이다.

재성이 지장간 속에 있는 남명이면 배우자가 소극적이거나 대중적이고 사회적이지 않는 직업이고 돈도 남들 모르게 숨겨 놓았다는 의미이다. 여명의 경우 관성이 지장간에 있으면 남이 모르는 전문직종이고 변화가 없는 안정된 직종이다.

지장간은 삼합이나 육합의 작용에 의해서 나타났다가 사라지는 작용을 하고 드러나 있지는 않지만 언제든지 외부의 변화에 의하여 사용이 된다. 子, 午, 卯, 酉는 제왕지에 속하며 지장간이 거의 하나씩만 들어 있고 오행의 변화가 없으며 절대 양보하지 않는 강력한 기운을 담고 있다. 寅, 申, 巳, 亥 는 장생지에 속하며 삼합이나 방합 그리고 육합에 의하여 오행의 변화를 일으킨다. 특히 삼합작용을 할 때에는 원래 갖고 있는 오행의 속성을 버리고 다른 오행으로 변화하는 속성을 가진다.

辰, 戌, 丑, 未는 庫地에 속하며 土라는 것은 하나의 물질이 아니고 크게는 음과 양을 연결하는 작용으로 보아야 하며 방위로 본다면 중앙에 위치하고 사계절의 연결고리로서 역할을 한다. 또한 土는 木, 火, 金, 水

의 기운을 모두 거두어들이는 庫地작용을 한다.

辰은 水를 입묘시켜서 巳火를 열어 준다. 세상에 모든 水를 갈무리 해 주어야 火의 계절이 열린다. 戌은 火를 입묘시켜 亥水를 열어 준다. 세상에 모든 火를 갈무리 해 주어야 水의 계절이 열린다. 丑은 金을 입묘시켜 寅을 열어 주고, 未는 木을 입묘시켜 申을 열어준다. 이렇게 土는 각 계절의 끝에서 갈무리하면서 다음 계절을 열어간다.

辰, 戌, 丑, 未의 지장간 중기에는 모두 삼합의 기운을 저장하고 있는데 삼합인자를 만나면 삼합의 오행으로 변하고 여기에 저장된 기운은 방합의 기운으로 방합인자를 만나면 방합의 오행으로 변화한다. 이렇게 지지는 어떤 외부의 상황변화에 의하여 사주팔자 내에서 또는 대운이나 세운의 작용력에 의하여 변화를 한다.

① 천간은 사회적이고 공개적이니 용신이 천간에만 있으면 남에게는 인정을 받지만 가정적으로 개인적으로는 인정받지도 못하고 실속도 없는 가식이고 무늬에 불과하다.

② 지지는 개인적이고 가정적이니 용신이 지지에만 있으면 개인적으로 가정적으로 인정을 받고 실속이 있고 실력자로 실속파로 통하고 능력자로 통한다. 용신이 천간과 지지에 응통하는 경우가 가장 좋다. 마음먹은 대로 되고 행운도 따른다. 실속과 능력이 사회적으로 공개적으로 통하는 것이다.

③ 지장간은 은밀한 것이고 비밀이다. 용신이 지장간에만 있는 경우 즉 지장간의 여기나 중기로만 있는 경우는 꿈과 미래를 위해 부단히 노력을 하고 애를 써도 실력을 인정받기 힘들고 남들도 알아 주지 않는다. 무능한 사람으로 인식된다. 용신은 사주의 방향성과 지향점인데, 이것은 확실할수록 좋으니 지장간에 있는 용신은 답답한 인생이다. 다만, 운에서 지지를 얻고 천간까지 얻는다면 꿈과 희망을 이루게 된다. 용신은 사회적 안목이고 목적의식이니 용신이 강

력 할수록 좋다. 용신이 개인적인 용도에 머문다면 개인의 취향과 의식주의 용도로만 쓰여질 수 있다. 그러나 용신은 임의로 선택하는 것이 아니라 선택되어지는 것이다.

2) 천간의 유인력

태초에 하늘의 기운 10天干이 먼저 생겼고 후에 하늘의 기운인 천간이 땅으로 내려와 서로 섞여 물질화되면서 12地支가 형성되었다. 결국은 땅에서 이루어지는 모든 일, 즉 지지 서로간의 상호작용은 천간의 유인력의 영향을 받게 된다. 하늘의 뜻은 祿地로 내려오니, 甲은 내려오면 寅이 되고, 乙은 卯가 되고 丙은 巳가 되고, 丁은 午가 되고, 戊는 巳와 辰戌이 되고, 己는 午와 丑未가 되고, 庚은 申이 되고, 辛은 酉가 되고, 壬은 亥가 되고, 癸는 子가 된다.

壬 癸 ○ 壬
○ 申 子 ○

왕지와 반합이 되면 천간의 유인력에 관계없이 반합이 결성된다. 왕지와 반합이 되어 있는 경우에 천간에 유인력까지 받으면 局을 결성하게 된다.

3) 지장간의 묘미

① 배분율

지장간은 지지 속에 머무르는 천간을 의미한다. 월령의 심천에 따라 30일 기준으로 일정 배분율에 따라 사령하나 주변 오행의 세력에 따라 사령하는 것이 지장간의 특징으로 본다. 그래서 일반적으로는 정기가 사령하나 주변의 오행을 세력을 보고 사령하는 오행이 무엇인지를 헤아려야 한다.

子午卯酉는 순수한 자기 기운만 가지고 있으니 沖을 할 때는 불안함의 요소보다 자기 기운의 극대화를 의미한다. 寅申巳亥는 호랑이나 멧돼지처럼 저돌적이고, 뱀처럼 뒤로 물러날 수 없으며, 원숭이처럼 성급하다. 구성요소가 모두 陽干이며 성급하여, 계절을 앞질러 달음질치고 있는 寅申巳亥의 난폭함을 조율하기 위해 자연의 섭리인 戊土가 무사처럼 그들을 지키고(戈) 있다.

辰은 물방울의 분열점이고 戌은 물방울의 응축점이다. 丑未는 한바탕 격정적인 음양전쟁 후에 뒤처리를 감당해야 할 坤道로 인내하고 다독거려, 눈물 어린 사랑으로 보듬어 생명을 다시 되살린다. 지장간이 있어도 통근하지 못하는 경우가 있다. 가령, 己亥는 해중에 戊甲壬이 있지만 무토는 통근처가 되지 못한다. 수생목, 목극토하기 때문이다. 이렇게 있지만 전혀 작용하지 못하는 통근을 虛根이라 한다.

② 지장간과 局

氣의 순환과 유전을 위해 四孟地의 지장간에 다가올 미래의 씨앗을 준비하고, 四旺地의 지장간에는 순수하게 주도하는 계절의 기운을 담고, 四庫地에 지난계절의 기운을 윤회하기 위해 땅에 묻어두는 것이다. 가령, 寅木은 지장간에 丙火와 甲木이 사령하고 있어 寅午戌火局, 寅卯辰木局으로 변한다. 卯木은 지장간에 甲木과 乙木의 木만 있으므로 亥卯未木局, 寅卯辰木局으로 변한다. 辰土는 지장간에 乙木과 癸水가 있어 寅卯辰木局, 申子辰水局으로 변한다. 따라서 대운, 세운에서 局을 이루면 용신과 격국이 변하는 것이다.

4) 지장간의 활용

지지는 體이고 지장간은 用이니 巳화는 陰體陽用이 된다.

① 餘期(初氣)는 인생의 한고비를 넘긴 老年期의 기운과 같아 노인의 잔소리, 越權행위의 작용을 한다.

② 中氣는 미래의 변화를 추구하는 경향이 있으며 생기발랄한 어린이

와 같은 작용을 한다.

③ 正氣(本氣)는 왕성한 기운으로 중추적인 작용을 한다.

支藏干이란 지지에 천간의 기가 간직되어 있는 것이니 천간이 땅에 내려와 그릇에 담기는 것이다. 지장간이 천간에 투출되었으면 사람의 능력이 밖으로 드러난 것이고, 투출되지 못했으면 인간의 잠재능력이 된다. 운에서 지장간이 천간으로 투출될 때 잠재능력이 발휘된다. 지장간을 통하여 천간의 飛合과 지지의 飛出을 통하여 富의 크기를 헤아린다.

사주원국에는 배우자 자리가 없어도 지장간에 배우자에 해당하는 육친이 숨어 있는 경우는 충분히 배우자의 작용을 기대할 수 있다.

戊 辛 乙 癸 乾
戌 卯 丑 未

未中에 丁과 乙을 두고 卯未合으로 배우자궁으로 당겨오니 혼전에 자식을 두게 된다. 그러나 집안의 결사반대로 여자와 자식과 헤어져야 한다. 丑未沖으로 卯未합을 방해하기 때문이다. 戌中에 丁화와 辛금과 同居하고 卯戌합으로 일지궁으로 당겨오니 늦게 결혼하여 남의 자식을 키우게 된다.

庚 壬 丙 乙 乾
戌 戌 戌 未

壬수는 飛合하여 丁화를 가져오고, 戌中辛은 飛出하여 丙화를 가져오니 재물이 재벌에 이른다.

戊 乙 癸 丙 坤
子 亥 巳 午

관성이 지장간에 있으면 남편 인연이 조금 약하니 운에서 만나게 된다.

제2장. 指數法

2-1. 陰陽과 體用

1) 陰陽의 이해

음양론은 體用과 연결되므로 음양론만 정통하면 사주를 볼 수 있다. '五行따로, 陰陽따로'가 아니다. 음양을 볼 줄 알아야 體用을 가릴 줄 알고 體用을 구분할 줄 알면 명조에서 가장 필요로 하는 오행과 육신인 用神이 보이기 때문이다. 주역이 靜的이라면 명리학은 動的이다. 음양을 동적인 관점에서 보면 음양의 비율이 고정되어 있는 것이 아니라 음양의 비율이 유동적이기 때문에 음과 양이 합하여 또 다른 음과 양을 만들어 낸다.

체와 용이 융합하여 다른 용이 생겨나고 다시 다른 체와 융합하여 또 다른 용을 만들어가고 다시 또 다른 체와 무한대로 융합해나간다는 용의 음양원리에 바탕을 두고 사주를 본다.

적천수의 陽從氣 陰從勢의 의미는 陽은 뜻과 기상을 중시하여 정신을 따르나, 陰은 물질세력을 중시하여 이익을 따른다는 말이다. 陽은 땅을 차지하여 세력을 확장하는 일에 관심이 많고, 陰은 좌우 세력의 강약을 보아 그중 강한 권력에 의탁해서 하늘의 뜻을 보필하여 하나가 되려고 한다. 따라서 陰은 陽보다는 기본적으로 하늘과 남성을 받아들일 수 있는 그릇을 갖춘 것이다.

2) 體用에 대한 이해

우주에는 體가 있으면 用이 있다. 用을 生助하면 발복하여 복덕을 누리지만 用을 剋傷하면 재앙이 닥친다. 사주에서 用은 사주가 항상성의 원리에 따라 中和를 취하려는 向이고 觸이다. 술가는 명조의 用을 보고 대자연의 메커니즘을 해독한다. 오행의 비중이 가려지면 자연스럽게 氣와 質로 구분되어, 氣는 가볍고 형체가 없으며 흩어지고, 質은 무겁고 모여서 形體를 이루어 형질, 물질 혹은 형상, 물상이 되는 것이다.

氣(energy)가 변하여 質(matter)이 되고 質이 변하여 形과 物이 되는데, 하늘은 보이지 않는 무형의 물질인 태양의 에너지가 지상에 내려와 만물을 키우는 유형의 물질로 바뀌고, 유형의 물질은 다시 분해되어 공중으로 흩어지는 순환을 한다. ($e=mc^2$, c:光速)

天干은 無形으로 形而上에 해당하고 地支는 有形으로 形而下에 해당된다. 천간은 무형의 氣와 勢로 존재하고, 지지는 유형의 質과 形으로 존재한다. 천간은 氣의 구조로 이루어져 천간의 조합이 관건이고 지지는 質의 구조로 이루어져 오행의 수량이 관건이다. 천간은 기의 합과 극을 통하여 사주의 고저를 보지만 지지는 질의 형충파해를 통하여 사주의 청탁을 본다. 하늘에 떠 있는 天干은 動的이므로 成敗와 得失을 논할 수 있고 땅에 가라앉은 地支는 靜的이므로 吉凶의 예측이 가능하다. 또한 천간은 마음에 비유되고 지지는 육체에 비유된다.

2-2. 중화(中和, neutralization)와 항상성

1) 음양의 중화

음양이 공존하려는 것 때문에 한쪽이 지나치게 팽창하면 다른 한쪽은 수축하려는 작용이 일어난다. 이것이 恒常性(homeostasis)의 원리작용이며 이로 인하여 중화가 이루어지는데, 이 항상성 때문에 자연치유력과 복원력이 생기는 것이다. 항상성의 법칙 때문에 생성하고 호흡하는 것이며 자기조절능력이 있어 만물의 순환이 되고 피드백이 계속된다. 팽창하는 것은 生의 과정이고 수축하는 것은 成의 과정이다. 生하고 成하는 작용이 있어 生扶하는 것이 다하면 剋制하게 되는 것이다. 항상성의 원리는 피드백 통제기구의 일종으로 사이버네틱스이론[47]의 핵심에 해당한다.

사주에서 '항상성의 원리'의 중심에는 "宗主旺神"이 있다. 宗主旺神은 六神으로 본 宗主이고 宗主五行은 오행으로 본 宗主이다. 혼용하여 사용할 수 있다.

"宗主旺神"은 불균형을 초래하기 때문에 항상성의 원리가 작동하는 陰陽의 動靜이 시작되는 것이다. "宗主旺神"이란 사주에서 개별오행의 세력의 강도가 가장 강하고 가장 많은 비중을 차지하는 으뜸오행을 말한다. '宗主'라 부르든 '病'이라 부르든 중요한 것은 종주왕신이 陰體이면 陽을 지향하고 陽體이면 陰을 지향한다는 것이다. 따라서 體에 해당하는 宗主旺神을 구하는 것은 宗主旺神의 지향성인 用을 구하기 위함이다. 宗主旺神은 旺神 중에 가장 강도 있는 왕신이다. 旺神은 일반적으로 월령, 득지, 득세 중에서 2개 이상을 포함하고 있는 왕한 오행을 의미한다.

47) '사이버네틱스(Cybernetics)'의 어원은 그리스어로 키잡이를 뜻하는 'Kubernetes(또는 Kybernetes)'이며 이 말은 나중에 영어의 '통치하다'는 뜻인 'Govern'을 낳기도 했다. 즉, 사이버네틱스에는 '조종하다(영어의 Steer나 Pilot)'는 뜻과 '통제하다(영어의 Control, Govern)'는 두 가지 의미가 담겨 있는 셈이다. 위너에 따르면 사이버네틱스의 정의는 다음과 같다. '어떤 체계에 포함되는 두 종류의 변량이 있는데, 그 하나는 우리가 직접 제어할 수 없는 것이고, 나머지는 우리가 제어할 수 있는 것으로 한다. 이때 제어할 수 없는 변량의 과거로부터 현재에 이르기까지의 값을 바탕으로 하여 제어할 수 있는 변량의 값을 적당히 정하여, 이 체계를 가장 바람직스러운 상태로 도달시키는 목적을 달성하기 위한 학문.' 사이버네틱스는 정보 피드백(informational feedback)을 통해 작용하는 자기조정 체계(자율조정)의 과학을 말한다. 피아제는 사이버네틱스는 평형화의 일반 이론의 변증법적 핵심을 제공한다고 보았다.

2) 종주왕신

종주왕신은 旺神 중에 종주에 해당하는 것을 말한다. 왕신은 지수가 2.2 이상인 경우에 해당하는 오행이다. 종주왕신 다음으로 지수가 강왕한 것이 차종주이다. 宗主旺神은 대체로 흉격으로 작용한다. 더구나 次宗主와 상생이면 더욱 그러하다.

① 印星宗主는 재능과 수완이 없어 불로소득을 바라고 일을 싫어한다.

② 比劫宗主는 무정한 겁탈자이고 탐욕자이다. 돈을 벌기 위해 인정사정 없고 수단과 방법을 가리지 않는다. 蓄財가 어렵고 낭비, 투기, 방탕으로 기운다. 도적이 난무하여 돈을 벌어도 갖고 있으면 횡액이 생긴다.

③ 食傷宗主는 부양을 받는 허약자가 허욕을 부리고 남을 깔보고 무리한 행동을 하는 형국이다. 병든 자가 달리기 하고 어린이가 한강에 뛰어드는 격이다.

④ 財星宗主는 간사, 교활하며 지능적으로 악용한다. 불법과 부정으로 수난을 당한다. 무능력자가 허욕으로 得配하여 불장난하므로 災殃을 초래한다.

⑤ 官星宗主는 財를 닥치는 대로 소진시키고 심신도 소모되어 허약하고 병든다. 관성체는 이루지 못하는 뜻과 이상으로 오르고 오르다가 기진맥진되어 좌불안석하고 있는 상태이다.

3) 宗主旺神과 用組

(1) 旺神이란

왕신은 은 월령, 득지, 득세 중에서 2개를 포함하고 2.2이상이어야 왕신이 된다. 2.2미만은 왕신에 해당하지 않는다. 또는 지지정기를 하나이상을 포함하여 천간이나 지지의 여기와 중기를 계산한다. 지지정기와 천간 2개는 충족이 되나 지지정기와 지지의 여기중기 2개는 충족되지 않는다. 極

旺한 왕신이 있는 사주는 희신과 기신의 존재감이 약하다. 왕신은 블랙홀과 같아 함께 길흉을 흡수해버리기 때문에 희신의 동정보다는 왕신의 동정을 살피는 것이 사주의 동정을 보는데 큰 의미가 있다. 그래서 왕신의 沖刑과 入墓현상을 주의 깊게 살펴야 한다.

(2) 太過旺神

太過旺神은 종주왕신과 달리 土의 변화를 고려하지 않은 왕신이다. 宗主旺神은 土의 변화를 고려한 것이고, 太過旺神은 土의 변화를 고려하지 않고 지장간의 개수만으로 파악하는 것이다. 宗主旺神은 용신을 구하는데 필요한 오행이고, 太過旺神은 질병과 건강을 진단하는데 필요한 오행이다. 太過旺神은 사주에 많이 차지하고 있는 오행으로 질병의 상태를 좌우한다. 사주의 체용을 종주왕신으로 구분하는 것은 정확하지만 태과왕신으로 체용을 구분하는 것은 무리가 따른다.

(3) 宗主旺神과 用組

사주에 종주왕신이 정해지면 왕신을 조율할 旺神의 짝(財와 官)으로 共存하는 用組를 찾아야 한다. 금이 종주왕신이면 金의 짝에 해당하는 火와 木이 用組가 되고, 水가 종주왕신이면 水의 짝이 되는 土와 火가 用組가 되고, 木이 종주왕신이면 목의 짝에 해당하는 金과 土가 用組이고, 火가 종주왕신이면 火의 짝에 해당하는 수와 금이 用組이고, 토가 종주왕신이면 토의 짝에 해당하는 목과 수가 用組가 된다.

用組 중에서 명조가 가장 필요로 하는 것이 用神이 된다. 가장 필요로 하는 것은 조후상으로든, 억부상으로든, 전왕상으로든, 통관상으로든, 병약상으로든 결국 用組와 用神은 하나의 善으로 귀결이 된다.

지수법은 宗主旺神을 구하는데 필요한 기본원칙이다. 오행의 계측지수를 산출하여 宗主旺神을 구하는 것이 사주의 정확한 간명을 위한 첫걸음에 해당한다. 간명을 위해서는 먼저 지수법을 통해 가장 강한 오행을 구하고 통근법을 통해 용조를 구해야 한다.

用組는 用神의 역량이 발휘될 수 있는 通力의 지원군이다. 목은 수와 공존공용하니 木水用組가 되고, 금은 토와 共存共用하니 金土用組가 되고, 토는 화와 공존공용하니 土火用組가 되고, 수와 화는 완전독립성이 있어 獨用하니 水用組가 되고 火用組가 된다. 토의 특수성 때문에 토는 금과 공존공용하니 土金用組도 있다. 용조에 대한 상세한 내용은 후술한다.

일반적으로 오행의 개수로 강약을 계산하지만, 정확한 오행의 강도를 알기 위해서는 지장간의 배분율과 土化까지 정밀하게 계산을 해산한다. 사주의 체는 정적인 상태에 있어 변화가 미약하여 지수화가 얼마든지 가능하다. 强弱은 오행의 양적 측면을 논하는 것이고 旺衰는 오행의 질적 측면을 논하는 것인데, 지수법의 오행지수는 오행의 양적 측면뿐만 아니라 질적 측면까지 종합적으로 고려하여 계량화한 천문수리이다.

종주왕신이든 태과왕신이든 중복혼잡으로 태과한 왕신은 전생부터 인연이 많은 카르마(karma: 業, 因緣)에 해당한다. 그래서 성격이나 행동에 강한 습성으로 나타난다. 자신도 싫어하면서도 어쩔 수없이 끌려가게 되고, 자주 변하고 문제를 발생시키는 因子로 작용한다. 四吉神도 예외가 될 수 없다.

2-3. 天地人 해부

인체의 구성은 73% 정도가 물로 되어 있어 태양과 달의 영향을 받는다. 그래서 절기마다 달의 위치에 따라서 각각의 기운이 바뀌어 가는 천간의 변화과정을 지지에 표시한 것이 지장간의 비밀이다.

天干은 공적 명분이라면 地支는 사적 실질을 나타내고 支藏干은 내부인자로 의지를 의미한다. 다시 말해, 천간은 정신적이고 외면적인 것, 밖으로 드러나는 것, 남들이 명백히 알 수 있는 일들, 주요 사건, 추진하는 일, 원인적인 因子를 의미하고, 지지가 의미하는 것은 육체적인 면, 물질적인 면, 상대적으로 덜 드러나는 것, 내면적 사정, 나와 가까운 사람들이 아는 정도의 일들, 주요 사건 및 추진하는 일의 결과, 천간의 내용과 관련된 내면적 사정, 기반을 의미한다. 天干은 독립변수이고, 地支는 종속변수이다. 따라서 地支의 변화를 알기 위해서는 天干의 변화부터 먼저 살펴야만 한다.

물리적인 개념으로 천간의 힘은 순간적으로 사용할 수 있는 힘인데 반하여 지지의 힘은 물질적이기에 지속적으로 그 힘이 발현된다는 점이 다르다. 예를 들면 肝에서 木에 해당하는 물질적인 에너지가 지속적으로 생겨난다. 이에 반하여 膽에서는 이러한 물질적인 에너지를 저장하면서 동시에 이를 氣的인 형이상학적인 힘으로 변환한다.

양은 확산작용을 하고 음은 수렴작용을 하지만 음양은 상통하므로 甲에 이상이 생겨도 간염이 발생하고 乙에 이상이 생겨도 담석증이 생긴다. 담도나 담낭에서 황금나선형의 기하학적인 형상에서 에너지로 변환하는데, 간만 있고 담이 존재하지 않는다면 木氣의 발현이 어렵다.

심장에서는 강력한 펌핑 작용에 의하여 火氣를 발생하고 이를 인체에 공급하는데 이것에서 氣的인 火의 기운을 생성하는 것은 소장의 역할이다. 비위장의 경우도 마찬가지로 생각이 많거나 외부의 스트레스를 받으면 토기운의 훼손을 가져와서 일차적으로 소화가 되지 않는다. 그러므로 천간에 어떤 글자의 투출 여부는 그 에너지의 가시적인 결과 여부를 결정한다.

일간에 제일 중요하게 영향을 주는 월지는 에너지의 지속성과 순수성 그리고 강력함의 여러 인자를 동시에 가지고 있기 때문에 계절에 따라서 寒暖燥濕이 지속적으로 변화한다.

만일 인수가 時干에 있다면 그 힘은 반짝하는 힘으로 단기간에 나타날 것이고, 月干에 있다면 일정기간 가시적으로 강한 힘을 받을 것이고, 年干에 있다면 은근하게 그 힘이 단속적이면서도 지속적인 양상으로 장기간 나타날 것이다. 대운에 나타난다면 매우 강력한 힘이 지속적으로 가시적으로 나타나기 때문에 대운의 영향은 막강하다. 천간은 현재의식을 의미하고, 지지는 물질을 의미하고, 암장간은 인간의 잠재의식을 의미하고 허자는 인간의 무의식을 의미한다.

天地人으로 각자 황금분할을 하면서 우주의 창조과정을 밟는 것이다. 태양과 지구와 행성의 만유인력에 의해서 氣質은 황금분할비로 나누어지고 에너지는 공전과 자전을 하면서 나오는데, 氣는 프리즘 통과 전의 태양 자체 에너지이고, 質은 프리즘을 통과한 뒤에 빛이 변질되어 나오는 물질에너지이다.

명조에 천간으로든 지지로든 존재한다는 것은 運氣가 있다는 의미이다. 천간에 있다는 것은 인간의 노력을 초월한 초인간적인 힘에 의해 정해져 있다는 뜻이고, 지지에 있다는 것은 인간적인 노력에 의해 결정된다는 뜻이고, 지장간에 있다는 것은 가능성이 있다는 뜻이고, 허자로 있다는 것은 음덕과 음복에 의해 주어진다는 뜻이고, 납음오행으로 존재한다는 것은 환경에 의해 도움을 받는다는 뜻이다.

四柱에서의 부족한 五行을 納音五行으로 도와주면 그 만큼 길명이 될 수 있다. 명조 중에 어디에도 없거나 공망이 되면 인연이 없는데, 공망의 경우는 지나치게 집착하다가 막상 기회가 오면 외면하거나 무관심해 진다.

천간은 하늘이고 지지는 땅이며, 지장간은 하늘의 뜻이 땅속에 숨은 것이니 잠재된 능력이다. 하늘과 땅은 서로 소통이 되어야 뜻을 이룰 수 있고, 땅속의 지장간도 하늘로 이어져야만 한다. 즉, 천지응통하여야 한다. 천간이 땅으로 내려오는 것을 '지지통근(천간이 뿌리를 내림)'이라고 말하고, 반대로 지장간이 하늘로 올라가는 경우를 '천간통기(천간에 투출)'라고 말한다.

대운에서 오는 천간이 원국에 지장간으로 있는 것이면 하늘과 땅이 소통하여 처분권한을 가지게 된다. 정기오행이 투출되면 물상결합으로 득하게 된다. 가령, 편재가 천지응통되면 처분권한을 가져 부동산매매가 가능하고 물상결합이 되면 부동산을 취득하게 된다. 즉, 권한은 기회로 찾아온다.

1) 천지인의 이해

'一'이란 道에서 하나가 생기는 것이다. 沖氣는 氣를 충돌하는 것이 아니라 기가 솟구쳐 오름을 뜻한다. 道란 老子가 말한 대로 天地가 생기기 이전에 존재한 것이다. 음양오행의 관점에서 보면 무극이라는 말과 통한다. 無極이란 하나의 기운을 이야기하는 것으로 천지가 생하기 이전에 존재한 것을 말한다. 無極에서 하나의 氣가 나와 淸하여 가볍게 動한 기운은 천간으로 올라가고, 濁, 重, 靜한 기운은 아래로 내려와 지지가 된다.

천간은 때를 의미하고 지지는 실제 행동을 의미하고 지장간은 잠재능력을 의미한다. 天地人은 각각 자신의 고유한 성질을 나타내고 있지만, 각각은 나머지의 성질을 부분적으로 다 가지고 있다. 즉 天은 하늘이면서 땅이고 사람이다. 地은 땅이면서 하늘이고 사람이며, 人은 사람이면서 하늘이고 땅이다.

① 천간

천간은 하늘의 뜻과 때를 말하는 것이다. '때가 되었다'하는 말은 현재 그것이 가능하다는 말과 같다. 따라서 사주원국의 천간의 내용은 현재 가능한 일을 나타내는 것이고, 항상 내가 겪으며 눈앞에서 벌어지는 일을 말한다. 천간이 지장간으로 뿌리를 내리면 명주는 천간에 대한 처분권한이 생기며 언제든지 그것을 취할 수 있어 현실의 것이 된다. 천간이 지장간으로 뿌리를 내리지 못하면 단지 형식적으로만 존재하는 가상의 것이 된다.

② 지지

지지는 땅에 사는 사람이 땅 위에서 살아가는 모습을 보여주는 것이다. 따라서 사주원국의 지지는 그 사람의 행동방식을 의미한다. 만약 그 사람의 어떤 상황에서의 행동방식을 알고자 한다면 그 사람의 사주원국의 지지를 보면 알 수 있다.

③ 지장간

지장간은 천간이 땅에 내려와 숨은 것인데, 이것은 그 사람의 능력을 말한다. 지장간이 천간에 투출되었으면 그 능력이 밖으로 드러난 것이고, 투출되지 못했으면 밖으로 드러나지 못했으니 잠재된 능력이 된다. 운에서 지장간이 천간으로 투출한다면 운에서 잠재된 능력이 때를 만나 밖으로 드러나 능력을 발휘하는 것이다.

2) 천지인의 작용

천간은 무형의 세계로 관념적이지만, 지지는 구체적인 유형의 운동세계로 운동이 두 개 이상 섞여 있어 운동은 방향성을 가지고 돌 때 관성의 법칙이 적용된다.

이전 계절에서 운동했던 것이 남아서 넘어 온 것을 지장간의 餘氣라 한다. 지금은 갇혀 있지만 다가올 미래에 폭발력을 가지고 뛰쳐나올 시기를 기다리는 것이 지장간의 中氣이다. 그래서 자신의 본궤도를 찾아 운동하는 것이 지장간의 正氣에 해당한다. 이처럼 우주자연의 운동은 떨어져 있는 것이 아니라 연결되어 있는 아날로그 방식이지만, 디지털방식으로 변화한 것이 指數이다.

천간이 지지에 통근하지 못하면 가상의 존재이고 무늬만 있으니 해당 육친에 대한 처분권한이 없다. 그나마 지장간에 있으면 기회는 찾아온다. 일간을 포함하여 무근한 천간은 현실과 괴리감을 느끼고 적응하지 못한다. 무근이면 뿌리가 없는 나무처럼 성장하지 못하고, 환경에 적응하지 못하고 과거의 고향땅만 회상하는 우울한 증세를 보이게 된다. 무근이면 내가 서 있는 땅은 나의 땅이 아니고, 내가 함께 하고 있는 가족은 내 가족이 아니다. 천간의 無通根은 팔자의 큰 病中의 病으로 작용한다. 상세한 내용은 통변편에서 후술한다.

2-4. 10원소와 지수 탄생

사주의 기본원소는 甲乙丙丁戊己庚辛壬癸이다. 12개의 지지에도 저마다 2~3개의 원소로 이루어져 있다. 이 10개의 원소는 時·空에 따라 에너지를 발한다. 元素는 人元用事하는 지장간으로 대체한다. 10元素는 10天干으로 다만 천간은 明星이고 지지의 장간은 暗星이자 暗神이다. 月令用事는 명조의 月支에만 적용하나, 人元用事는 월지와는 상관없이 각지지 속에 순수하게 소속 되어 있는 천간을 의미하는 것으로 천간이 지지에 뿌리를 내렸는지 살필 때 사용한다.

1) 지장간과 인원용사

자전과 태양과의 관계에서 陰陽인 낮과 밤이 생겨나고 공전으로 인한 변화로 季節이 바뀌고 있는 것이다. 지지는 자식을 잉태하는 여자와 같이 여러 가지 천간의 기운을 간직하고 있는데 지지 안에 감추어져 있는 천간을 地支藏干이라 한다. 월령의 심천에 따라 30일 기준으로 일정 배분율에 따라 사령하나 주변 오행의 세력에 따라 사령하는 것이 지장간의 특징으로 본다. 그래서 일반적으로는 정기가 사령하나 주변의 오행을 세력을 보고 사령하는 오행이 무엇인지를 헤아려야 한다.

① 월률분야

각월마다 1 개월간의 기후 변화에 따른 月律分野 또는 月令用事가 있다.

月律 分野	寅月	卯月	辰月	巳月	午月	未月
初氣 中氣 本氣	戊 7일 丙 7일 甲 16일	甲 9일 乙 21일	乙 9일 癸 3일 戊 18일	戊 7일 庚 7일 丙 16일	丙 7일 己 7일 丁 16일	丁 9일 乙 3일 己 18일

月律 分野	申月	酉月	戌月	亥月	子月	丑月
初氣 中氣 本氣	己 7일 壬 7일 庚 16일	庚 9일 辛 21일	辛 9일 丁 3일 戊 18일	戊 7일 甲 7일 壬 16일	壬 9일 癸 21일	癸 9일 辛 3일 己 18일

② 人元用事

月支와는 상관없이 각 지지 속에 순수하게 소속되어 있는 천간을 의미하는 人元用事가 있다.

地支	寅	卯	辰	巳	午	未	申	酉	戌	亥	子	丑
人元 用事	戊丙甲	甲乙	乙癸戊	戊庚丙	丙己丁	丁乙己	己壬庚	庚辛	辛丁戊	甲壬	壬癸	癸辛己

※ 亥 중에 甲壬은 水生木, 木剋土하므로 戊를 허용하지 않는다.

③ 지장간의 체와 용

체로 존재하는 월률 분야의 지장간은 육친의 통변을 볼 때 취하나 不動之氣로 용으로 취하지 못한다. 가령, 亥中戊는 취용하지 않는다. 존재하는 지장간은 지지의 월률 분장법에 따라 나누지만 작용하는 인원용사의 지장간은 오행의 動靜에 따라 다르게 나타난다.

2) 지수의 탄생

하도를 우주의 설계도라 하고 낙서를 우주의 운행도라 한다. 우주의 비밀이 하도낙서에 있음을 의미한다. 하도는 만물이 통일하는 법칙을 담고 있고 낙서는 만물이 분열하는 법칙을 담고 있다.

겨울에는 식물이 씨만 남는데, 이를 1水이라 한다. 여름은 가지와 잎으로 분열되니 2火라 한다. 1水와 2火가 만나 봄여름은 3木을 만들고 가을겨울이 되면 4金이 된다. 이렇게 순환되게 하는 5土가 있어 가능하다. 後天이란 우주의 문이 열린다는 의미고, 후천시대가 되면 깨닫게 된다.

사람의 출생 곧 人이 되니 사람이 출생함으로 天地人三才가 갖추어지는 것이다. 출생을 하는 날 부모로부터 떨어져 개별적 존재가 되어 스스로 궁을 얻게 된다. 즉, 인간은 水火의 理氣의 상호교감으로 모체에 태숙하고 있다가 임신 십 개월 만에 이 세상에 고고성을 울리면서 출생한다.

사람의 출생일의 천간은 임신일의 천간과 동일하고, 임신일의 지지를 충하는 일진에 출산한다. 천간은 氣로서 아버지를 상징하고, 지지는 物質로서 어머니를 상징한다. 父의 氣에 해당하는 천간이 母의 지지에 내려서 임신이 되는 것이다. 동서남북의 數도 河圖에서 나왔고 십간 오행도 河圖洛書로부터 시작되었다. 우리 인간은 천지음양의 기를 감수하여 태어난 것이다.

理科學의 원소는 數이다. 數는 명확하며 理도 명확하다. 고로 운명학을 術數學이라고도 한다. 천지의 운행은 일분일초도 틀림이 없이 운행한다. 數는 계산을 위하여 인간이 임의로 만든 것이 아니라 數 자체가 진리이며 철학이다. 수가 나타내는 모든 象은 허상이 아니고 實象이다. 천지간의 만물은 하나라도 天文數理를 벗어날 수가 없으며, 오행의 강도를 위대한 天文數理로 환산한 것이 오행지수이다.

10元素로 계산하는 오행지수는 오행을 단순하게 양적인 개수로만 보는

것이 아니라 판도라 프레임의 에너지양과 속도까지 포괄한 개념이다. 그래서 질적 개념인 벡터로 단위를 나타낸다. 최강의 종주왕신은 반드시 지수법으로 계측해야 한다. 오행의 지수를 통하여 명조의 體가 정해지기 때문이다. 명조간명의 불확실성부터 제거하기 위해 추상적이고 감각적인 접근에서 벗어나 과학적이고 합리적인 오행의 표준계측지수로 대체되어야 명조간명의 오류에서 탈피할 수 있다.

神妙한 通辯術에 앞서 용신을 찾아낼 줄 알아야 하고 용신은 종주지수에서 나오는 지수계산부터 정확하게 하는 것이 먼저이다.

3) 지수의 총량

월지는 팔자 전체를 아우르는 '기후'와 '환경'을 모두 갖고 있어 팔자 중에 가장 강력한 힘을 지닌 글자이다. 대운의 움직임도 이 태어난 달 월지에서 비롯된다. 종주왕신(primacy Index number)의 합계치는 최소 12에서 최대 15에 이른다. 한 오행은 20%씩 해당되는데, 35%를 초과하면 태왕종주왕신이 되고, 27%~35%이면 적정종주왕신이고, 27% 미만이면 미달종주왕신이 된다. 한 오행이 50%를 넘으면 극왕종주왕신이 된다. 27 대 73이 음양의 비율에 해당하며 27%가 적정여부의 기준이 된다. 27에 8를 더한 35%가 초과여부의 기준이 된다.

이를 지수로 나타내면 4.3 미만은 미달종주왕신(PI4.3)이고, 4.3에서 5.2까지는 적정종주왕신(4.3≦PI5.3)이고, 5.3 이상은 태왕종주왕신(5.3≦PI<6.3)이고, 6.3 이상은 극왕종주왕신(6.3≦PI)이다. 단, 土는 미달과 극왕만 존재한다.

4) 사주구성과 지수의 프레임

사주는 판도라 프레임(Pandora frame)이다. 우주에 있는 10개의 원소가 판도라 프레임으로 들어오는 순간 인생(life cycle)은 시작된다. 인생을 알기 위해서는 10개 원소를 알고 판도라 프레임에 10개의 원소가 어떻게 배정되어 있는지를 통해 분석하면 體用이 드러나고 陰陽이 보인다. 판도라 프레임(Pandora frame)의 황금비에 따라 橫으로는 45(후천) : 55(선천)로, 縱으로는 27(천간) : 73(지지)으로 時空이 배정된다. 일간을 '1'로 기준을 삼는다. 다만, 일간이 양간이면 프리미엄으로 0.1을 가산한다. 지수를 계산할 때 일간을 배제하는 것이 아니라는 것이다.

하도는 오행이 상생하며 左旋하고, 낙서는 오행이 상극하며 右旋하니, 하도와 낙서는 톱니바퀴처럼 맞물려 우주대자연이 운행된다. 하도가 낙서의 운동에너지의 1.2배정도 많은데, 이것은 낙서의 속도는 하도에 비해 1.2배정도 빠르게 진행된다는 의미이다. 즉, 상생보다 상극의 변화를 먼저 살피라는 말이다.

표<2-1> 사주의 프레임

<table>
<tr><th colspan="2">干支</th><th>時의 時空</th><th>日의 時空</th><th>月의 時空</th><th>年의 時空</th></tr>
<tr><td colspan="2">河圖洛書</td><td colspan="2">神龜洛書</td><td colspan="2">龍馬河圖</td></tr>
<tr><td colspan="2" rowspan="6">體用</td><td colspan="2">45%(用)</td><td colspan="2">55%(體)</td></tr>
<tr><td colspan="2">천지변화의 運行圖</td><td colspan="2">천지창조의 設計圖</td></tr>
<tr><td colspan="2">戊土 用事, 9數圖, 先天圖</td><td colspan="2">己土 用事, 10數圖, 後天圖</td></tr>
<tr><td colspan="2">음양분리, 動的인 상태</td><td colspan="2">음양조화, 靜的인 상태</td></tr>
<tr><td colspan="2">乾道시대, 陽시대 상징</td><td colspan="2">坤道시대, 陰시대 상징</td></tr>
<tr><td colspan="2">相剋圖, 右旋(시계반대방향)</td><td colspan="2">相生圖, 左旋(시계방향)</td></tr>
<tr><td>天干(4)</td><td>27%</td><td>1</td><td>1</td><td>1</td><td>1</td></tr>
<tr><td>地支(11)</td><td>73%</td><td>2.0</td><td>3.0</td><td>4.1~4.4</td><td>1.5~1.6</td></tr>
<tr><td colspan="6">※(月) 子午卯酉4.1, 寅申巳亥 4.3, 辰戌丑未 4.4
※(年) 子午卯酉1.5, 寅申巳亥 1.6, 辰戌丑未 1.6</td></tr>
</table>

원소의 기본벡터는 1이지만 사주로 구성되면 전체총량이 정해지고 지지의 원소백분율은 월분율에 준한다.

지지	지장간	30일의 월분율	백분율(%)
寅亥巳午	여기	7	20
	중기	7	20
	본기	16	60
申辰戌丑未	여기	9	30
	중기	3	10
	본기	18	60
子卯酉	중기	9	30
	본기	21	70

2-5. 기본지수

명조에서 분할 배정되는 10원소에 대한 계산법과 산출내역을 알아본다. 지수법대로 조견표를 만든 것이 아래의 지수표이다. 사실 사주는 지수로 들여다봐야 사주의 메커니즘이 보인다. 지수의 중요성을 아무리 강조해도 지나치지 않다. 지수가 1.4 이상이면 宗主勢力에 종하지 않으나 1.4 미만은 자신을 버리고 종주세력을 따를 수 있다. 1.4 미만의 오행은 무력무능하기 때문이다.

1) 천간지수

천간 1개는 지수를 '1'로 계산한다. 단, 천간지수에 일간은 프리미엄이 붙는다(일간 1.1). 일간은 항상 존재하기 때문이다. 단, 순수양간이면 1.1이고, 간합이 되거나 음간이면 1이다.

<table>
<tr><th rowspan="2">천간</th><th colspan="2">계측지수</th><th colspan="3">산출근거</th></tr>
<tr><th>천간 지수</th><th>산출 지수</th><th>총량=1</th><th>반비례</th><th>추가증가분</th></tr>
<tr><td>1개</td><td>1</td><td>1</td><td rowspan="4">N*R=1
1*1=1
2*0.5=1
3*0.33=1
4*0.25=1</td><td rowspan="4">R*1/N=F(x)
1*1=1
0.5*1/2=0.25
0.33*1/3=0.11
0.25*1/4=
0.063</td><td rowspan="4">log16/log9=1.27
N : 조각의 개수,
D : 프랙탈 차원
r : 축소율
$=1+\frac{0.27}{10^{n-1}}=1.27$
(n=1)
“코흐의 섬”의 이론</td></tr>
<tr><td>2개</td><td>1.3</td><td>1.26</td></tr>
<tr><td>3개</td><td>1.4</td><td>1.36</td></tr>
<tr><td>4개</td><td>1.4</td><td>1.42</td></tr>
</table>

2) 지지지수

오행은 자기장의 영향력으로 계산되기 때문에 오행의 계측지수를 벡터로 표시한다. 천간은 기본적인 1벡터씩 작용하나 지지는 영향을 받기 때문에 연월일시에 따라 벡터의 역량이 다르다. 그래서 동일한 벡터인 경우에는 월간, 시간, 일간, 년간 순으로 취한다. 지지는 계절의 영향을 받기 때문에 년지는 1.5~1.6이고 월지는 4.1~4.4에 해당되고 일지는 3.0에 해당되고 시지는 2.0에 해당된다.

지지의 지수를 기본배분률에 따라 지수조견표를 정리하면 아래와 같다. 지지토중의 토지장간에 대한 변화를 보는데, 천간에 투출된 토가 동주, 비동주, 무투출에 따라 구분하여 헤아려야 한다.

표<2-2> 년지 지장간의 지수조견표

年柱		年柱 支藏干(1.5 ~ 1.6)								
土의 有無		①年干에 土의 同柱 경우 辰戌丑未(有無無關)			②天干에 土가 있는 경우 辰戌丑未있는 戊己 土干와 土支가 貼身			③天干에 土가 없는 경우 辰戌丑未없는 戊己 土干와 土支가 遠隔		
		餘	中	正	餘	中	正	餘	中	正
旺	子			1.5 (癸)			1.5 (癸)			1.5 (癸)
	卯			1.5 (乙)			1.5 (乙)			1.5 (乙)
	酉			1.5 (辛)			1.5 (辛)			1.5 (辛)
	午		0.3 (己)	1.2 (丁)		0.3 (己)	1.2 (丁)			1.5(丁)
生	亥		0.5 (甲)	1.1 (壬)		0.5 (甲)	1.1 (壬)		0.5 (甲)	1.1 (壬)
	寅	0.3 (戊)	0.3 (丙)	1.0 (甲)		0.5 (丙)	1.1 (甲)		0.5 (丙)	1.1 (甲)
	巳	0.3 [戊]	0.3 (庚)	1.0 (丙)	0.3 [戊]	0.3 (庚)	1.0 (丙)		0.3 (庚)	1.3 (丙)
	申	0.5 (戊)	0.2 (壬)	0.9 (庚)		0.5 (壬)	1.1 (庚)		0.5 (壬)	1.1 (庚)
庫	丑	0.5 (癸)	0.2 (辛)	0.9 (己)	0.5 (癸)	0.2 (辛)	0.9 (己)	0.5 (癸)	0.2 (辛)	0.9 (己)
	辰	0.5 (乙)	0.2 (癸)	0.9 (戊)	0.5 (乙)	0.2 (癸)	0.9 (戊)	0.5 (乙)	0.2 (癸)	0.9 (戊)
	戌	0.5 (辛)	0.2 (丁)	0.9(戊)	0.5 (辛)	0.2 (丁)	0.9 (戊)	0.5 (辛)	0.2 (丁)	0.9 (戊)
	未	0.5 (丁)	0.2 (乙)	0.9 (己)	0.5 (丁)	0.2 (乙)	0.9 (己)	0.5 (丁)	0.2 (乙)	0.9 (己)

※ [戊] 동주나 이웃한 무토만 해당하므로 천간에 土가 있어도 천간과 지지가 원격(時 : 年)되면 천간의 토가 없는 것과 같으나 합이 되면 원격이 해소된다. 천간에 무기토는 지지가 없으면 없는 것과 같다.

표<2-3>. 월지 지장간의 지수조견표

月柱		月柱 支藏干(4.1 ~ 4.4)								
土의 有無		①月干에 土의 同柱 경우 辰戌丑未(有無無關)			②天干에 土가 있는 경우			③天干에 土가 없는 경우		
					辰戌丑未있는 戊己 土干와 土支가 貼身			辰戌丑未없는 戊己 土干와 土支가 遠隔		
		餘	中	正	餘	中	正	餘	中	正
旺	子			4.1 (癸)			4.1 (癸)			4.1 (癸)
	卯			4.1 (乙)			4.1 (乙)			4.1 (乙)
	酉			4.1 (辛)			4.1 (辛)			4.1 (辛)
	午		0.8 (己)	3.3 (丁)		0.8 (己)	3.3 (丁)			4.1 (丁)
生	亥		1.3 (甲)	3.0 (壬)		1.3 (甲)	3.0 (壬)		1.3 (甲)	3.0 (壬)
	寅	0.9 (戊)	0.8 (丙)	2.6 (甲)		1.3 (丙)	3.0 (甲)		1.3(丙)	3.0 (甲)
	巳	0.9 [戊]	0.8 (庚)	2.6 (丙)	0.9 [戊]	0.8 (庚)	2.6 (丙)		0.9 (庚)	3.4 (丙)
	申	1.3 (戊)	0.4 (壬)	2.6 (庚)		1.3(壬)	3.0(庚)		1.3 (壬)	3.0 (庚)
庫	丑	1.3 (癸)	0.4 (辛)	2.7 (己)	1.3 (癸)	0.4 (辛)	2.7 (己)	1.3 (癸)	0.4 (辛)	2.7 (己)
	辰	1.3 (乙)	0.4 (癸)	2.7 (戊)	1.3 (乙)	0.4 (癸)	2.7 (戊)	1.3 (乙)	0.4 (癸)	2.7 (戊)
	戌	1.3 (辛)	0.4 (丁)	2.7 (戊)	1.3 (辛)	0.4 (丁)	2.7 (戊)	1.3 (辛)	0.4 (丁)	2.7 (戊)
	未	1.3 (丁)	0.4 (乙)	2.7 (己)	1.3 (丁)	0.4 (乙)	2.7 (己)	1.3 (丁)	0.4 (乙)	2.7 (己)

※ 寅월은 甲乙목이 투간되면 천간에 토가 없는 경우와 같다. [戊] 동주나 이웃한 무토만 해당하므로 천간에 土가 있어도 천간과 지지가 원격(時:年)되면 천간의 토가 없는 것과 같으나 합이 되면 원격이 해소된다. 천간에 무기토는 지지가 없으면 없는 것과 같다.

표<2-4> 일지 지장간의 지수조견표

日柱		日柱 支藏干(3.0)								
土의 有無		①日干에 土의 同柱 경우 辰戌丑未(有無無關)			②天干에 土가 있는 경우 辰戌丑未있는 戊己 土干와 土支가 貼身			③天干에 土가 없는 경우 辰戌丑未없는 戊己 土干와 土支가 遠隔		
		餘	中	正	餘	中	正	餘	中	正
旺	子			3.0 (癸)			3.0 (癸)			3.0 (癸)
	卯			3.0 (乙)			3.0 (乙)			3.0 (乙)
	酉			3.0 (辛)			3.0 (辛)			3.0 (辛)
	午		0.6 (己)	2.4 (丁)		0.6 (己)	2.4 (丁)			3.0 (丁)
生	亥		0.9 (甲)	2.1 (壬)		0.9 (甲)	2.1 (壬)		0.9 (甲)	2.1 (壬)
	寅	0.6 (戊)	0.6 (丙)	1.8 (甲)		0.9 (丙)	2.1 (甲)		0.9 (丙)	2.1 (甲)
	巳	0.6 [戊]	0.6 (庚)	1.8 (丙)	0.6 [戊]	0.6 (庚)	1.8 (丙)		0.6 (庚)	2.4 (丙)
	申	0.9 (戊)	0.3 (壬)	1.8 (庚)		0.9 (壬)	2.1 (庚)		0.9 (壬)	2.1 (庚)
庫	丑	0.9 (癸)	0.3 (辛)	1.8 (己)	0.9 (癸)	0.3 (辛)	1.8 (己)	0.9 (癸)	0.3 (辛)	1.8 (己)
	辰	0.9 (乙)	0.3 (癸)	1.8 (戊)	0.9 (乙)	0.3 (癸)	1.8 (戊)	0.9 (乙)	0.3 (癸)	1.8 (戊)
	戌	0.9 (辛)	0.3 (丁)	1.8 (戊)	0.9 (辛)	0.3 (丁)	1.8 (戊)	0.9 (辛)	0.3 (丁)	1.8 (戊)
	未	0.9 (丁)	0.3 (乙)	1.8 (己)	0.9 (丁)	0.3 (乙)	1.8 (己)	0.9 (丁)	0.3 (乙)	1.8 (己)

※ [戊] 동주나 이웃한 무토만 해당하므로 천간에 土가 있어도 천간과 지지가 원격(時:年)되면 천간의 토가 없는 것과 같으나 합이 되면 원격이 해소된다. 천간에 무기토는 지지가 없으면 없는 것과 같다.

표<2-5> 시지 지장간의 지수조견표

時柱		時柱 支藏干(2.0)								
土의 有無		①時干에 土의 同柱 경우 辰戌丑未(有無無關)			②天干에 土가 있는 경우 辰戌丑未있는 戊己 土干와 土支가 貼身			③天干에 土가 없는 경우 辰戌丑未없는 戊己 土干와 土支가 遠隔		
		餘	中	正	餘	中	正	餘	中	正
旺	子			2.0 (癸)			2.0 (癸)			2.0 (癸)
	卯			2.0 (乙)			2.0 (乙)			2.0 (乙)
	酉			2.0 (辛)			2.0 (辛)			2.0 (辛)
	午		0.4 (己)	1.6 (丁)		0.4 (己)	1.6 (丁)			2.0 (丁)
生	亥		0.6 (甲)	1.4 (壬)		0.6 (甲)	1.4 (壬)		0.6 (甲)	1.4 (壬)
	寅	0.4 (戊)	0.4 (丙)	1.2 (甲)		0.6 (丙)	1.4 (甲)		0.6 (丙)	1.4 (甲)
	巳	0.4 [戊]	0.4 (庚)	1.2 (丙)	0.4 [戊]	0.4 (庚)	1.2 (丙)		0.4 (庚)	1.6 (丙)
	申	0.6 (戊)	0.2 (壬)	1.2 (庚)		0.6 (壬)	1.4 (庚)		0.6 (壬)	1.4 (庚)
庫	丑	0.6 (癸)	0.2 (辛)	1.2 (己)	0.6 (癸)	0.2 (辛)	1.2 (己)	0.6 (癸)	0.2 (辛)	1.2 (己)
	辰	0.6 (乙)	0.2 (癸)	1.2 (戊)	0.6 (乙)	0.2 (癸)	1.2 (戊)	0.6 (乙)	0.2 (癸)	1.2 (戊)
	戌	0.6 (辛)	0.2 (丁)	1.2 (戊)	0.6 (辛)	0.2 (丁)	1.2 (戊)	0.6 (辛)	0.2 (丁)	1.2 (戊)
	未	0.6 (丁)	0.2 (乙)	1.2 (己)	0.6 (丁)	0.2 (乙)	1.2 (己)	0.6 (丁)	0.2 (乙)	1.2 (己)

※ [戊] 동주나 이웃한 무토만 해당하므로 천간에 土가 있어도 천간과

지지가 원격(時:年)되면 천간의 토가 없는 것과 같으나 합이 되면 원격이 해소된다. 진술축미가 없는 천간에 무기토는 '天干에 土가 없는 경우'와 같다.

2-6. 토의 변화지수

1) 천간 무기토의 변화

완전독립성의 조건을 구비하지 못한 戊己土는 변하는데, 戊土가 丙丁火를 좌우에 두고 토의 완전독립성을 갖추지 못하면 火로 변한다. 己土가 庚辛金을 좌우에 두고 토의 완전독립성을 갖추지 못하면 金으로 변한다.

土의 변화를 고려하여야 宗主五行을 찾을 수 있다. 土의 변화를 고려하지 않는 太過五行과 구분하여야 한다. 太過五行으로 用神을 구할 수는 없다. 다만, 太過五行은 건강과 질병을 헤아리는데 중요하게 작용한다.

(1) 戊變丙

戊토가 좌우에 丙丁이 있고, 지지에 丑辰이 없어야 하고, 지지에 戊未토가 있어도 離格이나 遠格되어 토의 완전독립성을 갖추지 않아야 한다. 천간이 지지보다 먼저 변화하는 것은 천간은 지지보다 動的이기 때문이다. 즉, 천간이 먼저 변한다. 丁화가 고립무원이고 土로 둘러싸인 경우는 火土同根同法에 따라 정화는 무토로 변하기도 한다. 즉, 丁變戊가 된다.

(2) 己變庚

己토가 좌우에 庚辛이 있고, 지지에 戊未가 없어야 하고, 지지에 丑辰토가 있어도 離格이나 遠格되어 토의 완전독립성을 갖추지 않아야 한다.

2) 지지토의 변화법칙

寅申巳午中의 土는 土의 有無를 살피고, 辰戊丑未中의 土는 土의 變化

를 살핀다.

오행 중에 토는 불완전하고 음양이 혼재되어 있어 천간에 무기토가 투간되거나 三支이상에 토를 두지 못하면 독립된 오행으로 보지 않는다. 즉, 천간지지가 응통하지 않는 土는 변한다. 一支의 토는 무조건 火나 金으로 변하고 二支의 토는 조건에 따라 火나 金으로 변한다. 토는 독립성을 가지기 위해서는 천간전비하거나 지지전비하거나 천간과 지지에 동시에 토를 구비해야 독립오행이 된다. 토가 독립성이 있으면 지장간이 안정하나 독립성을 상실하면 지장간은 동주오행에 따라 변하게 된다. 次宗主가 막상막하이고 土가 宗主이면 차종주에서 종주의 생을 받는 金이 가종주가 되어 극법취용한다.

독립성을 상실한 土는 다른 오행으로 변한다. 天干의 戊己토는 지지에 土가 없으면 '天干에 土가 없는 경우'로 간주하여 지수를 계산한다. 戊己토는 지지에 丑辰이 있고 戌未가 없으면서 천간에 庚辛금이 貼身하고 있고 土生金을 방해하는 火가 없으면 戊己토는 庚辛금으로 변한다. 戊己토는 지지에 戌未가 있고 丑辰이 없으면서 천간에 丙丁화가 貼身하고 있고 火生土을 방해하는 水가 없으면 戊己토는 丙丁화로 변한다. 戊가 午와 同柱하면 火로 변하고, 戊이 戌와 同柱하면 土로 변한다. 천간에 무기토가 있어 토의 유인력이 발생하면 辰戌丑未토는 다른 오행으로 변하지 않는다. 토의 유인력은 동주하거나 이웃에 첩신하는 경우에 한한다.

(1) 土의 獨立性

① 공전자전의 법칙

年.月은 公轉에 따른 것이고, 日.時는 自轉에 따른 것이다. 따라서 토의 독립성과 유인력은 年.月과 日.時로 구분한다. 즉, 일시에 있는 천간의 토는 년월에 있는 지지의 토에 영향을 주지 못한다. 그러나 년월에 있는 천간의 토는 일시에 있는 지지의 토에 영향을 끼친다. 이는 자전은 공전에 영향을 받지만, 공전은 자전의 영향을 받지 않는 것과 같다. 따라서 토의 천지응통력은 년월은 년월끼리 應通하고, 일시는 일시끼리만 응통하지만 년월의 응통은 일까지는 영향을 끼치고 일시의 응통은 일시에만 영향을 끼치는 것이다. 공전은 유인력이 일시에 까지 유인력을 발휘하지만, 자전은 유인력이 자체인 일시에만 영향을 미친다.

정기의 토가 응통하면 여기와 중기의 토도 따라서 응통을 한다. 가령, 사오중의 기토가 정기토의 응통에 가장 민감하게 반응한다. 예외적으로 土月에 土日이면 月지의 지장간 戊는 土로 작용한다.

② 유인력의 법칙

토의 존립을 보고 토의 독립성을 살핀다. 토의 존립은 殺地에 있지 않아야 한다. 순수하게 살지에 임한 것은 己卯뿐이다. 문제는 토의 독립성을 헤아려야 하기 위해서는 천간지지에 토가 있는 경우는 토의 유인력의 법칙이 먼저 적용된다. 土가 동주하는 경우는 같은 토와 동주하는 경우, 상생하는 火오행 및 金오행과 동주하는 경우, 상극하는 水오행 및 木오행과 동주하는 경우로 구분한다. 토는 토끼리 동주하는 경우와 동주하지 않는 경우로 구분하고, 동주하지 않는 경우에도 토는 크게 두 가지의 경우로 나눈다. 土가 온전히 있는 경우와 土가 없거나 있어도 없는 것과 같은 경우이다. 토가 온전한 경우는 3가지이다.

土의 誘引力의 경우에 戊토는 원격되어도 유인력이 작용하지만, 己토는 원격되면 유인력을 상실한다. 또한, 土의 誘引力은 지장간의 여기, 중기, 정기에 따라 다르고 동주, 이웃, 이격에 따라 다르다. 정기의 토는 유인력이 강하여 이웃하거나 이격이 되어도 유인력이 발휘되어 천간의 토와 응통하고 결합하여 토의 독립성을 확보한다. 그러나 餘氣의 土는 誘引力이 있지만 약하여 천간의 토와 동주한 경우에 한하여 유인력이 발휘된다. 즉, 타지에 있는 천간과는 응통하지도 결합하지도 않는다. 또한, 午火와 같은 中氣의 토는 있어도 전혀 유인력이 없어 천간의 토와 동주하여도 유인력이 발휘되지 않는다. 단, 巳午화의 토는 자체의 유인력과 무관하게 이격이나 이웃한 경우에 독립성이 확보된 토의 의하여 토의 유인력이 생겨날 뿐이다. 火土同根同法에 따르기 때문이다.

土의 유인력은 지장간에서 나온다. 지장간의 유인력에 의해 천간의 토는 응통한다. 지장간 중 정기의 土는 유인력이 강하여 自柱뿐만 아니라 他柱의 정기까지 영향을 끼친다. 餘氣의 토는 自柱에만 誘引力이 발휘되고, 中氣의 토는 유인력이 존재하지 않는다.

천간이 지장간의 유인력을 얻어 토의 독립성이 확보되면 유인력이 발휘되어 巳午 중에 있는 지장간의 토를 살려낸다. 즉, 午中己도 토로 작용한다. 本氣의 토는 변화를 겪고 餘氣의 土는 有無가 정해지는 것이다.

천간의 토가 유인력을 발휘하려면 토의 독립성을 갖추어야 한다. 토의 독립성이 갖추어지면 천간의 유인력에 의해 지장간의 토들 중에 巳午 중의 土만 비로소 土로 應通한다.

토의 매직큐브에서 벗어나기 위한 지도로 '土의 육면체'를 알아야 한다. 그래야 한 치의 오차도 없이 용신을 짚어낼 수 있는 것이다. 구름 같은 이현령비현령의 타령이 완전히 사라지고 청명한 가을하늘의 푸른빛을 즐길 수 있다.

지장간의 토는 天地應通하지 못하면 변하거나 상실된다. 즉, 本氣의 토는 동주, 이웃, 이격 등으로 천간의 토를 만나지 못하면 변화의 기로에 놓이고, 餘氣의 토는 동주로 천간의 토를 만나지 못하면 상실의 위기에 처해진다. 中氣의 토는 동주로 천간의 토를 만나도 장간의 토는 상실된다. 다만, 巳午中의 토는 독립성이 확보된 土가 이웃하거나 離隔되어도 장간의 土가 살아난다. 土가 천지응통하면 독립성이 확보된다. 完全獨立性은 他柱에 있는 本氣까지 영향을 미치나 準獨立性은 自柱에만 영향을 미친다.

준독립성의 경우는 좌우를 보고 판단하는데, 會合이 되면 會五行으로 변한다. 천간도 유인력이 있어야 하고 지지도 유인력이 있어야 천지응통을 한다. 여기서 회합은 완전삼합과 완전방합을 의미한다. 年月이 합하고 日時가 합하나 連坐하면 확대 합이 된다. 원칙적으로 월과 일은 합을 보지 않고 확대된 경우에 합을 인정한다. 육합 및 반합은 천지응통력을 당겨올 수 있는 힘이 있을 뿐이다.

표<2-6> 土의 독립성과 유인력

藏干의 土	同柱	이웃(貼身)	離隔
辰戌丑未 (本氣의 土)	完全獨立性 유인력(强)	完全獨立性 유인력(强)	準獨立性 유인력(弱)
寅巳申 (餘氣의 土)	準獨立性 유인력(弱)	유인력 無	유인력 無
午 (中氣의 土)	유인력 無	유인력 無	유인력 無

※ 準獨立性의 天干의 戊己토는 左右間 干合이 되면 獨立性을 喪失한다.

甲 丙 戊 癸
午 辰 午 酉

지지에 辰토만 없었다면 午中己토는 계산하지 않는 것이 확실하지만, 辰土가 이웃하고 있어 월지 午中己는 계산하는 것이 마땅하다. 離隔된 시지의 午中己토는 戊토의 準獨立性으로 계산할 듯하나 戊癸合으로 戊토의 準獨立性은 사라지면서 午中己는 상실된다.

첫째, 토와 동주, 토가 천간지지가 동주하면 토가 온전하다. 동주하면 무조건 유인력이 생기기 때문이다. 즉, 지장간의 토를 온전히 인정한다. 토의 독립성이 완전 확보된 셈이다. 가령, 戊辰, 戊戌, 己丑, 己未, 戊午, 己巳이다. 다만, 戊午와 己巳는 동주에만 미친다. 정기가 아니기 때문이다. 타지에 영향을 미치는 토의 독립성은 정기와 만나야 가능해진다.

둘째, 토와 이웃, 천간의 무기토와 지지의 진술축미가 이웃하는 경우이다. 가령, 년간과 월지, 월간과 년지나 일지, 일간과 월지나 시지, 시간과 일지로 천간무기와 지지진술축미가 조합이 되는 경우이다. 이 경우는 조건부 토의 독립성이 확보된다. 약간의 生氣가 있는 戊己토이어야 한다. 殺地에 임한 토는 戊寅과 己卯인데, 戊寅의 경우는 寅中丙이 있어 실제는 살지가 아니지만 己卯는 실제 살지로 토가 이웃하여도 유인력의 상실로 토의 존재가 사라진다. 유인력을 상실한 己卯의 토는 이웃한 지지의 토도 유인하지 못하여 지지의 지장간의 토가 변하게 된다.

셋째, 토와 토의 이격, 천간의 무기토와 지지의 진술축미가 이격된 경우는 조건부의 土가 되므로 음양에 따라 구분된다. 양간 혹은 양지와 조합이 되는 경우는 온전한 토로 인정하나 음지로만 조합이 된 경우의 토는 토로 인정되지 않는다. 다른 오행으로 변하기 때문이다. 순수음으로만 이격이 된 경우와 원격이 된 경우는 토를 토로 인정하지 않아 토가 있어도 없는 것으로 계산한다. 단, 극지에 놓인 己亥, 戊子는 이격이 되면 유인력을 상실한다. 토의 생기를 상실하기 때문이다.

陽과 陽이 아니면 '좌우의 법칙'과 '계절의 법칙'이 적용된다. 그러나 陽과 陽이라도 離隔된 경우는 '동주의 법칙'이 먼저 우선한다. 가령, 庚辰이면 辰中戊와 辰中乙은 金이 되고, 庚戌이 壬수가 있으면 戌中丁이 사라지고 戌中戊도 金으로 변한다. 즉, 조건부의 토는 회합의 벽을 넘지 못한다. 즉, 土의 독립성에 완성도가 떨어지는 경우는 '左右의 法則'이 적용된다. 음양을 달리하거나 순수한 음으로 되어 이격이 된 경우에 '左右의 法則'이 적용된다. 명조에서 토의 완성도가 있는 경우는 '左右의 法則'보다는 '季節의 法則'을 따른다.

遠隔이거나 離隔이라도 토의 유인력이 작용하지 않는 토는 삼합에 의해 삼합오행으로 변한다. 이렇게 합의 유인력으로 합오행이 되지 않을 경우에는 계절의 법칙에 따라 토는 변한다. 원격도 합으로 당겨오면 토의 유인력이 살아난다.

좌우의 법칙과 동주법칙 간에 우선순위가 있다. 土月土年이나 土時土日의 경우에 生同柱는 '左右의 法則'이 적용되기 이전에 '同柱의 法則'이 먼저 적용된다. 다만, 완전방합은 완전삼합보다 강하고 완전합은 동주보다 강하다. 반회가 되면 동주가 좌우의 합에 우선한다.

① 午(中氣의 土)중 근토의 변화

午火는 寅申과 달리 同柱하지 않아도 독립된 土가 離格이나 이웃으로 있으면 午中己토를 인정한다. 물론 토와 동주하면 午火는 다른 오행에게는 공격적이지만 土는 火의 亞流이기 때문에 土에게 양보한다. 즉, 土의 건재를 인정해준다는 것이다.

사주원국에 辰戌丑未가 있는 무기토가 있으면 독립된 토가 있는 것으로 인정한다. 다만, 午中의 己토는 토의 독립성을 확보하지 못하면 사라진다. 토가 사라지고 남는 것으로 五行別 배분이 된다. 辰戌丑未가 없는 戊己토는 독립성을 상실하고, 무기토가 없어 辰戌丑未도 독립성을 상실하면 午中의 己土가 土 아닌 다른 오행이 된다. 午는 丙20%, 己20%, 丁60%로 배정되지만, 午화도 토의 독립성을 얻지 못하여 午中己가 없어지면 빈자리를 정화가 채우므로 午中丙丁만 100% 작용하니 결국 火만 작용하는 셈이다.

午는 토와 동주하지 않아도 토의 독립성만 확보되면 午중의 己토는 토로 건재 한다. 즉, 독립성만 있으면 동주하지 않아도 午中己가 건재 한다. 戊午로 토와 동주하면 토의 독립성이 없어도 午中의 己토는 土로 건재한다. 여기의 토는 유인력이 자체에만 미치기 때문이다. 여기, 중기의 토는 준독립성이 있기 때문이다.

다만, 午 중의 己토는 火와 同柱하면 丙午의 午中己토는 火로 변한다. 火土同法에 따라 토가 독립성을 갖추면 午中의 己토는 토로 지수계산을 해야 한다. 오행지수계산은 변화오행으로 판단해야 한다. 토의 독립성은 진술축미와 무기토가 공존해야 한다.

② 寅巳申(餘氣의 土)중 戊己토의 변화

<table>
<tr><td rowspan="2">地
支</td><td colspan="2">지장간의 재배분</td></tr>
<tr><td>戊土 동주한 경우</td><td>戊土 동주 아닌 경우</td></tr>
<tr><td>寅</td><td>戊20%, 丙20%, 甲60%</td><td>➡ 丙30%, 甲70%</td></tr>
<tr><td rowspan="2">巳</td><td rowspan="2">戊20%, 庚20%, 丙60%</td><td>➡ 庚20%, 丙80%</td></tr>
<tr><td>➡ 庚30%, 丙70%(辛巳)</td></tr>
<tr><td>申</td><td>己30%, 壬10%, 庚60%</td><td>➡ 壬30%, 庚70%</td></tr>
<tr><td colspan="3">※ 申中壬은 戊의 剋을 받기 때문에 지수 縮小
※ 상생관계는 반반으로 배분되고, 상극하면 강자에게 배분됨</td></tr>
</table>

亥中에 戊토는 존재 자체가 어렵다. 그래서 亥 중에 戊토는 없는 것으로 본다. 巳中에 戊토가 토로 인정되고 작용하려면 토의 독립성만 있으면 토가 온전하니 함께 巳中戊토도 온전히 작용한다. 즉, 토와 동주하지 않아도 지장간의 토가 건재하는 것이다. 그러나 寅中戊와 申中己는 토의 독립성이 없기 때문에 土와 同柱하여야 토의 준독립성이 생긴다. 여기의 토는 유인력이 自柱에만 미치기 때문이다.

巳火는 寅申과 달리 同柱하지 않아도 독립된 土가 離格이나 이웃으로 있으면 巳中戊토를 인정한다. 물론 토와 동주하면 巳火는 다른 오행에게는 공격적이지만 土는 火의 亞流이기 때문에 土에게 양보한다. 즉, 土의 건재를 인정해준다는 것이다.

사주원국에 辰戌丑未가 있는 무기토가 있으면 독립된 토가 있는 것으로 인정한다. 다만, 巳中의 戊토는 토의 독립성을 확보하지 못하면 사라진다. 토가 사라지고 남는 것으로 五行別 배분이 된다. 辰戌丑未가 없는

戊己토는 독립성을 상실하므로 무기토가 없어 辰戌丑未도 독립성을 상실하면 巳中의 戊土가 土 아닌 다른 오행이 된다. 즉, 巳화가 土의 독립성을 얻지 못하면 巳中戊토는 없어지고 巳中庚이 20%로 작용하고 巳中丙이 80%로 작용한다. 즉, 戊土는 丙火로 변한다. 火剋金하는 강자인 火가 土의 빈자리를 채우기 때문이다.

巳는 토와 동주하지 않아도 토의 독립성만 확보되면 巳중의 戊토는 토로 건재 한다. 즉, 독립성만 있으면 동주하지 않아도 巳中戊가 건재 한다. 己巳로 토와 동주하면 토의 독립성이 없어도 巳中의 戊토는 土로 건재 한다. 여기의 토는 유인력이 자체에만 미치기 때문이다. 여기, 중기의 토는 준독립성이 있고 정기는 완전독립성이 있기 때문이다.

다만, 巳중의 戊토는 火와 同柱하면 丁巳의 巳中戊土는 火로 변하고, 癸수와 동주하면 戊토는 火로 변한다. 火土同法에 따라 토가 독립성을 갖추면 巳中의 戊토는 토로 지수계산을 해야 한다. 오행지수계산은 변화오행으로 판단해야 한다. 토의 독립성은 진술축미와 무기토가 공존해야 한다. 단, 辛巳는 巳中戊庚丙이 다르게 배분이 된다. 생지이고 뿌리를 두고 있어 戊가 사라진 빈자리를 丙과 庚이 7대 3으로 배분된다.

③ 辰戌丑未(本氣의 土)**중 戊己토의 변화**

천간에 戊己토가 있으면 토로 작용한다. 천간에 토를 얻지 못하면 토는 '同柱의 法則'과 '季節의 法則 및 左右의 法則'에 따라 다른 오행으로 변한다.

(2) 同柱의 法則

천간과 지지에 함께 토가 없는 경우에 토의 유인력의 법칙과 상관없이 바로 상생상극의 관계부터 살펴서 토의 변화를 끌어내야 한다.

60갑자 중에 土地支와 天干의 조합은 20개이다. 즉, 甲辰, 甲戌, 乙未, 乙丑, 丙辰, 丙戌, 丁未, 丁丑, 戊辰, 戊戌, 己未, 己丑, 庚辰, 庚戌, 辛未, 辛丑, 壬辰, 壬戌, 癸未, 癸丑이다. 이중에 토천간과 토지지의 조합을 제거

하면 16개이다. 즉, 甲辰, 甲戌, 乙未, 乙丑, 丙辰, 丙戌, 丁未, 丁丑, 庚辰, 庚戌, 辛未, 辛丑, 壬辰, 壬戌, 癸未, 癸丑은 非土天干과 土地支의 조합이 16개이다. 16개에 해당하는 경우에 土變化의 法則에 적용을 받는다.

16개 중에 生同柱는 丙辰, 丙戌, 丁未, 丁丑, 庚辰, 庚戌, 辛未, 辛丑가 해당한다. 이중에 4개는 진생동주는 丙戌, 丁未, 庚辰, 辛丑이다. 丙辰, 丁丑, 庚戌, 辛未는 假生同柱이다.

❶ 진생동주

생동주란 천간과 토지지가 서로 상생하는 관계의 조합이 된 경우이다. 이런 경우는 '同柱의 法則'이 적용된다. 토와 상생으로 동주하는 경우는 지장간의 토가 동주하는 오행에 따라 변하는 경우와 동주하는 오행과 무관하게 변하는 경우로 나눈다. 동주하는 오행에 따라 변하는 경우는 丙戌, 丁未, 庚辰, 辛丑이다. 丙戌의 戌中戊는 火로 변하고, 丁未의 未中己는 火로 변하고, 庚辰의 辰中戊와 乙은 金으로 변하고, 辛丑의 축중기는 金으로 변한다.

❷ 가생동주

천간과 토지지의 조합이 상생으로 이루어진 구조이나 실질적으로 극하는 구조로 이루어진 조합을 말한다. 즉, 상생인 듯 상생 아닌 丙辰, 丁丑, 庚戌, 辛未는 가생동주로 左右의 法則 및 季節의 法則에 따라 지장간의 토가 변한다. 다만, 丁丑, 辛未는 丑未論에 우선 적용된다.

❸ 극동주

천간과 토지지가 서로 상극으로 이루어진 조합을 말한다. 16개의 동주 중에 剋同柱에 해당하는 8개는 甲辰, 甲戌, 乙未, 乙丑, 壬辰, 壬戌, 癸未, 癸丑이다. 이중에 甲辰, 甲戌, 壬辰, 壬戌은 좌우의 법칙 및 계절의 법칙에 따르고, 乙未, 乙丑, 癸未, 癸丑은 丑未論에 따라 지장간의 토가 변한다.

❹ 가극동주

천간과 토지지의 조합이 상극이나 실질적으로 상생이 되는 조합을 말한다. 즉, 相剋인 듯 相生인 乙未, 乙丑, 癸未, 癸丑은 丑未論에 따라 지장간의 토가 변한다. 단, 丑未月에 해당하여야 丑未論이 적용된다. 가극동주는 좌우의 법칙 및 계절의 법칙을 헤아리기 전에 먼저 丑未論을 살펴야 한다. 다만, 子午卯酉月이면 좌우 볼 것도 없이 계절의 법칙이 적용된다. 계절의 법칙은 좌우법칙에서 월령의 특수성을 고려한 것이다.

乙未는 未中丁이 있어 목극토를 하지 않고, 癸丑도 丑中辛이 있어 토극수하지 않아 乙未의 未中己는 丁火로 변하고, 癸丑의 丑中己는 癸水로 변하기 때문이다.

다시 말해, 戌未토와 동주하는 丙丁화는 戌未 중에 土는 火로 변하고 辰丑土와 동주하는 庚辛金은 辰丑 중에 戊토는 金으로 변한다. 그리고 土와 同柱한 辰戌丑未의 지장간 土는 그대로 土로 작용한다. 가령, 戊辰은 土, 庚辰은 金, 丙戌은 火, 戊戌은 土, 己丑은 土, 辛丑은 金, 丁未는 火, 己未는 土로 작용한다. 이 경우에 경진은 辰中乙도 乙庚合金으로 변한다. 自座干合하는데 방해자가 없기 때문이다. 그러나 상생동주해도 반대세력이 극왕하면 '계절의 법칙'에 따른다.

진술축미와 동주한 20개의 갑자 중에 토와 이웃하면 辰戌丑未中 戊己土는 토로 남는다. 이격이 되면 다르다. 양과 양이 아니면 '좌우의 법칙'과 '계절의 법칙'이 적용된다. 그러나 양과 양이라도 이격된 경우는 동주의 법칙이 먼저 우선한다. 가령, 庚辰이면 辰中戊는 金이 되고, 庚戌이면 술중정이 사라지면 戌中戊도 금으로 변한다. 庚戌은 임수가 이웃하면 戌中丁이 사라지고 戌中戊가 金으로 변하고, 庚戌이 月柱를 차지하면 戌中戊는 金으로 변한다.

同柱와 相剋이거나 相生이 아닌 것은 첩신된 지지의 반합이 되면 化五行으로 변한다. 이를테면, 20개 중에 甲辰, 甲戌, 乙未, 乙丑, 丙辰, 庚戌, 丁丑, 辛未, 壬辰, 壬戌, 癸未, 癸丑 12개는 土의 유인력이 미치지 못하면 이웃에 따라 변한다. 가령, 이웃한 丑辰이 酉丑, 子辰 같은 金水半合을

剋傷없이 이루거나, 戌未가 午戌, 午未, 卯未 같은 木火半合을 剋傷없이 이루면 半合에 따라 변한다. 단, 상생모양을 한 庚戌은 戌中丁화를 合去해주는 壬이 투간되어 있는 조건을 갖추면 戌中戊는 金으로 변한다. 또한, 庚戌이 月柱에 해당되면 戌中戊는 金으로 변한다.

半合에 따른 변화가 아닌 경우는 최종적으로 계절에 따라 변한다. 沖剋되는 左右보다 同柱가 우선하고, 同柱보다는 合生되는 左右가 우선한다. 乙未는 목생화가 되어 未中己는 火로 변하고, 癸丑는 金生水하므로 丑中己는 水로 변한다. 木生火와 金生水가 온전히 되는 경우에 해당한다. 가령, 木이 극을 당하는 金월에는 木生火가 안되고, 金이 剋傷되는 火월에는 金生水가 되지 않는다. 따라서 무조건 癸丑은 水이고 乙未는 火로 봐서는 안 된다. 巳月의 癸丑은 巳丑金이 되어 水가 가능하고, 亥月의 乙未는 亥未목이 되어 火가 가능하다. 하지만, 午月에 癸丑은 水가 불가하고, 子月의 乙未는 火가 불가하다. 이것은 동주가 우선되는 경우에 가능하다. 즉, 沖剋되는 左右인 경우에는 同柱가 우선하기 때문이다.

(3) 季節의 法則

좌우법칙에서 準月令과 丑未論과 같은 특별한 계절적인 조건이 구비되는 경우는 우선 고려한다. 月支의 계절 및 조후의 특수성이 작용하기 때문이다. 寅, 卯, 巳, 午, 申, 酉, 亥, 子月은 非土月이고, 辰, 戌, 丑, 未月은 土月이다. 월지가 土月이면 丑未月은 丑未論이 적용되고 辰戌月은 '좌우의 법칙'이 적용된다. 月支가 非土月이면 '계절의 법칙'이 적용된다.

① 준월령

甲辰월, 丁未월, 庚戌월, 癸丑월은 토의 독립성을 상실한 경우는 동주투간한 동월로 간주하여 辰中戊는 木으로, 未中己는 火로, 戌中戊는 金으로, 丑中己는 水로 간주하여 인수격으로 본다. 이 중에 庚戌은 월지에 임하면 戌中戊는 金으로 변한다. 癸丑월은 축미론에 따르고, 丁未월은 동주의 법칙에 따르고, 甲辰월은 좌우의 법칙에 따른다. 좌우의 법칙에 따라 辰月과

巳午가 이웃하면 火로 변하고 戌月과 亥子가 이웃하면 水로 변한다.

② 丑未論

축미론은 '상하동주의 법칙'이 '좌우의 법칙'에 우선한다. 토월에 土는 상황에 따라 水나 火로 변한다. 일반적으로 辰은 寅 또는 卯가 있으면 木, 子가 있으면 水, 그 외는 다 土이고, 戌은 申 또는 酉가 있으면 金, 午가 있으면 火, 그 외는 다 土이고, 丑은 亥 또는 子가 있으면 水, 酉가 있으면 金, 그 외는 다 土이고, 未는 巳 또는 午가 있으면 火, 卯가 있으면 木, 그 외는 다 土이다.

특히, 未는 천간에 丙丁甲乙이 있고 辰丑이 없어야 火가 되고, 丑은 천간에 壬癸庚辛이 있고 戌未가 없어야 水가 된다. 즉, 토생화가 되고 토생수가 되는 경우는 우선하여 적용한다.

未토가 土生火가 되려면 丑辰이 없고 戌未 중에 하나가 있거나 丙丁甲乙 중에 하나가 있어야 하고, 丑중기토가 土生水하려면 戌未가 없고 丑辰 중에 하나가 있거나 庚辛壬癸 중에 하나가 있어야 한다. 다시 말해, 戌은 丙丁巳午가 있으면 土生火가 가능하고, 未는 火가 있거나 木이 뜨면 土生火가 가능하다. 다만, 丑辰이 없어야 한다. 辰은 壬癸亥子가 있으면 土生水가 가능하고, 丑은 水가 있거나 金이 뜨면 土生水가 가능하다. 다만, 戌未가 없어야 한다. 즉, 戌未와 丑辰은 잡반전을 일으킨다. 잡반전이 되면 丑辰은 토생수하고 戌未는 토생화하기 때문이다. 다만, 沖이 되면 안 된다. 조후의 개념이 사라지기 때문이다.

丑未월의 경우는 '丑未論'의 조건을 충족하지 못하면 '좌우의 법칙'에 따라 계산한다. 未월이 火로 변하기 위해서는 未를 沖破하는 丑辰이 이웃하지 않아야 하고 木火의 상생이 있어야 한다. 丑월이 水로 변하기 위해서는 丑을 沖破하는 戌未가 이웃하지 않아야 하고 金水의 상생이 있어야 한다.

丑未월의 변화는 調候의 특수성 때문에 일반론인 '좌우의 법칙'에 우선

되기 때문이다. 토와 이웃한 것이 삼합과 방합이 혼재된 경우는 방합으로 먼저 본다. 유인력은 삼합보다 방합이 더 강하다.

표<2-7> 丑未論 조견표

火가 되는 조건		水가 되는 조건	
乙未月 辛未月 癸未月	①丑辰無 (단, 고립무원이면 안된다) ②丑or辰有, 丙丁and甲乙有 (단, 孤立無援도 沖破도 되지 않아야 한다)	乙丑月 丁丑月 癸丑月	①戌未無 (단, 고립무원이면 안된다) ②戌or未有, 癸and庚辛有 (단, 孤立無援도 沖破도 되지 않아야 한다)

③ 非土月과 土年

非土月과 土年이면 계절의 특수성 때문에 '季節의 法則'이 '좌우의 법칙'보다 우선 적용된다. 土와 상극이거나 상생해도 상생이 아닌 경우는 계절의 법칙을 적용하되 먼저 삼합이 우선된다. 유인력의 법칙도 통하지 않고 상생의 법칙도 통하지 않는 토는 계절의 법칙에 따라 변한다. 토의 유인력이 없어 진술축미의 지장간의 토가 토로 작용하지 않거나 동주한 火나 金으로 변하지 않는 경우는 춘하추동의 계절에 따라 진술축미의 토가 계절이 司令하는 대로 변한다. 변화는 계절이 반대하면 안 된다. 토의 반대는 가능하지만 계절의 사령에 반하지 못한다. 계절도 삼합에게 양보한다. 단, 火土는 동법이니 삼합도 계절에 따른다. 그러나 원국에 변화할 오행이 없으면 변하지 못하고 土로 남는다.

토의 독립성을 확보하지 못하면 지장간의 토가 동주에 따라 변하거나 계절의 법칙에 따라 변한다. 환언하면 계절의 법칙은 토변화의 일반론이다. 즉, 동주와 이웃을 보는 것은 특별히 우선적으로 봐야 한다는 것이다.

❶ 辰은 계절의 사령에 따라 乙癸戊가 각각 달리 변하는데, 寅月은 木

30%, 火50%, 土20%가 司令하니 辰中戊는 土(0.2)보다 강한 木(0.3)의 유인력에 의해 木으로 변한다. 卯월은 木80%, 土20%가 사령하므로 木으로 변한다. 辰월은 토가 사령하므로 토로 변한다. 여타의 月도 마찬가지이다.

❷ 未는 계절의 사령에 따라 丁乙己가 각각 달리 변하는데, 寅月은 木30%, 火50%, 土20%가 司令하니 未中己는 木(0.3)보다 강한 火(0.5)의 유인력에 의해 火로 변한다. 卯월은 木80%, 土20%가 사령하므로 木으로 변한다. 辰월은 토가 사령하므로 토로 변한다. 여타의 月도 마찬가지이다.

❸ 戌은 계절의 사령에 따라 辛丁戊가 각각 달리 변하는데, 寅月은 木30%, 火50%, 土20%가 司令하니 戌中戊는 木(0.3)보다 강한 火(0.5)의 유인력에 의해 火로 변한다. 卯월은 木80%, 土20%가 사령하므로 戌 중에 木이 없어 토로 변한다. 辰월은 토가 사령하므로 토로 변한다. 여타의 月도 마찬가지이다.

❹ 丑은 계절의 사령에 따라 癸辛己가 각각 달리 변하는데, 寅月은 木30%, 火50%, 土20%가 司令하니 戌中戊는 木도 火도 없어 土로 변한다. 卯월은 木80%, 土20%가 사령하므로 戌 중에 木이 없어 토로 변한다. 辰월은 토가 사령하므로 토로 변한다. 여타의 月도 마찬가지이다.

丑월과 未월은 生해주는 것이 있으면 丑中己는 水로 변하고, 未中己는 火로 변한다. 독립성을 상실한 토가 동주에 따라 변하지 못한 경우는 계절에 따라 변한다. 그러나 계절의 토는 이웃한 오행에 따라 변한다. 즉, 좌우로 酉戌이면 戌은 金으로, 卯辰이면 辰은 木으로, 子丑이면 丑은 水로, 午未이면 未는 火로 변한다. 토의 변화는 삼합에서 시작된다. 가령, 丑토는 巳酉丑金이니 金水로 변한다. 그래서 亥월인 경우에 亥中壬이 있어 壬이 司令하는 것이다.

표<2-9> 季節法則 조견표

月地	年地			
	辰	未	戌	丑
寅(戊2,丙5,甲3)	(乙)癸戊	(丁)乙己	辛(丁)戊	癸辛(己)
卯(乙8,己2)	(乙)癸戊	丁(乙)己	辛丁(戊)	癸辛(己)
辰(乙3,癸2,戊5)	乙癸(戊)	丁乙(己)	辛丁(戊)	癸辛(己)
巳(戊2,庚3,丙5)	乙癸(戊)	(丁)乙己	辛(丁)戊	癸(辛)己
午(丁8,己2)	乙癸(戊)	(丁)乙己	辛(丁)戊	癸辛(己)
未(丁3,乙2,己5)	乙癸(戊)	丁乙(己)	辛丁(戊)	癸辛(己)
申(己2,壬3,庚5)	乙(癸)戊	丁乙(己)	(辛)丁戊	癸(辛)己
酉(辛8,己2)	乙癸(戊)	丁乙(己)	(辛)丁戊	癸(辛)己
戌(辛3,丁2,戊5)	乙癸(戊)	丁乙(己)	辛丁(戊)	癸辛(己)
亥(戊2,甲5,壬3)	(乙)癸戊	丁(乙)己	辛丁(戊)	(癸)辛己
子(癸8,己2)	乙(癸)戊	丁乙(己)	辛丁(戊)	(癸)辛己
丑(癸3,辛2,己5)	乙癸(戊)	丁乙(己)	辛丁(戊)	癸辛(己)

※ (*)은 변화오행을 표시한 것임

※ 계절의 작용에 의해 승자가 결정된다.(숫자는 힘의 비중치임)

가령,

丁 庚 辛 丙

丑 申 卯 辰

辰은 卯月은 木80%과 土20%가 司令하니 강력한 기운을 득한 목에 의해 乙木으로 변한다. 時地의 丑中己는 좌우의 법칙에 따라 그대로 土로 작용한다. 60갑자 중에 甲辰, 甲戌, 乙未, 乙丑, 丙辰, 庚戌, 丁丑, 辛未, 壬辰, 壬戌, 癸未, 癸丑 12개는 土의 유인력이 미치지 못하면 이웃에 따라 변하거나 계절에 따라 변한다. 이웃의 변화요인이 없어 계절에 따라 변한다. 즉, 丑은 계절의 사령에 따라 癸辛己가 각각 달리 변하는데, 卯月은 木80%과 土20%가 司令하나 丑 중에는 기가 없어 己土으로 변한다.

(4) 左右의 法則

'동주의 법칙'이 가장 우선이고, 그 다음이 '계절의 법칙'이고 마지막으로 '좌우의 법칙'이 적용된다.

① 土月과 非土年

土月과 非土年이면 左右의 法則이 적용된다. 월지는 년지에 영향을 받고, 년지는 월지에 영향을 받는다. 토월은 단순한 회전에 불과하다. 토는 환절기 오행이니 본 계절과 다음 계절을 연결시키는 작용에 불과하기 때문이다. 그래서 12개중에 3개의 경우만 타오행으로 바뀌고 9개는 土로 유지된다. 다만, 非土月과 土年이면 季節의 法則이 적용된다.

표<2-7> 年·月의 左右法則 조견표

年支 / 土月變化	寅	卯	辰	巳	午	未	申	酉	戌	亥	子	丑
	木 火 土	木 土	土	火 土	火 土	土	金 水 土	金 土	土	水 土	水 土	土
辰月 (木2,水1,土9)	**木**	**木**	土	火	火	土	土	土	土	土	水	土
未月 (木2,火1,土9)	土	木	土	**火**	**火**	土	土	土	土	土	土	土
戌月 (金2,火1,土9)	土	土	土	土	火	土	**金**	**金**	土	水	水	土
丑月 (水2,金1,土9)	土	土	土	土	土	土	土	金	土	**水**	**水**	土
※ 土와 四行이 겹치는 경우에 四行이 우선한다. ※ 三合의 生과 方合의 庫가 만나 水가 되고 火가 된다.												

丙 丙 甲 壬
申 寅 辰 申

辰月은 木과 土가 사령하니 辰中戊는 토로 남는다.

甲 甲 甲 甲
戌 寅 戌 申

戌월은 金과 土가 사령하니 戌과 이웃한 申에 유인력에 의해 이웃한 申금 때문에 戌中戊는 金으로 변한다.

壬 癸 甲 甲 坤
戌 丑 戌 午

時의 戌은 독립성이 없어 좌우의 법칙에 따라 戌中戊는 토로 작용하고, 丑中己는 토로 작용한다. 월지 戌中戊는 좌우에 따라 火로 변한다.

辛 癸 乙 辛 乾
酉 丑 未 卯

천간을 얻지 못한 丑과 未는 변화의 기로에 놓인다. 丑中己는 生合하는 酉丑合으로 金으로 변하고, 未中己는 좌우의 법칙에 따라 木으로 변한다.

② 日支과 時支의 辰戌丑未

日과 時는 좌우의 법칙이 적용된다. 일지는 시지에 영향을 받고, 시지는 일지에 영향을 받는다. 자전하는 일지는 단순한 회전에 불과하기 때문에 공전과 구분된다. 토는 자체의 오행을 지키려는 속성이 강하게 일어난다. 그래서 12개중에 3개의 경우만 타 오행으로 바뀌고 9개는 土로 유지된다.

乙 癸 癸 己
卯 丑 酉 丑

년지의 丑中己토는 기토와 동주하고 있어 土로 건재하나 일지의 丑土는 '日·時의 左右法則'을 적용하면 丑中己는 土로 계산한다. 지수를 정리하면 토3.7 금4.6 수2.7 목3 화0이다. 金이 적정하나 차종주의 生이 있어 剋法取用하니 金體火用이고 火가 없어 木이 용신이 된다.

표<2-8> 日·時의 左右法則 조견표

日·時支 / 土變化	寅	卯	辰	巳	午	未	申	酉	戌	亥	子	丑
	木 火 土	木 土	土	火 土	火 土	土	金 水 土	金 土	土	水 土	水 土	土
辰 (木2水1土9)	**木**	**木**	土	土	土	土	土	土	土	土	水	土
未 (火2木1土9)	土	木	土	**火**	**火**	土	土	土	土	土	土	土
戌 (金2火1土9)	土	土	土	土	火	土	**金**	**金**	土	土	土	土
丑 (水2金1土9)	土	土	土	土	土	土	土	金	土	**水**	**水**	土

※ 土와 四行이 겹치는 경우에 四行이 우선한다.
※ 三合의 生과 方合의 庫가 만나 水가 되고 火가 된다.
※ 년월조견표와 유사하다.

3) 가감추가지수

추가지수로 일간의 프리미엄과 化氣오행이 있다. 化氣가 되면 지수를 추가 계산한다. 본래오행과 별도로 화기천간은 1.0으로 추가하고, 변화지지는 0.3를 추가한다.

(1) 天干化氣

合化가 되면 사주원국대로 계산을 하고 化氣오행은 별도로 계산하여 加算한다. 합이란 새로운 생산과 변화를 만들어내기 때문에 양일간이면 음오행으로 변화하고 음일간이면 양오행으로 변화한다. 기본지수를 계산하고 화기지수를 가산한다. 가령, 甲己合에 辰戌丑未월이고 戊己토가 투출하고 방해하는 오행이 없으면 동기를 만나 동화되니 化土가 되는데, 甲일간은 己土가 되고 己일간은 戊土가 된다. 본래오행과 화기오행을 별개로 계산한다. 가령, 갑기합화토가 되면 토가 1개 있는 것으로 가산한다. 戊己토가 化氣되면 戊己토의 독립성은 상실된다.

(2) 地支化氣

지지가 三合이나 方合으로 회합이 되거나 지지에 토국을 이루면 0.3를 추가한다. 지지화기는 추가지수가 필요한 경우에 적용한다. 즉, 종주와 차종주가 同數인 경우에 적용한다. 同數중에 국을 이룬 오행에 0.3을 추가한다. 상극관계의 同數는 극하는 오행에 0.3을 추가한다.

剋同柱한 子午卯酉는 減指數가 적용되고 會合으로 생성되는 化氣五行은 追加指數로 계산한다.

(3) 지지의 가감추가지수

① 감지수

連坐重複되면 보다 약한 地支의 본기의 지수만을 減한다. 허자가 도충되기 때문이다. 그러나 동일오행의 실자가 있으면 감하지 않는다. 減指數는 아래와 같이 減한다. 剋同柱하거나 雙連坐이면 감지수가 적용된다. 단, 土는 쌍자체감이 적용되지 않는다. 좌우의 법칙에 의해 到沖되어도 土가 들어오기 때문에 그대로 土가 된다.

時	日	月	年
日·時中 時30%減	月·日中 日40%減	年·月中 年50%減	

지수가 동일수치가 나오면 剋하는 오행이 보다 强한 것으로 본다. 가령, 木4.0이고, 金이 4.0인 경우에 金이 보다 强하여 金體火用으로 取用한다. 그리고 子午卯酉가 相剋同柱하면 10%감된다. 즉, 戊子, 壬午, 辛卯, 丁酉는 子午卯酉의 지수가 10%감되는 것이다. 가령, 丁酉일주이면 0.3이 감되어 2.7이 된다.

② 추가지수

종주와 차종주가 같은 경우에 지지가 삼합 및 방합 혹은 공협되거나 지지에 土局을 이루면 0.2~0.3을 추가하여 종주를 결정한다. 즉, 추가지수를 더하여 결정한다. 삼합과 방합이 겹치는 경우에 방합이 우선된다. 공협지수는 0.2이고 삼합, 방합, 토국의 추가지수는 0.3이다.

추가지수는 제한적으로 적용한다. 상생관계로 同數인 경우에 적용된다. 同數중에 局을 이룬 오행에 0.3을 추가한다. 상극관계의 同數는 극하는 오행에 0.3을 추가한다.

乙 癸 庚 戊
卯 亥 申 戌

指數法에 의하면 금4.5 수4.4 목3.9 화0.2 토1.9이다. 金과 水가 同數가 아니니 金體火用의 일반격을 취한다. 극법취용으로 火를 구하는데, 화가 없어 木水용조가 되고 그중에 次宗主를 배제하면 乙목이 용신이 된다.

4) 지수계산 사례

(지수사례1)

時 日 月 年

丁 戊 辛 戊

巳 午 酉 子

<table>
<tr><td colspan="3">五行</td><td>水</td><td>木</td><td>火</td><td>⇦ 土 ⇨</td><td>金</td></tr>
<tr><td colspan="2">天干</td><td>3.4</td><td></td><td></td><td>1</td><td>1.4</td><td>1</td></tr>
<tr><td rowspan="4">地藏干</td><td>時</td><td>2</td><td></td><td></td><td>1.6</td><td></td><td>0.4</td></tr>
<tr><td>日</td><td>3</td><td></td><td></td><td>3</td><td></td><td></td></tr>
<tr><td>月</td><td>4.1</td><td></td><td></td><td></td><td></td><td>4.1</td></tr>
<tr><td>年</td><td>1.3</td><td>1.3</td><td></td><td></td><td></td><td></td></tr>
<tr><td colspan="2">合算</td><td>13.8</td><td>1.3</td><td>0</td><td>5.6</td><td>1.4</td><td>5.5</td></tr>
</table>

천간의 戊토는 지지에 土를 만나지 못해 토가 天地應通을 하지 않으므로 토의 독립성이 상실되어 巳中戊는 火로 변하고, 午中己도 火로 변한다. 子수는 剋동주하여 10%로 감된다.

(지수사례2)

庚 己 庚 丁

午 巳 戌 亥

五行			水	木	火	⇦ 土 ⇨	金
天干		2.4			1		1.4
地藏干	時	2			2		
	日	3			2.4		0.6
	月	4.4			0.4	⇨	4.0
	年	1.6	1.1	0.5			
合算		13.4	1.1	0.5	5.8	0	6

己토는 金으로 먼저 변한다. 일주에 있는 己토는 년월에 있는 지지의 토와 응통하지 못한다. 庚戌월은 준월령으로 戊中戊가 金으로 변한다. 단, 辰戌沖이 되면 변화가 안된다.

(지수사례3)

乙 甲 庚 丙

丑 申 寅 寅

五行			水	木	火	⇦ 土 ⇨	金
天干		3.4		1.4	1		1
地藏干	時	2	0.6			1.2	0.2
	日	3	0.9				2.1
	月	4.3		3.0	1.3		
	年	1.1		0.6	0.5		
合算		13.8	1.5	5	2.8	1.2	3.3

천간에 토가 없어 여기와 중기지장간의 토는 계산하지 않는다. 다만, 連坐重複하는 경우에 유의해야 한다. 寅寅으로 인목이 년과 월에 連坐重複하고 있어 상대적으로 약한 年支를 50%(△0.5)로 감하여 계산한다. 時支丑의 丑中己는 좌우의 법칙에 의해 土로 작용한다.

(지수사례4)

甲 壬 戊 庚

辰 子 寅 申

五行			水	木	火	⇦ 土 ⇨	金
天干		4.1	1.1	1		1	1
地藏干	時	2	0.2	0.6		1.2	
	日	3	3				
	月	4.3		3.0	1.3		
	年	1.6	0.5				1.1
合算		15	4.8	4.6	1.3	2.2	2.1

월에 있는 무토는 시에 있는 辰토를 유인하여 天地應通하므로 독립성을 확보한다.

(지수사례5)

乙 癸 丁 己

卯 丑 丑 卯

五行			水	木	火	⇦ 土 ⇨	金
天干		4	1	1	1	1	
地藏干	時	2		2			
	日	3	0.9			1.8	0.3
	月	4.4	1.3			2.7	0.4
	年	2		2			
合算		15.4	3.2	5	1	5.5	0.7

月支丑은 좌우의 법칙에 의해 월지의 丑中己은 그대로 土로 작용한다. 丁丑의 축중기는 고립무원의 癸수만으로 동주법칙에 적용되지 않아 좌우의 법칙에 의해 그대로 土가 된다. 土는 쌍자체감이 적용되지 않는다. 到沖되어도 土가 들어오기 때문이다.

(지수사례6)

戊 丁 甲 戊

申 卯 寅 辰

五行			水	木	火	⇦ 土 ⇨	金
天干		3.3		1	1	1.3	
地藏干	時	2	0.2			0.6	1.2
	日	3		3			
	月	4.3		3	1.3		
	年	1.6	0.2	0.5		0.9	
合算		14.2	0.4	7.5	2.3	2.8	1.2

申中己와 동주한 戊토는 자체적으로 應通하여 토의 독립성을 확보한다.

(지수사례7)

丁 乙 丁 辛

丑 未 酉 酉

五行			水	木	火	⇦ 土 ⇨	金
天干		3.3		1	1.3		1
地藏干	時	2	0.6			1.2	0.2
	日	3		0.3	0.9	1.8	
	月	3.6					3.6
	年	0.8					0.8
合算		12.7	0.6	1.3	2.2	3	5.6

時支丑과 日支未는 좌우의 법칙에 따라 그대로 土로 남는다. 유유쌍자 체감에 따라 년지酉는 50%감되고 월지酉는 극동주로 10%감된다.

(지수사례8)

癸 乙 癸 戊

未 亥 亥 子

五行			水	木	火	⇦ 土 ⇨	金
天干		3.3	1.3	1		1	
地藏干	時	2		0.2	0.6	1.2	
	日	3	2.1	0.9			
	月	4.3	3.0	1.3			
	年	1.3	1.3				
合算		13.9	7.7	3.4	0.6	2.2	0

戊와 未는 원격되어 무토의 유인력이 없지만, 未中己는 좌우의 법칙에

따라 土로 작용한다. 년지子는 극동주로 10%로 감된다. 亥가 연좌중복하니 日支亥中壬을 △30%(△0.9)한다. 水體土火用組이고 未中丁火가 用神이나 무력무정하다. 홑꽃이기에 열매도 없고 未中丁화는 무화과에 불과하다.

(지수사례9)

甲 戊 戊 庚

寅 寅 寅 寅

五行			水	木	火	⇦ 土 ⇨	金
天干		3.3		1		1.3	1
地藏干	時	2		1.4	0.6		
	日	3		2.1	0.9		
	月	4.3		3.0	1.3		
	年	1.6		1.1	0.5		
合算		14.2	0	8.6	3.3	1.3	1

戊토는 지지에 土를 얻지 못해 토를 유인하지 못하여 寅中戊는 인정되지 않는다. 인중무가 없어지니 寅中甲은 70% 작용하고 寅中丙은 30%로 작용한다. 寅이 연좌 중복되어도 쌍자가 아니면 滅의 대상이 되지 않는다.

(지수사례10)

己 丙 癸 乙 坤

丑 寅 未 丑

五行			水	木	火	⇦ 土 ⇨	金
天干		4	1	1	1	1	
地藏干	時	2	0.6			1.2	0.2
	日	3		2.1	0.9		
	月	4.4		0.4	1.3	2.7	
	年	1.6	0.5			0.9	0.2
合算		15	2.1	3.5	3.2	5.8	0.4

시지丑은 토로 온전하나 월지未와 년지丑은 좌우의 법칙에 따라 丑未中己는 土로 변한다.

(지수사례11)

甲 壬 丁 戊　坤

辰 辰 巳 申

五行			水	木	火	⇦ 土 ⇨	金
天干		4	1	1	1	1	
地藏干	時	2	0.2	0.6		1.2	
	日	3	0.3	0.9		1.8	
	月	4.3			2.6	0.9	0.8
	年	1.6	0.2			0.5	0.9
合算		14.9	1.7	2.5	3.6	5.4	1.7

戊와 辰으로 토의 독립성이 확보된다. 다만, 원격되는 時의 辰中戊는

좌우의 법칙에 따른다. 日支의 辰中戊는 천지응통하여 土로 건재한다. 月支의 巳中戊는 토의 독립성에 의해 토로 작용한다. 申中戊는 동주에 따라 土로 건재한다. 이러한 토의 상황과 연좌중복의 상황을 감안하여 지수를 계산한다.

(지수사례12)

己 丁 丙 丁

酉 酉 午 酉

五行			水	木	火	⇦ 土 ⇨	金
天干		2.4			1.4	1	
地藏干	時	2					2
	日	2.1					2.1(△0.9)
	月	4.1			4.1		
	年	1.3					1.3(△0.2)
合算		11.9	0	0	5.5	1	5.4

午中己는 천지응통하는 土가 없어 사라지고 오로지 100%로 火만 존재한다. 酉금은 丁화와 상극동주하면 10%로 감된다. 유유쌍자가 있으면 쌍자체감을 한다. 삼자라도 연좌하지 않으면 삼자가 아니다.

제3장. 宗主取用法

지금까지 배운 指數法에 따라 구한 宗主로 體를 삼고 用을 찾으면 된다. 사주는 음양이니 항상 짝을 찾아가는 것이기 때문이다. 체를 극하는 것으로 용하는 극용, 체를 극하고 설하는 상용, 체를 설하는 설용, 체를 도우는 조용, 체를 생용이 있다.

용은 주용과 조용으로 구성된다. 剋用이 主用이면 傷用이 助用이 되어 용조를 이루고, 傷用이 主用이면 助用은 泄用이 되고, 泄用이 主用이면 助用은 比用이 된다. 比用이 主用이면 生用은 助用이 되고, 生用이 主用이면 剋用이 助用이 된다.

일반격은 宗主旺神을 剋하는 用組가 그대로 '用의 格'이 된다. 취용법의 기본은 먼저 사주의 格을 보는 것이다. 格이라 事物의 틀이고 짜임새이다. 일반격에 우선하여 살펴야 하는 것이 特別格이다. 천간이 간합으로 化氣格이 생겨나는 경우가 있다. 化氣格은 化氣五行이 월령을 득하고, 다른 반에도 화기오행이 있어야 한다. 사주의 틀과 짜임새에 해당하는 格은 육신과 지수에 의해 取用이 정해지는데, 육신은 비겁, 인성, 식상, 재성, 관성으로 구분하고, 입격이 되면 生法取用하고, 파격이면 剋法取用한다.

格은 두 가지가 있는데, 하나는 旺者入格에 따라 宗主旺神으로 격으로 취하는 '體의 格'이고, 다른 하나는 用神之格에 따라 用組를 격으로 취하는 '用의 格'이 있다.

비겁은 통근하고 인성이 없는 경우에 특별격이 생겨나고, 殺旺하여 일간을 위협하는 경우에 制法, 化法, 從法을 구분하여 取한다. 제살하는 것이 천간은 지지에 통근하거나 지지에 정기로 있으면 특별격이 생겨난다.

金水가 亥子丑월에 태어나고 丙丁巳午寅이 있고 살지에 임하지 않으면 금수조후격이 생겨난다. 마지막으로 천간이나 지지가 동일오행으로만 구성되면 一行氣氣格이 생겨난다. 그 외는 일반격으로 즉, 종주의 육신과 지수상태를 보고 生法取用과 剋法取用을 구분하여 용조를 구한다.

用組는 겹용조와 홑용조로 구분되는데, 겹용조 중에 기용조와 승용조의 단계에서 약신이 존재하고, 종주왕신은 용신이 되지 못한다. 용신이 되기 위해서는 통력통근이 되어야 하되, 기반불용과 년지 불완전불용을 헤아려야 정확한 용신이 정해지는 것이다.

3-1. 體의 格

格은 명조의 用神을 취하기 위해 설정된 격과 용신을 쓰임을 보는 격으로 구분된다. 즉, 종주중심으로 취하는 '체의 격'이고 용신중심으로 취하는 '용의 격'으로 구분한다. '체의 격'은 다시 一般格과 特別格으로 구분된다. 단, 특별격은 일반격에 우선된다.

표<3-1> 格의 構造圖와 사례분석

一般格	①五體五用의 원리	· 水體火(土)用 · 土體水(木)用 · 木體金用 · 金體火用 · 火體水用	(*)取用경우 *종주1차배제 *차종주2차배제
	②通根通力의 法則	· 殺地不用 · 孤孤不用 · 羈絆不用 · 沖沖不用 · 年支自合不用	
	③虛字通根의 法則	· 納音五行 · 雙字倒沖	

- ④雜反轉의 法則
  - · 陰陽倒沖
  - · 拱挾
  - · 土生火
  - · 土生水
- ⑤身强身弱論(多,月)

特別格

- 準正格
  - · 印星格
  - · 比劫格 : <事例71>
- 正格
  - · 食神格
  - · 正財格
  - · 正官格
- 特殊格
  - · 天地化氣格 : <事例17,65>
  - · 食傷用比格 : <事例23>
  - · 殺 制 化 格 : <事例42,43>
  - · 金水調候格
  - · 得氣格 : <事例31>
  - · 重疊方合局 : <事例22,32,40,41,56,62,66,70>
  - · 未 達 格

※ '滴天髓闡微'에 나오는 명조를 분석하면, 종주취용법의 원칙이 적용되는 것이 일반격이고 예외사항이 적용되는 것이 특별격이다. 적천수천미 통신론 1권에 나오는 76개의 사례명조 중에 80%에 해당하는 61개는 一般格이고 20%에 해당하는 15개의 명조는 特別格에 해당한다. 格局이 정해지면 생법취용과 극법취용으로 구분한다.

① 生法取用하는 경우는 지수가 미달인 미달격과 정격이 해당하고, 종주가 바로 용신이 된다. 종주를 보호하는 것은 희신이 된다. 생법에서는

宗主가 用神이고 보호의 대상이기 때문이다. 생법취용에는 喜神을 두고 특별격을 두 가지로 구분한다. 용신을 보호하는 희신을 두는 격과 용신을 생하는 희신을 두는 격이다. 식상용비격, 살제화격, 일행득기격, 금수조후격은 宗主를 生하는 것이 喜神이다. 그러나 천지화기격, 중첩합국, 정격, 준정격, 미달격은 宗主를 保護하는 것이 喜神이다. 보호하는 것은 泄하는 것이다.

② 剋法取用하는 경우는 破格이나 태왕이상의 종주에 해당하는데, 宗主를 剋하는 것이 用神이 된다. 용신을 생하는 것이 희신이 된다. 다만, 宗主는 1차적으로 용신에서 배제되고, 차종주는 2차적으로 용신에서 배제된다.

特別格은 生法取用하는 것이고, 一般格은 剋法取用하는 것이다. 일반적으로는 宗主를 기준으로 극법취용하는 것이 일반격이다. 狀態나 格과 象을 보고 생법취용하는 것은 특별격에 해당한다. 지수법으로 종주를 알았으면 종주의 상태에 따라 생법과 극법으로 나누어진다. 종주가 기준미달이면 생법으로 취용하고 그 외는 극법으로 취용한다. 종주가 미달인 경우는 거의 없다. 종주가 미달이어도 차종주의 상생이 있으면 미달로 볼 수 없다.

特別格은 正格과 準正格 그리고 특수격으로 구분한다. 正格은 매우 제한적이다. 식신, 정재, 정관에 한해서 月支에 임하고 적정지수이어야 하고, 중복혼잡 되지 않아야 한다. 準正格은 종주가 비겁이나 인성에 해당하고 차종주의 상생이 없어야 하고 천간에 중복혼잡 되지 않아야 한다.

적천수천미에 나오는 명조에 대하여 격국을 살펴보면, 512개중에 480개정도가 일반격이고 그중에 3개정도를 제외한 나머지는 극법취용의 명조이다. 생법취용하는 명조는 3개정도에 불과하다. 특별격의 경우는 대략 40개정도에 불과하다. 그중에 정격과 준정격은 15개정도이고 25개는 특수격에 해당한다. 특수격은 화기격, 식상용비격, 제살격, 금수조후격, 일기격, 重疊方合局이 있다.

1) 일반격

宗主取用法은 종주용신을 취하는 법칙이다. 宗主用神이란 종주왕신에서 구하는 용신으로 격국용신, 억부용신, 조후용신을 하나로 아우른 용신이다. 종주취용법의 원칙이 적용되는 것이 一般格에 해당하고, 예외사항에 해당하는 것이 特別格이다.

(1) 五體五用의 원리

체용원리는 五運六氣에 기인한다. 음양이 표리를 이루듯이 체용도 표리관계를 구성한다. 천간의 五運을 보면, 甲己合하고 乙庚合하니 甲乙木은 土와 金을 취하고, 丙辛合하고 丁壬合하니 丙丁火는 金과 水를 취하고, 戊癸合하고 己甲合하니 戊己土는 水와 木을 취하고, 庚乙合하고 辛丙合하니 庚辛金은 木과 火를 취하고, 壬丁合하고 癸戊合하니 壬癸水는 火와 土를 취한다. 즉, 甲乙木體는 土金을 喜用하고, 丙丁火體는 金水를 희용하고, 戊己土體는 水木을 희용하고, 庚辛金體는 木火를 희용하고, 壬癸水體눈 火土를 희용한다. 體는 用을 향해가고 用이 다하면 體로 다시 돌아가려는 原始返本의 법칙이 작용하기 때문이다.

지지는 六氣로 體用이 이루어진다. 子午少陰君火로 子는 午를 향하고 午는 子를 향하여 음양운동을 하니 子體午用이고 午體子用이다. 丑未太陰濕土이니 丑은 未를 향하고 未는 丑을 향하여 未體丑用이고 丑體未用이다. 寅申少陽相火이니 寅은 申을 향하고 申은 寅을 향하여 寅體申用이고 申體寅用이 된다. 卯酉陽明燥金이니 卯는 酉를 향하고 酉는 卯를 향하여 卯體酉用이고 酉體卯用이 된다. 辰戌太陽寒水이니 辰은 戌을 향하고 戌은 辰을 향하여 辰體戌用이고 戌體辰用이 된다. 亥巳厥陰風木이니 해는 사를 향하고 사는 해를 향하여 亥體巳用이고 巳體亥用이 된다.

따라서 宗主는 對話作用의 짝이 되는 오행을 취하여 喜用을 삼는다. 즉, 木宗主로 木體이면 金土가 喜用이고, 金宗主로 金體이면 火木이 喜用이고, 火宗主로 火體이면 水金이 喜用이고, 水宗主로 水體이면 土火가 喜

用이고, 土宗主로 土體이면 木水가 喜用이다. 단, 이 體用의 원리는 一般格에 한하여 적용되며 特別格은 해당되지 않음을 유의해야 한다.

(2) 五體五用의 형태

指數法으로 宗主와 次宗主를 찾아낸다. 宗主가 體가 되고 宗主를 극하는 것이 用이 된다.

陰陽은 서로 對化作用을 하고 짝짓기를 하듯이 體는 用과 대화작용을 하는데, 天干은 合으로 對化作用을 하고 地支는 沖으로 對化作用을 한다.

甲己合하고 乙庚合하니 合으로 대화작용하며 寅申沖하고 卯酉沖하니 충으로 對化作用을 한다. 여타의 간합과 지지충도 마찬가지로 對化作用을 한다. 즉, 體는 用을 향하여 팽창하고 분열하기도 하고 수장하고 휴면하기도 한다. 그래서 대부분의 명조는 金體이면 火用이고, 火體이면 水用이고, 水體이면 土用이고, 土體이면 木用이고, 木體이면 金用이 된다. 이렇게 五體五用이 되는 것이 一般格이다. 일반격은 體를 알면 바로 用이 가능하다.

차종주는 격의 成敗에 결정적인 변수로 작용한다. 미달종주도 차종주의 상생이 있으면 파격으로 극법취용한다. 정격과 준정격에서는 차종주의 상생이 있으면 파격으로 극법취용한다.

一般格이 되는 조건은 다양하다. 破格이 되면 바로 一般格이 된다. 一般格은 용조가 있고 승계가 있어, 가령, 金이 용신이 되지 못하면 土로 승계되고 土가 되지 못하면 火로 승계되고 火가 되지 못하면 木으로 승계되어 간다. 一般格은 통근통력과 허자통근이 관건이다. 그중에 살지불용과 고고불용이 대부분이다. 혹은 기반이나 천충지충이면 불용이다. 그러나 잡반전의 경우는 예외가 많으니 주의해야 한다. 一般格은 특별격의 파격에 해당한다.

① 金體火用

宗主인 庚辛金體는 火木을 喜用한다. 庚體는 乙用하고 辛體가 丙用하

는 것은 乙庚合하고 丙辛合하기 때문이다. 火木喜用중에 火는 용신이 되고 木은 희신이 된다. 즉, 金이 종주이면 火가 필요하여 火用이 된다. 전기, 전자 제품 등을 취급하면 좋다.

② **火體水用**

宗主인 丙丁火體는 水金을 喜用한다. 丙體는 辛用하고 丁體가 壬用하는 것은 丙辛合하고 丁壬合하기 때문이다. 水金喜用중에 水는 용신이 되고 金은 희신이 된다. 즉, 火가 종주이면 水가 필요하여 水用이 된다. 물관련이 되는 무역, 숙박, 은행원, 요식업, 커피숍, 화장품이 좋다.

③ **水體土用**

宗主인 壬癸水體는 土火를 喜用한다. 壬體는 丁用하고 癸體가 戊用하는 것은 丁壬合하고 戊癸合하기 때문이다. 土火喜用중에 火는 용신이 되고 土는 희신이 된다. 즉, 水가 종주이면 火用이 된다. 단, 火가 宗主나 次宗主에 해당하면 土用이 된다. 水가 종주이면 土가 필요하여 土用이 된다. 火가 宗主나 次宗主에 해당하는 경우가 아니면 火用이 된다. 농업학과가 좋고, 과수원, 조경, 디자이너, 만물상회 등을 취급하면 좋다.

④ **土體木用**

宗主인 戊己土體는 木水를 喜用한다. 戊體는 癸用하고 己體가 甲用하는 것은 戊癸合하고 甲己合하기 때문이다. 木水喜用중에 水은 용신이 되고 木는 희신이 된다. 즉, 土가 종주이면 水用이 된다. 단, 水가 宗主나 次宗主에 해당하면 木用이 된다. 土가 종주이면 木이 필요하여 木用이 된다. 水가 宗主나 次宗主에 해당하는 경우가 아니면 水用이 된다. 건축, 저술가, 학자, 의류, 서점이 좋다.

⑤ **木體金用**

宗主인 甲乙木體는 金土를 喜用한다. 甲體는 己用하고 乙體가 庚用하는 것은 甲己合하고 乙庚合하기 때문이다. 金土喜用중에 金은 용신이 되고 土는 희신이 된다. 즉, 木이 宗主이면, 金이 필요하여 金用이 된다. 철과 관계있는 금속, 공학, 자동차나 기계부품이 좋다.

(3) 통근통력의 취용과 불용

통근통력은 실자에서는 지장간에 동일오행을 헤아리면 된다. 하지만 허자의 경우가 많으니 주의해야 한다. 甲乙은 寅卯辰亥未에 통근하고, 丙丁은 巳午未寅戌에 통근하고, 戊己는 辰戌丑未巳午에 통근하고, 庚辛은 申酉戌巳丑에 통근하고, 壬癸는 亥子丑申辰에 통근한다. 그러나 殺地이면 불용과 孤孤도 불용이다. 혹은 羈絆이나 天沖地沖이면 불용이다. 또한, 年支自合이면 不用한다. 년지는 무형에 해당하므로 불용의 원칙이 엄격히 적용된다. 단, 잡반전의 경우는 예외이다.

① 살지불용(殺地不用)

생해주는 것이 없으면 壬戌, 癸未, 丙子, 己卯, 乙酉는 통력이 없어 통근하지 못하여 불용된다.

甲 庚 丙 己
申 辰 子 酉

금체화용으로 火를 취하나 살지불용으로 불가하여 水가 用이 된다.(滴天髓闡微 通神論 29. 順逆에 나오는 명조)

② 기반불용(羈絆不用)

기반이 되면 취용하지 못한다. 년지자좌간합이면 不用이다. 天干기반 중에 丙화는 運의 통근으로 기반되지 않는다.

甲 甲 己 壬
子 申 酉 午

金體火用으로 取하나 火는 년지자좌간합이 되어 不可하니 水用이 된다.(滴天髓闡微 通神論 9. 干支總論에 나오는 명조)

③ 충충불용(沖沖不用)

天沖地沖하면 不用한다.

丁 壬 甲 戊
未 寅 寅 申

木體金用으로 금을 취하나 년지의 申금은 지지의 충을 당하고, 생하는 戊토는 천간에서 극을 당하니 천충지충으로 불가하여 火用이 된다.(滴天髓闡微 六親論 6. 女命章에 나오는 명조)

④ 고고불용(孤孤不用)

고립무원이면 불용한다.

乙 壬 乙 癸
巳 申 卯 亥

목체금용으로 금을 취하나 신금은 고립무원에 기반 되어있어 불가하니 火用이 된다.(滴天髓闡微 通神論 23. 傷官에 나오는 명조)

⑤ 년지자합불용(年支自合不用)

년지의 경우는 지장간이 암합이나 명합이 되면 기반되어 불용한다.

丙 庚 丁 辛
子 午 酉 卯

준정격이 파격이 되어 일반격이 된다. 양인격이 천간의 혼잡으로 파격이 된다. 酉가 辛금으로 향하고 있기 때문이다.(滴天髓闡微 通神論 4. 知命에 나오는 명조)

戊 戊 庚 庚
午 辰 辰 申

금체화용으로 일반격이다. 일반격에서 五體五用이 있다. 즉, 金體이면 火用이고 화체이면 수용이고 수체이면 토용이고 토체이면 목용이고 목체이면 금용이다. (滴天髓闡微 通神論 4. 知命에 나오는 명조)

庚 甲 壬 壬
午 寅 寅 辰

木體金用이나 금이 불가하여 火用이 된 일반격이다. 일반격은 통근통력이 중요하다. 경금은 통근이 없다. 종주가 극왕하면 쌍자도충이 어려워진다. (滴天髓闡微 通神論 4. 知命에 나오는 명조)

壬 甲 庚 丁
申 辰 戌 亥

金體火用이 되는 일반격이다. 병정은 사오미인술에 통근하니 정화가 술중에 통근하여 유정유력하다.(滴天髓闡微 通神論 5. 理氣에 나오는 명조)

壬 甲 庚 乙
申 戌 辰 亥

금체화용에서 용조가 승계되어 목용이 되는 일반격이다. 화는 약신으로 작용한다. (滴天髓闡微 通神論 5. 理氣에 나오는 명조)

壬 乙 己 丙
午 丑 亥 子

水體土用이니 토화용조이고 火용신이 된다. (滴天髓闡微 通神論 6. 配合에 나오는 명조)

癸 癸 壬 甲
亥 巳 申 寅

水宗金次이니 수체토용이나 화용으로 승계된다.(滴天髓闡微 通神論 6. 配合에 나오는 명조)

戊 戊 丁 辛
午 子 酉 卯

금은 상관이니 金體火用이고 火가 용신이 된다.(滴天髓闡微 通神論 8. 地支에 나오는 명조)

壬 戊 辛 辛
戌 辰 丑 未

土體水用이고 金水運에 발복한다.(滴天髓闡微 通神論 8. 地支에 나오는 명조)

癸 壬 辛 丙
卯 子 卯 子

木體金用이나 불가하여 승계되어 木用이 된다.(滴天髓闡微 通神論 8. 地支에 나오는 명조)

丁 庚 乙 辛
丑 辰 未 丑

金體火用이 된다.(滴天髓闡微 通神論 8. 地支에 나오는 명조)

丁 戊 辛 戊 남
巳 午 酉 子

火體水用이고 금이 희신이다. 갑자, 을축 대운의 발복하였다.(사주정설)

庚 丙 庚 乙
寅 子 辰 亥

金體火用이다. 공재하고 있어 일생 무병 명리가 유여하였다.(滴天髓闡微 六親論 25. 疾病에 나오는 명조)

(3) 허자통근의 법칙

허자통근은 납음오행으로 통근이 되는 경우가 있다. 丁卯는 노중화로 통근하고 庚辰은 백랍금으로 통근한다. 공협으로 끌어와 통근한다.

① 납음오행통근

납음오행통근은 丁卯와 庚辰뿐이다. 丁卯는 노중화로 정화는 통근이 되고, 庚辰은 백랍금으로 경금이 통근이 된다.

庚 庚 丁 己
辰 申 卯 亥

金體火用이고 정화가 납음오행에 통근하여 용신이 된다.(滴天髓闡微 通神論 9. 干支總論에 나오는 명조)

② 쌍자도충통근

허자론은 궁즉통이라는 음양의 원리에서 비롯된다. 즉, 절처봉생이 되면 도충 되거나 공협 되어 허자가 생성되어 생극제화 작용을 한다. 그러나 종주가 극왕하면 쌍자도충이 안된다.

虛字는 독립적으로는 오행작용을 하지 못하고 허자를 생성시키는 글자가 合이나 沖이 되면 허자를 만들지 못하지만, 虛字는 독립적으로는 오행작용을 하지 못하고 허자를 생성시키는 글자가 合이나 沖이 되면 허자를 만들지 못한다. 그러나 합이나 충이 해소되면 허자가 다시 살아난다. 가령, 卯년 卯월이면 沖字인 酉가 생성되는데, 다른 곳에 같은 酉자가 있으면 塡實이라 하여 생성되지 않고, 沖하는 卯자가 있으면 散實이라하여 생성되지 않는다. 산실이 되는 경우에 합이 되면 다시 허자가 살아난다.

庚 丙 壬 庚
寅 寅 午 午

火體水用으로 임수를 취하는데, 午午雙字로 子수를 당겨오니 통근이 되니 용신이 된다. 甲申 乙酉운에 의식이 풍족하였다. 丙戌운에 가업이 파진되었다.(滴天髓闡微 六親論 5. 何知章에 나오는 명조)

③ 음양도충통근

지지에 水기만 있고 火기가 전혀 없으면 火기를 당겨와 허자통근 된다. 가령, 丑, 辰, 亥, 子로 구성되어 있고 천간에 丙丁이 있으면 통근이 된다. 다만, 종주오행의 지수가 태왕(5.3 이상)에 해당하여야 음양허자를 당겨온다. 태왕 되지 않으면 음양허자를 도충해오지 못한다.

가령, 亥, 子, 丑, 申, 辰으로 구성되어 있고 천간에 丙丁이 있으면 통근이 되고, 지지에 寅, 午, 戌, 巳, 未로 구성되어 있고 천간에 壬癸수가 있으면 통근이 되는 것이 원칙이다. 壬수와 丙화는 동일오행이 아니면 생하는 庚금이나 甲목이 있는 것은 허자통근을 방해하지 않는다. 殺地는 同柱殺이나 月令殺이 해당한다.

가령, 丙이 있는데 丙이 있으면 불가하나 丁이 있는데 丁이 있는 것은 음양허자를 당겨온다. 천간도 오로지 金水로만 되면 火를 당겨오고, 木火로만 되면 水를 당겨온다. 癸수나 丁화는 생하는 오행의 도움이 없으면 음양허자를 당겨오지 못한다. 지지로 도충해오는 허자는 천간의 水와는 무관하다. 다만 고립무원의 음간은 유인력이 없으나 생조를 받는 음간은 유인력이 있다. 음양허자는 쌍자허자에 우선하나 지지의 쌍자허자가 다시 쌍자허자가 생겨나는 경우는 음양허자에 우선한다. 천간쌍자 중에 壬壬은 丁을 불러오고 丁丁은 壬을 불러온다. 음양은 丁壬만 응하기 때문이다.

甲 甲 癸 庚
戌 午 未 寅

火體水用인데, 癸수는 庚금의 생을 얻어 음양도충이 된 虛祿인 子수에 통근한다. 肺腎이 허약하여 丙戌운에 病弱으로 사망하였다.(滴天髓闡微 六親論 25. 疾病章에 나오는 명조)

癸 丁 壬 庚
卯 卯 午 寅

火體水用으로 水를 구하는데, 水는 무근이나 계수는 同氣의 힘을 얻고 지지에서 음양허자로 도충된 虛祿에 통근한다. 또한, 卯卯는 쌍자도충허자로 酉金이 임하기도 한다. 종주의 지수가 극왕하면 음양허자로 도충되고 태왕이하이면 쌍자도충이 된다. 이 명조는 태왕하니 쌍자도충이 우선된다. 그래서 甲申운에 發財하여 부자가 되었다. (滴天髓闡微 六親論 8. 地支章에 나오는 명조)

丙 丁 丙 丁
午 未 午 巳

지지는 重疊方合局이 되나 天干에 一氣를 이루면 음양반전이 된다. 重疊方合局이 되면 생법취용하지만 천간에 火일기를 이루고 있어 음양반전으로 水가 용신이 된다. 丙은 辛을 당겨오고 丁은 壬을 불러오고 지지는 음양반전으로 水를 당겨오기 때문이다. 水運에 전도가 양양한 간부급 공무원이다. 물론 똑똑한 아들도 있다. 癸卯 대운에 시험에 합격을 했다.

④ 공협통근

공협으로 당겨오는 허자가 財庫에 해당하면 富를 이룬다. 가령, 乙巳일이 卯시를 만나면 재고인 辰토를 가져오고, 癸酉일이 亥시를 만나면 재고인 戌을 가져오고, 庚午일이 申시를 만나면 재고인 未를 가져오고, 丙子일이 寅시를 만나면 재고인 丑을 가져오기 때문이다. 단, 拱挾虛字는 月.日간에는 생성되지 않는다. 己卯일 己巳시 辰토가 재고이다.

癸 癸 己 庚
亥 酉 丑 午

금체화용이고 공협된 戌중에 통근하여 火운에 발복하였다.

(4) 잡반전의 법칙

宗主가 水나 火가 되고 次宗主가 土인 경우와 土가 종주이고 火가 차종주인 경우에 雜反轉이 일어난다. 즉, 土가 火나 水로 변하여 음양이 한쪽으로 쏠리어 이루어지는 잡반전은 극법취용한다. 잡반전의 경우는 오행이 존재하는 것만으로 취용한다. 허자이든 실자이든 무차별 취용한다. 잡반전이 되면 반대오행이 용신이 된다. 이 경우에 반대오행은 존재만으로 취용가능하므로 온전치 않아도 되며 허자와 지장간도 가능하다.

① 토생화 잡반전

土生火로 반전되려면 戌未가 있어야 하고, 戌未가 丑辰을 만나지 않아야 하며, 만나도 戌未가 충을 당하지 않아야 土生火반전이 일어난다. 그렇지 않으면 토극왕이 가극왕으로 변하여 생법취용하는 종격으로 입격이 된다.

戊 戊 戊 戊
午 戌 午 子

土生火로 잡반전이 되므로 火體水用이고 수가 용신이 되고 금이 희신이 된다. 甲申운에 과갑에 올랐으나 癸未운에 토극수하여 용신을 파극하니 불록하였다. (滴天髓闡微 通神論 9. 干支總論에 나오는 명조)

丁 丁 戊 丙
未 未 戌 戌

목0.5 화3.6 토6.8 금1.8 수0이다. 火土로 쏠리니 잡반전이 된다. 즉, 금수를 허자로 취용한다. 丁丁은 壬을 당겨오고 戊戊은 辰을 당겨오고 未未는 丑을 당겨와 壬은 丑과 辰에 통근하기 때문이다. 이렇게 잡반전으로 취용하는 경우는 원국에 없어도 취용이 가능하다.

丙 丁 丙 丁
午 未 午 巳

지지는 重疊方合局이 되나 天干에 一氣를 이루면 음양반전이 된다. 重

疊方合局이 되면 생법취용하지만 천간에 火일기를 이루고 있어 음양반전으로 水가 용신이 된다. 丙은 辛을 당겨오고 丁은 壬을 불러오고 지지는 음양반전으로 水를 당겨오기 때문이다. 水運에 전도가 양양한 간부급 공무원이다. 물론 똑똑한 아들도 있다. 癸卯 대운에 시험에 합격을 했다.

② 토생수 잡반전

土生水로 반전되려면 丑辰이 있어야 하고, 丑辰이 戌未를 만나지 않아야 하고, 만나도 丑辰이 충을 당하지 않아야 土生水반전이 일어난다. 그렇지 않으면 토극왕이 가극왕으로 변하여 생법취용하는 종격으로 입격이 된다.

壬 庚 戊 甲
午 申 辰 子

土가 未達宗主이나 次宗主인 수가 水生土로 상생하니 잡반전으로 토를 극법취용하니 목이 용신이 되고 수가 희신이 된다.(滴天髓闡微 通神論 6. 配合)

(5) 신강신약론

신강신약을 보는 것은 가장 기본적이다. 명조에 3~4개의 수를 차지하고 있는 오행과 월지중심으로 신강신약을 판단한다. 가장 원시적인 방법이지만 최대한 지혜롭게 활용할 가치가 있다.

癸 癸 壬 甲
亥 巳 申 寅

수가 4개이고 水와 상생하는 金이 월령을 득하였으니 신강으로 보고 수체화용이 된다. (滴天髓闡微 通神論 8. 地支)

(6) 취용법

① 生法取用

생법취용하는 경우는 지수가 미달인 미달격과 정격이 해당하고, 종주가 바로 용신이 된다. 종주를 보호하는 것은 희신이 된다. 생법에서는 宗

主가 用神이고 보호의 대상이기 때문이다.

생법취용에는 喜神을 두고 특별격을 두 가지로 구분한다. 용신을 보호하는 희신을 두는 격과 용신을 생하는 희신을 두는 격이다. 식상용비격, 살제화격, 일행득기격, 금수조후격은 宗主를 生하는 것이 喜神이다.

그러나 천지화기격, 중첩합국, 정격, 준정격, 미달격은 宗主를 保護하는 것이 喜神이다. 보호하는 것은 泄하는 것이다.

② 剋法取用

극법취용은 破格이나 태왕이상의 종주에 해당하는데, 宗主를 剋하는 것이 用神이 된다. 용신을 생하는 것이 희신이 된다. 다만, 宗主는 1차적으로 용신에서 배제되고, 차종주는 2차적으로 용신에서 배제된다.

2) 특별격

(1) 준정격

準正格은 종주가 비겁이나 인성에 해당하고 차종주의 상생이 없어야 하고 천간에 중복혼잡 되지 않아야 한다. 지수와 육신을 통하여 비겁과 인수는 준정격에 해당하면 생법을 취하고 파격이면 극법을 취한다. 다만, 종주는 월지를 포함하고 있어야 한다. 준정격중 비겁격은 극왕의 경우도 가능하지만 인성격은 비겁격과 달리 태왕까지만 가능하다.

월지에 준하는 경우에 유의해야 한다. 甲辰, 丁未, 庚戌, 癸丑은 토월이지만 동주한 천간의 오행으로 간주하여 準正格을 취한다. 단, 月地의 土가 독립성을 상실하거나 방해하는 오행이 없어야 한다.

① 비겁격

비겁격에 해당하면 생법을 취한다. 비겁격은 ❶ 종주가 비겁에 해당하고, ❷ 종주는 월지를 포함하고 있어야 하고, ❸ 차종주의 상생이 없어야 하고, ❹ 천간에 중복혼잡 되어도 방향성은 비견으로 향해야 한다. ❺ 종주가 極旺(6.3≦PI)하여도 入格이 된다.

甲 庚 庚 丁
申 子 戌 丑

庚戌이 月令을 득하면 入格이 가능하지만 丁화의 방해로 破格이 되었기 때문에 準正格인 比劫格이 되지 못한다. 준정격에 들지 못하여 極法取用하니 금체화용조이고 정화가 용신이 된다. 巳午未를 거치면서 크게 발복하게 된다. 戊이 사령하는 丙午대운은 권력을 거머쥐게 된다.(滴天髓闡微 通神論 10. 形象章에 나오는 명조)

戊 壬 戊 乙
申 辰 子 卯

水가 宗主이고 차종주는 토이니 양인격에 입격이 된다. 수가 용신이고 목이 희신이니 甲申운에 과갑에 올라 부귀를 누리다가 癸未운에 용신이 파극되어 불록하였다.(滴天髓闡微 六親論 27. 地位에 나오는 명조)

乙 丙 辛 庚
未 辰 巳 申

火가 宗主이고 차종주가 금이니 건록격에 입격이 된다. 화가 용신이고 목이 희신이니 갑신 을유운에 부진하다가 丙戌 丁亥운에 사업이 융성하였다.(滴天髓闡微 通神論 10. 形象에 나오는 명조)

② 인성격

인성격에 해당하면 생법을 취한다. 인성격은 ❶ 종주가 인성에 해당하고, ❷ 종주는 월지를 포함하고 있어야 하고, ❸ 차종주의 상생이 없어야 하고, ❹ 천간에 중복혼잡 되지 않아야 한다. ❺ 종주가 太旺(5.3≦PI<6.3)까지는 入格이 된다.

壬 癸 丙 辛
戌 卯 申 卯

宗主가 金이고 차종주가 목이니 인성격에 입격이 된다. 금이 용신이고 수가 희신이 된다. 癸巳운에 과갑에 오르고 壬辰운에 군수가 되어 명리 겸전하였다.(滴天髓闡微 通神論 13. 八格에 나오는 명조)

丙 丙 癸 丁
申 辰 卯 酉

木이 宗主이고 金이 차종주이니 인성격에 입격이 된다. 목이 용신이고 화가 희신이니 丙午운에 유금을 파하여 남편이 등과하고 두자를 생하였다.(滴天髓闡微 六親論 6. 女命章에 나오는 명조)

(2) 정격

육신이 식상, 재성, 관성의 경우는 지수가 적정하고 월내에 있고, 식신, 정재, 정관에 해당하면 정격에 해당하여 생법을 취하고 나머지는 극법취용한다. 正格은 準正格과 달리 차종주의 生에 무관하게 入格이 된다.

❶ 종주가 식상, 재성, 관성에 해당하고, ❷ 종주는 월지에만 있어야 하고, ❸ 천간에 중복혼잡되지 않아야 한다. ❺ 종주가 적정(4.3≦PI<5.3)인 경우에 入格이 된다.

① 식신격

己 戊 庚 癸
未 午 申 丑

식신이 적정하여 정격에 드니 금이 용신이다. 용조가 사는 癸亥운에 남편이 과갑에 오르고 자신은 귀부로 가정을 잘 다스렸다.(滴天髓闡微 六親論 6. 女命章에 나오는 명조)

丙 甲 癸 辛
寅 子 巳 丑

食神이 정적하여 正格에 드니 火가 용신이다. 오행이 다 두텁고 좌우 상하가 유정하여 부귀를 누리고 무병장수하여 100세에 졸하였다.(滴天髓闡微 六親論 5. 何章知에 나오는 명조)

② 정재격

丁 庚 辛 丙
丑 申 卯 辰

정재가 적정하여 正格에 드니 목이 용신이다. 관성을 생조하는 동남으로 운이 향하니 벼슬이 대부에 올랐다.(滴天髓闡微 通神論 22. 官殺에 나오는 명조)

③ 정관격

癸 丙 庚 辛
巳 寅 子 酉

水가 宗主이고 적정하여 정격에 드니 자수가 용신이다. 일찍이 사림출신으로 관계로 나아가서 일생이 평탄하고 명리상휘하였다. (滴天髓闡微 通神論 20. 源流에 나오는 명조)

(3) 특수격

오행의 간지가 상생으로 이어지는 無滯五行이 된다면 격도 용신도 따질 필요가 없고 오체오용도 논할 필요가 없다. 드물지만 無滯五行이 존재하기 때문에 用神無用論者가 나오는 이유이기도 하다. 하지만 대부분의 명조는 무체오행격이 되지 못하고 막힘 현상이 일어나니 忌神운이 오면 어려움을 겪고, 用神운이 오면 발전하고 성공하여 부귀를 누리는 희기의 양상이 극명하게 드러난다.

지수상태에 따라 五體五用을 헤아리는 一般格을 논하기 전에 우선하여 적용해야 하는 것이 特別格에 해당하는 特殊格이다. 특수격은 특수한 조건을 갖추면 성립된다. 특수격에는 미달격, 일행득기격, 중첩합국, 식상용비격, 살제화격, 금수조후격, 천지화기격이 있다. 특수격에는 용조가 없고 지수에 영향을 받지 않는다. 용신을 도와주는 것이 희신이 된다.

一氣格은 천간으로 일기를 갖추거나 지지로 일기를 갖추면 된다. 食傷用比格은 식상이 종주이고 인성이 없고 일간이 통근한 경우이다. 殺制化格은 칠살이 일간을 바로 위협하고 식상이 뚜렷하게 있는 경우이다. 金水調候格은 금수일주가 동월이고 조후가 절실한 가운데, 화기가 있는 경우이다. 특수격 중에 식상용비격과 살제화격은 주의를 요한다. 가장 흔하면서도 놓치기 쉽기 때문이다.

또한, 특수격이 중첩되는 경우가 있다. 살제화격과 식상용비가 중첩이 되면 살제화격이 우선된다. 금수조후격과 식상용비격에 중첩이 되면 식상용비격이 우선된다. 격이 중첩되는 경우에 화기격이 우선한다. 특수격 중에 식상용비격, 살제화격, 금수조후격은 서로 중첩이 되는 경우가 발생하지만, 미달격, 화기격, 일기격, 중첩합국은 중첩이 거의 발생하지 않는다.

① 天地化氣格

월령을 득하고 천간이 다른 오행으로 化하는 경우에 해당한다. 化氣五行이 用神이 되고, 그를 생하고 保護하는 것이 喜神이 된다. 화기오행을 극하는 운이 오면 어려움을 당하고 화기오행을 돕는 운이 오면 발복한다. 즉, 化氣生法이다. 화기가 되면 새로운 오행이 생겨난다. 단, 祿旺의 뿌리가 없어야 하고 다른 판에 동일 오행이 있어야 化한다. 즉, 不化되면 안 된다.

己 甲 甲 己
巳 子 戌 卯

甲己化氣土가 월령을 득하여 천간의 갑은 토로 변하고, 지지도 묘술합으로 변하니 천지가 변하여 合化氣가 되어 土化氣格이 된다. 토화기로 인하여 토화운에 발복하고 목수운에 어려움을 당한다. 미운에 자를 파하여 향시에 오르고 庚午 己巳운에 화기를 생조하여 일품의 벼슬에 올랐다.

丙 戊 甲 己
辰 寅 戌 亥

갑목의 칠살이 왕하여 제살하는 금을 찾으나 없으니 제살격에 해당하지 않는다. 특수격은 用의 承繼가 없다. 甲己化氣格에 해당한다. 갑기합토가 되고 토월이고 일시에 토가 있어 화기 격에 해당한다. 화기생법취용하니 토가 용신이고 금이 희신이 된다. 토금운에 名高祿重하였다.(滴天髓闡微 六親論 19. 合局에 나오는 명조)

壬 庚 乙 庚
午 午 酉 午

乙庚化金格에 해당한다. 일시에 경금이 있다. 화기격은 생법취용하니 금이 용신이고 수는 희신이다. (滴天髓闡微 通神論 24. 性情에 나오는 명조)

庚 甲 乙 庚
午 寅 酉 戌

乙庚化金하고 월령을 득하고 일시에 경신신유가 있으면 을경화금격에 해당한다. 화기격은 생법취용하니 금이 용신이고 수는 희신이다. (滴天髓闡微 通神論 8. 地支에 나오는 명조)

壬 丁 丙 己
寅 丑 寅 酉

化氣格으로 입격되려면 합하는 것이 월령을 아래 두고 있어야 한다. 丁壬합을 해도 아래에 月令을 두지 못하면 破格이 되어 일반격으로 취용한다. 목체금용이다.

② 식상용비격

體가 食傷에 해당하는 경우에만 생긴다. 식상체에 무인성이면 일간의 특수성 때문에 비겁이 통근한 경우에는 지수와 무관하게 비겁으로 취용한다. 놓치기 쉬우면서 가장 흔한 특수격이다. 식상용겁과 식상용비를 통칭해서 식상용비격이라 말한다. 단, 相生兩氣成象은 종주가 바로 용신이 되므로 식상용비격이 적용되지 않는다.

土가 식상용비격이 되려면 土는 戌未토에 통근하여야 하되 戌未토가 沖이 되지 않아야 한다. 沖이 되면 특수격에 해당되지 않는다. 식상용비격은 眞傷官과 유사하다. 식상용비격은 인성운에 상관상진이 되어 두각을 나타내니 길하게 된다.(연해자평 : 傷官傷盡에 最爲奇, 명리정종 : 眞傷官이 行 傷官運이면 必滅)

庚 戊 癸 己
申 戌 酉 未

수1.6 목0.2 화0.8 토4.1 금7.4이다. 식상인 금이 극왕하고 차종주의 생이 있어 가극왕하여 생법취용하나 특수격이 우선하니 식상용비격에 따른다. 金體는 食傷에 해당하고 비겁이 통근되면 食傷用比格이 된다.

辛 戊 戊 壬
酉 戌 申 子

수2.9 목0 화0.3 토4.5 금6.5이다. 식상인 금이 극왕하고 차종주의 생이 있어 가극왕으로 생법취용하는데, 金體火用의 火가 없는 경우에 승계용조는 비겁으로 가는 특수격에 해당한다. 비겁용조가 되고 비겁이 용신이 되는 食傷用比格이 되는 것이다. 단, 비겁이 통근되어야 한다. 식상용비격은 지수와 무관하다.

己 戊 辛 癸
未 申 酉 亥

수2.4 목0.7 화0.6 토3.5 금6.9이다. 金體이고 食傷에 해당하고 比劫이 通根하였으니 金體土用의 火土格에 해당한다.

甲 癸 甲 癸
寅 亥 寅 亥

금0 수4.5 목7.2 화1.9 토0이다. 목이 극왕하고 차종주의 생이 있어 생법취용하기 쉬우나 일반격보다는 특수격이 우선하므로 식상용비격에 해당한다.

丁 庚 癸 癸
亥 申 亥 酉

水가 宗이고 金이 次이다. 수체토용이나 토가 없어 식상용비격에 해당한다. 금이 용신이고 습토는 약신이 된다.(滴天髓闡微 六親論 12. 從象에 나오는 명조)

癸 癸 乙 戊
亥 卯 卯 午

木宗水次이다. 木體金用이나 금이 없어 식상용비격에 해당한다. 수가 용신이고 금은 약신이 된다.(滴天髓闡微 通神論 9. 干支總論에 나오는 명조)

戊 丙 戊 戊
辰 戌 午 子

식상인 土가 宗이고 火가 次이니 土體木用으로 목을 구하나 甲乙 寅卯가 없어 식상용비격에 해당한다.(滴天髓闡微 六親論 24. 性情에 나오는 명조)

③ 살제화격

殺制化格은 명조에 식신이 있고 칠살이 천간지지에 왕신으로 위협적인 경우에 해당한다. 制化에는 制殺形과 化殺形이 있는데, 먼저 制殺이고 다음이 化殺이다. 월령과 관계없이 천간칠살을 제어하는 식상이 존재하면 통력과 무관하게 취용한다. 칠살이 왕신이되 5.5 미만이어야 한다. 제살하는데, 식신제살과 상관적살로 구분하지 않고 통칭 殺制化格이라 말한다. 왕신인 칠살은 2.2~5.5에 해당한다.

살제화격은 假傷官과 유사하다. 살제화격은 상관운에는 명진사해하지만, 인성운이 오면 파료상관이 되어 대흉이 된다. 파료상관이란 상관성이 손상되었다는 뜻이다. (연해자평 : 破了傷官에 損壽元, 명리정종 : 假傷官이 行 印綬運이면 必死) 殺生筆舌의 직업을 가진다. 殺職은 군경검이고 生職은 의사이며 筆職은 기자, 작가이고, 舌職은 방송인, 교수, 강사, 종교인이다.

丁 辛 壬 丁
酉 巳 子 巳

수5.1 목0 화4.5 토0 금4.5이다. 왕신인 칠살이 일간을 위협하고 식상이 있으면 특수격으로 살제화격에 해당한다. 제살은 하는 수가 용신이다.

丙 庚 丁 己
子 寅 卯 亥

수3.1 목6.7 화2.2 토1 금1.1이다. 왕신인 칠살이 일간을 위협하고 식상이 있으면 특수격으로 식상이 용신이다. 食神制殺하는 子수가 용신이다.

乙 甲 庚 丙
丑 申 寅 寅

수1.5 목4.9 화2.8 토1.2 금3.3이다. 왕신인 칠살이 이웃하여 위협하고 식상이 있으면 특수격이 된다. 식신제살격이므로 식신이 용신이다.

戊 庚 丙 壬
寅 申 午 午

火宗金次이고 火體火殺이니 制殺하는 임수가 용신이나 무임충하고 인신충하여 용신이 요동을 치니 종신토록 발복하지 못했다.(滴天髓闡微 通神論 9. 干支總論에 나오는 명조)

庚 庚 丙 壬
辰 午 午 申

火宗金次이고 火體火殺이니 制殺하는 임수가 용신이고 금이 희신이니 벼슬길이 평탄하였다.(滴天髓闡微 通神論 9. 干支總論에 나오는 명조)

辛 乙 癸 壬 남
巳 丑 丑 申

水體土用에서 토가 불가하고 火用이 되고 을목과 통기하여 사화가 용신이 된다. 殺制化格에 해당하는 특수격이다.(사주정설 157쪽)

庚 戊 丙 甲
申 辰 寅 戌

木宗火次이고 木體木殺이니 制殺하는 金이 용신인데, 火剋金하니 制殺과 化殺이 충돌하므로 일생파란이 많았다. (滴天髓闡微 通神論 16. 月令에 나오는 명조)

壬 丙 壬 丁
辰 申 寅 丑

토1.2 금2.3 수2.9 목4.6 화2.6이다. 먼저 특수격으로 보면 정임합으로 화목기가 되나 일시에 甲乙寅卯가 없어 불발이고, 제살을 하는 토가 축진토이니 불발이 되어 일반격에 해당한다. 인성인 木은 준정격에 해당하므로 正지수이나 超가 되어 극법취용하니 木體金用으로 금이 용신이 된다.(滴天髓闡微 六親論 14. 假從에 나오는 명조)

④ **金水調候格**

金水일간이 亥子丑寅월에 태어나 조후가 절실한 경우에 火가 용신이 된다. 다만, 지수가 6.6 이하인 경우에 해당한다. 다만, 水가 왕신이어야 한다. 금수일간이 亥子丑寅월에 태어나 丙丁이나 寅이 있는 경우에 해당한다.

戊 庚 己 丙
寅 辰 亥 申

수3.8 목3.4 화1.4 토3.5 금2.2이다. 금수상관이 인을 만나면 寅목을 취용한다는 특수격이다. 인목용신은 목화운을 좋아한다. 임운부터 발복하여 벼슬길이 평탄하였고 운로도 희용운이고 원국이 막힘없이 받쳐주니 일평생 무구하게 지내며 팔순 이상을 누렸다.

丁 庚 丁 庚
丑 辰 亥 辰

해월경금이고 정을 만났으니 조후로 정화가 용신이 된다.(滴天髓闡微 六親論 28. 歲運에 나오는 명조)

戊 庚 己 丙
寅 辰 亥 申

목3.4 화1.4 토3.5 금2.2 수3.8이다. 수가 미달이나 토생수가 되므로 水宗主를 극법취용하니 火가 용신이 된다.

丁 庚 乙 癸
丑 申 丑 卯

丑월경금이 정을 만났으니 조후로 정화가 용신이 된다.(滴天髓闡微 六親論 1. 夫妻에 나오는 명조)

戊 庚 己 丙
寅 辰 亥 申

해월경금이 병인을 만났으니 병화가 용신이 된다.(滴天髓闡微 六親論 1. 何知章에 나오는 명조)

⑤ 得氣格

得氣格은 一行得氣格과 二行得氣格이 있는데, 二行得氣格은 양간부잡격에 해당하여야 입격한다.

辛 癸 辛 癸
酉 亥 酉 亥

유월에 금수쌍청상을 이루어 雜하지 않은 양간부잡격으로 천자가 된 明의 신종의 명조이다.

일행득기격은 매우 드물다. 天干一氣가 되거나 地支一氣가 되고 無根無氣인 경우에 一氣를 생법취용한다. 천간일기와 지지일기가 중복되면 천간일기가 우선한다. 일기를 이룬 오행이 용신이 된다. 생법취용이니 용신의 정신기에 해당하는 오행은 희신이다. 一氣格은 지수와 무관하게 一氣가 體가 되고 用이 된다. 단, 토는 일행득기격이 되지 못한다. 土一氣格은 破格으로 剋法취용한다. 천간과 지지가 혼잡하여 일기를 이루면 파격되므로 극법취용한다.

丙 丙 丙 丙
申 子 申 子

天干丙火一氣를 갖추어 火용신이 된다. 목화운에 발재하여 거부가 되었다.(滴天髓闡微 通神論 35. 坎離에 나오는 명조)

辛 辛 辛 辛
卯 卯 卯 卯

天干辛金一氣를 갖추어 金용신이 된다. 토금운에 좋았으나 丁亥운에 걸인이 되었다.(滴天髓闡微 通神論 9. 干支總論에 나오는 명조)

⑥ 重疊方合局

重疊方合局이 되면 생법취용 한다. 중첩합국이란 重複되는 方合을 말한다. 그러나 일반적으로 국을 이루거나 混雜會局이 되면 극법취용 한다. 즉, 일반국은 극법취용 하고 중첩합국은 생법취용 한다. 혼잡합국은 삼합과 방합이 혼잡 되는 것을 말한다. 삼합이 되면 토는 토의 독립성을 상실한다. 통근통력은 토의 변화를 감안해야 한다. 단, 천간에 一氣를 이루면 잡반전이 된다. 重疊方合局은 太旺喜泄의 원칙이 적용되어 설하는 것이 진용신이 된다. 가령, 亥中甲, 寅中丙, 巳中庚, 申中壬이 진용신이다.

混雜會局이 토가 混雜된 경우는 동주우선의 법칙에 유의해야 한다. 동주한 오행으로 먼저 변하면 破格이 되기 때문이다. 土가 重複混雜되면 破格이 되어 剋法取用한다. 重疊方合局을 이루지 못한 三合 및 方合도 破格으로 간주한다.

庚 丁 丙 己
子 亥 子 丑

亥子丑방합에 다시 子수가 더해져 重疊方合局이 되므로 水가 용신이 된다. 계유 壬申운에 재관이 발복하여 부자가 되었다.(滴天髓闡微 通神論 9. 간지총론)

丙 乙 辛 壬
子 亥 亥 子

해사국방국이 重疊方合局되어 수가 용신이 된다. 임자 계축운에 유업이 풍

족하였고, 갑인 을묘운에 가산이 융성하였다.(滴天髓闡微 通神論 29. 순역)

辛 壬 戊 甲
亥 子 子 辰

亥子방합과 子辰삼합이 混雜會局되어 剋法取用하니 木이 용신이 된다. 火는 약신이 되니 병인 정묘운이 發榮하니 벼슬길에 올라 명리쌍전하였다. (滴天髓闡微 六親論 9. 舊鬱)

乙 丁 丁 己 곤
巳 酉 丑 酉

巳酉丑에 酉丑으로 重疊方合局이 되니 합국을 이룬 金이 用神이 된다. 을목은 어머니이고 금은 시어머니이니 시댁과 친정은 불화갈등이고 시댁은 부자가 되나 친정은 망하게 된다. 결혼해서 친정을 도와주지 않는다. 오로지 시댁을 위해 시댁의 사랑을 받기 위해 헌신한다. 배성과 배궁이 희신이니 남편복이 좋다.

甲 戊 己 庚 건
寅 辰 卯 辰

토가 중복되어 重疊方合局의 破格이다. 파격이면 剋法取用하니 목체금토용조이고 庚金이 用神이다. 壬午대운 丁巳유년에 寅巳刑이 되어 乙巳月에 죽으니 나이 38세였다. 평생 동안 구두쇠 노릇을 하고 적선을 하지 않았으며 惡疾이 끊이지 않았다.

초년운 庚辰, 辛巳 대운은 金土가 有情하니 괜찮았으나, 壬午 대운 丁巳 유년이 되자 대운 천간 壬水가 원국의 유년 천간 丁과 합하여 木으로 변하고, 대운과 유년의 지지 巳午가 火方을 이루는 추세이고 유년 천간에 丁火가 투출하고 巳月에 火神이 권세를 잡아 원국의 용신 庚金을 극하여 사망한 것이다.

⑦ **미달격**

종주가 미달이면 생법취용한다. 단, 차종주의 상생이 있으면 극법취용한다.

庚 戊 戊 庚
申 寅 寅 申

토1.9 금3.8 수1.1 목4.1 화1.9 이다. 寅寅으로 쌍자체감이 되어 목종주가 4.2이하이고 차종주의 상생이 없으니 미달격에 입격된다.

庚 壬 壬 壬
戌 戌 寅 午

戌中戊는 壬수에 따라 金으로 변하고 壬과 동주한 戌은 이웃의 법칙에 따라 戌中戊는 토로 작용한다. 지수를 계산하면, 금3.7 수1.4 목3.0 화3.3 토1.8이다. 금이 미달격에 해당하니 庚금이 用神이 된다.

3) 취용사례

취용사례1
壬 戊 辛 辛
戌 辰 丑 未

화0.7 토7.7 금2.3 수2.6 목1.1이다. 비겁인 토가 가극왕이니 극법취용하니 토체목용이나 목이 없어 용조가 승계되는데, 수용조는 불가하고 다시 금토용조로 승계되어 금이 용신이 된다.

취용사례2
乙 甲 甲 庚
丑 戌 申 戌

수3.1 목1.5 화0.5 토0 금8.3이다. 칠살인 금이 가극왕하고 차종주와 금수로 쏠리니 戌中丁火가 용신이 된다. 丙戌운에 무과급제하였으나 亥운에 손실을 겪었다.

취용사례3
庚 壬 己 庚
子 辰 卯 辰

금2.7 수5.3 목5.0 화0 토1이다. 수가 비겁이고 태왕하나 차종주의 상생이 있어 극법취용하니 수체토용에서 승계되어 화는 약신이 되고 목이 용신이 된다. 壬午 癸未운에 묘미합목하여 생화하니 관찰사를 지내다 乙酉운에 묘유충거로 낙직하여 귀향했다.

취용사례4
壬 癸 丙 辛
戌 卯 申 卯

금5.8 수2.7 목4.3 화1.2 토0이다. 금이 인성이고 태왕하니 인성격에 입격되므로 금의 生法取用으로 금이 용신이다. 癸巳운에 과갑에 오르고 壬辰운에 군수가 되어 명리쌍전하였다.

취용사례5
癸 己 庚 戊
酉 酉 申 辰

수2.5 목0.5 화0 토2.3 금8.4이다. 傷官에 해당하는 금이 가극왕하니 剋法取用으로 金體火用으로 火를 구하지만 화가 없어 원용조를 버리고 승계하는 것이 아니라 통근한 비겁을 취하는 食傷用比格에 해당한다.

취용사례6

己 甲 甲 己

巳 子 戌 卯

수3.0 목2.9 화1.6 토4.6 금1.7이다. 갑목은 갑기합화토하고 월령을 얻고 타반에 토를 얻어 토화기격에 입격하여 토가 용신이고 금이 희신이 되니 미운에 향시에 오르고 庚午 己巳운에 벼슬이 일품에 올랐다.

취용사례7

己 丙 丙 壬

丑 寅 午 戌

목2.1 화7.5 토2.2 금0.7 수1.6이다. 비겁인 화가 가극왕이니 극법취용으로 토금용조를 취하고 축중신금이 용신이 된다. 운이 서북으로 향하니 이부출신으로 발재하여 재산이 유여했고 명리양전하였다.

취용사례8

辛 丁 癸 癸

亥 卯 亥 卯

목6.4 화1.1 토0 금1 수5.7이다. 목이 인성이고 극왕이고 월외에 있어 극법취용 한다. 목의 극법취용으로 화가 용신이 된다. 기미 무오 정사운에 벼슬이 승승장구하여 상서에 올랐다.

취용사례10

癸 丙 甲 丙

巳 午 午 寅

목2.1 화10.6 토0 금0.4 수1이다. 비겁인 화가 가극왕이니 극법취용으로 화체수용이나 승계되어 화기 용신이 된다. 을미병운에 부모유덕하였으나 신유운에 부모구몰하고 가업을 파산하고 기해운에 사해충으로 사망하였다.

취용사례11

庚 丙 壬 庚

寅 寅 午 午

목3.1 화7.5 토0 금1.3 수1.0이다. 비겁인 화가 초극왕한 종주이니 극법취용으로 수를 취한다. 임수는 경금의 도움으로 극상지에 임하고도 허자를 당겨와 취용한다. 갑신 을유운에 의식이 풍족하였으나 병술운에 용신을 극상하니 형처극자하고 가업을 파했다. 정해운에 임수를 잡아가니 고독하게 사망하였다.

취용사례12

乙 癸 丙 甲

卯 亥 子 子

금0 수8.1 목4.2 화1 토0이다. 비겁인 수가 초극왕이니 극법취용으로 화용신이 된다. 운이 약신운이 동남방으로 향하니 일생 무재했고 명리양전하였다.

취용사례13

丙 甲 壬 庚

寅 午 午 辰

수1.2 목2.5 화7.5 토0 금2.4이다. 초극왕이면 극법취용하니 수가 용신이 된다. 서북운에 명리쌍전하였다.

취용사례14

己 辛 壬 壬

丑 酉 子 辰

토2.2 금4.3 수7.1 목0.5 화0이다. 상관인 수가 극왕하고 차종주의 상생이 있어 극법취용하니 수체토용에서 승계되어 수가 용신이고 목은 약신이다. 갑인 을묘운에 가업이 풍족하였으나 병운에 병을 얻어 사망하였다.

취용사례15

丙 庚 壬 壬

子 辰 子 申

토0 금3.1 수10 목0.9 화1이다. 식상인 수가 중첩합국을 이루어 생법취용하니 수가 용신이다. 수운에 지혜를 발휘했으나 화토운에 형상파재를 당하여 헛된 삶을 살았다.

취용사례16

壬 癸 辛 癸

丑 戌 酉 亥

금9.2 수3.2 목0.5 화0.3 토0이다. 인성인 금이 초극왕하니 극법취용으로 술중정화가 용신이다. 동남방운에 벼슬에 올라 만사여의 했다.

취용사례17

己 庚 丁 丁

卯 午 未 卯

토1 금1.1 수0 목3.9 화8.3이다. 관성인 화가 초극왕이니 극법취용으로 수를 취하니 수는 약신이고 금이 용신이다. 용신을 극하는 火土운에 허송세월을 보냈다.

취용사례18

丁 戊 庚 乙

巳 戌 辰 亥

화2.5 土6 금2.3 수1.5 목2.8이다. 비겁인 토가 극왕종주로 극법취용하니 목수용조이고 해수가 용신이다. 丙子 乙亥운에 매사여의하였다.

취용사례19

戊 丙 丁 己

戌 戌 丑 未

목0.2 화2.4 토7.9 금1.9 수1.3이다. 식상인 토가 초극왕하니 극법취용으로 축토가 용신이 되고 수는 약신이 된다.

취용사례20

戊 戊 戊 戊

午 戌 午 子

화4.9 토4.8 금0.9 수1.5 목0이다. 인성인 화가 적정하나 차종주의 생이 있어 극법취용하니 화체수용으로 수가 용신이다. 허자로 수를 당겨와 자수가 천간계수에 통기하기 때문이다. 기미운에 곤고하다가 경신 신유운에 사업성공을 누리다 술운에 패가 하였다. (천미 통신론 9. 간지총론)

취용사례21

甲 丁 癸 丙

辰 丑 巳 辰

목2.1 화4.4 토3.9 금1.6 수2.3이다. 비겁인 화가 적정하나 차종주의 상생이 있어 극법취용으로 수가 용신이다. 인운까지 파경을 헤매다 축운에 사유축금국을 결성하여 發財 되어 부를 누리고 귀자를 두었다.

취용사례22

戊 乙 辛 庚

寅 卯 巳 戌

수0 목5.4 화4.2 토1.4 금3.1이다. 칠살로 위협하는 금이 왕신이니 먼저 제살하는 상관이 용신이 된다. 癸未운에 묘미목국으로 향방에 오르나 갑신 을유로 이어지니 벼슬길에 오르지 못했다. (천미 육친론 26. 출신)

취용사례23
丁 丁 戊 丙
未 未 戌 戌

목0.5 화3.6 토6.8 금1.8 수0이다. 화토로 쏠리니 잡반전이 된다. 즉, 금수를 허자로 취용한다. 丁丁은 壬을 당겨오고 술술은 진을 당겨오고 미미는 축을 당겨와 임은 축과 진에 통근하기 때문이다. 이렇게 잡반전으로 취용하는 경우는 원국에 없어도 취용이 가능하다.

취용사례24
甲 丙 壬 壬
午 戌 寅 寅

목4.6 화7.0 토0 금0.9 수1.3이다. 비겁인 화가 극왕하고 차종주의 생이 있어 극법취용하니 화체수용으로 수로 취용한다. 인인은 신을 당겨와 허자통근이 가능하다. 병오대운 병술년에 사업실패하였다.

취용사례25
丙 庚 戊 壬
戌 寅 申 戌

토4.4 금4.8 수1.4 목2.1 화2.3이다. 금이 적정종주이나 차종주인 토의 생을 받아 비겁격에 입격되지 못한 것이다. 금을 극법취용하니 나이 40이 넘도록 만사불성했으나 甲寅 乙卯운에 용신을 생조하니 거부가 되었다.

취용사례26

戊 己 丁 丁

辰 卯 亥 亥

화1.3 土2.6 금0 수4.3 목5.4이다. 태왕인 목이 차종주의 생으로 극법 취용하므로 목체금용이나 없어 목체토용으로 토금용조는 불가하고 토화용조가 되니 정화가 용신이다. 지지가 지나치게 습하기 때문에 토화용조가 된 것이다.

취용사례27

癸 戊 辛 丙

丑 子 丑 子

화1 토2.2 금4.3 수7.4 목0이다. 재성인 수가 가극왕하고 차종주와 금수로 쏠리니 잡반전으로 살지에 있어도 화가 용신이 된다. 화운에 대발하였던 팽옥린의 사주이다.

취용사례28

己 丁 丙 丁

酉 酉 午 酉

목0 화5.6 토1.0 금4.9 수0이다. 화는 비겁이나 천간혼잡으로 파격이 되니 화체수용이고 금토용조로 취용하므로 금이 용신이다. 극동주한 자오묘유는 10%를 감한다. 또한, 쌍자체감은 별도로 적용된다. 동주가 먼저이고 좌우가 다음이다. 금수운에 부자가 된 유명한 회계사 강만평의 사주이다.

취용사례29

癸 癸 癸 甲

亥 酉 酉 子

금6.2 수4.4 목1.6 화0 토0이다. 인성인 금이 태왕하고 월령을 득하고 있으나 차종주와 생하여 극법취용이니 화가 용신이다. 공협된 술중정화가 용신이다. 乙亥운에 문무대권을 장악하여 일세를 풍미하다가 묘운에 사망하였다.

취용사례30
壬 乙 己 乙
午 亥 卯 丑

수3.6 목6.4 화2 토1.9 금0.2이다. 비겁인 목이 태왕하고 차종주의 생으로 극법취용하니 목체금용이나 불용하고 화용이 된다. 운로가 받쳐주지 않으니 처자식을 팔아먹고 중이 되어 얼어 죽었다.

취용사례31
丙 戊 丙 丙
辰 寅 申 戌

화2.2 토3.8 금3.5 수1.9 목2이다. 비겁인 토가 미달이니 생법취용으로 화가 용신이고 목이 희신이다. 임인대운에 인오술화국을 결성하니 대권에 올랐다. 해운에 인해합목으로 생록의 기운을 얻으니 사법고시에 합격하였던 노무현 대통령의 사주이다. 토는 차종주와 무관하다.

취용사례32
癸 戊 戊 庚
亥 申 寅 戌

목3.2 화1 토4.1 금3.3 수2.7이다. 비겁인 토가 미달이니 생법취용으로 화가 용신이고 목이 희신이다. 임오대운에 인오술화국을 결성하니 재벌이 되었다. 삼성그룹의 이병철회장의 사주이다.

취용사례33

丙 戊 癸 辛

辰 午 巳 亥

목1.1 화6.3 토3.8 금1.8 수2.3이다. 무계화하고 월령을 득하고 타반에 화가 있어 화기격에 드니 화가 용신이다. 남방운에 장원급제하여 대부귀를 누리다가 용신을 극상하는 자운에 사망하였다.

취용사례34

己 丙 辛 辛

亥 子 丑 亥

목1.1 화1.1 토1 금1.7 수9.5이다. 해자축수합이 중첩합국되어 수가 용신이 된다. 해수가 용신이 되고 해중갑이 진용신이다. 금수운으로 흘러주니 장원급제하였지만 무술운에 용신이 극상되어 사망하였다.

취용사례35

乙 己 丁 壬

亥 卯 未 寅

토1.0 금0 수2.4 목6.1 화5.5 이다. 관성인 木이 태왕하고 차종주가 이웃상생하며 해묘미합목하고 정임합목으로 천지가 목으로 화하니 목이 용신이고 목을 생하는 수가 희신이 되는 오정방의 사주이다.

취용사례36

庚 乙 癸 丁

辰 酉 丑 巳

수2.3 목1.3 화2.3 토0 금9.2이다. 관성인 金이 가극왕하니 극법취용으로 火가 용신이 되나 천충지합으로 고립무원의 火는 通力이 상실되어 불용하고 수가 용신이 된다. 金水운에 대부귀를 누리다가 丙運에 용신이 극상되어 사망하였다.

취용사례37
丁 己 戊 癸
卯 巳 午 丑

수1.5 목2 화6.4 토3.7 금0.8이다. 무계화하고 월령을 득하고 타반에 화가 있어 입격되니 火가 용신이 된 장계직의 사주이다.

취용사례38
壬 壬 壬 壬
寅 寅 寅 寅

수1.5 목6.7 화3.3 토0 금0이다. 천간일기격와 지지일기격이 서로 설하는 격으로 대립하면 설하는 인목이 용신이 되고 인중병화가 진용신이다.

3-2. 用의 格

1) 용조

用組는 오행이 共存共用하기 때문에 생긴다. 木과 水는 공존하고, 濕土와 金은 공존하기도 하고, 乾土와 火는 공존하는 것이다. 즉, 木水, 土金, 土火는 共存하므로 용조가 생긴다. 다만, 火와 水는 독립성이 강하여 홀로 존재한다. 用組란 用神의 후보군이다. 용신의 후보군에서 용신이 결정된다. 용신의 후보군인 용조는 통근통력이 되는 주용과 통력이 되는 조용으로 구성된다. 성질별로는 원용조와 승계용조가 있고, 구조별로는 홑용조와 겹용조가 있고, 오행별로는 목수용조, 수용조, 금토용조, 토금용조, 토화용조, 화용조로 구분된다.

(1) 성질별 용조

原用組에서 承繼되는데, 부재불용하거나 불취하면 다음 오행으로 再承繼되고, 이 역시 부재불용하거나 불취하면 다음 오행으로 再再承繼가 된다. 원용조와 승계용조는 원칙적으로 主用을 취하고, 재승계용조와 재재승계용조는 원칙적으로 助用을 취한다. 원용조는 약신이 되나 승계용조는 약신이 되지 못한다. 원용조는 수체토용에는 반드시 건토이어야 하고, 토체목용에서 습목이어야 한다. 그러나 승계용조는 다르다. 수체토용에서 습토도 가능하고 토체목용에서 건목도 가능하다.

① 원용조 : 생법취용에서는 종주가 바로 원용조이고, 극법취용에서는 종주를 극하는 것이 원용조이다. 原用組에서는 습토는 制水하지 못하나 승계용조에서는 濕土도 制水가 된다. 다만, 化氣가 되면 불용한다.

② 승계용조 : 극법취용에서 종주를 극하는 원용조를 취하지 못하는 경우에 원용조를 생하는 용조를 말한다. 承繼用組는 종주를 상하게 하거나 종주를 설하거나 종주가 바로 용조가 되는 경우이다.

(2) 구조별 용조

통력을 기준으로 구분하는데, 홑용조는 주용 하나만으로 통력을 헤아리지만 겹용조는 주용과 조용의 통력을 합산하여 헤아린다. 홑용조는 水와 火가 있고 다른 것은 겹용조로 이루어진다. 용조 중에 겹용조에 해당하는 경우는 起와 承의 단계에서는 저항력이 강한 종주와 차종주왕신은 용신이 불가하지만, 轉과 結의 단계에서는 宗主가 용신이 가능하다.

① 홑용조 : 수용조와 화용조가 있다. 홑용조는 용조가 바로 용신이 된다.

② 겹용조 : 목수용조, 금토용조, 토금용조, 토화용조이다. 겹용조는 단계별로 다른데, 기용조와 승용조의 단계에서는 종주와 차

종주가 용신되는 것을 배제한다. 그러나 전용조와 결용조의 단계에서는 종주와 차종주를 수용하되 독립성이 강한 오행이 용신이 된다.

(3) 오행별 용조

用組 중에서 强한 오행이 用神이 되고 弱한 오행은 喜神이 되어 용신과 희신이 격이 되는 것이 원칙이나, 藥神이 있는 경우는 용신과 약신이 격을 구성한다. 木水에서는 水가 강한 오행이고, 土火에서는 火가 강한 오행이고, 金土나 土金에서는 金이 강한 오행이다. 다만, 강한 오행이 용신이 되지 못하는 경우가 있으니 주의를 요한다. 水는 陰을 대표하고 火는 陽을 대표하여 강하고 土보다는 金이 강하기 때문이다.

오행별 용조 중에 주용과 조용으로 구성된 결용조는 하나의 오행으로 방향성이 정해진다. 土用에는 土金用組와 土火用組가 존재함에 유의해야 한다. 아울러 土金용조와 金土용조는 구분하여야 한다. 원국에 투출된 금이 있으면 金土用組가 되지만 원국에 투출된 金이 없으면 金이 희신일지라도 土金用組가 되는 것이다.

木水用組는 水로 방향성이 정해지고, 土火用組는 火로 방향성이 정해지고, 土金用組는 金으로 방향성이 정해지고, 金土用組는 金으로 방향성이 정해진다. 단, 木水用組가 宗主와 次宗主에 해당하면 방향성이 변할 수 있다. 오행은 독립성이 강한 오행으로 모이게 된다. 방향성이 모여진 오행과 육신이 진용신이 된다.

① 木水用組

木水用組는 木이 主用으로 조건을 갖추면 木水用組가 된다. 즉, 木(甲乙寅卯)은 寅卯辰亥未에 통근하고 亥子丑申辰의 通力을 더하여 간지응통력을 갖추어야 한다. 필요한 것을 취하되 宗主를 제외한다. 다시 말해, 건조하여 水가 필요하면 寅월이라도 水가 용신이 되지만 水가 宗主이면 木이 用神이 된다. 즉, 용조흐름상 기승단계에서는 용조 중에서 종주나 차종주을 용신에서 배제하여야 한다. 그러나 藥神이 되는 경우는 배제하지 않는다. 1차적으로 종주를 배제하고 2차적으로 차종주를 배제한다. 단, 취용의 전결단계에서는 배제하지 않는다.

지지가 通根한 主用을 포함하여 3개 이상이거나 主用이 生祿旺에 通根하면 通力 발생하나, 2개 이하이면 통력계산을 하여 판단한다. 甲辰은 통근되나, 乙未는 생오행의 도움을 받아야 통근한다. 즉, 通力이 부족하면 壬癸亥子辰未丑申 등의 追加通力이 필요하다.

乙 癸 庚 戊
卯 亥 申 戌

指數法으로 보면 金4.5로 종주이고, 水는 4.4로 차종주이다. 금을 극법취용하니 화를 구하는데, 화가 없어 목수용조가 되고 그중에 차종주를 배제한 을목이 용신이 된다.(滴天髓闡微 通神論 9. 干支總論)

甲 壬 戊 庚
辰 子 寅 申

지수를 계산하면 금2.1 수4.7 목4.6 화1.3 토2.2이다. 水가 적정하나 차종주와 상생하여 假適正이 되어 剋法取用한다. 水를 극법취용하면 수체토화용조이나 습토는 원용조에서 취용이 불가하니 木水用組가 되고 宗主를 배제하니 寅목이 용신이다.

庚 壬 己 庚
子 辰 卯 辰

금2.7 수5.3 목5.0 화0 토1.0이다. 水體土火用組이나 濕土不用이고 火는 不在不用이니 승계되어 水體木水用組이고 종주를 배제하니 卯木이 用神이 된다.

庚 辛 辛 壬
寅 酉 亥 申

金이 5.5로 宗主이고 水가 4.5로 次宗主이다. 金體火用組이나 원용조인 火가 없어 木水用組로 승계가 되고 次宗主인 水를 배제하니 寅목이 用神이 된다.(滴天髓闡微 通神論 23. 傷官)

癸 癸 戊 乙
丑 酉 寅 酉

수2 목4 화1.3 토2.2 금4.7이다. 편인인 금이 적정하나 파격되어 극법 취용하니 金體火用組이나 火不在不用이고 木水用組로 승계가 되고 차종주를 배제하니 水가 用神이 된다.(滴天髓闡微 通神論 23. 傷官)

② 水用組

水用組는 水가 主用으로 조건을 갖추면 水用組가 되어 水가 用神이 되고 木이나 金이 喜神이 된다. 즉, 壬癸수는 亥子丑申辰에 통근하여 간지 응통력을 갖추어야 한다.

가령, 壬子, 壬亥, 癸亥, 癸子, 壬申, 癸申, 亥申, 亥辰, 亥丑, 壬辰, 壬丑, 癸辰, 癸丑 등으로 다수의 通力群을 이루어 通力이 충족되면 取用이 가능하다. 지지가 通根한 主用을 포함하여 3개 이상이거나 主用이 生祿旺에 通根하면 通力발생하나, 2개 이하이면 통력계산을 하여 판단한다. 亥辰, 癸辰, 壬辰은 金生水하는 庚辰, 辛丑만나야 壬癸水는 通根한다. 庚戌, 辛未는 金生水가 되지 않아 만나도 도움이 안 된다. 通力이 부족하면 壬癸辰亥丑申 등의 追加通力이 필요하다. 특히, 極旺宗主를 剋法取用하는 경우는 반드시 追加通力이 필요하다.

丁 甲 壬 庚
卯 辰 午 辰

지수는 수1.5 목4.5 화5.1 토2.7 금1이다. 상관인 화가 종주이니 극법 취용으로 火體水用組이고 水기 用神이다.(滴天髓闡微 通神論 34. 震兌)

丙 庚 辛 丙
子 辰 丑 子

지수는 수5.1 목0 화1.3 토0 금7.2이다. 금체화용이나 殺地不用으로 火를 취하지 못하고 木은 없어 취하지 못하니 水用組가 되고 水用神이 된다.(滴天髓闡微 通神論 31. 燥濕)

③ 金土用組

金土用組는 金이 主用으로 조건을 갖추면 金土用組가 되어 金이 眞用神이 되고 土는 喜神이 된다. 즉, 庚辛金은 申酉戌巳丑에 통근하고 辰戌丑未의 通力을 더하여 간지응통력을 갖추어야 한다. 戌丑과 巳申은 土金 중에 강한 통력으로 취하며 중복하여 취하지 않는다. 金土用組는 水의 相生으로도 힘을 얻는다. 즉, 수는 금의 추가통력으로 작용한다.

가령, 庚辰, 庚丑, 辛丑, 申戌, 申巳, 申丑, 庚戌, 庚巳, 庚未, 辛辰, 申己, 申辰, 酉己, 酉 등으로 다수의 通力群을 이루어 通力이 충족되면 取用이 가능하다. 다만, 通力群을 해체시키는 삼합이나 방합이 있으면 안된다. 庚은 乙을 당겨와 스스로 통근을 만든다. 庚辰, 庚未가 통근이 되는 이유이다.

지지가 通根한 主用을 포함하여 3개 이상이거나 主用이 生祿旺에 通根하면 通力발생하나, 2개 이하이면 통력계산을 하여 판단한다. 庚辰은 동주하면 통근되고, 辛丑은 동주하지 않아도 통근이 된다. 庚未戌, 辛未戌는 계절의 법칙에 따라 토가 火로 변하면 通根이 되지 않으나 金으로 변하면 通根이 된다. 辛巳는 巳中戊가 건재할 경우에 통근이 되나 巳中戊가 사라지면 통근이 되지 않는다. 通力이 부족하면 戊己戌巳丑未辰庚辛 등의 追加通力이 필요하다. 戊巳는 추가 통력이 필요하다. 통근이 되어야 추가통력으로 채울 수 있다.

眞用神이 용신이 되고 가용신이 희신이 되나 日干이 眞用神인 경우는 예외적으로 가용신이 용신이 되고 진용신은 희신이 된다. 寅 중에 戊토는 동주한 경우에만 통력으로 쓴다.

乙 甲 甲 庚
丑 戌 申 戌

수1.9 목1.4 화0.5 토3.0 금6.5이다. 金을 극법취용하나 극설이 불가하여 금으로 취용하니 戌운에 무과급제하고, 丁亥운에 절태지에 임하니 손실이 많았지만, 戊子 己丑운에 金을 도우니 벼슬이 부장에 올랐다.(滴天髓闡微 通神論 34. 震兌)

④ 土金用組

土金用組는 土가 主用으로 조건을 갖추고 丑辰토가 있고 통력이 충족되면 土金用組가 되어 金이 眞用神이 되고 土가 假用神이 된다. 즉, 戊己土은 辰丑에 통근하고 辰戌丑未巳의 通力을 더하여 간지웅통력을 갖추어야 한다. 戌과 巳丑은 土金 중에 강한 통력으로 취하되 중복하여 취하지 않는다. 단, 巳중에 戊토는 동주한 경우에만 통력으로 쓴다. 진용신이 용신이 되고 가용신이 희신이 되나 일간이 진용신인 경우는 예외적으로 가용신이 용신이 되고 진용신은 희신이 된다. 土는 동일오행에만 통근한다. 통기통근을 이루지 못한 토는 토의 주체성을 상실하여 木火金水로 변한다. 土金用組와 土火用組 중에 丑辰己가 있으면 土金用組를 고려하여 通力으로 먼저 헤아리고 안 되면 土火用組의 通力으로 결정한다. 金土用組가 안 되는 것이 土金用組가 되는 경우가 있다. 금이 음간일 경우로 토의 통력에 의해 결정되기 때문이다.

가령, 戊辰, 戊戌, 己丑, 己巳, 辰庚, 辰辛, 丑庚, 丑辛, 丑巳, 辰巳, 辰戌, 丑戌 등으로 다수의 通力群을 이루어 通力이 충족되면 取用이 가능하다. 지지가 通根한 主用을 포함하여 3개 이상이거나 主用이 生祿旺에 通根하면 通力발생하나, 2개 이하이면 통력계산을 하여 판단한다. 通力이 부족하면 庚辛戊巳未戌 등의 追加通力이 필요하다.

❶ 土用은 원칙적으로 體를 보고 用組를 결정하고 地支를 보고 판단한다.

❷ 戌月은 土金用組가 되는 月이고, 丑은 土金用組의 결정요인이다.

❸ 木體는 戊未토가 없으면 土金용조인 것에 주의해야 한다. 木體는 別種이다.

❹ 天干에 丙丁戊가 투간되어 있으면 土火用組가 된다. 단, 辰이 있는 경우는 타지에 지장간으로 金이 없어야 土火用組가 된다.

표<3-2> 土金用組의 특수성

土用
- 金體 - 火용신원칙, 火없으면 土용신
- 水體 - 土용신원칙, 土없으면 火용신
- 木體
  - 土金用組(단, 月外辰丑이면 土火用組)
  - 土火用組(단, 月內辰丑이면 土金用組)
- 火體 - 土金用組(단, 지장간의 金도 없으면 土火用組)
- 土體 - 土金用組(金이 없어도 丑辰토가 있는 경우이다. 단, 戊未토의 沖破가 없어야 한다)

* 庫地는 하나만 있어도 된다. 辰(火熾乘龍)

* 辰과 丑은 水를 극하지 못하고 오히려 水의 뿌리가 된다. 즉 壬辰은 水가 뿌리를 얻은 것이므로 水가 旺하다.

* 子午卯酉가 각자의 墓庫를 만나도 入墓로 보지 않는다. 즉 子辰 午戌 卯未 酉丑은 결국 絆合이 되기 때문이다.

己 丙 丙 壬
丑 寅 午 戌

목2.1 화7.5 토2.2 금0.7 수1.6이다. 寅午戌화국을 이루니 剋法取用하여 水를 구하나 不在不用하고 金을 구하나 不在不用하여 土金용조를 취한다. 토금용이면 丑中辛金이 용신이 된다. 운이 서북으로 향하니 이부출신으로 發財하여 재산이 유여했고 명리양전하였다.

⑤ 土火用組

天干에 丙丁戊가 투간되어 있으면 土火用組가 된다. 단, 지지에 戌이나 未토가 없으면 土火용조가 되지 못한다. 土火用組는 土가 主用으로 조건을 갖추고 戌未가 있고, 土金用組가 入格되지 않는 경우에 土의 통근이 되고 寅巳申의 통력을 더하여 간지응통력을 갖추어야 한다. 寅巳申 중에 戊토는 동주한 경우에만 통력으로 쓴다. 土火用組가 되면 火가 用神이고 土는 喜神이다. 진용신이 용신이 되고 가용신이 희신이 되나 일간이 진용신인 경우는 예외적으로 가용신이 용신이 되고 진용신은 희신이 된다. 土는 동일오행에만 통근한다. 통기통근을 이루지 못한 토는 토의 주체성을 상실하여 목화금수로 변한다. 다만, 火가 宗主旺神이면 土가 眞用神이 된다. 戌未는 천간을 얻지 못해도 主用의 通根通力을 가진다.

가령, 戊戌, 戊未, 己戌, 己未, 戌寅, 戌巳, 戌午, 戌未, 未寅, 未巳, 未午, 未丁, 未丙, 戌丙, 戌丁, 戊午, 己巳 등으로 다수의 通力群을 이루어 通力이 충족되면 取用이 가능하다. 지지가 通根한 主用을 포함하여 3개 이상이거나 主用이 生祿旺에 通根하면 通力발생하나, 2개 이하이면 통력 계산을 하여 판단한다. 通力이 부족하면 丙丁寅巳午未 등의 追加通力이 필요하다.

戊 丙 丁 乙 坤
戌 子 亥 丑

수7.4 목2.3 화1.6 토2.2 금0.8이다. 관살인 수가 극왕하니 극법취용으로 水體土火用組이고 丙火가 用神이다.

丙 庚 壬 丁
戌 戌 子 未

土의 독립적인 유인력이 없어 동주한 것에 따라 상생인 丙戌의 戌中戊

는 火로 변하고 戌中丁이 壬에 의해 合去하니 庚금과 동주한 戌中戊도 金으로 변한다, 丁과 동주한 未中己는 丁으로 변한다. 변화를 고려하여 지수를 계산하면 토0 금4.4 수5.1 목0.2 화4.4이다. 상관인 水가 적정하나 傷官에 해당하니 剋法取用하므로 水體土火用組이고 丙화가 用神이다.

⑥ **火用組**

火用組는 火가 主用으로 조건을 갖추면 火用組가 되어 火가 用神이 되고 木이나 土가 喜神이 된다. 즉, 丙丁화는 巳午未寅戌에 통근하여 간지 응통력을 갖추어야 한다.

가령, 丙巳, 丙午, 丁巳, 丁午, 丙寅, 丁寅, 丙戌, 丁未, 丁戌, 丙未, 巳未, 巳寅, 巳戌, 午未, 午戌, 午 등으로 다수의 通力群을 이루어 通力이 충족되면 取用이 가능하다. 戌과 未는 토로 온전할 경우이다. 지지가 通根한 主用을 포함하여 3개 이상이거나 主用이 生祿旺에 通根하면 通力발생하나, 2개 이하이면 통력계산을 하여 판단한다. 通力이 부족하면 未寅戌甲乙丙丁 등의 追加通力이 필요하다. 특히, 極旺宗主를 剋法取用하는 경우는 반드시 추가 통력이 필요하다.

乙 壬 乙 癸
巳 申 卯 亥

木이 6.0이 종주이고 水가 3.5로 차종주이다. 木體金土用組이나 고립무원의 金의 通力부족하고 火用組로 승계가 되어 火用神이 된다.(적천수천미 통신론 23. 상관)

(4) 宗主와 次宗主의 超極旺用組

宗主와 次宗主가 용조가 되는 경우는 일반적으로 剋法取用한다. 다만, 종주가 극왕(6.3이상)하고 차종주도 적정(4.3이상)이상이면 超極旺用組가 되어 宗主가 用神이 된다. 즉, 極旺喜助가 적용되어 生法取用하므로 宗主가 바로 용신이 되고 차종주가 희신이 된다. 宗主와 次宗主가 土와 火가 되거나 土와 水가 용조가 되는 경우는 雜反轉이 되어 허자나 一点의 오행도 취하는 것과 달리 구분해야 한다.

辛 癸 甲 癸
酉 亥 子 酉

지수를 보면 금4.5, 수7.5, 목1.9, 화0, 토0이다. 종주가 7.5이고 차종주가 4.5이니 超極旺用組로 生法取用하므로 水가 用神이고 金이 喜神이 된다. 용신을 극하는 己未운에 패망한다.(적천수천미 통신론 4. 知命)

2) 통근통력

强弱은 通根으로 보는 것이고 旺衰는 月令으로 보는 것이다. 월령의 생록왕을 득하면 왕하고 그렇지 못하면 쇠하다. 월령의 왕쇠개념은 환경이고 속성이니 지속적으로 쓸 수 있는 도구가 되고, 오행의 강약개념은 일을 감당할 수 있는 힘과 능력이다. 모든 글자는 월령에 비추어보고 통근과 투출을 본다. 월령은 변화를 주관하는 택지향이기 때문이다.

사주에 원칙이 없으면 격국용신, 억부용신, 조후용신으로 용신설이 분분해진다. 종주명리는 '宗主用神'하나로 원칙을 정립하여 명실공이 사주명리가 학문으로 위치를 점하게 된다. 宗主用神은 宗主五行의 用組에서 결정되는 것이다.

用組란 희신과 용신이 결합된 用의 무리이고 그중에 하나가 용신이면 다른 하나는 희신이 된다. 즉, 用組란 명조의 희용이 되는 用의 무리이고 用神의 精神氣에 해당한다. 用組의 通根通力을 통하여 취용여부를 결정한다. 火用組는 火만 계산한다. 천간지지를 합으로 극하지 않으면 통근통력을 인정하여 취용한다. 木水用組는 목이 일차적으로 통근하는지를 가리고 이차적으로 목과 수의 통력을 계산하어 취용한다. 水用組는 水만 계산한다. 천간지지를 합으로 극하지 않으면 통근통력을 인정하여 취용한다. 금토용조는 금이 일차적으로 통근하는지를 가리고 이차적으로 금과 토의 통력을 계산하여 취용한다. 토금용조는 토가 일차적으로 통근하는지를 가리고 이차적으로 금과 토의 통력을 계산하여 취용한다. 토화용조는 토가 일차적으로 통근하는지를 가리고 이차적으로 土과 火의 통력을 계산하여 취용한다.

戊己土는 辰戌丑未巳午에만 통근한다. 甲木乙은 寅卯辰亥未에 통근하고, 丙丁火는 巳午未寅戌에 통근하고, 庚辛金은 申酉戌巳丑에 통근하고, 壬癸水는 亥子丑申辰에 통근한다. 壬癸는 通源이라고도 한다.

水와 火는 자체만으로 통력이 충족되나 木土金은 生오행의 지원이 있어야 통력이 충족이 된다. 따라서 木은 木과 水의 통력이 있어야 하고, 土는 土와 火의 통력이 있어야 하고, 金은 金과 土의 통력이 있어야 한다. 통력이 없으면 고립무원으로 취용하지 못한다.

(1) 용조의 통근통력

① 주용과 조용의 통력

용조는 主用과 助用으로 구성되는데, 主用은 반드시 일정한 조건을 갖추어야 한다. 主用이 되는 조건은 반드시 통근하여야 한다. 通根이 되지 않으면 主用의 자격을 상실하여 다음 용조에게 主用의 자리를 물려주어야 한다. 助用은 통근하지 않아도 통력만 있으면 가능하다. 용조의 통력은 主用과 助用의 통력치를 합산한다. 용조의 통근통력은 방합과 삼합에서 나온다. 方合을 얻으면 집을 얻은 格이고, 三合을 얻으면 직장을 얻은 格이다. 通力이란 通根하는 힘이고, 通根의 誘因力을 말하며, 通力은 通根보다 먼저이다.

천간이 무근인 경우에도 통력발생이 생길 수 있다. 허자통근이 있기 때문이다. 虛字통력은 納音虛字(丁卯, 庚辰), 음양허자, 쌍자도충허자가 있다. 단, 두 개가 서로 遠隔된 癸水나 丙火는 虛字不可, 地支間 遠隔不用한다.

그러나 허자통근법칙에 의하면 허자통력의 발생이 안되는 경우가 있다. 살지에 임하면 허자통력이 상실된다. 殺地에 임한 癸未, 丙子, 壬戌과 같은 경우이거나 기반이 되면 통근상실로 통력이 생기지 않는다. 극살지에 임하면 통력이 없어 통근조차 어려워지기 때문이다. 辰戌丑未에 놓인 壬癸 중에 壬戌과 癸未, 亥子에 놓인 丙丁 중에 丙子는 한 점의 생기를 찾을 수 없다. 즉, 통력이 전혀 없으면 통근도 어려워진다. 극살지에 놓이지 않으면 통력은 살아있다. 殺地에 임해도 戊寅, 甲申은 일점의 생기가 있어 통력은 살아있다. 己卯, 乙酉는 통력이 없다. 水나 火가 아닌 것은 허자의 통근통력이 불가능하다.

殺地에 임한 癸未, 丙子, 壬戌은 원칙적으로 허자통근이 되지 않는데, 허자통근 중에 음양허자통근은 木이 丙화를 생해주거나 土가 丙화를 보호해주면 음양허자통근이 되고, 庚辛金이 壬癸水를 생해주거나 木이 水를 보호해주면 음양허자통근이 가능하지만 쌍자통근은 어떠한 생을 해주어도 허자통근이 안 된다. 또한, 극왕해도 쌍자도충은 하지 못한다. 즉, 殺地에 있어도 통근이 되는 실자통근과는 다르다는 것이다. 단, 보호해주는 것은 제대로 보호해줄 경우에 가능하다.

主用은 해당오행의 방합과 삼합에서 찾는다. 조용은 주용을 생하는 오행에서 찾는다. 주용은 통근 및 통력을 살피고 조용은 통근과 무관하게 통력만 살핀다. 천간이 주용이 되는 것이 원칙이지만 천간도 조용이 될 수 있고 지지도 주용이 될 수 있다. 통력지수는 지수로 보는 것이 마땅하지 않으니 참고로 활용해야 한다. 통근통력은 용조별 취용법을 활용해야 한다.

② 有無情과 有無氣

有情함이란 같은 기운이 응통하거나 합이 되면 유정하다고 한다. 즉, 유정은 같은 오행의 기운이 서로 응통함을 말한다. 응통함은 통근통기를 의미한다. 천간이 지지에 같은 오행이 있어 뿌리를 내려 같은 오행과 서로 응통하고, 지지는 천간에 같은 오행이 투출되어 덮어주어 같은 오행의 기운이 통할 때 유정하다고 한다. 또한, 합이 되어도 유정하다. 가령, 천간합, 지지합, 간지합이 되는 경우이다. 가령, 甲寅, 甲辰, 乙未, 癸丑은 간지응통하여 유정하고, 甲午, 乙酉는 간지합이 되어 유정하고, 壬寅, 癸未는 무정한 것이다.

無氣는 계절의 변화에 따라 12운기로 생욕대녹왕쇠는 有氣하나 절태양병사묘는 無氣하다. 따라서 丙寅은 有情하고 유기하며, 庚寅은 無情하고 무기하다. 丙辰은 무정하나 유기하고, 丙戌은 유정하나 무기하다.

③ 單獨通根과 共同通根

통근은 單獨通根과 共同通根이 있는데, 殺地에 임한 경우는 공동통근으로 取用이 가능하다. 가령, 辛巳는 단독통근이 어렵지만 金土가 있으면 공동통근으로 金을 취용할 수 있다.

(2) 通根通力의 예외사항

통력은 용조의 통력을 합산해야 한다. 즉, 상생하는 두 오행을 같이 합산해야 한다. 오행 하나만 보고 통근을 헤아리는 우를 범해서는 안 된다.

① 종주왕신이 정격이나 미달로 용신이 되거나 극왕하여 용신이 되는 경우는 통력지수를 계산할 필요가 없지만, 그 외 취용할 수 있는 용의 통력지수는 기준치를 충족해야 한다.

② 용의 통력은 천간통력과 지지통력을 계산하고, 천간통력이 없으면 지지통력으로 주용통력과 조용통력을 합산한다. 主用과 助用이 遠隔이 되면 助用의 통력은 折半減少한다. 巳亥는 독립성이 없어 천간에 丙丁火를 두지 못한 巳는 木의 도움을, 천간에 壬癸水를 두지 못한 亥는 金의 도움을 요한다. 합충이 되지 않은 온전한 巳亥는 子午와 통력이 같다. 子午卯酉가 있는 壬午, 丙子, 戊子는 干支自合이 되면 통력감소 되고 쌍자도충허자도 당겨오지 못한다.

③ 용의 통력은 오행의 용에 따라 구분한다. 木水用組는 木의 통력과

水의 통력으로 정하고, 水용조는 水의 통력으로 결정하고, 金土用組와 土金用組는 금과 토의 통력으로 용의 통력이 결정되고, 土火用組는 토와 화의 통력으로 결정되고, 火用組는 화의 통력으로 결정된다. 통력은 동오행과 생오행의 통근에서 비롯된다. 다만, 방합이나 삼합이 되면 통력이 상실된다.

④ 통력지수를 계산하지 않는 경우는 특수격이나 정격이다. 미달종주나 적정종주가 특수격이 되어도 마찬가지이다. 자체적으로 통력을 가지고 있기 때문이다. 수체이면 축진토는 통력을 상실한다. 토생수를 하기 때문이다. 정격에 들지 못하면 破格으로 취급하여 극법 취용한다.

⑤ 取用에 金이 없거나 通力不足으로 金土用組가 되지 않으면 土火用組나 土金用組가 적용이 되는데, 천간에 丙丁戊가 있거나 지지에 戌未토가 있으면 土火用組가 우선 적용되고, 지지에 丑辰토가 있으면 土金用組가 적용된다. 단, 丑辰月은 土金用組가 되지 못하고 土火用組로 넘어간다. 辰은 진중에 癸수가 用神이 되고 丑은 丑中辛금이 用神이 된다. 단, 土金用組는 통력지수에 무관하다.

3) 체의 格과 직업

職業은 육신을 보고 판단하고 오행으로 보완정리 한다. 다만, 출생년에 따라 직업의 변화를 감안한다. 자오묘유생은 한 가지 직업을 유지하고, 인신사해 생은 부업이 본업이 되고 윗사람의 도움을 받는다. 진술축미생은 직업순환이 생긴다. 體와 用을 왕래하는 인생이니 힘들고 어려울 때는 체에 해당하는 육신과 오행을 보고, 순탄하게 나갈 때는 용에 해당하는 육신과 오행을 보면 나아갈 방향을 챙길 수 있다. 體는 시작점이고 用은 목표점이기 때문이다. 用의 실현이 용이치 않으면 다시 원점으로 돌아가 준비하고 학습을 하는 것이 자연의 순리이다.

(1) 종주육신과 직업

종주인 체의 격을 중심으로 직업을 헤아린다. 체의 격에 나타나는 육신과 용의 격에 나타나는 육신이 어떻게 개입되고 지지가 형충회합이 되느냐에 의해 직업이 결정되기 때문이다.

가령, 관성에 식상이 개입되면 언론, 방송, 특수기관, 법무, 선출직을 하게 되고, 관성에 비겁이 개입되면 무관, 스포츠, 변화 없는 조직에 몸을 두고, 관성에 인성이 개입되면 교육, 언론, 방송, 의약으로 출세하고, 관성에 재성이 개입되면 금융, 재무, 서무에 종사하게 된다.

직업에 合이 개입되면 접객성이 좋아 영업, 외교직에 어울린다. 직업에 충이 개입되면 역마성 직업에 어울린다. 刑이 개입되면 의료, 법무, 세무, 보험 등 조정업무에 어울린다.

의료계 종사자는 관성에 인성이나 식상이 개입되고 형이 개입이 되는 경우가 많다. 법조계에 종사자는 관성에 인성이 개입되고 삼형살이 개입되는 경우이다. 예능계에 종사자는 상관용신이 많다. 교육계에 종사자는 인성이나 식상이 왕한 데, 인성은 교수가 되고 식상은 교사가 된다. 관계에 종사자는 관성과 인성이 소통하거나 관성이 재성에 도움을 받는 경우이다. 제조업에 종사자는 식상과 재성이 소통하는 경우이고, 유통업자나 임대업자는 재성과 인성이 소통하는 경우이다. 무역업에 종사자는 巳亥가 있거나 土와 水가 부족한 경우이다. 중개업자는 土가 많거나 合이 많은 경우이다. 요식업자는 식신과 재성이 소통하는 경우이다. 유흥업에 종사자는 水가 많거나 상관과 재성이 소통하는 경우이다.

① 비견종주가 천간에 있을 경우 정신적인 경쟁심이나 승부욕이 강하다. 지지에 있을 경우 독립인자로 볼 수 있으며 스스로 독립하여 사업을 운영할 수 있는 인자로 작용한다. 비겁이 지지에 없으면 독립이 불가능하며 동업을 하여본다.

② 겁재종주가 있으면 무기를 든 자로서 전문기술로 사업을 하거나 크

게 도약시킬 수 있는 인자로 작용한다. 관성과 유정하면 대리점을 관리하거나 프랜차이즈를 하게 된다. 재성과 유정하면 사채업자를 하여본다.

③ 식신종주가 천간에 있으면 교육, 문학, 어학, 자격, 목축, 원예를 하게 된다. 지지에 있을 경우는 실제로 기르고 가르치는 행위로서 예술, 기술, 요식, 제조, 생산, 유흥관련 일을 하여본다.

④ 상관종주가 있으면 주로 기호식품(술, 아이스크림, 빵, 유흥)을 취급하거나 남이 망한 자리나 경매로 재물을 취득하게 된다. 식신은 주식을 취급하고 상관은 기호식품이나 부식을 하여본다.

⑤ 정재종주가 있으면 사업성이 강하지 않고 고정적인 수입을 의미하며 생필품 매장장사, 대리점, 체인점을 하여본다.

⑥ 편재종주가 있고 식상이 없으면 유통업을 하거나 사채업, 부동산, 무역, 금융업을 하여본다.

⑦ 정관종주이면 직장생활을 하지만 재성이 개입되면 국가조직과 연관된 사업을 하거나 납품업을 하여본다.

⑧ 편관종주가 있으면 조직과 연관된 납품이나 대리점, 체인점을 하여본다.

⑨ 인수종주가 있으면 임대사업을 의미하며 팔짱끼고 돈을 벌거나 움직임 없는 노래방, 당구장, 임대업, 창고업, 목욕탕, 찜질방을 하여본다.

⑩ 편인종주가 있으면 교육 사업이나 학원, 어린이집을 하거나 임대하여 일을 하여본다.

(2) 종주오행과 직업

종주오행의 강한 유인력이 작용하여 자신의 의지와 무관하게 자연스럽게 인연이 된다.

① 木종주가 있으면, 건축, 설계, 건설, 주택, 서적, 문방구, 신문사, 의

류, 침구, 포목, 디자이너, 이·미용, 교육, 가구점, 목재, 야채, 청과물, 정미소, 식물원, 화원, 꽃집, 양복점, 패션, 임업, 악기, 산림업이 하여 본다.

② 火종주가 있으면, 전기, 전자, 의사, 법관, 정치인, 통신, 사진관, 아나운서, 양품점, 화장품, 광고업, 화공약품, 언론, 조명기구, 기자, 문인, 예술가, 교육을 하여본다.

③ 土종주가 있으면, 매매, 알선, 중개, 토건업, 농업, 부동산, 군인, 정육점, 외교관, 골동품, 장례업, 도예가, 목축, 농산물, 하우스, 축산업, 경매사를 하여본다.

④ 金종주가 있으면, 공업, 기계, 철도, 조선소, 자동차, 정비업, 중장비, 보일러, 철공소, 총포사, 금은방, 시계, 군인, 무관, 치과, 보석상을 하여본다.

⑤ 水종주가 있으면, 수산업, 양어장, 물장사, 역술, 유흥업, 무역업, 목욕탕, 선박업, 해운업, 유통업, 약사, 교사, 야간업소, 산부인과, 비뇨기과, 카페를 하여본다.

(3) 살생필설의 직업

사주에 殺이 많으면 殺生筆舌의 직업을 가져야 한다. 살에 해당하는 것은 칠살, 효살, 편살, 모살, 도살을 말한다. 식신이 없는 편관은 칠살이 되어 대립되는 일이 많고, 편재가 없는 편인은 효살이 되어 공부를 해도 써 먹지 못하고, 비견이 없는 편재는 편살이 되어 사업하다가 망하고, 정관이 없는 겁재는 모살이 되어 재산이 일거에 빼앗기고, 정인이 없는 상관은 도살이 되어 직장이 일정치 못한다.

4) 喜用仇忌閑藥

용신을 둘러싸고 희기가 발생하며 운로에서 길흉을 만들어낸다. 희용구기한약이라 것은 용신, 희신, 기신, 한신, 약신을 줄여서 부르는 말이다. 용신은 합거(극거)되어 흉하나 희신은 묶이는 경우와 合하여 化하는 경우로 나누어진다. 희신과 합하면 묶여 작용하지 못하고, 희신과 합화하면 용신과의 상생관계와 상극관계로 구분되는데, 용신과 상생관계는 합화하여 길하나 용신과 상극관계이면 흉하다.

용신은 사주의 중심과 균형을 잡아주는 역할을 하고, 기신은 용신을 극하는 것이고, 한신은 희기가 미분화되어 있는 대기 상태의 것이고, 약신은 용조를 보호하는 것이다. 용신과 상생하면 희용신이고 운에서 희용신을 만나면 만사여의하고 승승장구한다. 용신과 상극하면 기구신이고 운에서 기구신을 만나면 기구한 삶을 살게 된다.

① 用神이란 사주에서 가장 필요로 하는 육신과 오행으로 절대길신이며 일간의 희망이고 정신이고 의지처이다. 용신은 格에 따라 성질을 달리한다.

❶ 重疊合局의 생법취용하는 경우에 寅申巳亥가 用神이면 寅中丙, 申中壬, 巳中丙, 亥中甲이 眞用神이 된다.

❷ 宗主와 次宗主의 용조로 상생하는 경우는 超極旺으로 生法取用한다. 가령, 寅목이 용신이면 水가 희신이 되고, 亥수가 용신이면 金이 희신이 되고, 申금이 용신이면 濕土가 희신이고 巳화가 용신이면 木이 희신이 된다.

❸ 支藏干의 用神이 가능한 것은 토의 경우로 戌未中에 丁화와 丑辰中에 癸수이다.

❹ 運의 용신이 가능한 경우는 원국에 없는 경우이고 원국용신과 상생하는 경우는 眞用神으로 작용한다. 運의 用神이 되는 경우는 丙화와 藥神인 경우에 적용된다. 丙화가 丙辛합으로 기반이 된 경우는 火運에서만 발복한다. 火運이 끝나면 바로 몰락한다.

❺ 濕土가 용신이 되는 경우는 천간에 火가 없고 지지에는 丑이나 辰이 있어야 한다. 그리고 방해받지 않아야 한다.

② 喜神이란 용을 보호하거나 용신을 생하는 육신과 오행이고 용신과 상생관계에 있는 육신과 오행을 말하며 상대길신으로 사주배합에 따라 흉신이 될 수 있다. 약신과 희신의 차이는 원국에 있느냐 없느냐에 따라 크게 달라진다. 약신은 원국에 없어야 운에서 크게 발복하지만 희신은 원국에 있어야 운에서 크게 발복을 한다.

③ 藥神이란 사주에서 가장 필요로 하나 원국에 없거나 지장간에 있는 오행과 육신을 말한다. 약신은 운에서 용신작용하여 비약적인 발전을 가져온다. 약신이 운이 지나가면 용신의 작용도 정지된다. 용신과 약신의 차이는 왕신을 충하는 경우에 크게 달라진다. 용신은 왕신을 충하면 대길하나 약신은 왕신을 충하면 대흉하다.

④ 閑神이란 합충으로 인하여 용신과 상생관계이나 상생도 보호도 못하는 육신과 오행을 말한다. 한신은 시작은 희신이나 합충관계로 기신으로 변하거나 약신으로 변한다.

⑤ 忌神이란 용신과 상극관계에 있는 육신과 오행을 말한다. 용신을 극하거나 상하게 하는 육신과 오행이다. 기신을 도우는 것을 仇神이라 한다.

⑥ 用組란 종주왕신의 파트너에 해당하는 오행이나 육친을 말한다.

5) 용의 격과 직업

用의 格이란 용신의 상태에 따라 정해진 格이다. 用組는 원칙적으로 格이 된다. 다만, 약신이 있으면 약신과 용신이 格을 구성한다. 용조 중에 하나가 용신이 되면 다른 하나는 희신이 된다. 용신과 가장 이상적인 배합을 이룬 것이 용의 격이다. 즉, 용의 격이란 용의 아름다운 배합을 말한다. 用의 格은 용신과 희신이 배합이 되거나 용신과 약신이 배합이 된다. 희신은 용신을 생하는 것이고 약신은 용신을 구하는 것이다. 용의 격에 의해 용신의 생명력과 능력이 결정된다. 수용조와 화용조의 경우는 용신을 생하는 것과 격이 되거나 용신을 구제하는 것과 격이 된다. 다만, 종주왕신은 용신이 되거나 기신이 된다. 종주왕신은 종격이 아닌 이상 희신이 되지 않는다.

用의 格은 목표지향성을 의미한다. 즉, 일간이 추구하고자 하는 도달점에 해당되는 기질을 발현시키는 성분으로서 삶의 목표이다. 일간의 목표성을 활용하는 가치를 용신이라 한다. 용신은 격의 활용에 중요한 역할을 담당하며 노력과 결과로 이어지는 성분으로 능력과 흥미를 바람직한 방향으로 유도 실현하는 역할을 한다.

用의 格은 용조로 이루어진다. 다만, 약신이 존재하는 경우는 약신과 용신이 格이 되고 종주왕신은 용신이 되지 않는 한 格이 되지 않는다. 또한 토화는 동근으로 확장되는 것에 유의해야 한다.

사주는 格과 用神으로 풀어가지만 저마다 格과 用神을 다르게 본다. 用의 格은 月令이나 透干과 무관하다. 설령, 일치하더라도 별개이고 우연일 뿐이다. 用에서 格을 찾기 때문에 어렵게 여길 수는 있다. 體에서 格을 찾으면 간단하고 쉬울지 모르지만 무의미하다. 格과 用神 간에 연관성을 찾을 수 없기 때문이다. 그러나 用에서 格을 찾으면 格과 用神 간에 불가분의 연관성을 찾을 수 있을 뿐만 아니라 운로나 특성 등을 정확하게 예단할 수 있다.

用神은 格을 벗어나지 않는다. 格에서 用神을 찾기 때문이다. 格은 구조이고 틀이다. 그래서 格은 두 육친의 조합으로 정해진다. 가령, 印比格, 比食格, 食財格, 財官格, 官印格으로 구분된다. 比食格은 비겁과 식상의 用組이고, 印比格은 인성과 비겁의 용조이고, 食財格은 식상과 재성의 용조이고, 財官格은 재성과 관성의 용조이고, 官印格은 관성과 인성의 용조이다. 다만, 용조가 格이 되기 위해서는 종주왕신은 제외되고 藥神은 우선 포함된다. 즉, 剋法取用은 生하는 것과 용조가 되지만 生法取用은 保하는 것과 용조가 된다. 生法取用은 정격, 미달종주격, 종격에 해당하는 경우이고 종주왕신이 용신이다.

格을 충족시켜주는 것이 용신이 된다. 식상과 재성은 식상이 原因이 되고 재성이 結果가 되는 因果관계를 이루고, 인성과 관성의 관계는 인성이 원인이 되고 관성이 결과가 되는 인과관계를 이룬다. 원인이 없는 결과가 없으니 원인이 부실하면 결과도 보잘 것 없다. 土火동근이니 土와 火는 서로 준하여 적용한다. 形은 五行用神으로 드러나고 格은 用神을 보호하거나 생하여 준다.

印格은 공부해서 성취하고, 財格은 재물을 통해 성취하고, 食傷은 자신의 재주로 성취한다. 殺傷梟刃은 制化해야 제도권으로 들어온다. 그렇지 않으면 독자적인 영역에서 발달한다. 格은 일간의 특수성이 적용되어 용신이 인성이나 식상이 되는 경우에 日干과 格을 우선적으로 이룬다. 다만, 용신이 희신이나 약신을 만나지 못하는 경우에 해당한다. 오행용신을 보고 직업이나 직종분야를 선택하면 좋다. 用神은 해야할 일이고 宗主는 하고 싶은 일이 된다. 종주는 자기장의 힘이 강하여 자신도 모르게 종주오행에 끌려가기 때문이다.

① 목(木)이 용신이면, 건축, 설계, 건설, 주택, 서적, 문방구, 신문사, 의류, 침구, 포목, 디자이너, 이 미용, 교육, 가구점, 목재, 야채, 청과물, 정미소, 식물원, 화원, 꽃집, 양복점, 패션, 임업, 악기, 산림업이 좋다

② 화(火)가 용신이면 전기, 전자, 의사, 법관, 정치인, 통신, 사진관, 아나운서, 양품점, 화장품, 광고업, 화공약품, 언론, 조명기구, 기자, 문인, 예술가, 교육이 좋다.

③ 토(土)가 용신이면 매매, 알선, 중개, 토건업, 농업, 부동산, 군인, 정육점, 외교관, 골동품, 장례업, 도예가, 목축, 농산물, 하우스, 축산업, 경매사가 좋다.

④ 금(金)이 용신이면 공업, 기계, 철도, 조선소, 자동차, 정비업, 중장

비, 보일러, 철공소, 총포사, 금은방, 시계, 군인, 무관, 치과, 보석상이 좋다.

⑤ 수(水)가 용신이면 수산업, 양어장, 물장사, 역술, 유흥업, 무역업, 목욕탕, 선박업, 해운업, 유통업, 약사, 교사, 야간업소, 산부인과, 비뇨기과, 다방이 좋다.

일주가 甲이면 성장, 통솔력, 교육이 좋고, 일주가 乙이면 외교, 세일즈맨가 좋고, 일주가 丙이면 정치, 용역, 예술, 문화가 좋고, 일주가 丁이면 탐색, 수사, 전자공학, 과학, 역사학자가 좋고, 일주가 戊이면 보수조직, 참모, 종교지도자가 좋고, 일주가 己이면 종교, 법률, 비밀, 조직원이 좋고, 일주가 庚이면 군인, 경찰, 의사, 공업이 좋고, 일주가 辛이면 보석세공이 좋고, 일주가 壬이면 분석가, 목공예, 무역이 좋고, 일주가 癸이면 종교, 교육, 사법연구, 과학이 좋다.

(1) 印比格

인성과 비겁이 희용인데, 인성이 용신이면 인성용 印比格이 되고, 비겁이 용신이면 비겁용 印比格이 된다. 丙日主나 丙火를 용신으로 하는 자는 교육계에서 성공한다. 土神이 많거나 水神이 많은 경우 중개업으로 성공한다. 프리랜서 조직, 비정규직, 財官과 상관없이 자기실력을 가지고 자기가 먹고사는 스타일이다.

인성은 책과 자료를 통해서 얻는 정보와 기술이다. 식상은 움직이는 별이고 인성은 움직이지 않는 별이다. 年月을 먼저 쓰니 식상재가 있으면 사업을 하다가 日時에 관이 있으면 조직으로 간다. 양일간은 승부를 걸고 화합에 약하지만 음일간은 타협할 줄 알고 생명력이 길다. 사주에 충은 역마성과 투쟁성을 의미하고 합은 타협성을 의미한다. 사주에 형살은 꿰맞추고 수술하고 조정 치료하는 능력을 의미한다. 子午卯酉와 결부되면 한 가지 일로 나아가니 전공도 하고 직업도 같은 것에 종사하게 된다. 자오묘유의 일관성과 長子性 때문이다. 양인의 인자는 전문기술로 제조 생산이 가능하다.

① 印星用 印比格

공무원, 대기업임원, 교사가 어울린다. 인성은 화석상태이다. 편인이면 종교인, 연예인, 역술인, 철학가, 연구원, 의사, 약사(의약 관련업)이 좋고, 정인이면 교육가, 예언가, 의식주 업종(식당, 의류)이 인연이다. 오행용신의 직업을 가지면 행운을 부른다.

丙 戊 甲 庚
辰 子 申 戌

금체화용이다. 신월에는 정화가 사령하면서 사주를 조갈하게 하지만 신자진수국을 이루어 전혀 해가 되지 않고 사주를 말리는 병화가 있어 좋다.

기토 없이 바로 무토가 사령하니 무명시절이 없이 바로 스타반열에 오른 것이다. 경금이 금생수를 하는 갑목이 다치지 않는다. 그래서 갑목이 병화를 생하여 운을 도운다. 日出東山격으로 잘 배합이 되었다.

② 比劫用 印比格

자영업, 공무원, 교사, 학자, 변호사, 프리랜서, 임대업이 어울린다. 사람을 상대하는 일이면 좋고, 스포츠맨, 학자, 임대업, 농부 등이 좋다. 경쟁이 많이 따르는 유통업에 종사하면 좋다.

乙 辛 丁 乙
未 酉 亥 卯

木體金用이다. 비겁이 용신이고 금형에 해당하니 영어선생이다. 해월은 임수가 사령하니 자유분방한 것을 좋아한다. 해수는 역마성이 강하여 해외출입을 하게 된다. 해외유학을 하게 되고 기본에 충실한 교사이다. 亥

월에 辛금은 금생수를 하니 을목을 상하게 하지 않는다. 그러나 갑목이 아닌 을목이니 씀씀이가 크다. 사주가 너무 냉하니 정화도 나쁘지 않다. 그러나 남자들과는 거리를 두고 사니 외로움과 고독함이 강하게 보인다.

(2) 比食格

비겁과 식상이 희용인데, 비겁이 용신이면 비겁용 比食格이 되고, 식상이 용신이면 식상용 比食格이 된다. 甲, 丙이 많은 경우 예술인으로 성공한다. 辰戌巳亥가 많이 있는 자나 甲丙丁壬子辰 중 3字 이상이 있는 자는 易, 巫, 종교인으로 나아간다. 비견, 겁재가 많은 자는 언론계에서 성공한다. 金神을 丙丁火가 다루고 있는 명은 기계업으로 성공. 식신, 상관이 月, 時에 있거나 水神이 많은 경우 화류계에 진출한다. 괴강 일주는 전생에 포도대장을 하였기에 이생에서 군인, 경찰이나 스포츠맨으로 살고, 괴강일주 여자는 남자 없이 혼자 잘 산다. 양인 일주는 전생에 칼잡이 이니 이생에서 외과의사, 군인, 경찰이나 정육점이나 칼 다루는 직업으로 산다.

官絶地인 甲寅, 乙巳, 丁巳, 戊申, 辛亥 고란살 일주는 이성을 그리워하며 살고, 간여지동 일주는 의처증, 의부증으로 괴롭게 산다. 偏印, 食傷이 많고 卯酉戌중에 2자 이상 있거나 戌亥, 寅巳申, 天醫星이 있으면 활인업 사주는 의사, 법관, 역학자로 죽어가는 생명을 살린다. 食傷은 입손발(口手足)로 연마한 경험과 기술이다. 현침(甲, 辛, 卯, 午, 申)을 喜用神으로 하는 경우 의약업으로 성공한다.

① 比劫用 比食格

프리랜서, 중개, 정치가, 언론인, 예체능인, 역술인, 자영업, 학자, 변호사, 프리랜서, 임대업자가 어울린다. 사람을 상대하는 일이면 좋고, 스포츠맨, 학자, 임대업, 농부 등이 좋다.

丁 乙 甲 癸
亥 亥 子 卯

인성종주이니 공부를 많이 하지만 실속이 없다. 그래서 역학에 인연이 닿는다. 다만, 수생목 목생화로 유통하니 순탄하게 풀려나간다. 기토가 사령하니 목묘 달성보다는 기초를 다지는데 열정을 기우린다. 그래서 나름대로 학술정리를 많이 한 것이다. 사주가 지나치게 습하니 겹꽃은 아니지만 홑꽃도 기쁜 것이다.

수체화용이다. 정화라는 등불로 어둠에 있는 중생을 구제하는 활인업으로 한 시대를 풍미하였다. 용신이 될 것이니 운에서 뿌리를 얻어 비약적인 발복을 누린다. 이 사주는 명리요강을 저술한 박재완님의 명조이다.

② 食傷用 比食格

식상은 기체상태이다. 연예인, 강사, 변호사, 건설팅, 의학사, 의사, 평론가, 식신이면 과학자, 연구원, IT기술자, 학자에 인연이 되고, 상관이면 말로 표출하는 분야, 언론방송, 무역, 정치외교, 관광, 영업, 강사에 인연이 된다.

食神의 적응 능력은 관찰력, 이해력, 적극성, 사무지각 능력, 자기 표현력, 연구력, 창조력이다. 傷官의 적응능력은 섭외력, 민첩성, 행동적 순발력, 어휘력, 언어능력, 적극성, 비평정신의 적응성이 있다.

食神이 生財하면 외교, 문예, 창작에서 두각을 나타내기 때문에 문학가나 문장가, 의사, 연구원으로 발전한다. 재계에서도 수완을 발휘하여, 금융업, 기술행업, 상업, 식당업, 도매업이 좋고, 食神과 印綬가 旺하면 어린이를 대상으로 하는 교직, 사회복지사, 종교, 보육사가 좋다.

食神이 帶殺하는 구조라면 정계, 관계, 재계, 검찰 등의 수사기관이나 군인, 의사 등이 어울린다. 傷官이 佩印된 구조라면 총명, 박학다식으로 법조계, 교육, 언론, 문예계, 전문가적 자격을 갖추고 재능을 발휘하게 되므로 공직이나 교수, 박사이다. 傷官이 生財하면 문장 출판업, 중개업, 유통업이나 기술성 상업이 좋다.

丙 乙 甲 癸

戌 丑 子 亥

水體火用이다. 子월에 癸수가 사령하고 丙화가 조화롭게 조후를 하니 사주가 아름답게 구성되었다. 乙丙의 염양려화격이니 비상한 재주가 시대를 빛낸 것이다. 전설적인 명리대가인 전백인의 명조이다. 申酉운이 오면 꽃잎이 마르고 꽃이 시들기 쉽고 水旺으로 냉해를 입기 쉬운이 건강이 나빴다. 喜用으로 받쳐주는 火運에 역술의 전설을 만들어 갔다.

乙 庚 己 壬
酉 戌 酉 子

化氣金格으로 금수가 희용이고 원국이 길신으로 구성되니 귀격이고 용신이니 용의 격을 이루어 금수운에 대발하였다. 계획과 목표달성이 조화를 이루니 드라마가 대박을 터트리고 부가 쌓여갔다.

차가운 듯한 이미지가 신비감을 주면서 캐릭터가 살아나니 경금은 수원이 되고 수는 목을 생하여 드러나지 않는 재물이 많아진다. 이 사주는 배용준의 명조이다.

(3) 食財格

식상과 재성이 희용인데, 식상이 용신이면 식상용 食財格이 되고. 재성이 용신이면 재성용 食財格이 된다. 火·水神이 많거나 용신이 충된 자는 운수업으로 성공한다. 辰戌이 있으면서 충이 된 자나 木神이 많은 경우 의류업계에서 성공한다. 식신, 상관이 많거나 水神이 많은 경우 해운, 요식업으로 성공한다.

食財格은 결과중시형으로 경쟁사업에 강하며 경쟁을 통한 자아실현을 추구한다. 자율성과 활동성을 갖춘다. 생산력과 연구력이 우수하여 판매 및 생산을 겸한 경제활동에서 우수한 선천적 직업적성을 소유하며 에너지의 소비가 강한 구조이다. 활발한 활동을 통하여 반드시 결과를 얻고자하므로 사회적인 평가나 지위 보다는 자신에게 확실하게 돌아오는 이익에 더 많은 관심이 있다. 관성이 개입되면 조직력을 추구하여 단체를 구성하거나 브랜드를 활용한 생산 및 판매 활동을 하게 되고, 인성이 개입되면 학문적 분야와 자격을 갖춘 사회적 역할이 추가 된다.

무역업이나 금융사업, 대중유통업에 손을 대면 발복하며 주로 재정계에 많이 있고 외교관 등의 직업도 길하다. 貿易, 都小賣, 不動産, 證券業에 맞다. 편재는 재화의 이동이 많은 장사나 무역업이 많다. 또 일확천금에 관심이 많으니 부동산, 증권 기타 투기성 사업이 많다. 기술·의학 부문에 진출하면 좋고 학문을 계속해도 길하다. 또한 의식주를 관할하는 업무에 종사해도 성공한다.

봉급생활을 하거나 작은 상업계 일을 하는 것이 좋고 금융회사나 증권회사에서 일하면 길하다. 金融業, 信用事業, 俸給生活에 어울린다. 정재는 신용을 바탕으로 저축해서 재산을 불리는 타입이므로 봉급생활자가 많다. 또 꼼꼼한 성격이므로 금융업에도 맞다.

傷官生財를 패인하면 자신의 재능을 국가에서 인정받아 재물을 늘이고 대중을 이롭게 하여 이로공명으로 임관한다. 패인이 적당치 않으면 기술이나 예술을 통하여 살아간다. 財가 食神으로부터 유입이 있다면 전문기술을 가지고 노력을 통하여 재물을 늘이고 만인을 이롭게 한다. 財가 傷官으로 흐르면 한 가지 일을 오래 못하나 잡기에 능하다.

食財格은 사업과 인연이 된다. 경제성과 사업성을 의미하며 식상과 재성의 모양을 살펴보고 간섭하는 인자를 살피면 직업의 모양을 알 수 있다. 식재격의 성패는 식상에 있으므로 식상이 없으면 식재격은 파격이 되어 생산제조가 없는 유통이나 임대, 자격증으로 간다.

식신의 인자는 요식업, 음식점, 제조, 생산업, 기르거나 가르치는 업종, 자연식품에 해당하고, 상관의 인자는 유흥업, 기호식품(술, 커피, 빵, 과자 등), 제조, 생산, 보육, 인공식품에 해당한다. 정재의 인자는 생필품(슈퍼, 편의점, 속옷, 기름, 신발, 쌀 등) 매장, 대리점, 납품업, 생활가전 등이 해당하고, 편재는 넓은 시장이나 큰 재물이 들어오고 나가는 것이 많은 사업이 해당한다. 식상이 형이 될 경우는 의료, 기술, 약물, 술, 약용 식품 등에 인연이 되고, 재성이 공망이 될 경우는 뒷골목 장사로 번영한다. 食傷과 財星이 짝을 이루면 사업가가 되어 본다. 경제성과 사업성을 의미하며 식상과 재성의 모양을 살펴보고 '간섭인자가 식신'이면 요식업, 음식점, 제조, 생산업, 기르거나 가르치는 업종, 자연식품이고, '간섭인자가 상관'이면 유흥업, 기호식품(술, 커피, 빵, 과자 등)가공, 의료, 인공식품이나 약용식품이고, '간섭인자가 정재'이면 생필품(슈퍼, 편의점, 속옷, 기름, 신발, 쌀 등)매장, 대리점, 납품업, 생활가전이고, '간섭인자가 편재'이면 넓은 시장이나 큰 재물이 들어오고 나가는 것이 많은 사업이고, '간섭인자가 양인'이면 전문기술로 제조 생산이 가능하고, '간섭인자가 재성'이 공망이 될 경우는 뒷골목 장사로 번영한다.

① 食傷用 食財格

사회사업, 육영사업, 문화예술사업, 종교인, 식신이면 과학자, 연구원, IT기술자, 학자이고, 상관이면 말로 표출하는 분야, 언론방송, 무역, 정치외교, 관광, 영업, 강사가 어울린다.

② 財星用 食財格

금융사업, 제조, 생산업, 판매사업, 사업가. 재성은 액체상태인데, 편재이면 사업가, 디자이너, 건축, 토목, 설계에 해당하고, 정재이면 금융기관, 회계기관, 자영업이 어울린다.

財星用이면 지능, 수리능력, 분류, 조합, 형태 공간, 활동적, 적극성, 치밀함, 공간, 공간 판단력의 적응능력이 있다. 財多身弱하면 사무직 직종, 서비스업, 월급생활로 재물을 운용하는 사업보다는 전자, 설계, 디자인의 정밀 업종이나 기능방면이 좋다. 財多身弱하여 印綬를 用할 때는 종교, 철학, 학문 연구직이나 교직, 공직에 있게 되고 경찰, 수사기관, 武職에 종사하게 된다. 탐재괴인이 되면 농업노동이나 기술계통에 종사하게 된다.

財滋弱殺하면 재계, 관계, 정계와 어울리며 공장, 철강, 보험, 금융, 투기성 사업과 외교사업 말로 설득하는 업종이 적합하다. 日干이 弱한 財生殺은 외판원, 보험업, 점원 등에 적합하다. 주로 財生官하면 문관출신이며 財生殺하면 무관출신으로 별정직, 국회의원이 해당한다. 財官雙美는 재정, 경제계통에 적합하다.

(4) 財官格

재성과 관성이 희용인데, 재성이 용신이면 재성용 재관격이 되고, 관성이 용신이면 관성용 재관격이 된다. 객관적 기준에 의한 행동결정경향이 강하다. 財官格은 주어진 환경을 활용하여 이익과 권력을 창출하여 사회적 안정을 바라는 결과중시형이다.

재관격은 결과지향형으로 개척능력이 강하며 사회와 자기주체가 강하다. 활동성과 권력성을 갖춘다. 가치판단과 명예추구의 심리가 강하여 사람들을 관리하고 조직력을 구성하는 직업적성을 소유하며 일간이 극하거나 일간을 극하는 재성과 관성이 조화를 이루는 구조로서 목표에 대한 실현의지를 강하게 추구한다. 공적성과 객관성이 자신의 가치판단에 중요한 기준이 된다. 명예를 추구하는 것이 재성으로 인하여 추구하므로 학문을 통하여 추구하는 印官格과는 다르다. 재성이 원인이 되고 관성이 결과가 되는 인과관계를 형성한다.

인성이 개입되면 목표 지향적으로 행동과 실천에 절차를 중요시하는 계획성이 부여 된다. 식상이 개입되면 주변의 환경과 조건들을 타진해 나가는 스타일이므로 원만한 대인관계를 형성하는 사회성을 갖게 된다.

財生官해서 하나 식상의 극을 받으면 갖은 노력을 통하여 벼슬길에 오르지만, 자신의 끼를 발휘하기 위해 벼슬을 내려놓는다. 財生官이 잘되는 사주는 내조를 잘해 남편에 사랑을 듬뿍 받는다. 괴강과 백호살은 성장발전에 유능인자이기 때문에 힘든 시기에 당당하게 버티는 인내로 작용한다. 그래서 대발하는 것이다. 財生官해서 財가 官으로 흐른다면 많은 노력을 통하여 재물과, 부하를 가지는 벼슬에 오른다. 財生官해서 偏印을 하면 赴任을 하는 것이니 큰 조직을 갖춘 기관의 장이 될 수 있다. 이때 관인상생이 되면 관에 대한 전문적인 자격요건을 취득하여 해당 벼슬에 임관하고, 그냥 패인은 기관에 임관하여 일을 할 수 있다.

財生殺이 되면 진로를 잘못 잡은 것이다. 폭력과 사기(사채, 투기)를 양성하기 때문이다. 일간의 근간을 극하면 신을 모신다. 財生殺이 佩印으로 통하면 큰 조직에서 생사여탈권을 가진다. 사법권, 인사권, 군사권, 의료계를 담당한다. 하지만 殺을 적당히 다루지 못하면 아트나 전기, 건설, 컴퓨터 등 기술, 역학, 예술을 배워 자격증을 취하여 살아 갈 수 있다. 財生殺을 食神으로 制殺하면 감찰권(검사, 회계사, 세무사, 변리사 등)을 가질 수 있으며, 정치에 입문하여 대중을 이롭게 하며 살아갈 수 있다. 이 역시 제살이 충분치 않으면 屠殺을 통하여 음식을 팔 수 있다. 制殺하여 생재를 한다면 약을 잘 쓰는 의료인이 될 수 있다. 상관으로 제살할 경우는 언변력으로 대중을 이롭게 할 수 있으나 벼슬길은 쉽지 않다. 혹은 제살의 교섭능력으로 무역이나 외교를 할 수 있다. 財生殺을 양인으로 敵殺은 병권을 장악한다. 특히, 財生殺의 적살은 규모가 대단하고 재정적 지원이 탄탄한 조직을 감당한다.

① 財星用 財官格

편재이면 사업가, 디자이너, 건축, 토목, 설계에 어울리고, 정재이면 금융기관, 회계기관, 자영업에 어울린다.

② 官星用 財官格

관성은 고체상태인데, 편관이면 계급이 엄격한 군인, 경찰, 검찰에 어울리고, 정관이면 승진의 기회가 많은 회사원, 공무원이 어울린다.

官星用이면 성실성, 정확성, 책임감, 자기 통제력, 보수성, 억제력, 수리력, 신중성의 적응능력이 있다. 正官에 印綬를 用하거나 혹은 殺印相生하는 者는 대개 국가 고급공무원이나 공직의 고위급이 많다. 殺이 중하여 印星을 用한다면 학문, 기획, 기예 쪽이 어울리며 문필에 의한 교육계, 종교, 철학계나 설계, 기획, 디자인 등과 전자 등 정밀을 要하는 업종이 길하다.

正官格에 財星을 用하면 재무 관리의 고위직에 적합하다. 殺이 月令을 차지한 食神과 傷官에 의해 制殺된 格이라면 판검사, 의사, 장성 등의 생살지권을 가지며, 경찰, 수사기관, 군인, 등산가, 소방사, 스턴트맨, 벤처사업 등의 모험적인 일에 어울리며, 기자, 건축설계, 디자인, 종교인, 상담 등의 筆舌이 적합하다.

月令이 殺일 때 陽刃이나, 劫財를 用하면 군인, 경찰, 검찰의 수사기관이나 의사, 간호사, 소방관, 등산가, 스턴트맨이 어울리며 직장의 고정수입에 의지하여야 한다.

(5) 官印格

관성과 인성이 희용인데, 관성이 용신이면 관성용 官印格이 되고, 인성이 용신이면 인성용 官印格이 된다. 丑戌未, 寅巳申 등 3형살을 용신으로 하는 자는 법조인으로 성공한다. 관성이나 3형살을 용신으로 한 자는 官界에서 성공. 戊, 庚, 壬이 많거나 丑戌未, 寅巳申이 많은 경우 군경 계통에서 성공한다.

官印格은 직장형이다. 내향적으로 지능이 발달한 유형으로 지식의 in-put이 좋고, 지식의 수용과 보수적 학문에 강하다. 주어진 책임과 임무를 수행하며 규정된 일정대로 추진해 나가는 것을 선호하며 조직에 속한 소속감과 위아래의 상하조직 가운데 자신의 위치를 확보하는 것에 더 안정감을 갖는다. 官印格은 in-course로 노력 및 공부(印)해서 관의 임무를 수행(官)하는 것이 목적이다.

印官格은 목표지향형으로 수행능력이 강하며 사회주체역할을 한다. 구조성과 책임성, 수행성을 갖춘다. 에너지가 유입되는 방향의 구조이므로 일간의 의지 보다는 외적인 환경이 매우 중요하므로 주어진 과제와 부여된 임무를 수행하는 원칙주의자로 창조성과 자율성보다는 조직 및 국가를 위한 직업관을 갖게 된다. 구조성은 조직성이고 책임성은 의리로 나타날 수도 있다.

군인, 경찰 등 무관이나 정계, 관계에 진출하면 명성을 얻을 수 있고 예술이나 문장으로도 성공한다. 法官, 軍人, 警察, 稅關員, 技術職, 商人에 맞다. 편관은 무관쪽의 직업이 맞고 아래 사람관리를 잘하므로 기업체의 중간관리직도 맞고 사주가 탁하면 기술직 또는 상인이다.

문관, 행정계, 교육계통, 법조계, 공무원이 좋다. 특히 명예와 신용을 중히 여기는 직업에서 대길함을 본다. 公務員, 政治家, 法曹人, 企業體의 任員에 좋다. 정관은 합리적인 이성을 바탕으로 행정능력이 있으니 공직계통이나 기업체임원으로 관리직이 맞다. 관성과 인성이 짝을 이루면 직장인이 되어본다. 관성과 인성은 고정화 구조화된 조직성 사회성을 의미하며 관성과 인성의 모양을 살펴보고 '간섭인자'를 잘 살펴보면 직업의 모양을 알 수 있다.

官印이 있고 년월에 식상이 있으면 이공계이고, 官印이 있고 년월에 재성이 있으면 상계이고, 官印이 있고 년월에 인수가 있으면 교수연구직이고, 水가 인성이면 해외유학이다. 財剋印이 되거나 傷官見官되면 학업에 애로가 생기는데, 財剋印은 상업이나 상과로 가고, 傷官見官은 기술이나 공업으로 간다. 官印이 온전하면 일류이고, 官印중에 하나를 득하면 이류이고 官印을 하나도 득하지 못하면 삼류이다.

官印을 갖추어도 官印이 형충파해공망으로 온전하지 못하면 일류가 힘든다. 단, 성격이면 官印이 없어도 일류대학이고 대운이 좋아도 일류대학이다. 정인은 공립이고 편인은 사립이다. 財多이거나 食傷多이면 사립이고 관은 공립이다. 대학과 학위는 官과 印을 기본으로 보고 판단한다.

① 官星用 官印格

고위직공무원, 대기업임원이다. 편관이면 계급이 엄격한 군인, 경찰, 검찰에 어울리고, 정관이면 승진의 기회가 많은 회계, 재정, 일반행정 및 사무를 처리하는 회사원, 공무원이 어울린다.

辛 丙 丁 庚
卯 戌 亥 申

化氣水格이다. 亥월에 辛금은 金生水를 하니 정도의 길을 걸어가니 승승장구하여 서울국세청장이 된 명조이다. 亥中甲木 정재가 種子로 건재하니 탄탄한 재력을 구축하였다. 寒濕하기 쉬운데, 丙丁화가 말리고 밝히고 하니 주변의 도움과 인덕이 많은 편이다. 목표달성에 집착하는 집념의 사나이다. 亥水官星이 용신이고 亥中甲으로 官印相生하니 공직자의 사주이다. 용신이 當令을 차지하였으니 고위직에 오른 것이다.

② 印星用 官印格

대학총장, 공공기관의 기관장감이다. 편인이면 종교인, 역술인, 철학가, 연구원, 의사, 약사, 의료인에 어울리고, 정인이면 교육가, 예언가, 의식주 업종(식당, 의류)에 어울린다.

印星用이면 통솔력, 객관성, 이성적, 보편성, 수집력, 인내력, 문제제기의식, 기획력, 종합 분석력이 있다. 印綬格에 財를 用으로 한다면 재무나, 재정, 기획 등에 능하고 사업 수완도 탁월하여 관공직이나 재계, 전자 등 정밀을 요하는 계통에서 재능을 나타낸다.

印綬格에 食傷을 用한다면 문화교육 사업이나 관공계, 기업체에서 능력을 발휘하며 일반사업도 길하다. 印綬格에 官을 用하면 각종 연구직이나 기획계통, 관공직, 자격을 취득하여 기술을 전공으로 하는 직장 등이 적합하다.

(6) 성격과 진로

① 비견겁재의 성분이 왕성하면 주관이 강하다. 고집이 세다. 추진력 강하다. 독립적이다. 자신감이 넘친다. 독단적이다. 보스형이다. 마음보다 행동이 앞선다. 身弱이면 주관이 약하다. 고집이 약하다. 추

진력이 약하다. 의타적이다. 자신감이 부족하다. 추종적이다. 참모형이다. 행동보다 생각을 더한다. 비견이 투간하면 친구를 좋아하고, 겁재가 투간되면 자기본위다.

② 食神. 傷官의 성분이 왕성하면 外向型의 성격으로 친교적인 인간관계를 좋아한다. 마음을 외부로 표출한다. 진취적이다. 스트레스를 잘 푼다. 말 수가 많은 편이다. 근면하다. 봉사활동을 좋아한다. 식신이 투간하면 문학형, 친화형, 평생 口福이 있다. 상관이 투간하면 예술형, 총명의 별로 개성이 강하다.

③ 正財와 偏財가 왕성하면 實理型의 성격으로 암기보다 판단력이 뛰어나다. 임기응변적이다. 처세성이 높다, 재산 추구형이다. 타협적이다. 자아실현의 목표는 돈과 권력이다. 재물을 남기고 죽는 것을 선호한다. 재성이 투간하면 부자사주이다.

④ 正官이나 偏官이 왕성하면 內向型의 성격으로 인간관계가 고립적이다. 좀체 마음을 표시하지 않는다. 보수적이다. 스트레스가 쌓인다. 말 수가 적다. 안일하다. 남에게 인색하다. 편관이 투간되면 만인의 우두머리이고, 정관이 투간되면 조직에서 고위직에 오를 수 있다.

⑤ 正印.偏印의 성분이 왕성하면 道理型의 성격으로 암기력이 좋다. 융통성이 부족하다. 사회성이 낮다. 지식 추구형이며 외골수다. 자아실현의 목표는 명예이다. 이름을 남기고 죽는 것을 선호한다.

3-3. 格局의 고저

1) 10간의 의미

陰陽이 태양, 태음, 소양, 소음으로 四象을 낳고, 四象이 土化作用에 의해 五行으로 변한다. 四象이 陰陽으로 분열하면 乾, 兌, 離, 震, 巽, 坎, 艮, 坤의 八卦가 된다. 오행은 하늘에서는 五運이 되고 땅으로 내려오면 六氣가 된다. 지축의 기우려짐 때문에 寅申相火가 더해져서 六氣가 되는 것이다.

五運이 다시 음양 분열하여 10天干의 현상을 만들고 六氣도 음양 분열하여 12地支의 현상을 만든다. 10천간과 12지지가 씨줄과 날줄이 되어 60갑자를 만들고 인간사의 길흉화복이 생겨난다. 역학은 쉬우나 분열현상의 원리를 망각하고 말단적인 현상에 집착하다가 근본을 망각하기 때문에 어려워진다.

10간12지의 원리를 깨달아야 60간지가 바로 서고 삼라만상의 현상을 정확하게 볼 수 있다. 보이지 않으면 다시 근원으로 돌아가야 한다는 의미이다. 기초가 없으면 사상누각이다. 10간은 하늘의 기운을 시간과 공간에 따라 10개로 나눈 것이고 그 기본원리는 하도와 낙서에 담고 있다.

오행이 지구로 들어오면서 하늘에서는 음양으로 분파되어 10간의 天干기운이 되고, 땅에서는 음양운동에 조화의 본체인 土化作用이 개입되면서 오행이 가지를 뻗듯 12개로 분파되어 개체가 시간적으로 태어나고 생(生)하고 자라고(長) 여물고(成) 하는 生長成의 3元 운동을 시작하게 된다.

천지가 物을 생하는 순서 보면, 처음에 씨가 天에서 生하여 지상으로 내려오고 다음에 地가 그 씨를 받아들여 줄기와 가지를 기르고 다음에 지상에서 자란 초목이 열매를 맺고 여물어서 처음의 씨로 돌아가는 것이다. 즉, 物의 生長成하는 자는 天에서 生하여 地에 와서 자라고 여물어서 다시 天으로 돌아간다는 것이다.

이 3원 운동은 無形의 기운이 형체를 갖추게 되는 물질화 과정이다. 이 같은 3원운동의 결과로 10간이 12개의 지지로 대응 변화되면서 만물이 생겨나는 기초를 이루게 된다.

하늘의 운동과 땅의 운동의 차이점은 土의 기운이 드러나느냐 아니면 잠복하느냐 하는 것이다. 하늘에서는 土가 中宮에서 존재감을 드러내지만, 땅에서는 木, 火, 金, 水속에 내장되어 잠복하는 것이다. 천간과 달리 지지는 동서남북으로 배치되어 동방은 寅卯辰, 남방은 巳午未, 서방은 申酉戌, 북방은 亥子丑으로 각각 배속이 된다.

주목해야 할 것은 만물을 成하게 하는 것은 土化作用이다. 성장의 기운을 수렴의 기운으로 넘기기 위해서는 土化作用하는 土의 역할이 필요한 것이다.

年月은 공전을 하고 日時는 자전을 하는 것이니 일년의 계절은 寅월부터 시작되고, 하루의 시작시간은 子시부터 시작된다. 자전과 달리 공전은 지구가 공간이동을 하는 것이다. 그래서 一陽이 시생하는 子월에서 시작하지 못하고 寅월에서 계절이 시작이 되는 것이다. 三陽이 되는 인월에 이르러 양기를 피부로 느낄 수 있기 때문에 일년의 사계절 순환운동의 시작으로 잡는 것이다.

干이란 하나(一)에 열(十)을 더한 것으로 1부터 10까지를 의미한다. 이것은 八卦에 陰土와 陽土를 더한 것을 의미한다.

십간을 시간으로 사계절을 배속하면 춘하추동이 된다. 양기가 현실적으로 드러나는 初春은 甲이고, 孟春은 乙이고, 양기가 번성하기 시작하는 初夏는 丙이고, 炎夏는 丁이고, 晩夏는 戊己이고, 陰氣가 나타나는 初秋는 庚이고, 晩秋는 辛이고 初冬은 壬이고 嚴冬은 癸이다.

십간을 공간으로 배속하면, 河圖의 법칙에 따라 北方은 水가 되고, 南方은 火가 되고, 東方은 水가 火로 분열하는 과정으로 木이 되고, 西方은 火가 水로 통합 수렴하는 과정으로 金이 된다.

솟아오르는 기운을 甲으로, 펼지는 기운을 丙으로, 단단하고 강하게 하는 기운을 庚으로, 모으는 기운을 壬으로 나타낸 것이다. 甲丙庚壬은 빠르게 힘차게 강하게 형식을 드러내는 기운이고, 乙丁辛癸는 천천히 부드럽게 약하게 실속있게 하는 기운이다.

그래서 동방에 甲,乙木이고, 남방에 丙,丁火이고, 서방에 庚,辛金이고, 북방에 壬,癸水이다. 중앙에는 조정하여 中和를 취하는 戊己土가 배속이 된다.

甲과 乙이 하늘에서 운행하는 것으로 땅에 있는 寅과 卯에게 베푸는 것이다. 甲乙은 고을의 수령이고 寅卯는 수령이 다스리는 고을에 비유된다. 고을은 움직일 수 없으므로 언제나 그 자리에 있지만 다스리는 수령은 이 고을 저 고을로 옮겨 다니며 그 임무를 수행할 수 있다는 것은 天干의 地支의 祿地를 司令하기 때문이다.

① 甲은 딱딱한 거북이 껍질 같은 외곽을 강한 양기가 뚫고 나오는 모습을 형상화한 것이다. 딱딱한 알 껍질을 깨고 나오는 조류나 파충류의 생명력과 같다. 포유류도 자궁의 딱딱한 치골을 벌리고 나오니 엄청난 힘이 필요하다. 그래서 치고 나오는 조류의 부리나 포유류의 머리뼈가 강하고 단단한 것이다.

씨앗이 뿌리를 내리는 것이 甲이다. 春木은 旺한 기후로 천둥소리를 내지만, 秋月은 木의 氣가 시들어 천둥소리를 거둔다. 夏月의 木은 바람을 일으켜 시원하게 하니 영화롭고, 冬月의 木은 비록 메마르고 태양빛이 없으면 흉하다.

甲은 乙을 강하게 할 수 있으나 乙은 甲에게 도움이 되지 않는다. 木이 희신이라 해도, 행운에서 乙이 오는 것은 안 좋다. 甲은 수분이 많으면 丙火의 설기를 좋아하지만 丁火는 반기지 않는다. 丁火는 甲에게 아무런 이득도 주지 않지만, 丁火의 입장에서는 甲이 인성으로서 매우 좋다. 단, 甲庚의 구조가 되면 丁이 좋다.

甲木과 土의 관계는 土가 전적으로 甲에게 봉사하는 관계일 뿐, 土는 甲으로부터 어떠한 이득도 받을 수 없다.

甲木은 가을에 수분이 없는 경우에만 庚金을 기뻐한다. 따라서 두려운 것은 봄에 태어난 소위 春의 甲木이 庚이 있을 때이다. 甲木은 辛金을

剋害하나 辛金은 甲에게 작용하지 못한다.

甲은 조열한 경우에 癸를 좋아하지만, 壬水는 대체로 좋아하지 않는다.

② 乙은 대지에 비추는 햇살을 받아 따뜻해지면서 생명력이 뻗어 나오는 형상이다. 새싹은 워로는 뻗어 올라가고 땅속으로 뿌리를 뻗어간다. 뻗어나가는 모습은 태극모양으로 휘감아 나가는 모습이 乙字의 형상이다. 춘분이 지나면 四陽으로 양이 휘감아 올라가니 태극의 모습을 갖추게 된다.

뿌리와 줄기에서 새싹을 틔우는 것은 乙이다. 春月에는 싹이 트고, 夏月에는 잎이 번성하고, 秋月에는 낙엽으로 풍광을 이루면 길하다. 冬月에는 잎이 떨어지나 뿌리가 견고하면 충분히 회복할 수 있다.

乙이 약하다면 甲은 도움이 되지만 乙은 도움이 못된다. 乙이 강하면 甲과 乙 모두가 피해를 준다. 乙이 식상을 구할 경우 丙은 매우 좋지만 丁으로 설기하는 구조는 흉격이 되며 乙에게 해악을 끼친다.

乙이 土를 필요로 할 경우에는 戊.己土 모두가 양호하다. 乙은 庚.辛를 전혀 좋아하지 않으며, 특히 辛金을 싫어한다. 壬과 癸가 모두 양호하지만, 너무 水가 강하면 도리어 해악이 크다. 그러므로 乙이 약하여 도움이 필요하면 甲木이 매우 양호하다. 단, 火가 강하면 水가 더 좋다. 乙壬으로 구성된 종강격은 매우 貴命이 된다.

③ 丙은 여름이 되면서 양기가 솟구쳐 천지를 지배하게 된다. 立夏가 되면 丙火가 천지를 비추게 된다.

햇살을 잘 받아 봉우리가 맺혀 만개하여 시들기 직전이 丙이다. 春月에는 만물을 화창하게 하여 길하고, 夏月에는 조열하여 물이 증발할 근심이 있고, 秋月에는 돌아오며 거두어들이는 쓰임이 있고, 冬月에는 음습한 구름이 氣를 어둡게 하면 흉하다.

丙에 대하여 甲乙木은 거의 생하지 못한다. 丙이 약한데 甲木이 2개 이상이면 꺼린다. 濕木인 甲乙은 丙火를 기뻐하고, 燥木인 甲乙은 丙火를 꺼린다. 丁火는 전혀 丙火를 강하게 하지 못한다.

丙이 설기를 당하지 않으나 丙이 약하면 己에 의하여 害를 입는다. 丙은 庚을 극하나 庚은 丙에 대하여 무작용이다. 丙壬은 상생의 관계로 해악을 별로 끼치지 않지만 丙癸는 상극의 관계이다. 丙이 강해서 극제하려면 壬이 아닌 癸로 해야 한다.

④ 丁은 음기를 완전히 극복하고 천지를 화기로 가득 채워 무더운 여름을 만든다. 화로에 불을 모아 필요할 때 사용하는 것이 丁火이다.

春木은 등잔불에 기름을 붓는 것과 같고, 夏火는 용광로에 숯을 더 넣는 것과 같다. 秋月에는 기가 맑으니 별빛이 찬란하고, 冬月에는 추우니 火가 땅 속에 들어가 잠긴다.

丁火가 약하면 건조한 甲木은 丁을 생할 수 있다. 辰.亥에 통근한 젖은 甲木은 丁火를 생하기 어렵다. 너무 약한 乙木에게 丁火는 설기하여 害를 준다.

丁 丁 甲 壬
未 丑 辰 申

甲이 습목 이라서 丁을 잘 생하기 어려워 학업적 성취가 어렵다. 乙은 丁을 생하지 못하여 도움이 안된다. 丁은 乙을 설기시켜 乙에게 해악을 준다.

丁과 丙은 서로에게 도움을 주지 못하나 丁丁은 강하게 한다. 丁이 약하면 戊가 丁을 강하게 해 주고, 丁이 강하면 戊가 丁을 약하게 해 준다. 己는 丁을 설기시키지 못하며 己도 丁으로부터 生을 받지 못한다.

丁은 庚이 강하면 庚을 약하게 조절하고 庚이 약하면 庚을 강하게 조절한다. 丁은 辛을 약하게 하나 辛는 丁에 대하여 무작용이다.

丁은 癸로부터는 극을 당하는 흉작용만 있다. 그러나 癸는 丁으로부터 너무 찬 기운에 대한 조후작용의 이익을 얻는다. 이 경우 丁과 癸 사이에 庚이 있으면 더욱 좋은 관계가 된다.

⑤ 戊는 강성함이 극에 달하여 멈추는 모습이다. 陽氣가 창칼에 막힌 형상이다. 마지막 더위는 발악하니 炎熱이 밤까지 식지 않도록 넓은 땅을 만드는 것이 戊이다. 태양이 비치면 노을이 나타나고 사계절에 제방을 이루면 기뻐하고 水가 서로 비추어 주면 기뻐하고 火가 지나치게 뜨거우면 꺼리고 金이 많으면 모체가 설되어 약해지고 木이 왕성하면 본질이 붕괴된다. 戊는 甲에게 극제를 당하지만, 그 힘은 그리 강하지 못하다. 戊도 甲을 극하지만, 그 힘은 매우 작다. 乙은 戊를 극제하지 못한다. 戊는 乙을 생할 수 있다.

丙은 戊土를 극할 수 있다. 戊는 丙을 설기를 못한다. 戊는 丁을 조절하여 강한 丁을 약하게, 약한 丁을 강하게하지만 丁은 戊를 강하게 할 수 없다. 戊는 약한 경우에 戊를 좋아하나 戊는 약한 경우에 己는 좋아하지 않는다. 戊己의 관계는 丁에 대한 것처럼 己에 대하여도 조절작용을 하므로 약한 己는 戊를 좋아한다.

戊는 金을 생하며, 아울러 설기도 당한다. 戊는 통근되면 壬을 극할 수 있으나 壬水 옆에 癸水가 있으면 전혀 극할 수 없다

⑥ 己土는 좌우가 바뀌는 반전현상이 일어나는 것을 의미한다. 極則返이니 만개한 꽃도 지고 반드시 돌아가게 되는 이치 때문이다. 양기가 음기로 전환하는 터닝포인트가 되는 형상이다. 비바람에 몸을 바로 세우는 것이 己土이다.

己는 수분(癸)이 있으면 甲. 乙을 생할 수 있다. 수분이 없으면 甲. 乙에게 극제를 당한다. 甲은 강한 癸水로부터 己를 구제할 수 있다. 乙은 己에게 이득을 주지 않는다. 己는 丙이 약하면 丙을 약간 해칠 수 있고 丙에게 이득을 주는 작용은 없다. 丙은 己를 생할 수도 극할 수도 있다.

己는 戊를 좋아하나 己를 좋아하지 않는다. 己는 金을 생하는 일은 있으나 壬水와 짝을 지어 辛金에게 해를 주는 일도 있다. 庚金은 己土를

설기할 수 있다. 己와 壬의 관계는 전적으로 흉한 관계이다. 己는 金水가 자리하고 있으면 약해진다.

⑦ 庚은 陰氣가 陽氣를 포위한 모습이다. 火氣를 아래로 누르고 쇠퇴시키는 것이다. 절기로는 백로가 지나면서 아침저녁으로 찬바람이 분다. 庚金의 꼬리는 양기로 따가운 햇살이 비치는 형상이다.

庚은 甲을 충분히 극하며, 丁火가 있으면, 더욱 예리함이 있다. 甲은 庚을 어쩌지 못한다. 秋生의 甲木은 水가 없는 경우 庚金을 좋아한다. 冬生의 甲木은 丁이 있는 경우 庚金을 좋아한다. 春生의 甲木과 水가 있는 甲木은 庚金을 싫어한다.

庚과 丙은 조후 이외에는 모두 庚에게 害를 주는 작용을 한다. 庚은 丙에게 전혀 작용을 하지 않는다. 丁은 庚에게 좋은 작용을 준다.

⑧ 辛은 음기가 양기를 사방으로 흩어져 쇠퇴시킨다. 음기가 완전한 주도권을 쥐니 양은 사분오열하여 낮에는 쌀쌀하고 밤에는 춥다. 절기는 한로와 상강이니 낙엽이 우수수지고 동물은 겨울나기 위해 영양분을 축적하게 된다.

甲은 辛을 극해하고 辛은 甲에게 작용력이 없다. 乙은 辛에게 작용력이 없지만 辛은 乙을 극해한다. 辛과 壬은 매우 좋은 관계이나 辛과 癸는 전혀 관계가 없다.

⑨ 壬은 양기가 위아래로 음기에 의해 막혀 오도 가도 못하는 형국이다. 귀중히 보관하고 관리하는 것이 壬이다. 절기는 立冬과 大雪이니 혹독한 추위에 죽지 않을까 걱정하게 된다.

壬은 甲을 극하지만 생하는 것은 아니라 좋은 관계가 아니다. 壬은 乙을 생하지만 극할 때도 있다. 壬과 丙은 상생으로 매우 좋은 관계이다.

壬과 戊를 극할 뿐 이득이 없다. 戊는 壬을 억제할 수 있다. 壬과 己는 서로 극하며 전혀 이득이 없다. 壬은 庚을 설기하지만 辛이 약하면 강하게, 강하면 약하게 조절한다. 庚은 壬을 생하나 辛은 壬을 잘 생하지 못한다. 壬과 壬은 서로 돕고, 壬과 癸는 더 크게 돕는다. 다만 너무 강한 경우에는 오히려 害를 입힌다.

⑩ 癸는 양기는 음기에 완전히 막혀 사면초가에 이른다. 물이 얼어서 얼음이 되면 부피가 늘어나는 형상이다. 절기는 冬至와 大寒으로 대지는 죽은 것처럼 보이고 죽음이 기운이 천지를 휩쓸고 있지만 다시 씨를 뿌릴 봄을 기다리며 궁리하는 상이 癸水이다.

癸는 甲. 乙을 생하는데, 甲은 癸를 설기하지 않지만, 乙은 癸를 설기한다. 癸는 丙을 극하는 나쁜 관계이고, 癸와 丁도 나쁜 관계이다. 癸는 己를 생하나 己는 癸를 制할 수 있다. 癸는 庚을 극하나 庚은 癸에 대하여 무작용이다. 癸와 壬은 相助의 관계이나 癸와 癸는 관계가 없으나 甲乙의 설기가 심하거나 丙火가 강한 경우에는 도움이 된다.

2) 春夏秋冬 10干論

甲乙丙丁戊己庚辛壬癸는 한 몸이다. 戊土는 양운동이 더 일어나지 않도록 하고, 己土는 음운동이 일어나도록 하는 것이고, 金은 외부를 단단하게 하여 밖으로 양기가 나오지 못하도록 차단하는 것이다. 단단한 껍질이 있어야 봄여름의 결실을 담을 수 있기 때문이다. 그래서 확산하는 잎사귀를 낙엽으로 떨어지게 한다.

과일의 껍질이 단단하고 아름답게 꾸며지는 것은 金의 작용이다. 木은 화장을 선머슴처럼 대충 찍어 바르고, 火는 빨간 입술로 야하게 하고, 金은 완벽한 화장을 하는 것이다.

별이 태어나면 초기는 木의 파란색을 띠고, 차츰 주황색을 띠다가, 흰색을 띠면 별의 생명이 마무리되는 단계이다.

(1) 寅卯辰月의 10干

① 寅卯辰月의 甲木

寅卯辰月의 甲木은 만물이 生氣를 띠고 시작하는 만큼 어리고 유약한 나무를 해칠 수 있는 것을 꺼리며 북돋아 주는 것을 필요로 한다. 木을 剋하는 庚辛金이 火氣없이 天干에 나오는 사람은 그가 출생하자 곧바로 집안이 망한다. 그러나 丙火가 있으면 오히려 貴命이 된다.

地支에 巳午未가 있으면 癸水를 쓰나 癸酉, 壬申을 만나 水旺하면 질병이 있다. 女命의 경우 庚金이 남편인데 못된 남편이 되어 해로하기 어렵다. 또 자궁병에 걸리며 특히 卯月 甲子日 女命은 성병에 걸린다.

庚辛金을 쓰는 자는 처자와 夫子, 배우자宮 또한 정상적이지 못하다.

② 寅卯辰月의 乙木

寅卯辰月의 乙木은 제철을 만나 생기발랄하고 명랑하며 깨끗하고 화창할 뿐만 아니라 가정환경도 좋으며 예쁘다. 地支에 辰土를 두고 앉아 丙火를 만나면 대길하며 부귀할 命이다. 봄에 제일 먼저 피는 꽃으로 개나리와 진달래에 해당하니 자존심이 강하며 밝고 명랑하나 입이 가볍고 어린아이와 같으며 일찍 바람이 난다.

壬癸水가 天干에 나오면 질병이 있는데 이때 戊土로 구할 수 있다. 庚辛金을 매우 꺼리는데 地支에서도 金神을 만나면 건강이 나쁘고 매사가 안 풀린다. 庚金이 天干에 나오면 乙庚合이 되어 좋지 못하고 辛金이 나오면 丙辛合이 되어 夫가 여색에 빠지고 이 때문에 여자는 속이 썩는다. 따라서 남편과 같이 살지 못한다. 地支에 나온 金神은 午戌未로 막아내고 天干의 庚辛金은 丁火로 다스린다. 자기 몸을 태우니 活人之命이며 丁火로 制金해도 자식이 불미하다. 日支에 亥水가 있으면 꽃을 베어 물병에 담근 것과 같으므로 질병이 있고 命이 짧다. 戊土를 보면 남들이 알아주지 않아 처량하며 온갖 풍파를 만나 고생이 심하고 己土를 보면 밤낮으로 분주하나 편안치 않으며 野生之花가 되어 천하고 고독하며 여색과 남자를 탐하고 고생도 많다. 天干에 甲木이 있으면 甲木을 감고 오르게 되니 乙木은 후처의 命이며 재산을 탐하니 불미스런 일이 많아 처자가 피곤하다.

③ 寅卯辰月의 丙火

寅卯辰月의 丙火는 만물이 소생하는 시기이니 생육하고 배양하는 미덕을 갖춘다. 寅卯辰月의 丙火는 甲乙木을 기르기 위해서는 壬水가 반드시 필요하고 甲木이 뿌리내릴 辰土가 필요하다. 그러면 부유한 가정 출신으로 학문을 숭상하고 근면 성실하며 노후에는 부귀를 누리며 자손이 훌륭한 인물이 된다. 여기에 壬水가 없으면 가난하고 乙木만 나오면 사치와 방탕으로 거둘 것 없다. 癸水를 만나면 어려서 구차하고 중년에 小富되나 말년에 모두 잃는다. 木이 없고 戊土가 나오면 넓은 땅에 심을 나무가 없으니 게으르고 가난하다. 여기에 壬水가 나오면 폭도가 되거나 일생을 병고로 시달린다. 己土가 天干에 나오면 壬水를 흐리게 하고 丙火의 얼굴에 흙탕물을 끼얹으니 태양이 땅에 떨어져 체면이 말이 아니다. 己土는 天干에 癸水가 올 때 이것을 쳐내는 데에만 필요하다.

庚辛金이 天干에 오면 甲乙木이 우박 서리에 냉해를 입게 되므로 계집질하다 망신살이 뻗친다. 庚金은 부지런해서 중년까지는 덕을 쌓지만 색을 밝혀 망하고 辛金은 남을 망하게 한 후 자기 몸도 버리는 丙辛合이 된다. 이때 丁火로 辛金을 制하면 치사하긴 해도 편하다. 時에 庚金이 오면 어려운 일을 해결하는 해결사나 중개인이다. 지지에 寅午戌 火局인데 水氣를 만나지 못하면 초년에 부유해도 요절하거나 머리 깎고 스님이 된다.

④ 寅卯辰月의 丁火

寅卯辰月의 丁火는 그 힘이 강하지 못하다. 甲木을 태워야 하나 불이 약하고 나무가 젖어 있으니 잘 타지 않고 연기만 나므로 하염없이 눈물이 난다. 그러므로 태어날 때부터 부모 속을 썩이고 서럽게 태어난 命이다. 어려서 죽을 고비를 여러 번 넘기고 질병이 많아 요절할 수도 있다.

甲庚을 쓰고 지지에 辰土가 있으면 부귀한 命이지만 己土나 乙木이 있으면 合이 되어 허사다. 天干에 壬水가 있으면 가난하고 癸水가 있으면 병이 많은데 戊土로써 壬癸水를 막으면 장군이 되어 난세에 나라를 구하거나 의사가 되어 병자를 치료하며 중년 이후에 후덕한 命이 된다. 丙火를 만나면 못된 일만 골라하여 부모를 울리고 어른이 되어도 처자를 거느릴 수 없다. 戊己土가 많으면 부모가 일찍 죽고 木神이 많은데 壬寅時를 얻으면 자수성가하여 크게 성공하나 처가 어지럽다. 이 경우 女命은 첩이 되거나 화류계에서 눈물을 흘리게 된다. 또 丁火가 있으면 요절하거나 스님이 된다.

⑤ 寅卯辰月의 戊土

寅卯辰月의 戊土는 木을 길러 결실을 보기위해 甲木과 丙火를 필요로 한다. 甲과 丙이 있고 地支에 辰土가 있으면 수림이 보기 좋고 동물이 풍요롭게 뛰어 노니 젊어서는 학문이 아름답고 늙어서는 결실이 풍요롭다.

甲이 있고 丙이 없으면 노력은 많이 하나 결실이 없고 丙이 있고 甲이 없으면 보기에는 그럴싸해도 실리가 없다. 甲木이 없어 乙木을 쓰면 젊어서는 호화롭지만 노년에 거둘 것이 없으니 가난할 뿐이다. 寅午戌 火局이 되면 寅木이 타 버리니 재산을 날리고 출가하여 스님이 되거나 고아가 되어 걸인이 된다. 또 辰戌沖이 되면 지진이 일어나 산이 무너지니 요절한다. 丁火가 들면 봄 산에 불이 난 격이니 이 또한 가족을 버리고 중이 된다. 이때는 壬癸水를 취해 불을 꺼야 하나 몸이 아프고 돈 걱정으로 평생을 시름 속에 보낸다. 그러므로 丁火는 초목이 자라지 못하게 하는 庚辛金이 天干에 나오면 이것을 制할 때만 쓴다. 또 地支에 金神이 보이면 木根이 상하므로 午戌未로 制해야 한다. 壬癸水가 旺하면 木根이 썩어들기 때문에 꺼리는데 日干의 戊土 외에 또 戊土가 있어서 이를 制해야 안전하다.

⑥ 寅卯辰月의 己土

寅卯辰月에는 밭의 작물이 돋아나고 나무의 새싹이 움트는 때이므로 己土의 임무가 막중하다. 첫째로는 丙火를 받아 작물이 잘 자랄 수 있도록 하고 甲木을 심어 가을의 결실을 준비해야 하므로 丙火와 甲木이 필요하다.

甲木 대신 乙木을 쓰면 꽃은 화사하고 아름다우나 열매가 없으므로 젊어서는 화려한 화류계의 생활을 하고 늙어서는 허무하게 한숨을 쉬게 된다. 女命은 특히 자식이 不美하다. 丁火가 있으면 밭에 불이 났으니 허망하고 어이없다. 이때는 壬癸水로 制한다.

戊己土가 있고 木이 많으면 戊土와 己土가 나무를 나누어 심으므로 형제간 우애가 각별하다. 庚辛金이 있는 경우에 丁火로 制하지 않으면 공이 보이지 않으며 재산을 탕진한다. 壬癸水가 있어 丙火를 가리고 己土를 허물어 버리면 되는 일이 없고 고생만 하며 요절할 수도 있다. 壬癸水는 戊土로 制水해야 한다. 地支에 金神이 있으면 木根이 상하므로 午戌未로 制하고, 辰戌丑未 沖이 되면 밭을 자주 갈아 주니 수확이 좋다.

⑦ 寅卯辰月의 庚金

寅卯辰月의 庚金은 만물이 생장을 시작하는 시기에 木의 성장을 막아버리니 환대 받지 못하는 존재가 되며 부모가 무력하고 가정이 불우할 때 태어났다. 어린 나무를 극하는 성정이 있어 인정이 없고 성질이 흉포하며 주위의 욕을 먹고 멸시와 냉대를 받는다. 그러나 소외되고 멸시받는 상황 속에서도 庚金의 본분인 熔金成器할 수 있는 丙火를 받으면 고귀한 器物을 만들 수 있다.

寅卯辰月의 庚金은 丙火로 단단하게 하고 또 丙火로 甲乙木을 기르며 戊土로 몸을 보호하면 大吉이다. 게다가 地支에 辰土가 있으면 더욱 좋다. 丙火없이 戊己土만 있으면 게으르고, 甲乙木만 있으면 흉포하며, 壬癸水가 있으면 유랑하는 命이며, 庚辛金이 또 나오면 폭도의 무리에 가담한다. 또한 丙火없이 甲木과 丁火가 있으면 일찍 成器하니 조실부모하여 어린 家長이 되거나 일찍 登科한다. 그러나 유약하고 힘이 없어 작은 난관에도 막혀 좌절하기 쉽다. 丙丁火가 있고 戊土와 甲木이 있으면 어려서 호강한다.

⑧ 寅卯辰月의 辛金

寅卯辰月의 辛金은 만물이 소생하는 시기이니 여린 金이다. 寅卯辰月의 辛金은 木이 旺한 환경을 剋하고 태어났으므로 부모 속을 썩이거나 병들게 하고 주위의 반대를 무릅쓰고 살아간다. 고아 출신이 많고 어린 시절에 도둑질을 하거나 말썽쟁이로 자란다. 時支에 辰土가 있거나 戊土가 天干에 있어야 하는데 甲木이 반드시 있어야 한다. 戊土가 없으면 己土라도 있어야 하는데 이때는 壬水가 있으면 안된다. 또 丙火로 키워야 하므로 年干이나 地支에 있어야 한다. 壬水도 필요하지만 이때는 己土가 있으면 안된다. 地支에 金神이 있으면 午戌未로 制해야 한다.

壬水가 없고 癸水가 있으면 천한 命으로 창녀나 작부 등 더러운 사람 취급을 받는다. 이때 戊己土가 나와 癸水를 制해도 貴命은 못된다.

庚金을 만나면 커다란 상처를 입거나 비명횡사할 수도 있다. 이때는 乙木으로 막으면 되나 역시 貴命은 아니다. 丁火를 보면 흉포한 성격으로 자신은 물론 남까지 망친다. 또 요절하거나 괴이한 질병에 걸리는데 이때 壬癸水를 보거나 金水를 보아 丁火를 制하면 凶을 면하여 衣食은 걱정하지 않지만 천한 명이다. 年干에 丙火가 있고 地支에 辰土가 있으면 부잣집 출신이며 장차 富해지고 年干에 己土가 있고 時柱가 壬辰이면 부귀를 함께 누린다.

⑨ 寅卯辰月의 壬水

寅卯辰月의 壬水는 陽氣가 있고 木旺하여 여러 곳에 쓸모가 많으므로 가장 좋은 때에 출생이다. 그러므로 어릴 때부터 만인의 추앙을 받으며 인기가 있고 기대가 커서 이상주의자라 할 수 있으나 잘못되면 오만방자해진다.

壬水는 몸이 차기 때문에 나무를 타고 올라가 햇빛을 보아야 하므로 甲木과 丙火가 필요하며, 地支에는 辰土가 있고 水가 많을 때는 戊土가 있어야 부귀공명할 命이다.

甲丙이 있어도 水旺한데 戊土가 없으면 안정을 찾지 못하고 오만하여 중도에 좌절한다. 地支에 寅午戌 火局이 오면 물이 증발하기 때문에 재산을 탕진하고 질병에 시달리거나 요절할 命이다. 이때 地支에 申辰이 오면 구제되나 가정이 어지러운 것은 면하지 못한다. 丁火를 만나면 合이 되어 도처에 원수를 살 것이고 일을 하지 않으니 원망을 듣는다. 陰陽之合으로 빼어난 미모를 갖게 되니 색을 탐하여 자신도 망하고 남도 망친다. 이는 남녀 모두 같다. 그러나 地支에서의 合은 심성이 착하게 된다.

庚金을 만나면 성정이 사나워 소외되고 나쁜 짓으로 인하여 몸을 망친다. 辛金을 만나면 하는 일마다 중도에서 망하고 거짓말이 심하여 부끄러운 命이다. 春節 壬水가 乙木을 만나면 男命은 여자 속에서 놀아나니 사창가의 단골이 되고 女命은 남자를 탐하다 집안을 망칠 우려가 있다.

⑩ 寅卯辰月의 癸水

寅卯辰月의 癸水는 세상이 모두 그를 좋아하고 흠모하며 기다리니 가는 곳마다 환대받고 존경받는다. 또 甲木을 기르고 결실을 맺는 덕을 가지고 있으니 자비롭고 심상이 아름답다.

寅卯辰月에는 찬 기운이 남아 있으므로 丙火를 먼저 쓰고 甲乙木이 와야 한다. 여기에 辰土까지 있으면 더욱 吉하다. 乙木과 丙火가 있으면 예술가로 생애가 화려하나 중년 후에 富가 부족할 것이다. 甲乙木이 있고 丙火가 없으면 부지런하나 이루는 것이 없고, 甲乙木이 없고 丙火만 있으면 小貴를 이룬다. 丁火가 天干에 있는데 地支에 寅午戌 火局이 들면 요절하거나 비명횡사하여 시신도 거두지 못할 것이다. 土는 地支에 있어야 하며 天干에 있으면 戊土든 己土든 좋지 못하다.

庚辛金이 나와 甲乙木을 다치게 하면 하는 일마다 망하게 되므로 男命은 처를 잃고, 女命은 자식으로 인해 고통 받는다. 甲丙이 없이 庚辛金이 天干에 많으면 사람됨은 우수하나 일하기를 싫어하고 저만 잘났다고 하며 이론만 있고 실천이 없으니 소외당하여 외롭고 가난한 命이다. 地支

에 金神이 木根을 다치게 하면 午火나 戌未土로 制한다.

(2) 巳午未月의 10干

① 巳午未月의 甲木

巳午未月의 甲木은 덥기 때문에 癸水를 쓰나 丙火와는 떨어져 있어야 한다. 癸水는 雨露水이므로 壬申, 癸酉가 있으면 장마 비에 강물이 넘치는 격으로 뿌리가 썩고 丙火를 가리어 불길하다. 즉 결실을 맺지 못하고 병이 많으며 고생이 심하여 女命은 자궁병으로 고생한다. 庚辛金이 천간에 나오면 여름 하늘에 우박과 서리가 내린 격이며 丁火가 나오면 여름 나무에 불이 붙은 격이니 요절할 命이다. 癸水는 힘들이지 않고 자연히 얻은 것이고 壬水는 길어다 쓰는 것이니 바쁘고 비용이 들어 재산이 줄어든다. 日支와 卯未로 合이 된 자는 임질에 걸리고 女命은 자궁암, 요통이 있다. 火가 많을 때는 자기 몸을 태워야 하기 때문에 活人之士로 기술자나 예술가, 의사로 간주한다.

② 巳午未月의 乙木

巳午未月의 乙木은 모란과 장미에 비유되며 활짝 피어 있을 때이니 그 아름다움이 한창이어서 가는 곳마다 환대 받는다. 이때에도 역시 辰土와 丙火를 중하게 쓰니 丙火와 辰土가 있으면 외모가 수려하고 재치가 있으며 글을 잘 쓰고 말도 잘한다. 丙火가 있고 地支에 水가 있으면 좋으나 癸水가 天干에 나와 丙火를 상하게 하면 여름 장마에 몸과 마음이 병든다. 丙火가 없이 丁火만 있으면 요절하거나 여름 산에 불이 붙어 온통 회색빛 재가 되니 집을 버리고 나가 승려가 될 命이거나 형색과 행동이 괴이해 가는 곳마다 나쁜 일이 생기고 원망을 듣는다.

庚辛金을 만나면 꽃이 활짝 핀 여름에 우박을 만난 격이니 상처와 냉해를 입는다. 男命은 처자가 해롭고 女命은 남편과 자식이 모두 惡徒가 된다. 또 평생 동안 이뤄지는 일이 하나도 없다. 戊己土가 天干에 오면 외롭고 근심이 많으며 가난한 중에 외도까지 한다. 그러나 戊土는 壬癸水를 막아 주고 辛金을 매몰시켜 주므로 甲木과 함께 天干에 있어도 된다.

③ 巳午未月의 丙火

巳午未月의 丙火는 제철이지만 壬水가 天干에 나오고 지지에 金水가 나와야만 일품이다. 甲木이 있으면 성실하고 부를 이루고, 乙木이 있으면 예쁘고 보기 좋으나 실속 없는 바람꾼이며 문화·예술인 기질이 있다. 甲과 壬이 있으되 지지에 水氣가 없으면 활약이 짧고 중도에 좌절을 맛볼 것이다.

庚辛金이 天干에 있으면 복을 없애는 형국이 되며, 壬水가 있으면 合을 이루어 할 일을 두고도 情事만 일삼는 사람이 되게 한다. 따라서 庚辛金을 制하기 위해 丁火를 필요로 하는데 丁火가 天干에 나오면 어려운 일을 해결하는 해결사다.

壬甲이 없는데 戊土가 있으면 일하기 싫어하는 賤人이며, 己土가 있으면 떠돌이가 될 것이다. 戊己土가 있으면 빈 땅에 나무를 심어야 하나 甲乙木이 없으므로 대체로 게으르다. 그러나 丁火가 天干에 나왔을 때는 이를 制하기 위해 戊己土를 쓴다. 庚辛金이 없는데 丁火가 있고 또 戊己土가 없으면 지닌 재물을 남에게 빼앗기게 된다.

天干에 癸水가 있으면 여름의 해가 먹구름에 가렸으니 병고에 시달려 제 할 일을 못하고 구설수에 잘 오른다. 또 己乙癸를 만나면 인물이 수려하고 출중하여 젊을 때 만인의 칭송을 듣지만 노년에는 폐인이다. 壬甲이 있어도 지지에서 木根이 상했으면 외양은 그럴듯해도 내실을 이루지 못하며 시작은 있으되 끝을 이루지 못한다.

④ 巳午未月의 丁火

巳午未月의 丁火는 뜨거운 불이니 좋아할 사람이 없어 소외된다. 지지에 약간의 水氣가 있고 甲과 庚이 있으면 富貴命이나 甲만 있으면 일찍 죽거나 스님이 되고 庚만 있으면 일이 성사되지 않는다. 甲庚이 다 있어도 乙이 있거나 癸가 있으면 불길하다. 甲庚이 둘 다 없으면 戊己土로 대신하나 부귀를 못 이룬다. 丙火가 나타나면 丁火가 쓸모없어지니 癸水로 막는다. 그러면 富는 없고 貴는 한다. 水神이 전혀 없이 火旺하면 女命은 비참하고 不吉하다. 辛金을 만나면 가산을 탕진하고 몸을 망친다. 그러나 丙甲이 있고 지지에 辰과 亥가 있으면 活人之命이며 德人이 될 수 있다. 壬水가 있어 丁壬合이 되면 음탕하고 인생을 망친다.

⑤ 巳午未月의 戊土

巳午未月의 戊土는 甲木을 잘 기를 수 있어 가는 곳마다 인기도 좋고 어려운 일을 만나지 않는다. 巳午未月은 火가 旺하므로 열기를 식혀 줄 水氣가 필요하다. 甲이 없고 乙木만 있으면 小吉하며 甲乙木 둘 다 없으면 민둥산이 되니 게으르고 답답한 사람이다. 丁火가 있으면 불이 났으므로 온 산이 회색빛 재로 덮여 중이 될 命이며 寅午戌 火局도 甲木을 태우니 불길하다. 이때는 壬癸水를 써서 불을 꺼도 애초에 火氣가 없는 것보다 못하고, 壬水를 쓰면 물을 길어다 쓰니 힘만 들고 癸水를 쓰면 戊癸合이 되어 본분을 망각하고 培養의 덕을 쌓지 않으니 모든 일이 잘 안되어 자기 몸 망치고 남까지 망친다. 그러므로 丁火는 庚辛金이 나올 때만 쓰고 壬癸水는 戊土로 막아야 한다. 辛金은 戊土에 묻혀 버리니 자기가 잘났다고 아무리 떠들어도 남이 알아주지 않고 벼슬길이 열리지 않는다.

⑥ 巳午未月의 己土

巳午未月의 己土는 만물이 무성하므로 할 일이 많다. 즉 필요해서 부르는 사람이 많으므로 어디 가든 환영받는다. 甲丙이 있고 地支에 辰土나 水局, 水氣가 있으면 大富大貴한다. 乙木을 만나면 사치스럽고 노름꾼, 풍류객이며 성질이 급하다. 丙火는 있는데 甲木이 없으면 게으르고 丙火가 없으면 곡물이 자라지 못하니 공부해도 성적이 오르지 않는다. 그러므로 午月이라도 丙火가 필요하다. 丁火는 여름 논밭이 메말라 갈라지고 불이 난 격이니 재산을 탕진하고 출가하여 중이 된다. 그러나 庚辛

金이 있을 때는 活人之命이다.

水氣가 하나도 없으면 자식이 병들고 女命은 남편이 병든다. 庚辛金이 丁火없이 天干에 있으면 男命은 처자가 온전치 못하며 女命은 남편과 자식을 거느리지 못한다. 甲乙木이 없으면 돌밭을 갈아 공장을 경영해야 한다. 甲乙木이 있으면 거지나 도둑놈이다. 水氣는 地支에 있어야 하나 癸水가 天干에 오는 것은 吉하다. 壬水가 天干에 있으면 사람이 너저분하다. 女命은 창녀이거나 많은 사내와 情을 나눈다. 이때는 戊土로 水氣를 制하고 地支에 辰土나 申子辰 水局이면 富는 하나 丙火도 같이 있어야 한다.

⑦ 巳午未月의 庚金

巳午未月의 庚金은 火가 旺하여 庚金을 녹이므로 연약한 金이 제 기능을 하도록 壬水로 담금질을 해야 한다. 庚金이 壬水를 만나면 지혜와 용맹으로 곤경을 헤치어나가서 부귀한다. 壬水가 있고 地支에 申이 있으면 숨은 능력이 있어 난세에 그 빛을 발할 것이니 부귀공명이 일생을 따른다. 丁壬合을 이루면 아무것도 이루어지지 못하고 己土를 만나도 壬水가 흐려져 부끄러운 천명이 된다. 癸水를 쓰면 일생동안 하는 일 없이 부끄럽게 생을 마친다. 그러나 壬癸水가 전혀 없고 寅午戌 火局에다 丙丁 등 火가 많으면 金이 본성을 잃어버리므로 정신병자로 거리를 쏘다니거나 폐병에 걸려 피를 토한다. 土가 旺하면 우선 甲木을 쓰고, 壬水나 丁火가 있으면 貴하다.

⑧ 巳午未月의 辛金

巳午未月의 辛金은 성장이 강하고 旺한 木火의 속에 태어났으니 辛金은 역시 환경을 거역하고 나왔다. 따라서 辛金은 유약하고 의지할 곳이 없다. 地支에 申子辰 중 1자가 있고 壬水가 나와 火氣를 억제하면 大富大貴之命이다. 이때 己土가 나오면 富는 해도 천하여 부끄럽고 체면 없는 짓을 하며 女命은 천한 직업에 종사한다.

癸水를 만나면 때만 기다리며 놀고먹는 치사한 命으로 가는 곳마다 욕먹고 치사한 짓을 한다. 男命은 기둥서방이거나 처의 심부름꾼이요, 女命은 창녀기생이 된다.

壬午月 출생이거나 丙丁火가 水氣 한점 없으면 끓는 물에 몸을 씻는 격이니 정신이상이 되어 길을 헤매거나 요절한다. 地支에 申이 있어 申 중의 壬水를 쓰면 말단 경찰 또는 직업군인, 아니면 기술자로 끝난다. 壬水가 있어도 丁火가 나와 合을 이루면 있던 밥그릇을 빼앗긴 격이 되어 男命은 처를 도둑에게 빼앗기고 통곡하는 몸이 되고 女命은 사랑하는 사람을 두고 다른 데로 시집가거나 남편을 잃고 화류계로 접어든다. 戊土가 있으면 중이 될 命이며 己土가 있으면 衣食은 있으나 악처를 만나고 자식은 병을 앓는다. 地支에 未土가 있고 壬水와 乙木이 있으면 미인이다.

⑨ 巳午未月의 壬水

巳午未月의 壬水는 성장의 속도가 빠르고 날씨가 덥기 때문에 水의 필요성이 절실하다. 그래서 巳午未月의 壬水는 가는 곳마다 환대 받고 그 힘이 旺할 필요가 있다. 사랑 받는 귀염둥이로 기대에 부풀어 어린 시절을 보낸다. 이곳저곳 할 일이 많으니 地支에 申子辰으로 든든한 뿌리를 두고 天干에 庚金이 있어 壬水를 도우면 기력이 좋아 위세를 사방에 떨친다. 金水만으로도 貴命이나 甲丙이 있으면 더욱 吉하다. 甲丙이 없으면 명성은 있어도 실리가 없다.

戊己土와 丁火는 절대 꺼리니 丁火가 天干에 있어 合이 되면 원망이 끊이지 않고 병액에 시달리다가 요절한다. 그러나 丁壬合은 申酉戌亥子丑月에는 大凶을 면할 수 있다. 壬水가 약하면 비록 甲丙이 있어도 그를 양육할 수 있는 힘이 없으니 庚辛金으로 도와 줘야 하나 이때에도 자신은 편안하나 남에게 원망을 듣고 모든 일이 잘 이루어지지 않는다.

地支에 寅午戌 火局이면 비록 天干에 甲丙이 있어도 재산을 탕진하고 요절하며 辰戌沖이면 직업을 자주 바꾸다가 패가망신한다. 壬癸水가 또 있으면 물이 혼탁하고 넘쳐흐르니 비록 인기는 있으나 음탕하고 천하며 패륜할 命이니 부끄럽기 이를 데 없다.

⑩ 巳午未月의 癸水

巳午未月의 癸水는 木火가 성황을 이루는 계절이니 甲木을 배양하는 癸水의 임무가 막중하다. 天下가 모두 일을 맡기니 분주하고 인기가 좋다. 癸水는 신약하고 火가 旺하니 열렬한 후원자인 金神을 필요로 하는데 이때 地支에 申金이나 巳酉丑 등의 金神이 있고 天干에 庚辛金이 있으면 좋다. 그러나 丁火를 만나면 모두 허사이다.

水氣를 保하기 위해 壬水를 쓰면 그 명이 천하여 술장사나 물장사를 하고 女命은 첩이 되어 누워서 돈을 번다. 따라서 金神으로 癸水를 保해주지 않으면 일을 감당하지 못한다. 甲丙이 있어야 부귀 하는데 甲丙없이 金만 있으면 活人之命으로 덕을 쌓는다.

夏節의 癸水가 가장 꺼리는 것은 丁火와 土이니 만약 丁火와 함께 地支에 午戌未가 있으면 요절하거나 평생을 병으로 괴로워한다. 戊己土 역시 癸水의 힘을 억제하므로 꺼린다.

(3) 申酉戌月의 10干

① 申酉戌月의 甲木

申酉戌月의 甲木은 이미 성장을 끝마쳐 결실의 시기이니 庚金과 丁火를 써서 거두어 들여야 부귀한다. 庚丁이 반드시 天干에 나와야 하는데 天干에 없으면 地支에라도 있어야 한다. 丁火만 있으면 가을 나무를 태우는 격이니 기술자, 신부, 목사, 의사 등의 活人之士가 된다. 丁火 대신 丙火가 있으면 수확할 때에 열매를 맺게 했으니 貴하지 못하고 富는 된다. 土金은 모두 해로운 것이며 水가 나타나도 매사가 안 풀리며 허망할 뿐이다. 그러나 가을 甲木에 庚丁이 있어도 乙이 庚을 合하면 모두 헛일이다. 丙乙癸가 天干에 나오면 역마로 외부를 싸돌아다니며 소득이 없다. 壬癸水가 天干에 나오면 춥고 배고플 뿐이다. 즉 추수를 하려다가 물에 빠지고 비를 맞은 격이니 시작은 있으나 가을에 결실을 거두지 못함과 같아 노후에 병고와 실패로 한을 남기게 될 것이다.

② 申酉戌月의 乙木

申酉戌月의 乙木은 氣가 다하고 단풍이 드니 외모는 아름답다. 국화와 코스모스가 가을꽃에 해당하므로 성정이 맑고 우아하며 단아하지만 꽃에 벌과 나비가 날아들지 않고 쇠파리만 몰려드니 남녀 간에 배우자가 불미하다. 女命은 시집가기 힘들고 과부가 많으며 꼬이는 남자마다 덕이 없고 생기가 없어 몸과 마음만 상한다. 男命 역시 처자복이 없어 마음고생을 한다. 申酉戌月의 乙木도 역시 丙火가 좋다. 그러나 가을의 丙火는 힘이 없으므로 辰土와 子未土에 뿌리를 든든히 내리면 더욱 좋다. 또 甲乙木으로 丙火를 生해 주면 힘을 얻으니 길한 命이다. 戊土가 있어 金을 묻고 그 위에 나무를 심으니 좋지만 高山之花의 외로움이 있다. 己土가 天干에 있으면 길가에 핀 꽃이니 女命은 많은 남자를 겪어야 하며 자기가 벌어서 먹고 살아야 할 命이다.

戊己土에 丙火나 丁火가 天干에 오면 좋고 活人之命으로 문화예술인이나 교사가 되어 돈은 있지만 외로움은 가시지 않는다. 壬癸水가 나타나면 병치레가 많고 불길하므로 戊土로 制해야 貴하다. 地支에서는 辰土나 子未土를 쓰는데 金神이 있으면 午戌未로 制해야 한다. 地支에 寅, 午, 未 등으로 丁火가 金神을 制하면 공포를 벗어난 유능한 인물이 되며 地支에서 金木이 싸우면 병으로 죽거나 요절한다.

③ 申酉戌月의 丙火

申酉戌月의 丙火는 만물이 생장을 멈추고 해가 서산을 넘는 때이므로 약하다. 이때는 木火로 氣를 배양하고 壬水를 보좌로 쓰면 결실을 거두고 일생이 편안하며 부귀를 누리게 된다. 그러나 木이 없으면 재물 없이 빈손으로 일생을 보내고 甲木 대신 乙木이 나오면 화창하고 깨끗하나 노년이 처량한 풍류객이다. 丙火는 지고 丁火가 酉에 떠오르기 시작하는 때이므로 丁火가 天干에 나오면 여기에 의지해서 먹고 살아야 하는 치사한 命이다.

甲乙木이 있어도 壬水가 보좌해 주지 못하면 놀고먹기를 좋아하고 남의 것을 도적질하는 命이다. 甲과 壬이 있어도 지지에서 木根이 金神의 상해를 입는다면 불길하다. 이때는 午戌未가 필요하다. 天干에서도 庚辛金이 木을 상해하면 丁火가 필요하다. 이때 丁火가 있으면 活人之命으로 덕을 쌓으므로 의사나 장군이 되기도 한다.

戊己土가 보이면 쓸데없는 일이 많으니 乙己면 사치와 방탕생활을 즐기고 甲戊가 있으면 부모의 재물을 내다버린다. 지지가 金局일 때 庚辛金이 있으면 女命은 不美하고 男命도 배우자가 不美하다.

④ 申酉戌月의 丁火

申酉戌月의 丁火는 점차 추워지는 가을이니 따뜻한 불을 좋아하게 되므로 제철을 만난 것이며 어딜 가나 환영받는다. 甲을 먼저 쓰고 庚을 쓰면 大富大貴한다. 甲庚 중 1자만 있어도 小富는 하며 지지에 午가 있으면 더욱 좋다.

丙火를 만나도 氣를 빼앗기지 않으며 乙木을 庚金과 멀리 놓으면 小貴한다. 庚辛金이 같이 있고 木神이 없으면 처궁에 질병이 있고 女命은 지아비가 여러 명이 된다. 壬癸水는 戊土로 막아 주면 되고 甲戊庚이 함께 있으면 부귀해 보이지만 男命은 배다른 자식을 보게 되고 女命은 姓이 다른 자식을 두되 하나도 기르지 못하니 부끄러운 命이다.

⑤ 申酉戌月의 戊土

申酉戌月의 戊土는 그 氣가 약하여 쉬고자 하므로 丙火로 활기를 불어넣어주면 좋다. 木은 결실을 맺는 단계이므로 甲木과 함께 丙火가 있어야 부귀를 이룬다. 秋節의 수림은 단풍이 들고 그 속의 식솔들이 가을걷이를 하는 때인지라 壬癸水를 필요로 하지 않으며 甲木 대신 乙木도 사용한다. 그러나 乙木은 결실의 양이 얼마 되지 않고 오히려 문화를 개척하는 사람이므로 크게 풍족하지 못하다.

丁火가 天干에 나오면 가을 마른 산에 불이 난 격이니 10년 공부 쓰일 곳이 없으며 한평생이 허무하다. 그러나 庚辛金이 있고 丁火가 있으면 貴命이며 活人之命으로 국방을 책임진 장군이며 의사이고 사회를 교화하고 순무하는 목자이고, 논설가이며 교육자다.

寅卯辰이 金神의 剋을 당할 경우는 午戌未로 보온하면 貴命이다. 秋節에 金이 旺하므로 庚辛金이 天干에 있으면 木이 상하기 때문에 丁火로 制해야 한다. 壬癸水가 天干에 있으면 비록 甲丙이 있고 金이 없어 길하다 하더라도 평생 횡액만 따르게 된다. 壬은 쥐어뜯으며 싸우고 흩어지며 癸는 속이 빈 쭉정이뿐이니 궁핍함을 면할 수 없다. 다만 戊土가 水를 막아 주면 좋다.

⑥ 申酉戌月의 己土

申酉戌月의 己土는 丙火를 필요로 한다. 이때는 결실을 맺고 수확하여 쌓아 두는 계절이므로 결실을 잘할 수 있도록 丙火를 써야 하는 것이다. 地支가 차고 金神이 旺하므로 午戌未로 金을 制해야 한다.

天干에 丙火가 있고 地支에 辰土가 있으면 木의 뿌리가 보존되어 길하다. 乙木과 丙火가 있으면 문학, 예술에 소질이 있다. 丁火는 庚辛金을 制하면 活人之命이다. 庚金없이 丁火가 天干에 있으면 과부가 될 것이며 남의 남편을 빌려서 사는 불쌍한 命이다.

戊土가 있으면 기계를 만지는 기술자이고 己土가 또 있으면 게으르다. 庚辛金이 있으면 빈천하여 걸인이 되고 불길하므로 丁火로 制한다. 壬癸水가 天干에 있으면 작물이 상하고 몸이 병든다. 이때는 戊土로 막아내고 天干에 甲木과 丙火가 있으면 吉하다. 寅申沖이나 卯酉沖이면 저장한 곡식을 도둑맞으므로 寅卯는 申酉와 떨어져 있어야 한다.

⑦ 申酉戌月의 庚金

申酉戌月의 庚金은 차고 단단하므로 甲木과 丁火로 불을 지펴 熔金하면 大富大貴한다. 甲木에 丙火가 오면 火氣가 부족하여 형태만 갖추는 격이니 미완성이며 해외에 나가거나 적성에 맞지 않는 직업을 갖게 된다. 甲木과 丙丁火가 없으면 壬水를 만나 金生水하여 富를 갖춘다.

壬水 대신 癸水를 써면 金生水하나 천한 命이며, 木火도 없고 壬癸水도 없으면 우둔하고 미련하며 고집이 세고 잘 싸워서 몸을 자주 다친다. 또 고독하고 외로운 사람이며 女命은 과부가 된다. 甲木도 있고 壬癸水도 있으면 쓸모없는 방랑객이 되고, 丁이 있고 甲이 없으면 가난한 선비며 甲이 있고 丁이 없으면 불량배가 된다. 地支가 金局을 이루면 男命은 한때 貴하나 길지 못하고 女命은 천하다.

⑧ 申酉戌月의 辛金

申酉戌月의 辛金은 金氣가 旺하여 두려움이 없으므로 제때에 났다고 할 수 있다. 역시 壬水로 닦아야 제 빛을 발하므로 富貴功名한다. 戊土가 있어 壬水를 剋하려 하면 甲木으로 制해야 하므로 甲木과 함께 있으면 대길하다. 壬水와 丙火를 함께 하면 男命은 처가 난잡하고 女命은 남편의 변동이 있을 것을 암시한다. 癸水는 천한 명이며 직업이 무엇이든 맞지 않는다. 戊己土가 있으면 甲乙木으로 制해도 깨끗한 命이 못된다. 특히 乙木은 더욱 욕을 먹는다. 즉 美의 상징인 乙木이 美를 저버린 것이므로 甲乙木이 天干에 오는 것은 좋지 않다.

丙辛合이 되면 壬水가 있어도 辛金을 씻지 못하고, 癸水와 木을 보면 오염된 물로 나무를 기르는 格이 된다. 丁火를 보면 辛金이 녹을 우려가 있으므로 난폭하고 열등의식이 있어 처에게 매질을 한다. 이때는 壬癸水로 꺼야 한다. 壬水가 없고 戊土가 있어 辛金이 묻혀 버리면 心想이 不美해져 편협 되고 이해심이 없으며 소외감도 느끼고 융통성도 없어서 남녀 모두 배우자를 잃는다.

⑨ 申酉戌月의 壬水

申酉戌月의 壬水는 木火의 氣가 점차 수그러들기 때문에 壬水의 할 일이 없어졌다. 壬水는 차가운 계절에 태어났으니 소외된 자식으로 주위의 관심을 끌지 못한다.

따라서 戊土로 제방을 쌓고 甲丙이 있으면 좋으나 戊土가 없으면 불안정하여 방랑자가 되고 女命은 창녀가 된다. 甲丙戊가 있으면 노력하지 않고 얻는다. 다가오는 봄까지 때를 기다리는 사람이다. 그러므로 天干에 甲丙戊 중 1자가 있고 地支土가 기름지면 부유한 가정에서 태어나 곱게 자란 命이다.

木火없이 金水만 있으면 의지할 곳 없는 몸이며 木火없이 戊土만 있으면 貴하나 富하지는 못한다. 己土가 나오면 질병과 원망이 따를 것이고, 丁火가 오면 본분은 잃었으되 선량한 사람이다. 甲乙木이 있는데 庚金이 있으면 재산을 탕진하고, 地支에 火局이 오고 天干에 金水가 旺하면 일이 없어 답답한 命이다. 木火도 없고 제방도 없으면 난폭한 무법자니 申酉戌月 壬水는 반드시 戊土를 보아야 한다.

⑩ 申酉戌月의 癸水

申酉戌月의 癸水는 木火의 氣가 약해지고 활동을 멈추는 계절이므로 癸水도 임무가 끝나 일이 없으니 世上이 기피하는 때에 출생했다. 그러므로 癸水가 生意를 갖기 위해서는 丙火를 첫째로 필요로 하고 甲乙木을 만나면 貴하다. 甲丙은 貴요, 乙丙은 화사하나 영화가 짧고 富도 부족하다. 地支에 金神이 있으니 辰土나 午戌未 등 金神을 억제할 수 있는 것이 필요하다.

天干에 庚辛金이 있어 地支가 건냉하면 어려서부터 의지할 곳이 없고 가는 곳마다 소외당하니 성격이 비뚤어져 거역, 반역하는 무리가 된다. 이때 甲丁이 있어 庚辛金을 制하면 活人之命이다.

甲乙木과 丙火와 庚金이 있으면 일하지 않고 富를 이룬 것이므로 결국은 재앙을 부를 것이다. 丙火없이 甲乙木만 있으면 여물지 않고 낙엽이 졌으므로 自他를 망치는 어리석은 사람이다. 木火가 없이 戊己土만 天干

에 있으면 일터가 있어도 일하지 않고 세월만 보낸 까닭에 평생을 먹을 것 걱정하고, 戊癸合이 되어 임무를 줘도 수행하지 못하고 생각만 앞서 가는 무능한 지식인이다. 따라서 이때는 반드시 木이 있어야 한다. 戊丙이 있어도 甲乙木이 없으면 가난한 선비요, 무능한 학자이다. 丁火가 있으면 甲乙木이 불타고 癸水가 말라 버리니 요절한다.

(4) 亥子丑月의 10干

① 亥子丑月의 甲木

亥子丑月의 甲木은 낙엽이 되었으니 재목으로 씀이 마땅하다. 地支에 火局된 사람은 자신을 희생하는 活人之命이다. 戊土로 바람막이를 하고 丁火와 庚金을 보면 부귀한다. 이때 地支에 午戌未 중 1자라도 있어야 한다. 戊土와 丁火 없이 庚金만 天干에 나온다면 가난뱅이다. 또 癸水가 天干에 있으면 눈보라가 치고 추워서 가난하고 고독하다. 丁火 대신 丙火가 오는 것은 안된다. 丙火는 바깥 햇볕이니 햇볕을 쬐기 위해 밖에 나가 떨고 있는 나무와 같은 꼴이 되기 때문이다.

寅卯辰 중 1자가 있어서 丙火를 용신으로 할 경우에 大運이 順運이면 좋다. 巳酉丑이 있어 남방 火地로 갈 경우에는 富하기는 하지만 질병이 있다. 만일 地支에 火氣가 있고 불을 끄는 水氣가 없다면 食福이 있어 항상 배부르다.

② 亥子丑月의 乙木

亥子丑月의 乙木은 겨울에 피는 꽃이니 온실 속에 있어야 하고 봄을 맞을 수 있어야 길하다. 地支에 寅卯辰의 뿌리가 있으면 봄을 바랄 수 있어 좋고 여기에 午戌未 중 1자가 있으면 좋은 가정에서 태어나 좋은 가정에서 자라며 여기에 또 丙火가 있으면 아주 이상적인 四柱이다. 즉 겨울철에 따뜻한 온상에서 핀 꽃이므로 일생동안 부귀영화를 누릴 命이다. 그러나 乙木이 뿌리가 없으면 억새풀이나 잡초 같은 1년생 풀이니 전혀 쓸모가 없다.

丙火가 天干에 있으면 추운 겨울날 햇볕을 쪼이기 위해 밖에서 떨고 있는 격이니 초년에 고생한다. 戊土로 바람을 막고 丁火로 따뜻하게 해 주면 부귀할 命이다. 戊土와 丁火없이 壬癸水가 나오면 평생토록 가난하며 亥子月生 女命은 남자도 싫어한다. 丑月生은 부모 때에 거지였다. 丁火가 있어도 壬癸水가 天干에 있으면 꽃이 비를 맞아 떨고 축 처져 있는 격이니 女命은 자궁에 병이 있다. 庚辛金이 있으면 丁火로 制하고 壬癸水가 있으면 戊土로 制해야 하며 地支에 金神이 있어 木根이 상했다면 天干에 戊土와 丁火가 있어도 병고로 시달리며 한 가지 일도 이루지 못하는 命이다.

③ 亥子丑月의 丙火

亥子丑月의 丙火는 겨울을 만났으니 힘도 쇠약하고 따뜻한 기운도 없으니 아무도 그를 반기지 않는다. 겨울의 丙火는 할 일도 없을 뿐 아니라 소외당하기 일쑤다. 그러므로 오직 봄날을 기다리며 어려움을 참아내야 하니 가난한 집에서 어렵게 태어나 젊어서 고생하고 노년에는 희망이 있다. 만일 年月柱에 庚辛壬癸가 있다면 틀림없이 어려운 집에서 출생한다. 그러나 겨울의 찬바람을 막아 줄 戊土나 따뜻한 기운을 만드는 丁火가 있으면 치사하고 부끄럽기는 하나 조금 낫다.

甲木이 있고 지지에 寅卯辰 중 1자라도 있어 상해됨이 없어야 봄을 기다릴 수 있지만 이 命은 의기소침하고 겁이 많다. 그러나 木根이 金神에 잘려 버리면 天干에 甲乙木과 戊土 丁火가 있고 庚辛壬癸가 없다 할지라도 병고와 악행으로 부모와 사회를 슬프게 하고 남을 망치며 자신을 버리는 命이다.

추운 겨울바람을 戊土로 막아 주면 活人之命이고, 그 안에 甲木을 심고 壬水를 지닌다면 중년 이후에 貴命이 되고, 甲이 있고 지지에 火土가 있으면 富는 이룬다. 辛金이 있으면 요절할 운인데 이를 丁火로 막아도 천한 命이 될 것이며, 癸水가 있으면 머물 곳이 없으므로 이를 戊土로 막아도 괴로움은 매한가지다. 또 丁火와 甲庚이 있으면 남의 노력을 빼앗는 수치스런 命이다.

④ 亥子丑月 丁火

亥子丑月 丁火는 날이 춥고 水旺하니 그 쓰임이 긴요하고 소중하므로 일이 많고 존중받는다. 甲木이 있어야 불길이 치솟아 주위를 따뜻하게 하고 庚金을 녹일 수 있으니 甲木이 제일 필요하다. 水旺하므로 지지에 辰土와 未土가 있어야 물에 떠다니는 것을 피할 수 있다. 찬바람 속에 丁火가 있기 위해서는 바람막이 戊土가 필요하니 甲戊庚이 함께 있어야 富貴之命이다. 丙火가 있으면 氣를 빼앗기므로 癸水가 있어야 하며 壬水는 색을 탐하니 꺼린다. 辛으로 丙을 合하면 재주는 있으나 성취하지는 못한다. 甲乙木이 많고 지지가 木局이면 金으로 制하고 지지 水局이면 戊土를 쓴다.

⑤ 亥子丑月의 戊土

亥子丑月의 戊土는 寒氣를 막고 보온하여야 생명이 끊이지 않기 위해 甲乙木과 丙丁火가 필요하다. 丙火만 있어도 富할 수 있으나 地支에라도 寅木이 있으면 부귀한다. 甲丙이 있고 地支에 寅卯辰이 있으면 봄을 맞아 반드시 화창하게 살아난다.

丙火 대신 丁火가 오면 초년에는 따뜻해서 편히 지내지만 중년 이후로는 애석한 눈물을 흘리며 한스럽게 살아간다. 甲丙이 있어도 地支에 子水가 있으면 발복하지 못하고 병으로 고생한다. 또 水局이 오거나 癸나 壬이 天干에 오면 되는 일이 없다. 戊土로 제수하면 活人之命으로 처가 어질고 아름다울 뿐만 아니라 정다운 여인이다.

庚辛金이 나오거나 地支에 申酉가 있어도 甲木의 뿌리가 상해 내일을 기약할 수 없다. 다만 丁火로 制金하면 活人之命이나 가난한 훈장일 따름이며 그의 처가 엄격하고 강직하여 집안 살림을 일으킨다. 地支에 午戌未가 있으면 木根을 지켜 주므로 초년이 좋고 午戌未가 없으면 초년고

생이 많다.

⑥ 亥子丑月의 己土

亥子丑月의 己土는 봄을 기다리니 己土로서는 할 일이 없다. 그러나 甲木과 丙火는 나온다면 어릴 때 고생하다가 중년부터 발복해 大貴할 命이다. 地支에 午戌未 중 1자가 있으면 온실 속에 있으니 부유한 가정에서 태어났다. 중년 이후에도 안락한 생활을 하나 丁火로 인한 손실도 있을 것이다.

亥子丑月의 己土는 甲丙을 가지고 돌아오는 봄을 기다리는 待春之像이니 대기만성이다. 寅卯辰의 木根이 申金에 상하면 일이 중간에서 틀어지므로 午戌未로 구해야 한다. 甲만 있으면 그 처가 지혜로우나 냉정하고 丙만 쓰는 자는 자식이 무능하며 그 처가 엄하고 독하다. 己土 日主에 甲木은 떨어져 있어서 合을 피해야 하는데 合이 되어도 없는 것보다는 좋다. 甲이 年干에 있으면 가장 좋고 月干에 있으면 원망을 많이 듣는다.

⑦ 亥子丑月의 庚金

亥子丑月의 庚金은 때를 잘못 만났으니 丙丁火를 받으려 해도 날이 추워 火氣가 몸에 닿지 못하고 불을 지피려 해도 甲乙木이 없다. 水를 生하려 해도 추운 겨울이라 찬물이 필요 없으니 안타깝다. 그러나 亥子丑月의 庚金은 우선 戊土로 추위를 막고 甲과 丁을 쓰면 초년에는 고생을 해도 중년 이후에는 발복한다. 게다가 地支에 寅午戌 등의 火氣가 있으면 더욱 좋고, 天干에 丙火가 있고 地支에 寅木이나 戌未가 와도 좋다. 地支에 午戌未 중 1자라도 있으면 옥동자로 태어났으나 子午沖이면 貴를 다 잃어버린다. 이러한 女命은 男子와 성교하기를 좋아한다. 여기서 金水를 또 만나면 과부, 홀아비, 방랑자가 된다.

⑧ 亥子丑月의 辛金

亥子丑月의 辛金은 만물이 쉬며 동면에 들어가는 계절이므로 辛金도 역시 죽음과 어둠의 상태이다. 戊土로 추위를 막고 丙火로 따뜻함을 지키는 것이 필요하다.

壬水도 丙戊없이는 辛金을 얼게 하므로 홀로 써서는 안 된다. 戊土를 쓸 때는 甲木이 있어야 하고, 丙火는 合을 피해 年干에 있는 것이 좋다. 戊土와 丁火를 써도 富는 하나 丁火가 月干이나 時干에 있는 것은 나쁘다. 丙丁火를 같이 보아도 무관하다. 丁火가 있는데 壬水가 따라 나오면 사기꾼이 되고, 성격이 포악한 살인자가 된다. 癸水가 天干에 있으면 길바닥에 얼어붙은 보석과 같아 아주 천한 명으로 男命은 실업자로 술 잘 먹고 체면 없는 짓을 한다. 女命은 몸을 팔아도 아주 더럽게 판다.

⑨ 亥子丑月의 壬水

亥子丑月의 壬水는 날씨가 춥고 땅이 얼어붙어 만물이 활동을 안하므로 壬水 역시 할 일이 없어 외롭고 처량하다. 태어날 때부터 소외됐고 반기는 자 없으니 구박덩어리다. 그러므로 戊土로 제방을 쌓고 기댄 채 甲丙을 안고 봄이 오기를 기다리는 것이 임무다.

地支에 辰土가 있고 寅卯辰 중 1자가 있어 뿌리가 상하지 않으면 貴命이나 어려서 고생하다가 자수성가하는 命이다. 그러나 역운이면 때를 기다리다 중도에 그치고 寅卯辰 뿌리가 상하면 썩은 나무로 봄을 기다리니 아무 소용이 없다. 地支에 金과 木이 싸울 때 午戌未 중 1자가 있어 金神을 制하면 부유한 가정에서 태어나 안락한 생활을 한다.

水가 많으면 土를 쓰나 戊土를 쓰며 甲丙, 甲丁, 乙丙, 乙丁도 쓴다. 丁火를 써서 丁壬合이 되면 木을 배양하지는 못하나 추위를 막으니 活人之命으로 어려서 호강하며 人德이 있다. 甲丙이 없고 戊土만 있으면 어릴 때 부모형제를 잃고 고생하다가 중년 이후에 중대한 일을 하지만 活人之命이나 자기영달은 이루지 못한다. 亥子丑月에는 반드시 木根이 있어 봄을 맞을 수 있어야 하고 甲丙이 있어야 한다.

⑩ 亥子丑月의 癸水

亥子丑月의 癸水는 눈보라여서 만물을 얼려 죽이므로 性情이 냉혹하고 무서운 존재다. 따라서 아무도 원하지 않는 때에 태어났다. 부모의 사랑도 받지 못했으며 주위의 냉대 속에 자랐다. 그 몸이 차고 남들을 추위에 떨게 하므로 배양의 덕을 갖추지 못했다. 地支에 午戌未 중 1자라도 있고 天干에 甲丙을 갖추면 배양의 덕을 갖는 격이므로 좋다. 寅卯辰이 상하지 않고 잘 보존되면 봄을 기다려 다시 살아나는 命이다.

이때에도 역시 天干의 甲木이 얼어 있기 때문에 초년에 고생이 심하다. 天干에 丁火가 있으면 丁癸沖이 되어 놀고먹는 자이지만, 庚辛金이 있으면 丁火가 필요하다. 또 丙火가 없을 때에도 丁火를 쓴다. 丙丁火가 있고 甲木이 없으면 처덕으로 돈을 벌고 놀며 지내는 사람이다. 地支에 寅木이 子水 옆에 있으면 냉해를 입은 것이니 봄이 되면 등창, 종기, 암 등의 질병이 생긴다. 壬癸水가 또 오면 집도 없고 처도 없어 의지할 곳 없는 처지로 중이 될 命이다. 또 火氣가 전혀 없어도 의지할 곳 없는 고아이며 심하면 살인자가 된다.

3) 月地의 조후와 작용

자연은 만고불변의 이치를 설명할 수 있는 최고의 선생이다. 다만, 대자연의 모든 것을 표현하고 고집멸도의 사상까지 담고 있는 道門에 해당하는 하도낙서를 알아야 한다.

우주는 丑未를 자전축으로 삼고 子午를 공전축으로 삼아 운행된다. 陰地에서 陽이 胎動하니 子에서 開天하고 丑에서 開闢하여 寅에서 始人하니 陽地로 진입하게 되는 것이다. 丑은 보이지 않는 음지의 세계이고, 未는 보여 지는 양지의 세계이다.

水와 火는 大別하면 水는 陰圈이고, 火는 陽圈이지만, 지구상의 水氣와 지구상의 공기와 접한 陽氣(火)가 있어 木의 生氣와 金의 死氣가 음양운동을 하여 만물이 시작되었다. 亥卯未는 생물이고 巳酉丑은 무생물이다.

공기(癸)가 에워싸고 있는 지상(戊)에 초목(乙)과 태양(丙)과 열매(庚)

가 달려있고, 集水되어 있는 지하(壬己)에 뿌리(甲)가 온기와 열량(丁)으로 새로운 생명(辛)이 지탱되어 가고 있는 것이다.

陽圈 중에 癸乙은 陰간이니 少陽이 되고, 陽圈 중에 丙庚은 陽간이니 太陽이 된다. 陰圈 중에 甲壬은 양간이니 少陰이 되고, 陰圈 중에 丁辛은 음간이니 太陰이 되는 것이다.

양권지대의 乙은 癸水가 偏印이지만 도식이 되지 않고 무궁한 협조자로써 또한 절대 필요한 偏印이다. 戊土역시 丙火가 偏印이면서도 평생을 같이 살아가면서 생노병사 하는 것이다. 庚金 또한 戊土가 偏印이면서도 절대적으로 협조하며 불편스러움을 제거하고 있는 것이다.

음권지대의 甲木도 壬水가 偏印이지만 협조자이니 甲根은 壬水를 찾아서 생활해 가는 것이다. 己土도 丁火가 偏印이면서 생노병사를 같이 하는 유일 동체가 되어 존재가치를 같이한다. 음권지대인 辛金은 己土가 偏印이면서도 크게 협조하는 인성이다.

丙火는 庚金을 키우며 협조하고, 모든 책임까지 맡고 있는 官星이 되고 있으며, 丙庚 상호간에 없어서는 아니 될 연대성과 책임성을 갖고 있는 것이다.

丁火와 辛金도 火剋金이면서도 偏官과 偏財로써 불편을 만들 것 같지만, 음권에 동락하며 서로 없어서는 안 될 요소이고 절대적 동반협조자인 종자 내에 있는 열량이 丁火다.

즉, 자기권의 천간지지는 서로 연대책임이 있어 항상 서로 돕고 살아가는 것이며, 월간지에서는 필히 있어야 한다. 반면 月干支에 자기권이 아닌 干支는 일주를 괴롭히며 평생 품위를 격하시키는 작용을 한다. 가령, 甲木에 癸水는 印綬이면서도 부패를 초래해서 또 악신작용을 거듭하게 되는 것이다. 乙木역시 壬水 亥子水는 괴로운 印星이 되어 결국 乙木 자체는 부초내지 낙엽을 조성한다.

양권지대는 卯辰巳午未申의 時空을 말하고, 음권지대는 酉戌亥子丑寅

의 時空을 말한다. 양권지대에서 생활하는 천간은 乙癸戊庚丙을 말하고, 음권지대에서 생활하는 천간은 辛丁己甲壬을 말하고, 자기지역내에서는 상호 자유롭게 생활한다.

양권을 대표하는 사령관은 丙火태왕과 戊土가 바탕을 이루고 있고, 음권을 대표하는 사령관은 壬水와 己土의 바탕위에 전개되는 것이다.

(1) 일간의 음양권과 조후

나이를 의미하는 春秋를 중시한다. 春은 무한한 가능성을 가지고 기지개를 켜는 계절이고, 秋는 성숙, 결실의 계절이기 때문이다. 여름은 성장의 계절로 생명력과 생명감의 기세가 등등하나 物極則反으로 禍를 초래할 수 있다. 冬은 생명의 활동을 멈추는 계절이다.

春은 햇살아래서 풀이 지표를 뚫고 나오는 모양이다. 夏는 무당이 비를 기원하기위해 춤을 추는 모양이다. 秋는 여름내 햇빛을 받아 익은 벼가 고개를 숙이는 모양이다. 또한, 메뚜기를 불태워 죽이는 "무시무시한" 뜻이 숨어있다. 왕궁도 王子는 東宮에 거하고 王은 西宮에 거하는 이유이다.

인간의 몸은 지구에 있지만, 정신은 태양에 가있다. 춘분부터 추분까지는 날씨가 따뜻하고 추분부터 춘분까지는 춥다고 느끼는 것은 지구에서 우리가 느끼는 체감온도이다. 태양에서 보면 동지부터 따뜻해지고 하지부터는 추워진다.

지지를 溫度를 기준으로 이등분하면 동지부터 시작되는 生火之氣에는 丙火가 작용하고, 하지부터 시작되는 滅火之氣에는 壬水가 작용한다. 이를 다시 濕度를 기준으로 4등분하면 丙에는 癸가 들어가고 壬에는 丁이 들어간다. 온도와 습도를 기준으로 8등분하면 子丑, 寅卯, 卯辰, 巳午, 午未, 申酉, 酉戌, 亥子로 나누며, 천간은 癸甲乙丙丁庚辛壬으로 구분된다.

따라서 子丑월에는 癸水가 사령하니 丙火가 필요하다. 濕으로 바뀌기위해서 土가 들어가서 木을 만들어 낸다. 午未월령은 丁火가 사령하니 壬

水가 필요하고 燥가 나오려면 土가 필요하며 여기서 金이 나온다. 寅卯월령에 木이 사령하니 癸水 丙火 土가 필요하다. 子丑 巳午 午未 亥子월에는 生死운동을 한다. 巳火는 金局을 이끌고, 亥水는 木局을 이끌고 가고 축소와 위축의 근본인 子水에서는 亥에서 滿水가 된 물이 서서히 넘쳐서 강물이 되어 흐르는 형국이고 모두 다 죽은 줄로만 알았던 만생물이 子水의 一陽운동으로 인하여 다시금 생명력이 생겨나는 것이다. 물이 넘치는 것은 곧 증발이니 癸水가 子에 祿지 하면서 子.丑.寅.卯.辰까지를 이끌고 간다.

寅卯辰(春木) 巳午未(夏火) 申酉戌(秋金)에서 寅(丙火의 生地)부터 午까지는 午中丙火가 이끌고 午(丁火의 祿地, 五陽一陰)부터 戌(丙火의 墓地)까지는 午中丁火가 이끈다. 삼합은 삼계절과 三陰陽이 포함된 大局을 만들지만, 陽圈의 대장인 丙火가 墓地(戌)에 들면 火局은 끝난다.

申酉戌(秋金) 亥子丑(冬水) 寅卯辰(春木)에서 申(壬水의 生地)부터 亥까지는 子中壬水가 이끌고 子(癸水의 祿地, 五陽一陽)부터 辰(壬水의 墓地)까지는 子中癸水가 이끈다. 삼합은 삼계절과 三陰陽이 포함된 大局을 만들지만, 陰圈의 대장인 壬水가 墓地(辰)에 들면 水局은 끝난다.

亥子丑(冬水) 寅卯辰(春木) 巳午未(夏火)에서 亥(甲木의 生地)부터 卯까지는 卯中甲木이 이끌고 卯(乙木의 祿地, 三陽三陰)부터 未(甲木의 墓地)까지는 卯中乙木이 이끈다. 삼합은 삼계절과 三陰陽이 포함된 大局을 만들지만, 甲木이 사령하는 동안은 生하고, 乙木이 사령하는 시기에 木氣는 死한다.

巳午未(夏火) 申酉戌(秋金) 亥子丑(冬水)에서 巳(庚金의 生地)부터 酉까지는 酉中庚金이 이끌고 酉(辛金의 祿地, 三陽三陰)부터 丑(庚金의 墓地)까지는 酉中辛金이 이끈다. 삼합은 삼계절과 三陰陽이 포함된 大局을 만들지만, 庚金이 사령하는 동안은 生하고, 辛金이 사령하는 시기에 金氣는 死한다.

陰圈日干인 辛丁己甲壬은 陰圈에서 잘살고, 양권에서는 어려움을 겪는다, 陰圈日干은 陰地인 戌亥子丑寅卯에서는 활성을 띠고 살며, 양지인 辰巳午未申酉에서는 퇴색되기 때문이다. 陽圈일간인 乙癸戊庚丙은 양권에서 잘살고, 음권에서는 고역을 겪는다. 陽圈일간은 양지인 卯辰巳午未申에서는 활성을 띠고 잘 살며, 음지인 酉戌亥子丑寅에서는 고행을 겪는다.

즉, 陰圈日干이 양지를 만나고 陰圈日干이 음지를 만나는 것은 온실속에 자라는 형국이지만, 반대로 陰圈日干이 음지를 만나거나 陰圈日干이 양지를 만나는 것은 노지에서 자생해야 하는 형국이다. 陽圈을 사령하는 丙火의 생활권은 卯辰巳午未申으로 이어지고, 陰圈을 사령하는 壬水의 생활권은 酉戌亥子丑寅으로 이어지기 때문이다. 따라서 陽圈일간인 乙癸戊庚丙은 양지인 卯辰巳午未申과 동주하면 사령관의 보호를 받지만 음지인 酉戌亥子丑寅과 동주하면 사령관의 보호를 받지 못한다. 가령, 丙子,丙戌,戊子,庚子,乙亥,乙丑,癸亥,癸丑일주가 사령관의 보호를 받지 못하니 배우자 덕이 없다.

陰圈일주인 辛丁己甲壬은 양지인 卯辰巳午未申과 동주하면 사령관의 보호를 받지 못한다. 가령, 辛巳,丁巳,己巳,甲午,壬午일주는 사령관의 보호를 받지 못하니 배우자 덕이 없다.

즉 陰圈일간은 酉戌亥子丑寅에 임해야 임수사령관의 보호를 받는다. 그렇지 못하면 年時干에 壬수라도 와야 좋다. 陰圈일간은 음권이 시작되는 음지가 좋은 시절이 되고, 陽圈일간은 양지인 卯辰巳午未申이 좋은 시절이 된다. 陽圈일간인 乙癸戊庚丙은 음지인 酉戌亥子丑寅에서 신규사업을 시작해서는 안 된다. 현상태를 유지하면서 양지의 시절인 卯辰巳午未申을 기다려야 한다.

계절마다 필요한 기운이 있다. 甲木의 근은 癸水이고, 乙木의 근은 甲木이고, 丙火의 근은 乙木이고, 丁火의 근은 丙火이고, 庚金의 근은 丁火이고, 辛金의 근은 庚金이고, 壬水의 근은 辛금이고, 癸수의 근은 壬水이다. 오행의 주연은 木이니 목을 중심으로 본다. 木은 子丑月에 金水가 강하고 丙火가 약한 땅속에 있으니 정신적이고 비활동적이다.

子丑寅月에 태어났으면 木의 根을 튼튼하게 하기 위해 금생수하여야 하고 함부로 올라오는 것을 막기 위해 辛금이 필요하다. 辛金은 춥게 만드는 것으로 지독한 정신력, 의지력을 갖고 더 오래 준비할 것을 의미하며, 辛金은 寅月이 되면 金生水로 木이 가지를 뻗도록 한다.

卯辰巳月은 丙火가 뜨겁게 되면 庚金으로 온도 조절하여 木이 말라 죽는 것을 막기 위해 癸水를 제공해야 한다. 丙火는 온난하도록 해야 되며 甲木이 근본을 키워야 한다. 목이 세상밖에 나오면 환경에 적응하기 위해 유연한 乙木이 필요하다. 午未申월은 庚금을 제련하기 위해 木生火하는 乙목이 필요하다. 酉戌亥월은 밖에 나가 경쟁을 키우는 시기로 壬水가 바라보는 辛金이 된다. 壬水가 旺해지면 辛金이 얼어 죽으니 甲木으로 설해야 한다.

제계절의 인자를 가지고 있으면 靜的으로 살고 다른 계절의 인자를 가지고 있으면 動的으로 살아간다. 정적으로 살면 貴를 누리고 동적으로 살면 富를 누릴 수 있다. 정적으로 살면 순응하여 살고, 동적으로 살면 도전적으로 살아간다. 가령, 癸水대신 壬水가 투간했다면 내 마인드를 갖고 살아야 되는데 남이 나를 침범하는 것이 된다. 戊土의 대신으로 己土가 있으면 내가 알아서 외면한다. 己土가 많으면 내가 나를 보는 모습이 지나치니 외골수가 되거나 대인공포증이 있게 된다. 己土가 없으면 남이 보던 말든 아랑곳 하지 않는다.

土가 계절을 순환하게 하니 丑이 있어 봄이 오고, 辰이 있어 여름이 오고, 未가 있어 가을이 오고, 戌이 있어 겨울이 온다.

(2) 月地작용의 활동성

月地은 자신이 처한 환경이고 직업관계(업무실적)이며, 日은 개인관계(인맥)이다. 月地를 陽의 구역과 陰의 구역으로 나누면, 子丑寅卯辰巳月

은 陽의 구역이며 生의 영역이고, 午未申酉戌亥月은 陰의 구역이며 死의 영역이다. 陽의 구역은 바깥에서 노출되어 일하는 生의 영역이고 陰의 구역은 태양에 노출되지 않고 일하는 成의 구역이다.

사주일간이 약한 사람은 공부를 많이 하여 남의 밑에 고용되어 일하는 것이 좋다. 이런 사람은 학문을 숭상하는 학자나 농업, 공업 분야의 전문가가 되어 후배를 양성하는 것이 마땅하다.

사주에 양인이나 편관이 있으면 기술훈련계통이 좋고 문창성이 있으면 문학계통이 좋고 정관 하나가 순수하면 정치가, 공무원이 좋으며, 사주에 비겁이 많으면 자수성가하므로 자유직업이 좋다. 사주에 역마살이 일지에 있으면 외판원, 여행업, 운수업, 무역업이 마땅하고 사주에 충이 많으면 직업변동이 많다. 계절의 영역은 평범하나 타계절의 영역이 개입되면 응용력과 비범함, 횡재수가 있다.

① 子丑寅月의 少陽圈域

子丑寅月은 陰地이지만 양이 시작되니 少陽(⚎)의 권역이다. 연구 및 기획영역이고 준비영역이다. 冬至이후에 丙甲癸辛己와 巳酉丑子寅이 봄에 조화를 이루어 씨앗을 발아하고 躍動하는 시기이니 계획하고, 설계하고, 채소나 식물을 재배하고, 기초과학, 기초산업에 해당하는 생화지기의 시작구역이다. 의식주의 생산구역이다. 농림축수산업 등의 자연 상태에서의 직접자원을 얻거나 생산현장에서 제작, 가공, 제조 등의 기술 문명을 필요로 하는 생산 산업이다. 의식주에 필요한 물건을 기술과 기계를 활용하여 캐내거나 건설하는 산업까지 말한다.

② 卯辰巳月의 太陽圈域

卯辰巳月는 陽地로 양이 성해지니 太陽(⚌)의 권역이다. 春分이후에 丙庚乙癸戊이 여름에 조화를 이루어 숲이 무성하게 자라고 만물이 늘어질대로 늘어지는 시기이니 광고하고, 홍보, 교육하고, 알리고 전달하고, 실용 및 응용교육, 현장실습 및 활동에 해당하는 생화지기를 성숙하게 하는 마무리 구역이다. 그래서 행동 및 활용영역으로 마무리하는 영역이다.

제작, 가공, 제조, 제련, 제지, 방직하는 가내수공업부터 첨단 산업이거나 제품을 유통, 판매, 영업, 수송하는 산업이다. 관광이나 여행상품, 영화나 방송, 신문잡지 등이다. 인간의 소비나 사치 생활에 필요한 패션, 미용, 조경 등이 해당한다.

③ 午未申月의 少陰圈域

午未申月은 陽地이지만 陰이 始生하니 少陰(⚏)의 권역이다. 이시기는 제련 및 가공영역하여 저장을 준비하는 영역이다. 秋分이후에 壬庚丁乙己이 가을에 조화를 이루어 주렁주렁 열린 열매를 수확하기 위해 칼질을 해야 하는 시기이니 연장을 만들고 활용하고 채비하여야 한다. 공업, 화약, 화공, 제련 등으로 만들고, 제작하고, 갈고, 버리고, 정리하고 따고 하는 준비에 해당하는 滅火之氣의 시작이다.

의식주이외의 정보, 정신, 치료, 분야이다. 소비, 투자, 금융, 마케팅으로 무형의 상품인 정보, 통신, 교육, 의료, 교육 기타 서비스 산업 등의 지식집약형 산업이다. 의료, 법률, 정보로 단순히 의식주의 해결이 목표가 아닌 삶을 즐기기 위한 보다 진보적인 산업인 취미, 오락, 패션 산업, 레저 등을 포함시키는 것으로 지식과 정보를 초월하여 즐길 수 있는 문화적 요소를 생산해 내는 산업이다. 소비, 유흥, 의식주 생활품을 이용한 전략적 산업이다.

④ 酉戌亥月의 太陰圈域

陰이 陰地에 들어서는 太陰(⚏)의 권역이다. 이시기는 더 이상의 손질보다는 거래하고 저장하여야 한다. 즉, 酉戌亥月는 영업 및 상품거래영역이고 마무리영역이다. 秋分이후에 甲壬辛丁戊이 겨울에 조화를 이루어 만물을 오랫동안 저장하기 위해 냉동고에 넣는 시기이니 거래, 교역, 무역, 저장, 창고에 저장하기 위해 멸화지기를 완성하게 하는 마무리 구역이다.

의료, 법률, 정보로 단순히 의식주의 해결이 목표가 아닌 삶을 즐기기 위한 보다 진보적인 산업인 취미, 오락, 패션 산업, 레저 등을 포함시키는 것으로 지식과 정보를 초월하여 즐길 수 있는 문화적 요소를 생산해 내는 산업이다. 소비, 유흥, 의식주 생활품을 이용한 전략적 산업이다.

원형, 보존, 자연, 친환경으로 원형그대로와 자연그대로를 유지하려는 친환경적인 사업이다. 건강사업, 친환경사업이라 본다.

4) 日干의 喜象 배합

빈부귀천을 결정하는 것은 日干의 배합에 있다. 다만, 배합과 용신이 일치할 때 喜象이 된다. 배합이 좋아도 기신에 해당하면 진용으로 볼 수 없다. 子丑寅辰巳午월의 목은 生木이니 '丙화'의 조난과 '癸수'의 습윤(生木의 木火通明)이 부귀를 결정짓는다. 그러나 生木도 지나치면 金으로 눌러주고 火로 다스려야 한다. 未申酉戌亥월의 甲목은 死木으로 '동량지재'로 써야하는 바 '庚, 丁'을 쓰서 '벽갑인정'하며 가을, 겨울의 땔감으로써 쓴다. 다만, 복음이나 반음이 되면 흉하다. 木일간은 食神과 印性에 운동에너지가 집중되고, 火와 土일간은 印星에 에너지가 집중되고, 金과 水일간은 낙서에서는 食神에 운동에너지가 집중된다.

① 甲日干의 喜象

甲은 天文으로 천둥, 地形으로 나무, 기둥, 전주, 고층건물이다. 物象은 直이고, 意味는 시작, 출발, 계획, 자존심, 교육, 뻣뻣함, 행동력, 경쟁, 추진력, 선두, 1등을 나타낸다. 性情은 추진력, 주체성, 직선적, 선두, 일등, 기분파, 성급, 희망, 생동감, 활동력, 잘 돌아다님, 미래지향적, 희망, 추진, 단순, 솔직, 나서기 좋아하니 겸손이 필요하다. 고집, 질투가 강하다.

甲加甲이 나란히 있고 비견이 희신이면 쌍목위림(雙木爲林)이며 모든 경쟁에서 강한 명조가 된다. 다시 또 하나의 甲이 있으면, 삼목위삼(三木爲森)으로 매우 좋은 명조가 된다. 甲加丙이면 青龍返首(청룡반수)격으로 양기가 전면적 표출되니 실력과 권위가 뚜렷해진다. 甲加丁이면 有薪有火(유신유화)격으로 장작에 불이 붙은 격이니 학문이나 예술적 재능이 탁월해진다. 甲加己이면 壤土育木(양토육목)격으로 좋은 토양에서 잘 자라는 나무의 형상이니 富를 축적한다.

甲加壬이면 橫塘柳影(횡당유영)격으로 연못에 수양버들 그림자가 늘어진 격이니 사람들이 모이는 인기를 누린다. 甲加癸이면 樹根露水(수근로수)격으로 초목이 비를 맞아 싱싱해지니 주변으로부터 인기와 명망을 얻는다. 그러나 甲加辛이 되면 木棍碎片(목곤쇄편)격으로 쓸모없는 조각이 된다. 甲加戊가 되면 민둥산의 고목인 禿山孤木(독산고목)격으로 안정감을 상실하여 재물이 모이지 않는다.

② 乙日干의 喜象

乙은 天文으로 바람, 地形으로 풀, 잔디, 넝쿨, 손가락, 철사줄, 국수, 머리털이다. 物像은 曲이고, 意味는 교육, 인테리어, 언어, 서비스, 부드러움이다. 性情은 환경적응력, 생활력, 지구력, 실속파, 끈질긴 생명력, 현실적, 실리적 미래지향적, 희망, 추진, 단순, 고집, 질투가 강하다. 나서기 좋아하니 겸손이 필요하다.

乙加甲이면 藤蘿繫甲(등라계갑)격이니 담쟁이넝쿨이 소나무를 타고 올라가는 격이니 귀인의 조력으로 성공한다. 乙加丙이면 艶陽麗花(염양려화)격으로 아름다운 꽃을 찬란하게 피우니 재물을 득하고 재주가 빛난다. 乙加戊이면 鮮花名瓶(선화명병)격으로 화병에 꽃을 그리니 돈이 된다. 乙加己이면 壤土培花(양토배화)격으로 비옥한 땅에 꽃이 자라니 사업이 번창한다. 乙加壬이면 出水芙蓉(출수부용)격으로 연못의 연꽃이 자태를 자랑하니 출세와 인기를 얻는다. 乙加癸이면 青草朝露(청초조로)격으로 인덕이 있고 인간관계가 좋아 성공하고 출세한다.

그러나 乙加辛이면 날카로운 가위로 꽃을 자르는 利剪摧花(이전최화)격이 되어 직장 근무에 애로가 많다.

③ 丙日干의 喜象

丙은 天文으로 태양, 地形으로 큰불, 큰 꽃송이이다. 物象은 上이고, 意味는 발산, 밝음, 명랑, 쾌활함, 화려, 사치, 성급, 예절, 공평, 최고, 문화, 적극적이다. 性情은 직선적, 정열, 투쟁, 예의, 밝고 명랑, 단순, 잘난 척, 명확, 화끈, 사랑, 사치, 충동적, 독선적, 활발함, 간섭, 우쭐, 인내력, 자제력, 용두사미, 말수를 줄임, 겉모습, 사치 자제 요한다.

丙加甲이면 飛鳥跌穴(비조부혈)격으로 횡재나 행운이 따른다. 丙加乙이면 艷陽麗花(염양려화)격으로 아름답게 핀 꽃송이가 주변의 인기와 도움을 가져온다. 公私가 모두 吉하고 內外가 均等한 利를 얻는다. 丙加丁이면 三奇順遂(삼기순수)격으로 호감이 가는 처신으로 귀여움을 받는다. 丙加戊이면 月奇得使(월기득사)격으로 하는 사업으로 재물과 성공을 누린다. 丙加己이면 大地普照(대지보조)격으로 재주가 비상하고 특출하여 학술, 기술, 기능에서 뛰어난 능력을 발휘한다. 丙加辛이면 日月相會(일월상회)격으로 실력과 재능을 인정받아 재물과 실리를 챙긴다. 丙加壬이면 江暉相暎(강휘상영)격으로 조직에 잘 적응하여 승진과 승급이 빠르다.

그러나 丙加癸이면 黑雲遮日(흑운차일)격으로 구름이 태양을 가리니 먹구름이 낀 상황이니 사회생활에 어려움이 많다. 丙加庚이면 熒惑入白(형옥입백)격으로 사나운 마음이 발동하여 주변의 경계대상이 되니 인간관계가 어려워진다.

④ 丁日干의 喜象

丁은 天文으로 별, 地形으로 촛불, 등대, 화롯불, 난로, 작은 꽃송이다. 物象은 炎이고 意味는 활활 타오름, 따스함, 인정, 자상, 문명, 봉사, 헌신, 정신이다. 性情은 신사, 문명, 학자, 희생, 봉사, 포근함, 인정, 배려, 얌전, 차분, 현실적, 정열, 사랑, 사치, 화려, 밝음, 명확함, 화끈, 충동적, 독선적, 조급, 활발함, 간섭, 우쭐, 인내력, 자제력, 용두사미, 말수를 줄임, 겉모습, 사치 자제 요한다.

丁加甲이면 有薪有火(유신유화)격으로 두뇌가 명석하고 사물에 대한 이해가 빨라 경쟁에서 이긴다. 丁加丙이면 奔娥奔月(항아분월)격으로 분투하는 기상이 강하여 빠른 성과를 낸다. 丁加戊이면 有火有爐(유화유로)격으로 재주와 기술이 좋아 발전과 성공을 거둔다. 丁加庚이면 火鍊眞金(화련진금)격으로 뛰어난 재능을 발휘하여 큰 발전과 성공을 거둔다. 丁加壬이면 星奇得使(성기득사)격으로 좋은 인연을 만나 도움을 받는다.

그러나 丁加己이면 자신의 의지대로 진로가 잘 개척되지 않은 星墮勾陳(성타구진)격으로 불운함이 있다. 丁加乙이면 마른 나무에 화염이 휩싸인 乾柴烈火(건시열화)격으로 학문적 성취가 어렵다. 丁加辛이면 燒毁珠玉(소훼주옥)격으로 보석이 불에 태워져 버려 무용지물이 된다. 丁加癸이면 朱雀投江(주작투강)격으로 사회생활에 적응하지 못한다.

⑤ 戊日干의 喜象

戊는 天文으로 노을이고, 地形으로 산, 벌판, 언덕, 성곽, 축대, 운동장이다. 物象은 穡이고, 意味는 중앙, 중재, 연결, 고집, 뚝심, 추진력, 믿음이다. 性情은 묵직, 고독, 신의, 묵묵함, 남의일 비간섭, 큰돈에 집착, 추진력, 총무, 폐쇄성, 답답함, 중용, 중화, 무개성, 수수방관, 성실, 게으름, 자기 PR못함, 자기중심적, 가정에는 충실하다.

戊加乙이면 青龍合靈(청룡합령)격으로 윗사람의 복이 많아 일이 풀려나간다. 戊加丙이면 日出東山(일출동산)격으로 크게 성공한다. 戊加丁이면 有火有擄(유화유로)격으로 재능과 수완이 능수능란하다. 戊加壬이면 山明水秀(산명수수)격으로 머리가 우수하여 하는 일마다 성공한다.

그러나 戊加辛이면 反吟洩氣(반음설기)격으로 참견으로 인한 손해를 본다. 戊加己이면 物以類聚(물이류취)격으로 융통성이 없어 타인과 융합이 어렵다. 戊加庚이면 助紂爲虐(조주위학)격으로 쓸데없이 끼어들다 손해를 당한다. 戊加癸이면 岩石侵蝕(암석침식)격으로 너무 인색하고 소심하여 사업을 하지 못한다.

⑥ 己日干의 喜象

己는 天文으로 뭉게구름이고, 地形으로 논밭, 전원, 작은 땅이다. 物象은 稼이고, 意味는 중앙, 중재, 꼼꼼, 성실, 믿음이다. 性情은 모성애, 포용성, 저장성, 소극적, 인정 많음, 수용성, 성품이 까다로움, 폐쇄성, 답답, 중용, 중화, 무개성, 수수방관, 성실, 게으름, 자기 PR못함, 자기중심적, 가정에는 충실하다.

己加乙이면 柔情密意(유정밀의)격으로 문전옥답에 싹이 돋아난다. 己加丙이면 大地普照(대지보조)격으로 어려움 속에 행운과 도움을 받아 영광을 거머쥔다. 己加戊이면 硬軟相配(경련상배)격으로 귀인을 만나 사회적으로 크게 성공한다. 己加癸이면 玉土爲生(옥토위생)격으로 좋은 토양이 윤습하여 큰 부자가 된다.

그러나 己加甲이면 己加甲 永不發芽(영불발아))격으로 흙에 나무가 덮혀 기력이 쇠하다. 己加庚이면 顚倒刑格(전도형격)격으로 백호의 살기를 품고 있어 손해가 발생한다. 己加辛이면 濕泥汚玉(습니오옥)격으로 습한 진흙으로 주옥이 더럽다. 己加壬이면 己土濁壬(기토탁임)격으로 진흙을 물에 푸니 재물운이 나쁘며 이성의 덕이 박하다.

⑦ 庚日干의 喜象

庚은 天文으로 달이고, 地形으로 과육이 있는 열매, 쇳덩어리, 철강, 무기, 종, 기계, 큰칼, 자동차, 중장비이다. 物象은 革이고, 意味는 단단함, 튼튼함, 바꾼다, 고친다, 혁명, 완벽, 의리, 위엄이다. 性情은 인내, 강인, 살기, 무게, 의리, 의협심, 대의명문, 정의감, 여장부, 깡패, 중후, 용기, 냉정, 이지적, 꽁하는 마음, 완벽추구, 성품조급, 우울하다.

庚加丁이면 火煉眞金(화련진금)격으로 재능을 발휘하게 되어 큰 발전하고 성공한다. 庚加壬이면 得水而淸(득수이청)격으로 지식이 풍부하다.

그러나 庚加甲이면 伏宮摧殘(복궁최잔)격으로 쓸모없게 되고 내실이 부실하다. 庚加乙이면 白虎猖狂(백호창광)격으로 백호가 날뛰어 갑작스런 재앙이 따른다. 庚加戊이면 土多金埋(토다금매)격으로 되는 일이 없다. 庚加己이면 官府刑格(관부형격)격으로 더러운 진흙에 빠진다. 庚加辛이면 鐵鎚碎玉(철추쇄옥)격으로 망치로 주옥을 깨부수니 사고 친다. 庚加癸이면 寶刀巳老(보도사로)격으로 칼에 녹이 스는 되는 일이 없다.

⑧ 辛日干의 喜象

辛은 天文은 서리이고, 地形은 칼, 침, 보석, 씨앗, 귀금속, 반도체이다. 物象은 從이고, 意味는 매서움, 고통, 결벽, 완벽이다. 性情은 냉혹, 혹독, 냉정, 자존심 강함, 완벽, 중후, 용기, 냉정, 이지적, 꽁하는 마음, 완벽추구, 성품조급, 우울하다.

辛加丙이면 干合佩師(간합패사)격으로 위엄을 발하며 출세한다. 辛加丁이면 獄神得奇(옥신득기)격으로 백호가 삼기를 얻어 귀하게 된다. 辛加壬이면 淘洗珠玉(도세주옥)격으로 재능이 발휘되고 총명하여 만사 여의한다.

그러나 辛加甲이면 月下松影(월하송영)격으로 쓸모없는 일만 벌인다. 辛加乙이면 利剪摧花(이전최화)격으로 날카로운 가위로 꽃을 자르니 재물이 흩어진다. 辛加戊이면 反吟被傷(반음피상)격으로 도움도 지원도 인복도 없다. 辛加己이면 入獄自刑(입옥자형)격으로 인복이 없다. 辛加庚이면 白虎出力(백호출력)격으로 무서운 성격 때문에 사고 친다. 辛加癸이면 天牢華蓋(천뢰화개)격으로 재능이 없고 타인에게 인정받기가 어렵다.

⑨ 壬日干의 喜象

壬은 天文은 먹구름이고, 地形으로 바다, 호수, 댐, 해수욕장이다. 物象은 下이고, 意味는 음흉, 간사, 원만, 볼록하다, 둥글다, 어둠이다. 性情은 지혜, 심사숙고, 유동적, 활발한 사고력, 호기심, 개방적, 연구심, 분위기에 휩쓸리지 않음, 학자, 우쭐대는 거 못 봐줌, 활동적, 활발, 유연한 사고력, 현자, 담백, 총명, 호색, 겸손, 주색조심 해야 한다.

壬加丁이면 干合星奇(간합성기)격으로 재물이 차곡차곡 모이고 인기가 높다. 壬加戊이면 山明水秀(산명수수)격으로 조직에 잘 적응 리더십을 갖추어 직장에서 성공한다. 壬加辛이면 陶洗珠玉(도세주옥)격으로 총명하고 학업이 우수하다. 壬加乙이면 出水紅蓮(출수홍련)격으로 능력 이상으로 재능을 인정받아 성공한다. 壬加丙이면 江輝相映(강휘상영)격으로 운이 좋아 재운이 깃들어 일확천금의 복덕을 누린다. 壬加庚이면 庚發水源(경발수원)격으로 많은 원조를 받아 대성한다. 그러나 壬己이면 己土濁壬(기토탁임)격으로 재물운이 나쁘며 이성의 덕이 박하고 색정 문제를 일으킨다. 壬加癸이면 幼女姦淫(유녀간음)격으로 큰물이 제 길을 가지 않고 엉뚱하게 시내로 간다.

⑩ 癸日干의 喜象

癸는 天文으로 비, 눈이고, 地形은 우물, 계곡물, 생수, 수도, 종자, 정자, 눈물이다. 物象은 潤이고, 意味는 돌고 돈다, 저울, 정보, 조정, 이중성, 이별이다. 性情은 궁리가 많음, 생동감, 포근함, 배려, 얌전, 차분, 애교만점, 부지런, 뭉치는데 관심, 표리부동 동적, 활발함, 유연한 사고력, 현자, 담백함, 총명, 호색, 겸손, 주색조심 해야 한다.

癸加甲이면 楊柳甘露(양류감로)격으로 재주가 탁월하여 재능을 인정받는다. 癸加戊이면 天乙會合(천을회합)격으로 조직에 잘 적응하고 리더십을 발휘한다. 癸加己이면 濕潤玉土(습윤옥토)격으로 직장 생활에 잘 적응하고 능력과 재주를 발휘한다.

그러나 癸加癸이면 伏吟天羅(복음천라)격으로 일의 진행에 지체와 장애가 자주 발생한다. 癸加乙이면 梨花春雨(이화춘우)격으로 불운하고, 癸加丙이면 華蓋悖師(화개패사)격으로 재물이 흩어지고, 癸加丁이면 騰蛇妖嬌(등사요교)격으로 매사불발이고, 癸加庚이면 反吟浸白(반음침백)격으로 인덕이 없고, 癸加辛이면 陽衰陰盛(양쇠음성)격으로 도움을 기대하기 어렵고, 癸加壬이면 沖天奔地(충천분지)격으로 건강과 재산을 잃는다.

3-4. 통변에 기초

1) 陰陽五行의 道

(1) 음양과 기질

氣라는 것은 만물을 형성하는 근본 바탕이 되는 에너지 같은 것으로 형체가 없는 까닭에 눈으로 보거나 손으로 만질 수가 없다. 이에 비하여 質이라는 개념은 氣가 구체화 되어 나타나 形象을 이룬 것이므로 눈으로 볼 수 있고 손으로 만지며 느낄 수가 있는 것이다.

따라서 일간이 氣에 해당하는 陽의 천간인 甲丙戊庚壬의 경우는 이상적이고 비현실적인 생각을 많이 하는 사람이고 형체가 없어 공허한 까닭에 뜬구름 잡는 상상을 많이 한다. 이에 반해 質에 해당하는 陰의 천간인 乙丁己辛癸가 일간인 사람은 대단히 현실적이고 실속을 추구하며 구체적인 결과를 원하는 성격이 된다. 다만 규모에 있어서는 陽干이 陰干보다 크므로 이루었다 하면 양이 음보다 훨씬 더 큰 것을 얻게 되지만, 실속을 추구하는 陰干은 적은 것이라도 확실하게 취하는 방법을 추구한다.

陰은

① 차가운 기운으로 차가운 기운은 무거워서 가라앉는 성질이 있어 수축하는 성질이 있으니 秋冬은 陰이다.

② 안정되어 움직이지 않으려는 성질이 있으니 땅은 陰이다.

③ 춥고 어두운 夜와 月은 陰이다.

④ 부드럽고 유순한 어머니와 같이 풀과 나무는 陰이다.

陽은

① 따뜻한 기운이 양이다. 더운 기운은 가벼워서 위로 올라가는 기운인 春夏는 陽이다.

② 비, 구름, 해와 달이 항상 움직이고 멈추지 않는 것은 陽이다.

③ 따뜻하고 밝은 晝와 太陽은 양이다.

④ 굳세고 강한 남자는 양이다.

(2) 음양오행

천간의 뜻은 지지에서 형을 이룬다.(天垂象地受形) 오행의 온도, 습도, 운동성으로 읽어야 한다. 四象은 음양의 체이고 五行은 음양의 용이다. 사상은 음양의 공간적인 개념이고 오행은 음양의 시간적 개념이다. 즉, 水가 少陽에 이으면 木이 되고, 水가 太陽에 이르면 火가 되고, 水가 少陰에 이르면 金이 되고 水가 太陰에 이르면 原始返本으로 되돌아온다.

土는 음양과 木火金水의 沖하는 기운을 서로 연결해주는 주니 木火는 발생과 성장작용을 하고 金水는 기울어지고 소멸하는 작용을 한다. 木火는 인기를 얻으려하고 외적인 성취를 기뻐하며, 金水는 안정적으로 축적하는 것을 기뻐한다.

① 四行

木은 한쪽 방향으로 뻗어 나아가려는 성품을 가지는데, 덩굴식물처럼 곡선을 이루며 나아가기도 하고 소나무나 대나무처럼 직선으로 곧게 뻗어 나아가기도 한다. 도형을 이루는 곡선, 직선이 목에 배속되며, 나선형도 포함된다. 우리 주위에 있는 물체로는 막대기, 송곳, 나사못, 스프링, 소라, 기타 다양한 線모양이라고 할 수 있다.

火는 불꽃, 빛처럼 위로 올라가거나 주위로 분산되어 나아가려는 성품으로, 삼각형, 방사형이 화에 배속된다. 우리 주위에서 볼 수 있는 물체로는 부채, 식물의 꽃과 잎새 모양, 공작새의 꼬리, 새의 날개와 깃털, 사람의 손, 사방으로 흩어지는 분수, 공중에서 터지는 폭죽 모양 등이다.

金은 성품이 따르고(從) 변화하는 것(革)을 의미하는 것처럼 오행 중 가장 다양한 형태를 가지며, 사각형을 비롯하여 여러 가지 多角形과 울퉁불퉁하다고 표현되어지는 불규칙적인 도형이 금에 배속된다. 우리가 주위에서 볼 수 있는 물체로는 바위를 비롯하여 비구상적인 형태의 조각

작품들이다.

水는 모든 생명의 근원으로 여겨지는데 차갑고 응축된 형질을 지니며, 点과 타원형이 水에 배속된다. 우리가 주위에서 볼 수 있는 물체로는 작지만 농축된 모든 생명의 정보를 가지고 있는 씨앗과 물방울의 형상이다.

② 土

土는 중화적인 성품으로 모든 것을 두루 포용하는 圓形이 토에 배속되어 四行의 대립을 통일시키거나 견제하는 것이 土라는 一行이다. 이 土가 없다면 영원한 대립만이 존재한다. 四行인 木火金水는 서로 대립이 되는 형태의 구조로 되어있다. 金木이 서로 대립되고, 水火가 역시 서로 대립을 하고 있는 것이다.

土는 沖氣로써 金木과 水火가 서로 대립을 하는 과정에서 통일을 이루기 위해서 발생한 기운이다. 土라는 과정과 인연을 맺게 됨으로써 서로 창조의 성분이 활용되는 관계를 갖는 것이다. 토는 계절의 끝에 붙어 있으면서 서로의 오행을 연결시켜주는 작용을 한다.

봄에서 여름으로 넘어가는 계절의 중간에는 辰土라는 성분이 변속을 하고 있어 木火운동을 하고, 여름에서 가을로 넘어가는 계절에서는 未土라는 성분이 기어의 역할을 하고 있어 火金운동을 하는 것이다. 또 가을에서 겨울로 넘어가기 위해서는 戌土의 작용을 거치고 있어 金水운동을 하는 것이고, 겨울에서 봄으로 넘어가는데 에는 丑土가 대기하고 있어 水木운동을 하는 것이다.

土는 언제나 그 자리에 있으니 믿음과도 상응한다. 흙은 또한 움직이지 않는 것이 성분이다. 그래서 사람에게 토의 기운이 지나치다면 고독하고 폐쇄적인 사람이 될 수도 있다.

(3) 오행의 상생상극

오행의 운행으로 계절의 변화가 있게 된다. 生이 있으면 반드시 剋하는 것이 있어 사계절의 운행이 순조롭게 이루어진다. 사계절의 운행에 있어

생하기만 하고 극하지 않는다면 계절의 변화가 일어나지 않는다. 천지의 기운을 절제함으로써 사계절이 이루어진다고 한 것은 우주만물의 생장소멸에는 상생과 더불어 반드시 상극의 수렴작용이 있어야 이루어진다.

상생작용이란

①도와주고 살린다.

②向한다.

③化한다.

④產한다는 의미이다.

도와주고 살린다는 것은 서로 상생하니 일방적인 生은 없다. 이 세상에 공짜가 없기 때문이다. 向한다는 것은 오행의 진행방향을 나타내는 것으로 木生火를 놓고 보면 木은 火를 향해 나아간다는 뜻이다. 가령, 비겁은 식상을 향하고 식상은 재성을 향하며 재성은 관성을 향하고 관성은 인성을 향하며 인성은 비겁을 향하는 것이다.

化한다는 말은 변화하여 同化된다는 뜻으로 계절의 변화 등이 대표적이다. 즉 木生火에서 봄이 변화하여 여름이 되는 경우를 두고 이르는 말이다. 가령, 시간의 흐름에 따라 아이가 어른으로 변하고 어른은 다시 노인으로 변화한다.

產한다는 의미는 여성은 자신이 낳은 것이 자식이므로 식신 또는 상관이 자식에 해당한다. 또한, 식신이 있으면 재성이 있다고 본다. 식신이 재성을 낳기 때문이다. 이는 여명의 경우 無字를 판단할 때 주요하게 작용한다.

상극작용은

①剋한다.

②殺한다.

③制한다.

④病鬼한다는 의미이다.

剋한다는 말은 능히 강하여 상대방을 제압하여 억압하고, 제어한다는 의미이다. 相剋은 서로 견제하는 것이다.

殺한다는 말은 이기는 정도를 넘어 극하는 오행이 극을 당하는 오행보다 월등히 강할 경우에 해석하는 방법이다. 극하는 강도가 높으면 상대는 능히 죽임을 당한다.

制한다는 것이야말로 오행의 상극작용 중에서 절제와 수렴작용을 의미한다. 가령, 病을 치료하기 위해 칼로써 몸을 절제하여 수술하는 경우와 어린 아이를 훈육하기 위해 매를 때리는 것, 또한 과일을 많이 열리게 하기 위해 과수나무의 가지를 잘라주는 것이다.

病鬼한다는 것은 극하는 오행보다 극을 당하는 오행이 강할 경우이다. 가령 비겁이 관성보다 강하면 오히려 관성이 귀찮게 느끼게 된다. 즉, 자기주장이 강한 아내가 남편의 참견을 귀찮게 여기는 것이다.

불을 끄기 위해 물이 필요하니 水剋火를 해야 하고 금을 녹여야 하니 불이 필요하므로 火剋金을 해야 한다. 불을 때서 金을 녹여야 쓸모 있다. 金剋木은 톱으로 나무를 벤다는 의미이다. 木剋土는 나무가 뿌리를 뻗으면 土는 균열을 일으킨다. 커다란 바위도 틈새에 작은 나무가 자라게 되면 어느 순간에 벌어진다.

剋도 相剋이다. 剋을 하는 것도 剋을 받게 된다는 것이다. 세상에는 일방적인 것은 없기 때문이다. 가령, 木剋土하나 산사태가 나면 나무도 잘려나가고 뿌리 채 뽑히니 土剋木이 된다. 土剋水하나 홍수가 나면 水剋土가 된다. 水剋火하나 화가 너무 강하고 왕하면 물이 말라버리니 火剋水가 된다. 결국은 勢의 우월관계에 따라 생극관계가 변한다는 것이다.

생이든 극이든 지나치면 해악을 초래한다. 관계가 변하는 것은 과유불급이 되기 때문이다. 水生木하지만 水가 지나치면 과유불급으로 해악이 초래되니 홍수에 의해 나무가 떠내려간다. 火生土하지만 火가 지나치면 흙이 말라서 사막이 된다. 土生金하지만 土가 지나치면 金은 묻혀 쓸 수가 없다. 金生水 하지만 金이 너무 많으면 水가 탁해져서 쓸 수가 없다. 상생은 지나치면 母慈滅子가 되기 때문이다. 木은 金의 克을 통하여 形을 만들고 火를 만들며, 水는 土의 克을 받아서 木의 생명을 계획한다.

(4) 음양오행의 표리

우주변화의 현상은 表裏不同한데, 그 이유는 우주의 변화는 물의 변화이므로 표면으로만 보면 율동하는 물의 모습에 지나지 않지만 춤추게 하는 것은 바로 木火土가 裏面에서 작용하기 때문이다. 물의 이중작용은 먼저 形을 만들고 이면에서는 質을 養하는 것이다. 그 다음은 공중에서 렌즈 작용을 만들어서 통일사업을 완수하는 것이다.

다시 말해, 물질의 量은 물로써 구성되는 것이므로 물질의 분열은 바로 물의 분열이다. 물질이 분화의 극에 달하게 되면 이것이 기화하여서 허공에 도피하였다가 지구의 공전운동이 180度를 지나면서 음기가 압축을 시작하므로 서늘한 金水之氣가 들어오기 때문이다.

우주의 변화는 한 점의 水에서 시작한다. 만물은 一太極水에서 분화되어 분열의 극에 이르면 다시 原始反本의 법칙에 따라 귀일하게 된다. 水는 물이지만 강력한 응축력으로 陽을 압축한 형상이다. 水는 對化작용에 따라 火가 되는 것이 목적이고, 火는 다시 水로 歸一하는 것이 목적이다. 즉, 水火一體論이다. 水가 火로 변하기 위해서는 강력한 水의 응축력을 받아 火가 억눌려 있어야 한다. 극에 이르러 土의 중재로 분화가 나타난다.

하도와 낙서는 南과 西가 바뀌는 金火交易의 상을 하고 있다. 하도는 상생순환도며, 낙서는 상극순환도다. 세상의 악순환이 반복하는 것은 우주질서가 상극으로 순환하기 때문이다. 하도는 중앙수는 15수로 안정된 질서를 의미하나 낙서의 수는 사방에서 중앙을 노리고 있는 형국이다. 그러므로 이 중앙을 놓고 치열한 싸움이 벌어지게 된다. 중앙 5수를 차지하여 15수를 차지하기 위해서이다. 이것은 지구가 경사진 것과 연관이 된다. 낙서의 질서에서 하도의 질서로 바뀌는 것이 金火交易이다.

五行의 변화법칙을 象으로 나타낸 것이 五運이다. 五行은 지구에서 행해질 때 六氣로 변화여 역할을 하게 된다. 인간은 만물 중에서 가장 陽을 많이 포장하고 있는 神氣之物이다. 반면에 초목은 본래 氣立之物이다. 즉, 형체의 내부에 陽을 축적하여서 그것으로 생명력을 삼는 것이 아니고 다만 외부에서 주는 六氣의 영향에 의존한다.

우주 간에 있는 物은 五行氣 중 하나를 타고나며, 인간은 土氣를 주체로 타고나 분산된 양을 통일하여 정신을 만드는 중매자를 가진다. 따라서 종합과 분산인 오행운동을 독립적으로 행할 수 있는 요건이 구비되었으므로 이는 대우주의 요건과 동일하므로 인간을 소우주라고 하고 여기에서 강한 생명력이 생긴다. 우주 운동은 편벽된 木火金水를 統率하는 土가 있어 無私無慾한 公道로서 소위를 완수할 수 있는 능력이 있다.

지축이 경사져 있기 때문에 六氣는 五運이 땅에 나타나게 될 때 寅申相火라는 새로운 불이 하나 더 불어나게 된다. 地支에서는 두개의 불이 작용하니 인간인 소우주와 천지인 대우주 사이에는 수명과 정신의 차이가 생겨나는 것이다.

즉, 대우주는 天氣所生이므로 陰陽이 균등하게 작용하여 수명과 정신은 만전을 기할 수 있는데 반하여 소우주인 인간은 地氣소생으로 항상 形에 대한 저항력이 부족하여 정신과 수명에 차질이 생기게 된다.

五運에 있어서 2陰과 2陽 그리고 중인 土가 있었음에 비해 六氣에서는 불기운인 相火가 생겨남으로 인하여 3陽 2陰이 되어 陽이 과하여 形에 대한 압박이 가해지므로 形인 육체가 견디어 내지 못하여서 죽게 되는 것이다.

水火운동은 本中末의 과정을 통하여 土化작용을 받아 水火對化 작용이 일어난다. 지축이 경사져 있기 때문에 子午卯酉가 本位이고 辰戌丑未가 中位이며 寅申巳亥가 末位이다. 인간의 부자유한 환경이 만들어지게 된 것이나 우주 운동은 운기의 승부작용으로 인하여 이 지축의 경사를 바로 잡게 되어 있는 것이다. 辰戌의 自化작용으로 완성되는데, 辰의 자화작용으로 一水를 六水로 化하면서 분열의 기초를 만들고 戌의 자화작용으로 六水를 다시 一水로 만들어서 본체로 환원하는 작용으로 나타나게 되는 것이다.

木火는 陽이고 金水는 陰이이지만, 실제로 나무는 딱딱하고 단단한 쇠는 열을 받으면 늘어난다. 딱딱한 것은 음이고 늘어나는 것은 양이면 나무는 음이고 쇠는 양이다. 씨앗은 水에 해당한다. 씨앗의 겉은 딱딱하지만 속은 부드럽다. 양초에 불을 붙여보면 불의 겉은 밝지만 심지가 있는 안쪽은 어둡다. 즉 만물은 表裏不同한 형태로 존재한다. 水는 음이지만 이면의 성질은 양이기 때문에 陽數인 1을 붙여서 1水라고 하며, 火는 양이지만 이면의 성질은 음이므로 陰數인 2를 붙여서 2火라고 한다.

木火는 양, 金水는 음으로 인식하는 방법을 質的관찰이며, 木火는 음, 金水는 양으로 인식하는 것을 量的관찰이다. 質은 물건의 성질이고 量은 물건의 외적 측면이다. 질적 관찰은 陽의 입장에서 성질을 관찰하는 것이고, 양적 관찰은 陰의 입장에서 물체의 외적 측면을 관찰하는 것이다.

木火土金水는 성질을 말하는 질적 관찰이고, 나무·불·흙·쇠·물은 만졌을 때의 느낌을 말하는 양적 관찰이다. 오행의 표리를 관찰해야 만물 변화의 참모습을 정확히 통찰할 수 있다.

木은 정반대에 있는 金의 대화작용을 받으니 나무의 성질은 위로 자라는 직향성이지만 딱딱하다. 火는 정반대에 있는 水의 대화작용을 받으니 불의 겉은 밝은 양이지만 속은 어둡다. 그리고 불이 다 타고나면 재가 남듯이 火가 변화를 거친 최종적인 모습은 土이다.

土는 식물에서 꽃에 해당하며 가지나 잎(火)보다 더 분열된 상태이다. 또한 지구(土) 내부에 마그마(火)가 있는 것을 봐도 土는 火를 품고 있다.

金은 정반대에 있는 木의 대화작용을 받는다. 그래서 쇠의 성질은 열을 흡수(金)하지만 두드리면 늘어난다(木). 水는 그대로 水이다. 양적 관찰은 실제 변화에서 그 이면을 보는 것이므로 겨울에 만물이 쉬는 것처럼 水는 변화에 참여하지 않기 때문이다. 그러나 水도 정반대에 있는 火의 대화작용을 받으면 유동(火)할 수 있다.

極卽反으로 極에 이르면 도리어 生작용으로 전환된다. 戌은 水가 생성되는 水本에 해당하나 정반대인 辰에 이르면 巳午火本로 전환된다. 양의 분열을 선도하던 丑은 未에 이르면 분열은 통일로 申金本으로 전환된다. 丑에 이르면 목은 本로 전환된다.

(5) 원국과 근묘화실

年柱는 조상궁으로 1세부터 18세까지 동하며 천간은 할아버지, 지지는 할머니에 해당하고, 月柱는 부모형제궁으로 19세부터 36세까지 동하며 천간은 아버지, 지지는 어머니, 간지를 형제에 해당하고, 日柱는 주체 및 배우자궁으로 37세부터 54세까지 동하며 천간은 본인, 지지는 배우자에 해당하고, 時柱는 자식궁으로 55세 이후부터 동하며 천간은 아들, 지지는 딸에 해당한다. 원국은 낙서운용에 따라 9년 단위로 진행되지만 대운 10년에 적용하여 생극과 합충을 보면 운의 길흉화복이 선명해진다.

2) 지지의 형충파해

세상과 사주는 天地人 三才로 운용이 되니 천간, 지지, 지장간에 대한 이해가 필요하다. 地藏干은 '지지에 감춰진 천간'이다. 하늘에 오행이 지지에 사행과 일치하지 않아 왜곡현상이 일어난다. 하늘은 정신세계로 완벽하니 성선설의 근거이고 땅은 물질세계로 불완전하니 성악설의 근거가 된다. 따라서 천지의 중간에 있는 사람은 양면성이 있는 것이다.

천간은 甲부터 원형으로 돌아가나 지지는 戊己토가 사각의 땅으로 내려와 四行으로 돌아가게 한다. 즉, 土의 무기물을 먹고 사라면서 生과 死를 반복한다. 土는 춘하추동사계절이 순환되도록 조절 및 통제작용을 한다. 하늘의 기운이 땅으로 내려오면 춘하추동의 시간순서에 따라서 실체화된다. 천간의 甲木은 땅으로 내려와 戊土, 丙火과 함께 寅을 형성한다. 이렇게 형성된 寅중에 있는 戊, 丙, 甲을 지장간이라 한다. 寅中戊는 이전의 축과 연결이 되고 다음의 卯와 연결이 되고 다음계절과 이전계절과 연결이 되어있다. 이를 생왕고를 성질로 구분하면 寅申巳亥는 생지가 되고, 子午卯酉는 왕지가 되고, 辰戌丑未는 고지가 된다.

陽이 시작하기 때문에 寅中戊丙甲이 사령하고, 陰이 시작하는 申월은 己壬庚이 사령한다. 命理의 원칙은 年이 根本이고, 日이 命主다. 年日의 관계로 동물 상호 간의 관계를 살핀다. 한 집안의 송사에는 필시 曲直이 있고 논쟁에는 是非가 있다. 말재주가 좋고 예리한 변설을 지니며 말이 분명하고 유창한 사람이 이길 수도 있으며, 언변이 약하고 둔하며 말을 더듬고 달변이지 못한 자는 敗할 수도 있다. 혀로 논쟁하고 송사하는 것은 마치 칼과 창으로 싸우는 것과 같다.

寅과 戌은 木이 土를 이기는 게 아니라 오히려 合生한다. 巳와 亥에서 水가 火를 이기는 게 아니라 둘 다 絶命하는 관계이니 돼지가 뱀을 먹지만, 뱀도 돼지를 삼킬 수 있다는 말이다. 원국에 있는 神殺은 合沖할 때에 발동한다. 원국에 합하고 있으면 충 할 때 발동하고 충하고 있으면 합할 때 발동한다. 驛馬는 역마가 임하면 발동하고 囚獄殺은 충파될 때 발동하고, 刑은 형이 이루어지면 발동한다.

(1) 地支沖

동일한 음양이 만나면 충돌한다. 같은 공간영역에서 양립하지 못하고 하나가 결국 자리를 물려주게 된다. 지지충을 보면 일곱 번째와는 충한다.

子午沖, 丑未沖, 寅申沖, 卯酉沖, 辰戌沖, 巳亥沖

충으로 開庫되는 것은 辰戌丑未만 해당한다. 인신사해나 자유묘유는 개고가 없다.

① 子午 沖

子午 沖이 있으면, 오르내리는 승강 행위 등에 인연이 많다. 심성은 정

직하지만 소심하고 신중하지 못하고 성급하다.

② 卯酉 冲

대인관계에 다툼이 많고, 배신당하거나 배신하고, 해주고 욕먹고, 이사 변동수가 많다.

③ 寅申 冲

서두르고, 시작은 잘하나 마무리를 못한다. 일을 스스로 만들어 하니 항상 분주하다.

④ 巳亥 冲

상대에 간섭하고 구설이나 다툼에 휘말린다. 대인관계를 잘 못하고, 일을 만들어 걱정한다.

⑤ 辰戌 冲

과묵하고 과단성이 있다. 남의 일은 잘 처리하나, 자신의 일은 수수방관한다.

⑥ 丑未 冲

베풀어도 공덕이 적고 재산다툼이나 손재수가 발생한다. 성공하고 잘 되면 친인척이 많이 따르지만 아니면 냉정하게 돌아선다.

(2) 地支刑

刑은 형벌, 수술, 가공, 조정 등의 현상이 발생한다.

① 寅巳申 持世之刑

寅巳申 持世之刑은 너무 세력만 믿다가 刑을 당한다. 타인을 억압하고 업신여기는 성향이 있고 급히 서둘러다 화액을 초래한다.

② 丑戌未無恩之刑

사소한 일로 다투어 은혜를 모르고 배신을 한다.

③ 子卯無禮之刑

불륜, 패륜, 변태 등으로 구설 시비 횡액이 발생한다.

④ 辰午酉亥自刑

자책, 자해하여 신체의 손상이나 장애가 생기고 사고 발생한다. 일지刑은 배우자의 우환이 있다. 다만, 형벌 법무 의료 세무 등 직업을 가지거나 배우자가 가지면 우환을 면할 수 있다.

(3) 破

4번째 들어오는 지지는 三合을 깨는 破이다. 생끼리 亥寅破, 巳申破하고, 旺끼리 卯午破, 酉子破하고, 墓끼리 未戌破, 丑辰破한다.

① 亥寅는 先合하고 後破한다.

② 巳申는 合, 刑, 破가 같이 일어난다. 먼저 合하나 일의 진행과정에 불신, 배신, 투쟁의 刑이 나타나고 파산, 분리, 이별하게 된다.

③ 卯午는 방법이 신중하지 못하다. 도박, 유흥, 방탕으로 손재와 명예 실추가 생긴다.

④ 子酉 계획이나 약속을 이행하지 않아 혼란과 불신을 초래한다.

⑤ 未戌는 刑과 破가 같이 발생한다. 인건관계의 배신, 누명 등으로 실망한다. 서류의 실수나 착오가 생기고 예상치 못한 구설, 시비, 모함이 생긴다.

⑥ 丑辰 무리하게 추진하다 손해를 보고 명예가 실추된다.

(4) 害

子未害, 丑午害, 寅巳害, 卯辰害, 申亥害, 酉戌害는 육합을 깨트린다. 일명 穿이라 한다. 이간질, 모략, 음해, 방해가 바람처럼 일어난다.

子未해는 육친간에 불화, 원한이 생기고, 丑午해는 관재, 송사, 시비가 생기고, 寅巳해는 사고나, 신체에 문제, 官刑이 생기고, 卯辰해는 모략, 배신, 재산을 손해보고, 申亥해는 물조심, 차량사고 생긴다.

(5) 怨嗔

怨嗔은 서로 미워하고 성낸다. 이유 없이 미워하며 증오하나 헤어짐까지는 안간다. 地支 내에 暗合이 있기 때문이다. 원진살은 子未, 丑午, 寅酉, 卯申, 辰亥, 巳戌이 있다. 가령, 子未는 丁壬암합, 癸丁암충, 己癸암

충한다.

(6) 格角

삼합의 水와 火, 金과 木 운동 사이에 沖은 폭탄 맞은 격이고 앞의 格角은 앞발질 당하는 喪門이고, 뒤의 隔角은 뒷발질 당하는 弔客이다. 일이 풀리지 않는다. 운동성의 충돌로 훼손인자가 발생하기 때문이다.

가령, 子가 일어나면 丑은 일어날 준비를 하는 것이고 寅은 가장 밑바닥에서 기다리는 것이다. 寅이 올라오면 子는 다시 세력을 잃어버린다. 경일주이면 子가 식신에 해당하므로 수하인에 대한 걱정, 자식에 대한 근심이 생긴다. 子水가 官이 된다면 조직사회에서의 골치 아픈 문제들이 발생한다. 년과 월의 격각은 조객상문으로 작용하고 일과 시의 격각은 형벌을 당하고 피를 본다는 隔角殺로 작용한다. 녹명을 극하면 孤辰, 寡宿殺로 작용한다. 가령, 인오술생은 화명이니 신과 진이 고신과숙살이 된다. 고과살은 육친의 인연이 없어 화개살이 겸하면 승도가 된다. 시지에 고과살은 자손이 불초하고 역마와 겸하면 방탕하게 된다. 고과살이 공망을 겸하면 사고무친이 된다. 운에서 孤辰, 寡宿殺이 작용한다. 방편으로 재혼이나 만혼하면 화액을 면할 수 있다. 또한, 녹명의 병사묘에 해당하면 삼재가 된다. 삼합이 합작하면 생산, 유정, 유흥에 목적이 있고 대형을 터트린다.

壬 甲 甲 癸 남
申 戌 子 亥

水가 宗主五行이니 水體土火用組이고 戌中丁火가 用神이니 상관생재하니 개발연구로 사업아이템을 제공할 수 있는 팔자이다. 일지에 용신이 임하니 배우자덕을 누리게 된다. 배성도 좋으니 처도 능력이 좋다.

甲木이 子월에 태어나 연구실에서 실험하고 연구하는 상이다. 대학에서 연구보다는 산업관련 연구소에서 연구하는 것이 제격이다. 월지에서 투간되면 학자풍의 품위가 흐르는 것이다.

술중정화가 용신은 정인이니 지성을 추구하고 학문을 추구한다. 추구하는 인성이 정인과 편인이 있어 두 가지 직업을 가질 수 있다. 술중정화는 상관으로 용신이니 연구 개발하는데, 식품연구개발이 어울린다.

가령, 丁巳일에 래방했다면 丁화는 戌에 통근하고 巳에 통근하면서 巳戌원진이 되고 사는 사해충으로 뿌리를 내리지 못하여 여자문제로 래방한 것이다. 巳亥충으로 해외유학을 가게 된다. 인성인 년지를 충했기 때문이다. 유학은 火가 용신이니 일본유학이면 좋다.

巳戌원진이 되니 戌中戊토는 여자에 해당하는데, 戌中丁화가 임한 丁卯년생 여자의 인연으로 여자문제가 노출이 된다. 戌중에 사령하는 것은 戊토이니 술중정이나 술중신은 일번타자가 아니다.

戌中丁과 壬이 합하여 음양결합이 될 기미가 있지만 술중정은 일번타자가 아니니 결혼까지 가지 어려우니 부모님의 결혼은 성사되기 어려울 것이다. 戌중에 있는 것은 陽地를 만나야 한다. 丁巳일은 양지이니 여자문제도 좋게 해결이 된다. 확실한 인연은 무토가 임한 戊辰년생이나 무토가 임한 일주를 만나면 확실한 인연이 된다. 戊子년에 만나면 확실한 인연이 되는 여자이다. 戊子년에 자수는 도화살이니 혼전동거가 되기 쉽다. 일지의 배우자인연에 해당하는 장간이 년간으로 들어오는 것이 일간으로 임하는 것 보다 좋다.

(7) 同柱殺

同柱殺은 동주사, 동주묘, 동주절, 동주욕, 백호, 괴강이 殺로 작용하는 경우이다.

① 동주사에 해당하는 甲午, 乙亥, 庚子, 辛巳는 해당통변성의 장애, 중단, 침체를 암시하니 큰 병을 앓거나 생사이별을 한다. 庚子, 辛巳일생은 고집이 세고, 甲午일생녀는 말이 경솔하고 乙亥일생녀는 자기가 최고라는 착각 속에 살아간다. 合沖이 풀리면 발동한다.

② 동주입묘에 해당하는 丁丑, 戊戌, 己丑, 壬辰, 癸未는 묘고를 형충하면 관련 육신과 연계되어 활동이 중지된다. 일주가 묘이면 낭비와 허식을 싫어하며 구두쇠가 많다, 빈가출생자는 중년이후 발복하고, 부가출생자는 중년부터 쇠퇴한다. 구두쇠는 십년을 벌어 하루아침에 털어먹는 수가 있다, 간혹 양자나 데릴사위가 되며, 여자는 자식을 잃는 수가 있다, 혼자 똑똑한 척 설치다가 복을 깨뜨리는 실패한다.

③ 동주절에 해당하는 것은 甲申, 乙酉, 庚寅, 辛卯이다. 고집과 변덕이 있고 성질이 급하다, 주관이 뚜렷하지 않아 남에게 이용당하거나 꾀임에 잘 빠진다, 중년후 발복 수 있으나 말년은 불행한 운명을 맞게 된다, 직업이나 주거가 일정치 않거나 변동이 많으며 호색으로 망신하거나 부부궁이 좋지 않아 생리사별수가 있다.

④ 동주욕에 해당하는 甲子, 乙巳, 庚午, 辛亥은 일부종사가 어렵다, 이때 욕지가 충되거나 합이 되면 스캔들이 난무한다. 부부간에 갈등이 많고 연이 변하거나 생리사별함이 있다.

⑤ 백호대살에 해당하는 것은 戊辰, 丁丑, 丙戌, 乙未. 甲辰, 癸丑, 壬戌이다. 해당육친 혈광지사한다. 용신이거나 길격이면 기이한 발복이 있어 유명인이 되거나 재벌이 되며 장군도 되는 수가 있다.

⑥ 괴강살에 해당하는 庚辰, 庚戌, 壬辰, 壬戌, 戊辰, 戊戌은 배우자도 괴강이 있기를 요하고 그렇지 않으면 부부간에 불측지사가 발생하여 해로하지 못한다. 괴강은 오직 극과 극을 치닫는다. 이것이 아니면 저것, 최대갑부 아니면 가난뱅이와 같이 극단적인 면이 있다. 청렴결백하고 이론을 좋아하며 총명하고 달변이다.

3) 天干合

7,000년 전 복희씨는 먼저 하늘을 보고 우주의 이치를 깨닫고, 땅을

보고는 지구의 이치를 깨달아 하늘과 땅 가운데 존재하고 있는 인간의 몸을 살폈다. 그리고 天地人의 관계성을 통찰하여 하늘, 땅, 인간의 정수를 팔괘에 담았다.

陽이 시작되면 양은 바깥으로 드러내고 陰은 속으로 들어가 휴식을 취하게 되고, 陰이 시작되면 음은 바깥으로 드러내고 陽은 속으로 들어가 휴식을 취하게 된다. 天干은 정신과 마음의 세계이지만 地支는 자신이 살아가야 하는 현실의 세계이다. 木은 인간과 만물을 싹트게 하는 생명으로 봄을 낳고, 火는 분열 성장시키는 기운으로 여름을 만들며, 金은 만물을 성숙시키는 생명으로 가을을 창조하고, 水는 폐장, 휴식케 하는 기운으로 겨울을 이룬다. 根苗花實의 운동성과 조후를 살펴야 한다. 천간은 완벽하게 돌아가지만, 지지는 변화의 본체인 土의 조절과 중재를 통하여 四行이 돌아가게 된다. 天地人의 소통은 同一干支로만 융통한다.

명리통변의 첫 단초는 이석영씨의 추명가에서도 천지인으로 시작된다. "天人地가 三才되어 우주구성 되어있고 年月日時 사주되어 길흉화복 이루었네. 근묘화실 이 원리로 세상만사 진행되며 오행제화 생극으로 천태만상 변화된다."(추명가 제1절)

(1) 天地人

천간은 일간이 갖는 욕망이다. 즉, 일간이 지향하는 뜻이자 의지이자 생각이다. 일간을 둘러싼 천간의 배열은 일간의 인생관이다. 사주는 바로 인간의 의지를 천간의 배열로 보여주는 것이다. 천간으로 뜻을 세우고 지지로 실행된다. 천간과 지지는 하나이면서 개별 고유의 특성을 가지고 있다.

가령, 辰월이면 늦봄이다. 월은 사령관으로 봄에 해당하는 일을 하라고 명한다, 진월은 늦은 봄이면서 여름으로 넘어가는 환절기이다. 그래서 寅卯와 달리 辰으로 나타낸다. 계절의 사령과 일간의 욕망이 엇박자가 나면 상처받고 수동적 피동적인 상황에 놓여진다.

봄의 출생이면 씨앗을 뿌리고 작물을 성장시켜야 하는데, 일간이 金이면 계절의 사령에 어긋나게 키워야 할 작물을 殺氣를 보인다면 명령에 저항하는 것이니 어려움과 고통이 따르는 것이다. 천간과 지지는 드러난 오행이고 지장간은 드러나지 않은 오행이다. 드러난 오행은 인생에 핵심적이고 주도적인 역할을 하지만 드러나지 않은 오행은 부수적이고 수동적인 역할을 하게 된다. 지장간은 주도하는 오행의 눈치를 보는 아픔을 간직하고 있다. 드러난 오행과 剋沖하면 배신과 상처를 남기게 된다. 엄마의 지갑에서 몰래 동전을 빼내는 것과 같다. 눈치가 보이고 떳떳하지 못하다.

천간은 뜻이고 마음이고 공개적이고 공식적이다. 지지는 몸이고 현실이고 행동이다. 지장간은 뜻대로 현실에서 구현되도록 하는 방식이고 연출해내는 모양새로 속마음이고 비공식적이다. 지장간을 통해 숨긴 애인을 찾아내고 숨긴 돈을 찾아낸다. 지장간에 있다는 것은 선택적 의지에 따라 물상대체를 달리하므로 삶의 길흉의 강도가 좌우되므로 삶의 왜곡이 많이 발생한다.

하나의 연극이 희곡에 따라 진행되려면 무대에서 주연과 수많은 조연이 등장한다. 희곡은 명조의 根苗花實에 해당하고, 지지는 무대에 해당하고 천간은 주연이고 지장간은 조연이다. 主지장간은 대기 중에 있는 잠재적 주연이고, 助지장간은 대기 중에 있는 조연이다. 지지는 때와 장소를 제한한다. 지지는 시간이면서도 공간의 운동성을 가진다. 천간은 큰 뜻이고 씨앗에 해당한다. 천간은 因이 되고 지지는 緣이 된다. 인과 연이 만나 인과응보로 돌아온다.

지장간은 드러내지 않는 것이니 귀한 것을 간직하고 있으면 좋은 것이고 나쁜 것을 간직하고 있으면 가시방석이니 음해를 당하게 된다. 지장간에 있으면 운에 영향을 거의 받지 않으니 길신이면 안전적으로 행운을 가져다준다. 땅으로 내려와 모습을 드러내면 경제적으로 실력이 있는 사람과 인연이 된다.

표<3-3> 天地人 의미

天干	하늘의 뜻, 대기상태로 때를 기다린다. 지장간으로 뿌리를 내리면 천간에 대한 처분권한이 생겨서 언제든지 처분할 수 있다. 처분할 수 있는 때를 만나지 못하면 그저 바라만 볼 수밖에 없다. 가식적이고 형식적이고 비현실적인 존재이다.
地支	살아가는 모습을 보여주는 행동방식이 나타난다. 지지를 보면 개인별 상황에 대한 대처방식을 알 수 있다.
地藏干	지장간은 개개인의 능력과 자질을 보여준다. 운에서 천간으로 투출이 되면 능력을 발휘하여 세상으로부터 인정을 받게 된다.

無根인 六神의 특성을 보면,

① 無根 比肩

비견은 일간에 위치하니 본인은 형식적으로 존재할 뿐 자신의 역할을 못한다. 이런 경우는 자신을 도와줄 비서나 친구를 대동하게 된다. 또는 자신의 역할을 귀신이 대신할 수 있다. 즉, 빙의로 자신에게 들어와 주인행세를 할 수 있다. 뿌리가 없는 비견은 허공에 떠있는 비견이기 때문이다.

② 無根 劫財

겁재는 돈을 뜻하니 돈을 형식적으로 가진 사람이 된다. 자신이 돈을 벌어도 돈을 한 푼도 처분하지 못하고 자신의 손을 거처 갈 뿐이다. 겁재는 동기간에 해당하니 돈 달라하여 돈 문제로 동기간의 의가 상하게 된다. 겁재는 돈을 가진 친구에 해당하니 돈을 다룰 처분권한은 친구나 사업상 파트너에게 있다.

③ 無根 食神

식신은 행동력에 해당하니 형식적이고 가식적인 행동을 한다. 즉, 외형상으로는 행동하는 것처럼 보여도 실제는 뒤로 빠진다. 체력이 강한 것처럼 보여도 실제는 그렇지 않다. 기술과 예능이 있어보여도 실제는 기술자가 아니다. 자식에 해당하니 형식적인 자식이다. 즉, 곁에 있어도 자식역할을 못하므로 부모의 속을 썩이는 불효자를 둔다.

④ 無根 傷官

상관은 조사, 관찰, 연구를 의미하므로 형식적으로 허울 좋은 과학자일 뿐 실지는 과학자가 아니다. 상관은 궁리를 뜻하니 겉으로는 영리해 보이나 실지는 그렇지 않다.

여명은 상관이면 남편을 멀리하는 것이니 형식적으로 멀리하는 것이 아니라 실제로 멀리하는 것이다. 즉, 상관이 무근이면 남편과의 인연이 박하다.

⑤ 無根 偏財

편재는 자리를 뜻하니 본인은 형식적인 자리를 가진 사람이 된다. 갈 곳은 많아도 막상 가면 자리만 있을 뿐 역할이 없다. 편재는 부동산에 해당하니 부동산을 처분하지 못하고 형식적으로만 가지게 된다.

편재는 남자에게 애인에 해당하니 가상의 애인으로 연예인이나 상상 속에 여자를 꿈꾼다.

⑥ 無根 正財

정재는 직장에 해당하니 직장은 형식적으로만 가지게 된다. 회사에 이름만 올려놓고 출근하지 않거나 직장이라고 말하기도 어렵다. 남자에게는 부인에 해당하니 형식적인 부인이니 부인으로서의 역학을 기대하지 못하므로 부인이 없는 것과 같다. 그러나 곁에 있어 떨어지지 않는다.

여명에게는 며느리에 해당하니 아무런 역할도 못하는 며느리 때문에 고부갈등이 심하다.

⑦ 無根 偏官

편관은 외국, 자비에 해당하니 형식적으로 외국관련의 일을 하며, 자비를 베풀 적에도 형식적으로만 베푼다. 여명은 애인에 해당하나 애인은 형식적인 애인이 된다. 즉, 실제로는 가져보지도 못하면서 늘 백마 탄 왕자님을 꿈꾸는 타입이다. 설령, 애인을 가져본다고 해도 그 애인은 자기의 뜻대로 움직여주지 않으니 늘 동경과 애증의 대상이 된다.

⑧ 無根 正官

정관은 명령권에 해당하니 뿌리가 없으면 형식적인 명령권자가 된다. 사장을 해도 바지사장이고, 얼굴마담이다. 즉, 사장이거나 책임자라도 실질적인 권한이 없는 서류상의 사장이고 책임자이다.

여명은 남편을 두아도 형식적인 남편이니 남편으로서의 역할을 하지 못하는 남편이니 없는 것과 같다. 그로나 곁에 있어 떨어지지 않는다.

⑨ 無根 偏印

편인은 자격증에 해당하므로 형식적인 자격증을 가진 사람이다. 실지는 활용하지 못하고 걸어만 두는 것이다. 경력에 해당하므로 외형상으로는 유능한 것처럼 보여도 실지로 유능하지 않다. 편인은 남을 돌보는 것에 해당하니 돌보는 행위도 형식적이고 가식적이다. 실지는 남을 잘 돌보지 못한다.

⑩ 無根 正印

정인은 엄마에 해당하니 형식적인 엄마를 둔다. 엄마는 본인에게 간섭할 뿐이다. 실지는 엄마의 역할을 못하니 엄마를 원망하게 된다. 정인은 학문을 뜻하므로 겉으로 보기는 공부하는 학자처럼 보이지만 실지는 학문적 소양이 없다.

정인은 책임을 의미하므로 형식적인 책임을 지지만 실지로 책임을 지지 않는다. 정인은 가정을 꾸미는 것이니 가정은 형식적으로 존재한다. 가정불화나 이혼이 많거나 결혼이 늦어진다. 애정도 형식적이니 말로만 사랑한다고 말한다.

지지는 지장간을 보고 판단해야 한다. 천간과 지지가 소통하는 것을 통근통기라 한다. 천간이 지지에 뿌리를 내리는 것을 통근이라 하고 지지가 천간에 투출하는 것을 통기라한다. 원국의 지장간이 천간으로 투출하지 못한 것은 운에서 투출이 하늘과 땅의 소통이 이루어진다. 가령,

甲 庚 丙 戊 乾
申 辰 辰 戌

辰中乙癸戊중에 癸수는 투출하지 못하였다. 그러나 癸亥운에 임하면 진중계수가 투출된다. 그래서 상관으로 세상과 소통이 이루어진다. 원국의 갑목은 뿌리를 내리지 못하다가 亥운에 亥中甲에 통근하니 계수와 갑목이 소통하여 수생목의 운동성이 활발해진다.

천간이 지장간에 뿌리를 내리거나 지장간이 천간에 투출하면 하늘과 땅이 소통하는 것인데, 이것은 처분권한을 가지는 것을 말한다. 천간과 지지는 통근통기로 융통할 때 실제적인 상황이 발생한다. 통근통기되지 않으면 처분권한이 없어 속수무책이 된다. 가령, 처분권한이 생기므로 부동산의 매매가 이루어진다.

○ 戊 丙 ○ 乾
卯 戌 申 辰

병화는 정기오행에 통근하지 못하여 편인은 가상적이고 형식적인 존재이다. 자격증이 형식적이고 가상의 것이다. 겉으로는 유능하게 보여도 실제는 쓸모없는 것이다. 즉, 자격증과 문서가 돈이 되지 않는다.

戊 辛 己 庚 坤
子 亥 卯 戌

남편별이 없는 무관사주이며, 멀리 남편별이 암장되어 있는 戊土는 官庫가 되어 夫星入墓의 불길함이 있으며, 월지 卯木이 桃花가 되어 일지 욕구궁에 亥卯합으로 引動이 되고, 운의 흐름이 水金으로 운행하여 식상의 기운이 강화되고 중년 이후 운간으로 오는 甲乙木은 연간 庚金에 의해 沖去, 合去되므로 食傷生財의 흐름을 잇지 못하고 殺制化가 되므로 傷官之命의 흐름이 되어 평생 부부관계가 원만하지 못하고 해로하기 어려운 구조이다.

丁 辛 辛 甲 乾
酉 丑 未 申

財庫를 축미충으로 개고시켜줘야 재물이 쏟아질 터인데 酉丑합으로 탐생망충으로 개고가 되지 않는다. 子대운에 子丑합으로 유축합이 풀어져 축미충이 일어나 재고를 열어주어 재물이 불어났다. 丑未沖을 再沖하는 운은 開庫가 아니라 破庫가 된다. 旺神이 入墓하고 破庫가 되니 대흉이 들어온다. 실제로 丁丑대운 丁丑년에 전원주택사업으로 크게 破財하여 전 재산을 날려버렸다. 丑未沖을 再沖하는 운은 開庫가 아니라 破庫가 되기 때문이다.

(1) 간합생성

간합으로 發化하면 陽氣를 일으키고, 制化하면 陰勢를 일으킨다. 甲乙丙丁戊는 발화하고 己庚辛壬癸는 제화하는데, 發化하면 陽이 되고 制化하면 陰이 된다. 이를테면, 甲이 甲己合하여 발화하면 戊토가 되고, 己가 甲己合하여 제화하면 己토가 된다. 乙이 乙庚合하여 발화하면 庚금이 되고, 庚이 乙庚合하면 제화하여 辛금이 된다. 丙이 丙辛合하여 발화하면 壬수가 되고, 辛이 丙辛合하여 제화하면 癸수가 된다. 丁이 丁壬合하여 발화하면 甲목이 되고, 壬이 丁壬合하여 제화하면 乙목이 된다. 戊가 戊癸合하여 발화하면 丙화가 되고, 癸가 戊癸合하여 제화하면 丁화가 된다.

甲己合土로 지구를 형성하여 생물의 터전이 된다. 생물은 土化작용 때문에 土에서 生하여 土에서 死한다. 乙庚合金으로 葉과 果가 同樂하면서 堅固되는 현상이다. 일명 風月之合이 된다. 丙辛合水로 太陽과 霜이 만나 水化되어 생명체의 바탕을 이룬다. 氷이 陽熱에 의하여 녹아 물이 되는 상태이다. 丁壬合木으로 溫氣와 고인 물은 미생물을 만든다. 미생물의 발생은 木의 발견이다. 戊癸合火으로 지구의 표면과 공기층에서 열기가 발생한다. 癸는 극 분해된 물이고 지면은 렌즈의 작용을 한다. 戊癸合火는 열기이고 공기이다. 인체에 氣力과 活氣로 작용한다.

(2) 간합의 성격과 특성

간합은 生成의 조화이고 하늘에서 이룬 가장 완벽한 상태이다. 甲은 땅을 딛고 튀어 오르고 乙은 더욱 성장하기 위해 단단해야 하니 금을 끌어와야 온전한 형체를 이룬다. 丙은 흩어지는 기운인데, 辛금으로 잡아서 붙잡아야 한다. 丙辛合으로 지구가 공전궤도가 가능하다. 지구 안에 辛금이 있다. 합수하여 화를 붙잡기 위해서이다. 壬수로 화의 분열을 완전히 잡아야 한다. 완전 확장된 戊토를 만나야 생명의 씨앗을 창조한다. 그래야 甲으로 나가야 한다.

천간은 정반합의 변증법[48]에 따라 발전과 승화가 이루어진다. 甲은 己를 만나 土를 완성하여 금으로 나아가는 것이다. 불완전한 것이 짝을 만나 어른이 되는 것과 같다. 甲은 己토를 빌핀으로 정반합을 하여 金을 낳기 위한 기초를 다진다. 그리고 을은 경을 만나 金을 만들어 水를 낳기 위한 기초를 다진다.

① 甲己合

48) cafe.daum.net/yongsinjo/SBo/1063 정단명리학회(헤겔의 변증법)
헤겔(Hegel, Georg Wilhelm Friedrich 1770 ~ 1831) 독일의 철학자. 독일 고전 철학의 완성자이다. 근대 철학이 현대 철학으로 발전하는 계기를 마련하였다. 그는 正(These)-反(Antithese)-合(Synthese)의 3단계로 이루어진 변증법이라는 방법론을 창시하였는데, 그의 영향은 세계로 번져 헤겔학파를 이룩하였다. 저서로 〈정신 현상학〉 법철학 강요〉 논리학〉 등이 있다.

甲일주가 己를 合하면 신의는 있으나 지능이 부족하다. 己일주가 甲을 合하면 신의는 있으나 표현력이 없어 속마음을 드러내지 않는다. 甲일주가 己를 合하면 己토에 종하는 격이니 재물의 처분권한이 처에 있어 처로 인하여 興한다. 부동산, 토목업 및 건축업, 곡물상, 농장을 하면 잘되게 된다. 甲과 己는 生成의 중심에 있다.

己는 음운동을 하는 침묵의 인자로 甲운동을 닫아버린다. 甲己합으로 웬만한 것을 덮어두니 비밀이 많다. 甲木은 할까 말까 망설인다. 己土운동은 여인의 속성이다.

己일주가 甲을 合하면 官이 나에게 從하는 격이니, 관직 계통에 출세하고 직장에 협조한다. 이해가 많아 보이나, 계산이 빠른 두뇌회전을 갖고 있어 부동산, 토목건축, 농장, 곡물상으로 발복한다.

甲己合이 원국에 있는 경우에 甲年을 만나면 재물은 하나인데 주인은 둘이 되는 상태와 같아서 일명 투전하여 부부불화 및 부동산에 시비가 붙는다. 부부이별 및 별거, 부동산의 송사가 발생한다. 친구 및 형제와 불화, 동업에 불화가 발생할 우려가 많다.

甲己合이 원국에 있는 경우에 乙年을 만나면 처와 재물에 불편 및 손재가 따르고 부부에 불화하고 심하면 별거수가 따른다. 친구 및 형제간에도 의외로 말썽과 시비로 財慾의 편력으로 오해를 받는다.

甲己合이 원국에 있는 경우에 丙年을 만나면 구름 속에서 달을 찾아보는 형상으로 어둠속에 광영을 찾는다. 순풍에 항해하며 귀인의 협조가 있다.

甲己合이 원국에 있는 경우에 丁年을 만나면 실물수가 발생한다. 浮草에 비가 내리는 格이 되어 협조자가 배신한다.

甲己合이 원국에 있는 경우에 戊年을 만나면 가도중흥과 자손경사가 따른다. 甲일주는 錦衣夜行이고 돌밭을 갈아서 농사짓는 격이다. 己일주는 밥상에는 성찬이며 거문고 소리에 반주가 아름답고 붕어가 노는 격이다.

甲己合이 원국에 있는 경우에 己年을 만나면 화병에 시든 꽃과 같아 부부는 좌충우돌하고 破財한다. 甲日生은 진흙 속에 사금이고, 己日生은 수풀 속에 잠자는 새와 같다.

甲己合이 원국에 있는 경우에 庚年을 만나면 가족의 이별사가 따르고, 신병고통이 따르고, 진흙탕 속을 달리는 말의 형상이니 괴로움이 많다.

甲己合이 원국에 있는 경우에 辛年을 만나면 귀인이 협조하니 가문에 甘雨이며, 花園栽植하여 가정이 안락하다.

甲己合이 원국에 있는 경우에 壬年을 만나면 풍랑을 만난 조각배와 같으니, 골치 아픈 일이 많고 고역이 따른다.

甲己合이 원국에 있는 경우에 癸年을 만나면 玉溪水淸하니, 태풍이 지난 뒤에 햇빛을 보는 형상이다. 안락과 발복이 겸비하고, 春園에 花開하고, 秋園에 得果하는 형상이니, 새로운 문서가 얻고 집안에 경사가 있다.

② 乙庚合

강직하고 활발하며, 쾌활한 성품을 지녔고 정열적이며 적극적인 면모를 지니고 있다. 乙이나 庚이나 月에 死墓絶地에 있으면 용감하나 천하다.

乙日生 庚과 合하면 예의에 소홀하고, 유정하나 외형적으로 흔들린다. 庚日生 乙의 合하면 자비심이 없으나, 중년이 넘으면 自我를 안다. 乙日柱가 庚에 從하는 格이니, 乙은 유순하게 庚(果)을 보조하고 같이 늙어(硬化)가는 형상이다. 乙은 봄에 출생하나 庚과 같이 끝을 맺는다. 乾命은 처덕이 있고 坤命은 남편 복이 있다.

庚日柱가 乙을 合하면 처가 유순하고 음덕이 따르고 제반사는 순조로우나 아랫사람을 무시하는 경향이 있다. 직업으로는 전형적인 행정관, 군인, 경찰 등의 공직이 좋고, 건축업 및 과수농장, 의류 업종에도 성공한다.

庚는 의리 종혁 변화를 확실히 일으키는 운동성이며 실력행사의 인자이다. 펼치는 기운인 丙丁戊를 庚은 잡아 거둔다. 무시하게 실력으로 커버한다. 甲木의 작용을 최대한 억제시킨다.

乙庚合이 원국에 있는 경우에 甲年을 만나면 재물은 따르지만 고독하고, 가뭄에 감로가 오는 격으로 생기의 형상이나 풍류에 휘말려 낭비가 우려된다. 乙日柱는 직업을 놓고 전쟁에 휘말릴 우려가 있으니 조심해야 한다.

乙庚合이 원국에 있는 경우에 乙年을 만나면 쟁합으로 말썽이 따르며, 비난 자가 많아 구설과 시비가 따른다. 庚日生은 득재운이고, 乙日生은 경합자로 인하여 직업을 내놓은 형상이 된다.

乙庚合이 원국에 있는 경우에 丙年을 만나면 탈관파직되고, 장애물, 관재구설이 발생한다. 乙日柱는 爭中得金한 형상으로 春堤楊柳하고, 菊裸得秋한다.

乙庚合이 원국에 있는 경우에 丁年을 만나면 장마 속에 햇빛을 얻은 격이니, 협조자가 나타나니 발복 성사한다. 乙日生은 밤중 행로이니 노력은 많으나 대가를 얻지 못한다.

乙庚合이 원국에 있는 경우에 戊年을 만나면 엄동설한 속의 물고기가 봄 바다를 만나서 활기를 찾아 유영하는 격이다. 제반사에 興財하고 만곡이 풍성하고 先苦後吉한다.

乙庚合이 원국에 있는 경우에 己年을 만나면 明月中天하고 金玉滿堂한다. 乙日柱는 일희일비하나 결과는 길경한다.

乙庚合이 원국에 있는 경우에 庚年을 만나면 전쟁 속에 득재 하니 雨中獨戰으로 실속은 적고 自害가 따른다.

乙庚合이 원국에 있는 경우에 辛年을 만나면 모든 길조를 방해하는 형상이 나타나고 말을 재촉하여 정벌하여도 얻을 것이 없는 싸움에 불과하다.

乙庚合이 원국에 있는 경우에 壬年을 만나면 높은 곳에서 옛 고향 생각으로 시름을 달래는 애처로움이 따르나 의외 得財 한다.

乙庚合이 원국에 있는 경우에 癸年을 만나면 渡船이 풍파를 만나는 格으로 구사일생의 요행이 있다.

③ 丙辛合

병신합은 겉만 위엄이 있으나 좀 편굴하다. 이면으로 감추는 행적이 결점이다, 丙日柱가 辛合하면 지모는 英秀하나, 예의에 문란하고, 詐言이 발생될 수 있으니 조심스럽게 정심으로 행해야 한다.

辛는 부피가 있는 열매를 작은 씨앗으로 담아 둔다. 수술, 이별, 판단, 눈금자 인자, 분배원리 정확하다 실력자 인자이다.

辛日柱가 丙合하면 청결한 마음이 너무 자상하고 세밀하여 큰 곳에 눈을 뜨지 못하고 타산적으로 된다. 체격에 비하여 담소한 형상이다.

辛金은 霜, 雪로써 太陽인 丙과 合作하여 水化가 되므로 정신세계를 조성한다.

丙辛合의 원국에 있는 경우에 甲年을 만나면 우연스럽게 손재가 따르고 노력은 많이 하나 결과가 옳지 못하고, 중도좌절을 당하기 쉽고 주변 사람까지도 괴로움을 준다.

丙辛合의 원국에 있는 경우에 乙年을 만나면 명리증진하고 고목회춘하는 격이다. 봄날 정원에 꽃동산을 이루는 형상이니 가내안정하고 매사가 순조롭다.

丙辛合의 원국에 있는 경우에 丙年을 만나면 꽃이 떨어져 강물 따라 가는 격이다. 탈관오욕을 범할 수 있고, 재물에 충격이 따르고 秋柳가 颱風을 만나는 형상이다.

丙辛合의 원국에 있는 경우에 丁年을 만나면 재물은 따를지언정 영속하지 않으며, 好事多魔格이니 선길후흉이다.

丙辛合의 원국에 있는 경우에 戊年을 만나면 美麗한 桃色이 행로를 방해하니, 상관의 오판으로 졸병이 고역을 당하는 격이다.

丙辛合의 원국에 있는 경우에 己年을 만나면 진로방해가 따르고 일장춘몽격이며, 一苦一樂이니 짝을 만나도 기쁨을 낼 수 없다.

丙辛合의 원국에 있는 경우에 庚年을 만나면 開門入城하나, 한 맺힌

탈을 벗는 격이다. 지극지성하면 현달한다.

丙辛合의 원국에 있는 경우에 辛年을 만나면 밝은 달밤에 안개가 깔리니, 눈앞이 어둡고 옛정을 끊지 못하니 큰일을 두고 주저하는 격이다.

丙辛合의 원국에 있는 경우에 壬年을 만나면 재앙이 우려되고 풍랑이 심하다. 어쩔 수 없이 알고 속아야 하는 형상이다. 壬辰, 癸巳年은 더욱 불길하다.

丙辛合의 원국에 있는 경우에 癸年을 만나면 목마른 들녘이 단비를 만나는 격이니, 秋庭에 萬穀이다. 癸巳, 甲午년은 大發이 있다.

④ 丁壬合

감정에 흐르고 정에 대한 집착을 끊지 못한다. 특히 색정에 빠지고 고결하지 못하여 행에 탁함이 있다. 桃花와 同柱하면 色으로 패가망신하는 수가 따른다. 坤命은 淫邪를 하기 쉽고, 결혼이 늦은 사람이 많고, 나이 많은 남자에게 시집을 많이 간다. 丁壬木者는 평생을 통하여 전반기가 좋으면, 후반기에 고생하고, 전반기가 나쁘면 후반기가 대성하여 간다.

丁日生이 壬合하면 마음이 좁고 질투심이 강하여 수양이 필요하다. 壬日生이 丁合하면 편굴하고 노하기를 잘하고, 음사에 조심하여야 한다. 유정함에 결단성이 희박하여 제반사에 매듭을 잘 맺지 못한다.

壬은 속성은 모두 끌어 모은다. 붙드는 별도 별종이다. 금전 인연이 강하고 부자가 되는 인자이다.

丁壬合의 원국에 있는 경우 甲年을 만나면 명진사해하고 利財하는 형상이나 오래 지탱치 못한다. 春日에 서늘한 바람이니 아랫사람이 피곤하다. 高樓에 仙遊하니 큰일을 못한다.

丁壬合의 원국에 있는 경우 乙年을 만나면 직업에 불편이 따르고 財物이 따르지 않아 하는 일이 순조롭지 못하다. 특히 壬日生은 풍전등화와 같다.

丁壬合의 원국에 있는 경우 丙年을 만나면 고목에 생화하는 형상이다.

丁日生은 外色을 조심하여야 한다.

丁壬合의 원국에 있는 경우 丁年을 만나면 爭合有損하니, 손해는 많고 이익은 없다. 구설이 따르니 심신수련이 필요하다. 壬日生은 남녀관계에 손재하는 형상이다.

丁壬合의 원국에 있는 경우 戊年을 만나면 아랫사람으로 인하여 손재수가 따를 수 있다.

丁壬合의 원국에 있는 경우 己年을 만나면 金玉滿堂하고 가정이 화평하며 의외득재다. 丁日生은 先吉後凶한다.

丁壬合의 원국에 있는 경우 庚年을 만나면 공명을 잃고 동분서주하는 격이고, 처 및 재물로 인하여 곤란한 문제가 많이 따른다. 천리 피신하지만 고역이 따른다.

丁壬合의 원국에 있는 경우 辛年을 만나면 길성이 도래하여 가정에 화목하여 화원에 입상하는 격이다.

丁壬合의 원국에 있는 경우 壬年을 만나면 새로운 길에 진입하니 옛정에 사로잡혀 고역이 따르나, 일진일득하여 고행 속에 작은 이익을 얻는다.

丁壬合의 원국에 있는 경우 癸年을 만나면 雨中 浮草격이니 고역이 따른다. 安定을 기대할 수 없으나 어수선한 분위기로 몽롱한 세월을 보낸다.

⑤ 戊癸合

미모는 있으나 용두사미하고, 薄情하다. 남자는 결혼관계에 말썽이 따를 수 있고, 결혼 후 뒷일이 되지 못한 다. 여자는 미남과 결혼하나 결혼 후 이상과는 차이가 많고 상호간섭이 심하여 참다운 결혼생활이 어렵다.

산과 산간에 운무가 가득하여 自光을 이루니, 한 폭의 동양화처럼 美麗를 發花하지만 잠깐 눈요기에 불과하고 바람에 안개 걷힌 격이니 영속치 못한 시야의 장난과 같다.

癸은 음의 극단으로 밖으로 가장 위축되었다. 물이 얼어 굳으면 맑고 깨끗하다. 외부와 본의 아니게 차단되어 있다

戊癸合의 원국에 있는 경우에 甲年을 만나면 육친이 불목하고 가내에 구설이 분분하고, 가족이 이산하고 서로 왕래를 단절하게 된다.

戊癸合의 원국에 있는 경우에 乙年을 만나면 화기만당하고 멀었던 옛 친구가 찾아오며 새로운 발상이 재미를 붙이는 격이다. 癸日柱는 和氣가 감돌고 戊日柱는 得職 및 榮轉이 있다.

戊癸合의 원국에 있는 경우에 丙年을 만나면 복록이 재생하고 금의환향하는 격이다. 癸日柱는 새로운 財福으로 감투를 쓰고, 戊日柱는 文書를 새로 잡고 허물어진 옛 담장을 고치는 형상이다.

戊癸合의 원국에 있는 경우에 丁年을 만나면 귀인의 협조가 自來하는 격이다. 특히 戊日生은 得祿하고, 癸日生은 문서에 의한 財福이 소생한다.

戊癸合의 원국에 있는 경우에 戊年을 만나면 처자가 분리하고, 부부가 風霜을 접하니, 波亂이 重重하도다. 戊日生은 투쟁과 형살이 작용하고, 癸日生은 情慾으로 암투한다.

戊癸合의 원국에 있는 경우에 己年을 만나면 암투가 연발하여 가내는 물론이며 주변까지 시끄럽게 한다. 戊日生은 시비와 구설이 따르고, 癸日生은 제반사에 돌파구가 없다.

戊癸合의 원국에 있는 경우에 庚年을 만나면 大海에 入流하여 안정을 얻는다. 戊日生은 자만하여 혹 春山秋色이 우려되고, 癸日生은 生色에 純事가 열린다.

戊癸合의 원국에 있는 경우에 辛年을 만나면 모든 일이 침체되는 형상으로 남의 보증 및 문서에 가담하여 피해를 입는다. 좋은 일에는 魔가 많고 올바른 줄거리를 찾지 못한다.

戊癸合의 원국에 있는 경우에 壬年을 만나면 明月照映하여 가정에 和氣가 新生하고 財福이 自來한다. 단, 癸日은 洛花逢雨할 우려가 있으니 조심해야 한다.

戊癸合의 원국에 있는 경우에 癸年을 만나면 복록은 있으나 가내에 근심이 침범하니 一笑一苦하는 형상이다. 癸日生은 北方을 조심하고, 戊日生은 큰 돈 보다는 自樂이 만연하여 紅花가 따르니 조심해야 한다.

4) 大運과 流年運

유년의 십신은 원국과 대운의 십신에 영향을 미칠 수 있지만, 원국과 대운의 십신은 유년의 십신에 영향을 미칠 수 없고, 대운의 십신은 원국의 십신에 영향을 미칠 수 있지만 원국의 십신은 대운의 십신에 영향을 미칠 수 없고, 유년의 십신은 대운의 십신에 영향을 미칠 수 있지만 대운의 십신은 유년의 십신에 영향을 미칠 수 없는 것으로 본다.

食傷이 墓絶이 되면 밥줄이 끊어지거나 건강에 애로가 생기고 활동성이 고개를 숙인다. 원국에 없으면 그냥 넘어간다. 財星이 墓絶되면 財의 분탈로 고통을 받는다.

① 원국에 合이 있으면 운에서 원국에 합된 글자를 沖剋하면 원국의 合은 해체되어 원래의 속성을 회복한다. 원국의 기신이 충거나 합거되면 길하고 용신이 충거나 합거되면 흉하다. 가령, 戊癸이 있으면 戊나 癸를 沖剋하는 甲乙木이나 戊己土가 대세운에서 오면 풀어졌다가 운이 지나면 다시 합으로 돌아간다. 지지의 六合도 合이나 沖으로 해소된다.

② 원국에서 천간합이 合化되어 기운이 강해지면 화기를 얻는다. 가령, 丙辛합이면 지지에 水의 기운이 강하면 새로운 水기를 얻는다. 원국에서 合과 沖을 겸하면 合이 우선한다.

③ 대운에서 天干合이 되는 것은 원국의 지지에 달렸다. 세운의 천간과 원국의 천간이 합이 되면 대운의 지지로 결정한다. 원국에 있으면 기본적인 성향으로 내재되어 있어 일어나는 빈도가 잦고, 運에서 올 때는 일시적이다.

④ 천간합이 새로운 화기를 얻은 것이 희신으로 변하면 길하고 기신으

로 변하면 흉하다. 원국과 운에서 方合이나 三合이 되고 합오행이 천간에 투출하면 合오행 중심으로 통변한다. 합국이 희신이면 대길하고 기신이면 재앙이다.

⑤ 원국과 운으로부터 다수로부터 충을 당하면 재앙이나 생명을 위협받는다. 합이 되거나 형이 되어도 마찬가지이다. 상관운이 오면 관재가 생기고 부부인연이 깨진다. 대·세운에서 두 개의 지지가 일지를 충하면 배우자에게 흉함이 생긴다.

⑥ 원국에 子午卯酉가 있고 운에서 子午卯酉를 만나면 窮殺로 곤고해지고 되는 일이 없다. 대세운이 서로 공망이 되면 되는 일이 없다.

⑦ 원국과 운에서 삼형이 되고 식신이 되면 자식을 잃을 수 있다. 辰辰, 酉酉, 午午, 亥亥自刑이면 우려된다. 원국과 운에서 형이 되고 모친에 해당하면 모친상을 당하고 편재에 해당하면 부친상을 당하고 정재에 해당하면 상처할 수 있다.

⑧ 일주가 天比支沖되는 운이면 사업이 부진하면 금전적으로 어려워진다. 일주가 天比支刑하면 剋妻剋夫가 우려된다.

⑨ 원국과 운에서 형이 년지나 월지에 집중되면 부모에게 재앙이 생기고 일지에 집중되면 배우자에게 재앙이 있고 시지에 집중되면 자식에게 재앙이 생긴다. 해당주가 천덕이나 월덕 혹은 천을귀인이나 건록에 해당하면 재앙이 가볍고 타지와 합되어도 재앙이 가볍다.

가령,

甲 己 辛 庚

戌 亥 巳 子

甲申대운에 甲이 원국의 庚을 충할 수 있지만, 원국의 庚은 대운의 甲을 충할 수 없다. 대운의 甲은 일간 己를 합할 수 있지만, 일간 己는 대운의 甲을 합할 수 없다.

대운지지 申은 원국의 子와 巳를 합할 수 있지만, 원국의 子와 巳는 대운의 申을 합할 수 없다. 대운의 申은 원국의 亥를 害할 수 있지만, 원국의 亥는 대운의 申을 害할 수 없다. 원국의 戌은 대운의 申을 생할 수 없다.

乙酉대운에 대운의 乙은 사주의 庚을 합할 수 있지만, 사주의 庚은 대운의 乙을 합할 수 없다. 대운의 乙은 사주의 辛을 충 할 수 있지만, 사주의 辛은 대운의 乙을 충할 수 없다.

용신을 대운에 대조할 때 통상 천간 5년, 지지 5년으로 보나 천간의 오행 작용보다 지지의 향을 중시한다. 대운은 계절에 해당되고 세운은 일기에 해당한다. 대운에는 공망과 신살이 작용을 아니 하고 세운에서는 작용한다.

대운이나 세운이 용신을 생하면 길하고 용신을 극하면 흉하다. 세운이 용신을 생하고 대운도 용신을 생하면 대길하고, 세운이 용신을 생하고 대운이 용신을 극하면 소길하고, 세운이 용신을 극하고 대운이 용신을 생하면 소흉이고, 세운이 용신을 극하고 대운도 용신을 극하면 대흉이다.

다만, 용신을 극하는 것을 원국에서 합충으로 제거해주면 무사하다. 일주와 세운이 간극지충하는 경우에 일주가 강하고 용신을 생하는 운이면 소흉이고 일주가 약하고 용신을 극하는 운이면 대흉이다.

대운의 천간이 용신을 생하고 대운의 지지도 용신을 생하면 길력이 더욱 커지고, 천간이 용신을 생해도 지지에서 용신을 극하면 길력이 감소된다. 천간이 용신을 극하고 지지가 천간을 극하면 흉이 가벼워진다. 천간이 용신을 극하고 지지에서 천간을 생하면 흉력이 커진다.

歲運의 천간을 君으로 하고 지지를 臣下로 하여 보좌역할로 보는 것이 타당하다. 歲運 地支는 천간을 돕는 역할을 한다. 한편으로는 사주 地支와 合 刑 沖 空亡관계 등을 자세히 살펴보아야 한다. 사주 중에 刑沖등이 있고 다시 刑沖운을 만나면 충동이 일어난다. 대운과 세운은 화합하는 것을 원하고 둘 사이가 刑沖등 전투가 일어나는 것은 좋지 않으나 사주에 救神이 있으면 흉작용이 완화되나 救神이 없으면 凶작용이 크게 일어난다.

원국에서 대운을 치거나 대운에서 세운을 치면 內沖이라 하고, 세운에서 대운을 치거나 대운에서 원국을 치면 外沖이라 한다. 內沖은 내부에서 재해의 원인이 발생하고 즉 자신에게 원인이 있고, 外沖은 외부나 다른 사람에 의하여 재해가 발생한다. 그리고 세운이 대운으로 간지가 충극되거나 대운에서 일주의 간지 모두를 沖剋할 때는 天戰地沖이라 하여 손재나 관재 또는 喪事 등의 災害가 발생한다.

(1) 대운

다가오는 대운은 희망사항이 담기고, 지나간 대운은 원망과 증오가 남는다. 가령, 현재 戌대운에서 다가오는 亥는 희망이고 酉는 원망과 증오이니 사람을 만날 때 해당 띠를 고려해야 한다.

원국에 있는 財는 타고날 때 가진 재물이고, 운에서 오는 재물은 들어오는 재물이다.

① 대운은 原局의 한 기둥과 같다. 사주원국에서 인수가 없는데 대운에서 인수운이면 없던 엄마도 생긴다, 단 대운이 지나가면 그 부모도 없어진다.

② 殺地와 동주한 것은 죽은 것이다. 그러나 運에서 죽은 것이 원국을 만나살고, 원국에 죽은 것은 운을 만나 사는 수가 있다. 가령,

○ 丙 ○ ○
○ 寅 午 寅

丙子運이 오면 天干丙은 胎地이므로 丙火가 죽어있다, 그러나 원국에 寅午火局으로 丙火가 살아나면 비겁으로 내 것이 뺏긴다. 또는,

○ 庚 乙 ○
○ ○ 酉 ○

乙木財가 원국에서는 죽어있으나 寅卯運을 만나면 살아난다, 빌빌 거리던 마누라가 살아나고 돈도 들어온다.

③ 운에서 죽은 것이 원국에 들어오면 확인사살이 된다.

庚 庚 庚 ○
○ ○ ○ ○

甲申運에서 죽은 甲이 들어오면 원국에 있는 庚 때문에 완전히 제거된다. 즉, 病名은 운에서 얻는 肝病이다. 친구나 형제 때문에 간에 病이 왔다. 이럴 때는 간을 제거하는 수술을 하거나 재물과 처가 떠나게 된다.

④ 원국의 지지와 대운지지와의 合刑沖등의 변화로 추리해야한다.

○ 乙 ○ ○ 坤
未 丑 ○ ○

축미충하니 남편, 자식과 떨어져 살아야 하며 己丑운에 임하면 재산상속문제로 형제와 다툰다. 未土는 木庫이므로 丑운에 沖刑으로 동하기 때문이다.

⑤ 運의 天干이 기신이라해도 지지가 용신이면 흉이 아니라 길로 변화한다.

○ 庚 ○ ○
○ 寅 丑 子

壬午運이면 水가 들어오니 흉한데 午火를 데리고 들어와서 寅午火국으로 살려주니 나쁘지 않다. 시집안간 처녀라면 壬은 자식이고 午는 남편인데 자식과 서방이 한 번에 온다, 즉 속도위반으로 결혼한다.

⑥ 대운의 天干은 원국의 地支에 영향을 못주나, 대운의 지지는 원국

의 천간의 生死를 좌우한다.

⑦ 일간과 대운을 대조하여 상황을 파악한다. 財運을 만나면 욕심이 생기고, 印綬운을 만나면 착해지고, 공부하고, 효도한다. 比劫운을 만나면 거짓말을 자주한다. 傷官운을 만나면 남을 무시하고 업신여긴다. 官運을 만나면 명예에 치중한다. 殺運을 만나면 괜히 기죽고 눈치 본다.

⑧ 合化作用

月令과 運支에서는 寅卯가 會合되면 合化木이 되고, 巳午가 會合되면 合化火이 되고, 巳午辰戌丑未가 會合되면 合化土가 되고, 申酉가 會合되면 合化金이 되고, 亥子가 會合되면 合化水이 된다. 三合이 결성되면 合化오행을 생성하나, 墓지와 半合을 하는 경우는 동시에 入墓작용도 한다.

庚 丙 甲 癸　坤
寅 子 寅 丑

水木旺神중에 목이 종주이니 극법취용하여 木體火用이 된다. 화용신이니 수는 기신이다. 남편과 자축합으로 유정하나 기신이 백호흉살에 걸려있어 남편과의 인연이 길지 못하다. 자수가 동하여 투간된 계수이니 첫 남편에 해당하나 기신이니 상처와 고통을 안겨준다. 남편궁이 생을 받는 것이 없이 태설되어 허약하여 건강하기 어렵다. 丙辰대운은 子辰합수로 墓地半合하므로 入墓되는 남편과 사별을 하게 된다. 官庫로 辰中乙癸戊가 입묘되니 남자가 문제, 직장문제, 자식문제가 생겨 근심걱정이 속출한다. 丁丑년에 겁재상관이 백호의 털을 건드리니 계수남편은 무덤으로 직행한 것이다.

⑨ 食傷庫運

대운에서 未가 오면 甲乙木의 庫지가 되고, 辰이 오면 壬癸水의 고지가 되고, 戌이 오면 丙丁火의 庫지가 되고, 丑이 오면 庚辛金의 고지가 된다. 食傷의 庫지운에 임하면 자신의 능력이 떨어지고 금전적으로 만족할 수 없는 상황이 된다. 노인이면 건강이 나빠지고 사망에 이를 수 있고, 청소년이면 이성교제가 생기고, 기혼여성은 자식문제로 고민이 많아지고 미혼여성은 임신문제, 출산문제가 생긴다. 사업하려면 자금줄이 막힌다.

⑩ 天干 또는 地支로 透干되면 通變作用은 빠르다. 支中 深藏한 것은 三合하거나 沖하면 작용한다. 三合運이 되면 무조건 변화가 생긴다. 없는 것은 들어오고 있는 것은 나간다. 가족이 늘거나 혼사가 있는 생산적인 일이 발생하거나 가족이 사라지거나 이혼을 하여 가족이 줄게 된다. 살상효겁의 천간과 지지운을 경계해야 한다. 가령, 유년을 기준으로 하면 壬辰년이면 丙辛庚癸과 戌亥午寅이다. 沖, 刑, 鬼門, 元嗔, 隔脚, 同柱死하기 때문이다. 즉, 丙戌, 戊戌, 丙午, 丙寅, 辛亥, 庚戌, 庚午, 庚寅, 癸亥, 丙戌, 丙戌, 戊戌일주이다.

(2) 유년운

年은 根으로 조상, 국가, 초년운으로 본다. 月은 苗로 부모형제, 직장 혹은 직업, 사회적 관계, 지위, 장년운이다. 日은 花로 자신의 기본성격 및 성향, 배우자의 길흉, 중년시기로 본다. 時는 實로 자식의 길흉, 노년시기, 후배 혹은 손아래 사람이다.

日柱는 내 몸이고 사주의 희용신은 내가 부리는 사람이고, 大運은 내가 부임하는 장소이다.

合하는 운이 오면 和運이다. 乙대운에 庚유년이 도래하는 것이나 子대운에 丑유년이 도래하는 것이 和이다. 이 경우에 土가 희신이면 길하고 水가 희신이면 불길하다. 乙대운 庚유년이면 대운과 유년이 合하여 金으로 化하니 金이 희신이면 길하고, 合而不化하면 도리어 기반이 되니 희신이 일주를 돌아보지 않으므로 불길하게 된다. 이 경우에 木이 희신일지라도 기반이 되면 똑같이 불길하다.

그러므로 庚이 희신이라면 반드시 庚金은 득지하면서 乙木은 無根해야 비로소 合化하여 길하다. 만약 子丑合이 되어도 化하지 못하면 그저 土剋水로 볼 것이니 水가 희신이라면 필시 불길하다.

庚대운에 申유년이 오고 辛대운에 酉년이 오면 眞好되어 가족이 집으로 돌아옴과 같다. 이에 비하여 庚대운에 辛유년이 오고 辛대운에 庚유년이 오는 것은 천간의 助를 얻음이니 친구가 돕는 것과 같다.

대운 천간지지의 상생상극 관계에 따라 그 영향력을 달리 보아야 한다. 유년천간은 길흉의 보조 작용을 하지만, 유년지지는 사정발생의 원인이 되고 길흉을 주관한다. 따라서 지지가 희용이면 좋은 일로 판단하고, 지지가 구기이면 불리하다고 판단한다. 유년의 천간은 상생상극에 의해 사정에 영향을 주지만 지지의 旺相休死에 따라 영향력이 결정된다. 유년의 천간이나 지지가 용신이면 유리하나 원국의 타신과 합하면 유리하지 않다. 기신은 합하면 평범하다. 천간이 관성이면 관성과 관련이 있는 일이 발생하나 그 일의 길흉은 지지가 희용인가 기구인가에 따라 달라진다.

(1) 원국의 십신

월간에 투간한 것은 초년에 지향하는 것이고 시간에 투간한 것은 말년에 지향하는 것이다. 정재, 정관에서 악바리 근성이 나오고, 편재, 편관에서 지독한 노력이 나온다. 정관은 악착같고 편관은 모질고 독하다. 관살은 내 것을 지키려는 욕심이 작동하기 때문이다. 상관은 송사, 구설, 시비 등으로 나타난다.

比劫多逢한 남자는 시작은 좋고 멋지나 알고 보면 나쁜 남자이다. 印星多逢한 남자는 시작은 마음이 따뜻한 줄 아나 알고 보면 여자를 힘들게 하고 들볶는다.

財生官은 사랑이 아니라 헌신이다. 官印相生이 진정한 사랑이고, 殺印相生은 바람이다. 印多官弱은 배우자의 능력이 부족하여 내가 만족 못한다. 官은 시작이고 印은 표현이다.

① 비견투간

비견이 투간하면 독립심이 강하다. 인덕이 있고 주위의 도움을 받는다. 독립심이 있다. 주관이 뚜렷하다. 타인을 배려할 줄 안다. 동료애가 있고 협동심이 있다. 다만, 濁하면 독선적이다. 자존심이 강하고 고집이 세다. 고독하다. 이기주의이다. 협동심이 없고 자기주장만 세운다.

② 겁재투간

겁재가 투간하면 비분강개하고 투쟁심이 강하다. 솔직하고 가식이 없다. 용감하다. 의협심이 있고 불의에 저항한다. 약자를 돕고 강자에 저항한다. 야망은 크다.

다만, 濁하면 재물욕심이 지나쳐 투기, 요행을 바란다. 싸움을 좋아하고 남을 이기려고 한다. 굽히지 않고 너무 강해서 꺾인다. 잔인하고 폭력적이다. 의처증이 있거나 아내를 학대, 폭행한다. 가정불화가 많고 배우자덕이 없다. 겁재가 편재를 극하면 사기, 횡령, 뇌물, 도박의 범죄를 저지른다. 언사가 불손하고 무례하다.

③ 식신투간

식신이 투간하면 먹고사는 것이 보장된다. 도량이 크다. 명랑하고 활동적이다. 낙천적이다. 융화가 잘되어 대인관계가 좋다. 신체가 풍만하다. 큰 고생을 하지 않는다. 말을 많이 한다.

다만, 濁하면 놀기만 하고 열심히 노력을 하지 않고 게으르다. 독립심이 약하고 의존심이 있다. 풍류를 즐기고 호색하다. 식신이 많으면 몸이 허약하고 인덕이 없다.

④ 상관투간

상관이 투간하면 기예와 봉사정신이 탁월하여 조명을 받게 된다. 총명하다. 창의력이 뛰어나다. 문학, 예술, 기술을 연구 개발하는 재주가 많다. 사교성이 있고 말을 조리 있게 잘한다. 화려한 것을 좋아한다. 타인을 위해 희생 봉사한다.

다만, 濁하면 오만하여 남을 깔본다. 남 비판을 잘하고 반론을 제기한다. 실언망언을 한다. 시비구설과 소송이 많다. 수단방법을 안 가리고 남을 이기려고 한다. 잔재주를 잘 부린다. 허영심이 있다. 이중성격이 있다. 애정관계가 복잡하고 호색하다. 헛된 꿈을 꾸고 현실성 없는 이상을 추구한다.

⑤ 편재투간

편재가 투간하면 사업가가 된다. 통이 크고 의리가 있다. 불의에 분노한다. 결단력이 있고 요령이 좋아 협상을 잘한다. 임기응변에 능하고 상황대처가 빠르다. 인정이 있고 사교성이 좋다. 허례허식을 싫어한다.

다만, 濁하면 일확천금을 바라고 투기도박을 즐긴다. 풍류 호색하여 주색을 즐긴다. 낭비벽이 있다. 편법적인 수단으로 돈을 번다. 원망, 질투, 시기, 경쟁이 많다. 성급한 결정을 내리고 즉흥적이다. 모사에 능하여 거짓말을 잘한다. 돈을 위해서 비굴한 행동도 서슴지 않는다.

⑥ 정재투간

정재가 투간하면 직장이 확실한 고액봉급자가 된다. 신용이 있고 책임감이 강하다. 성실하고 노력파이다. 자상하고 꼼꼼하다. 실용주의로 허례허식, 낭비를 싫어한다. 정직하고 부정한 재물은 싫어한다. 규칙적인 생활을 한다. 근면검소하고 재테크를 잘한다.

다만, 濁하면 소심하고 인색하다. 인색하고 이기주의자이다. 정재가 정인을 극하면 부모덕이 없다. 정재가 편재를 보면 허영심, 낭비벽이 있다. 재다신약이면 공처가이다.

⑦ 편관투간

편관이 투간하면 대중의 리더를 원하고 야심이 있다. 권위가 있고 엄숙하며 과묵하다. 의협심이 있다. 봉사정신, 희생정신이 있다. 통솔력이 있고 조직 관리를 잘한다. 두뇌가 총명하고 상황판단이 빠르다.

다만, 濁하면 산적과 같은 흉폭한 소인배이다. 무례하고 질서를 어지럽힌다. 거리낌이 없이 행동한다. 허세를 부린다. 군림하려 하고 타인을 억압한다. 싸움과 논쟁을 좋아하고 무모하게 덤빈다. 성정이 조급하고 사납다. 관재구설 등 재앙이 많다. 끝장을 보려 한다. 편관이 약하면 게으르고 자만심만 강하다.

⑧ 정관투간

정관이 투간하면 조직에서 고위직에 오른다. 품행이 단정하고 윤리도덕을 존중한다. 도량이 있고, 자비심도 있다. 위계질서를 준수한다. 명예를 중시하고 권위의식이 있다. 대의명분을 중시한다. 공평무사하다.

다만, 濁하면 정관이 많으면 칠살과 같다. 관재수가 있다. 여자로 인해 어려움을 겪는다.

⑨ 편인투간

편인이 투간하면 최고의 지성인을 추구한다. 학문과 예술을 좋아한다. 명예를 떨친다. 임기응변, 권모술수에 능하다.

다만, 濁하면 용두사미격이다. 시작은 거창하나 끝은 흐지부지된다. 가식과 위선으로 표리부동하다. 모든 일이 잘 막힌다. 직장, 이사, 이혼 등 변동이 많다. 고독감, 우울증 등 정신적 질병에 잘 걸린다. 변칙적이고 튀는 행동을 잘한다. 호기심이 많고 직관력이 있다. 부모 말을 안 듣고 반항한다. 의심이 많고 남을 잘 믿지 않는다. 은혜를 모르고 배신도 잘한다. 어려운 일은 본인은 회피하고 남을 시킨다. 야행성으로 잠을 늦게 자고 늦게 일어난다.

⑩ 정인투간

정인이 투간하면 교수나 학자가 된다. 학문을 좋아하고 박식하다. 자비심이 있고 선량하다. 지혜와 智謀가 있다. 보수적이다. 전통을 계승하고 윗사람을 존중한다. 문장력이 있고 예의바르다. 남을 위해 희생 봉사한다.

다만, 濁하면 수동적이고 적극성이 부족하다. 윗사람이 시키는 일만 한다. 이기적이고 외골수이고 융통성이 부족하다. 소년에 재운이 오면 학업을 마치기 어렵다. 지나치게 명분에 집착한다.

(1) 유년의 십신

① 유년의 천간이 比劫이면 친구, 형제, 동업, 분쟁 등 에 관련되는데, 비겁이 재성을 극하면 克妻, 破財, 克父가 발생한다. 지지가 비겁이고 희용이면 친구, 형제의 도움과 得財가 있고, 지기가 기신이면 破財가 따른다.

② 유년의 천간이 食傷이면, 발표작품, 연설, 언론, 전시, 여행, 외출, 식신 상관의 함의에 관련된 일들이 발생한다. 여명은 克夫, 혼인감정, 투자, 계획 등의 일이 발생하며 喜用이면 그러한 방면의 일에 길함이 있고, 仇忌이면 좋지 않은 일이 있다.

③ 유년의 천간이 財星이면 처자, 부친, 재운, 신체, 공작 및 혼인 감정에 관련된 일들이 발생한다. 필연적으로 求財慾이 높거나 혹 여인에 대한 추구욕이 왕성하고 높아지는데, 재성이 희용이면 금전과 재물분야에 좋은 일이 있고, 구기이면 우환이 따른다. 재성이 인성을 극하면 인성방향의 일이 발생하고, 인성을 극하지 못하면 재성자체의 일이 발생한다.

④ 유년의 천간이 官殺이라면, 발생하는 일은 官事, 소인배의 침입과 직위, 관직, 부친, 공작, 직업, 직무, 명예 방면과 관련된 일이다. 관살에게 극을 당하는 것은 비겁이 있으면 비겁으로 대표되는 일이며, 극처가 없다면 관성자체의 일이다.

⑤ 유년의 천간이 印星이면 모친, 웃어른, 학습, 공작, 명예, 어음, 수표, 주택, 차량, 문서, 계약 등에 관련된 일들이다. 모친, 웃어른, 학습, 공작, 명예, 어음, 수표, 주택, 차량, 문서, 계약 등 인성 대표 혹은 인성에 의해 극 당하는 일들이거나 인성에 의해 합하여 지는 범위 내의 일들이다.

(2) 유년의 변화

일범세군은 五陽干은 重하고 五陰干은 經하다. 만약 천·월덕귀인이고 유년태세가 用神이라면 흉하지 않고 도리어 돈을 번다. 만약 유년태세가 생시를 극하거나 생시의 극을 받으면 재앙이 있고 자식에게 불리하다.

유년운은 원국의 천간 지지와 生剋관계를 보고 대운 간지와 생극의 현상을 본다. 즉, 유년과 일간의 관계에서 길흉을 정하고 그 다음으로 대운과 유년의 상생상극과 회합형충을 구별한다.

일범세군으로 剋하면 재앙이 무겁고, 일간이 세군과 합하면 晦氣가 되어 흉하다. 어디까지나 구기인 경우이다. 재관이 용신이면 일범세군이나 회기가 되는 유년이 모두 길하다. 流年 干支가 모두 희용이면 大吉하고, 유년 천간과 지지가 모두 구기이면 大凶하다. 유년 천간이 喜用이고 유년 지지가 그것을 보조해주면 大吉하고, 유년 천간이 仇忌이고 유년 지지가 그 천간을 도우면 그 해는 大凶하다.

① 歲運沖剋

대운간지와 유년간지가 서로 천간상극하고 지지상충이 되는 것을 말한다. 가령, 甲子대운이 庚午유년을 만난 것이다. 만약 대운이 용신인데 유년이 와서 대운을 천극지충 한다면 그 유년이 기신이 되고, 용신인 유년이 대운과 천극지충하면 그 대운이 기신이 된다. 이와 반대로 대운이 기신인데 세운이 그 대운을 천극지충하면 그 유년은 희신이 되고, 어떤 유년이 기신인데 대운과 천극지충이 되면 그 대운이 희신으로 변한다. 그러므로 둘 중 하나는 희용신이고 둘 중 하나는 기신이 된다.

② 歲運和好

和란 대운간지와 유년간지가 合하는 것을 말한다. 好는 대운간지와 유년간지가 同類인 것을 말한다. 대운천간과 유년천간이 合하여 化할 경우에 化한 것이 원국의 희용신이면 길하고 그 반대로 원국의 기신으로 化하면 흉하다. 合而不化하면 기반 또는 合去가 되어 평범할 뿐이다.

대운 지지와 유년 지지가 合하거나 또는 원국의 지지와 배합하여 三合, 三會가 되면 會合하여 변한 오행이 원국의 희용신이면 길하고 반대로 기신으로 변하면 흉하다.

好란 같은 오행을 말한다. 대운천간과 유년천간, 대운지지와 유년지지, 대운천간과 유년지지, 대운지지와 유년천간, 대운간지와 유년간지가 같은 오행이면서 개두절각에 의해 극을 받지 않았다면 그 기세가 순일한 것이므로 길흉의 작용이 현저하다. 그러나 같은 오행일지라도 음양의 차이에 따라 희기가 다르다. 陽은 희신이고 陰은 기신인 경우도 있을 수 있고, 음은 희신이고 양은 기신인 경우도 있다.

③ 歲運相生

대운간지와 유년간지가 상생하고 용신이면 대길하고, 반대로 대운과 유년의 천간이 모두 기신이고 원국으로부터 制化되지 않으면 대흉하다. 천간은 희용신인데 지지에서 衰絶하거나 혹은 지지는 희용신이지만 천간으로부터 극제를 받았다면, 희용신이 개두, 절각이 된 상태이고 무력한데 이 경우에 원국의 간지에서 개두, 절각하는 방해물을 제거해준다면 길하다. 그러나 원국의 간지가 희용신을 去하고 기신을 남겨 놓게 된다면 흉하다.

④ 日犯歲君과 歲君傷日

歲君傷日은 甲일간이 庚의 流年을 만난 것이니 편관을 만나는 것인데, 君이 臣을 다스리고 父가 子를 훈계함 같아서 비록 재앙이 가벼워 큰 해는 없으니 이는 윗사람이 아랫사람을 다스림과 같아서 그 情이 완전히 사라지지 않기 때문이다.

日犯歲君이란 甲일간이 戊의 유년을 만난 것이니 편재의 유년인데, 비겁을 극제하지 못하면 원국에 식상이 없으면 군겁쟁재가 되는 것이다. 신하가 임금을 범하고 아들이 그 부친을 능멸함과 같으므로 심히 불리한 일이 발생한다. 하극상의 상황이 벌어진 것이니 그 흉함을 결코 면하지 못한다. 만약 五行의 救함이 있거나 사주가 有情하다면 그 재앙을 면할 수 있다.

가령, 甲일간이 戊流年을 만났어도 사주에 庚金이 있거나 대운에 庚金이 있다면 甲木을 制伏하게 되므로 戊土를 극할 수 없으니 救함이 있는 것이 된다. 사주가 유정하다는 것은 대운이나 원국 사주에 癸가 있어서 유년의 戊字와 合하는 것이다.

만약에 庚과 癸이 있어 오행의 구함도 있고 사주가 유정하다면 그 해에는 凶이 변해 吉이 된다. 一字만 있으면 凶을 반감한다.

재운이니 재물이 들어오지만 용신이면 투자한 것이 몇배로 늘어나지만 기신이면 돈이 앞으로 들어오고 뒤로는 크게 밑지는 일이 생긴다.

⑤ 伏吟 眞太歲와 反吟 征太歲

甲子년생이 甲子유년을 만나는 眞太歲경우에 대운 및 일주와 상생하면 길하나 대운 및 일주와 극충형하면 흉하다. 갑자일주가 갑자유년을 만나면 伏吟이고 용신이면 君臣慶會의 경사가 있다.

癸亥일생이 丁巳유년을 만나는 征太歲경우에 재앙을 면하기 어렵다. 癸亥日에 태어난 사람이 丁巳 유년을 만나면 일주 간지가 태세간지를 극충한 것이니 征太歲가 된다. 대운 간지가 유년 간지를 극충해도 역시 征太歲가 되며, 대운 간지가 일주 간지를 극충해도 역시 정태세가 反吟되어 반드시 흉하고 재앙을 피할 수 없다.

⑥ 晦氣合와 鴛鴦合

日干이나 時干이 유년의 천간과 합하는 것을 晦氣라 한다. 즉, 甲己, 乙庚, 丙辛, 丁壬, 戊癸합이 되는 것을 말한다. 회기가 되면 不明之象으로써 昏晦之道가 되니 재앙이 초래된다.

일간과 유년 천간이 합하는 것은 正官년이나 正財년이다. 희용인 재관 유년이 와서 일간과 합하면 바라던 소원이 이루어진다. 그러나 기신인 재관이 일간과 합하는 유년이면 구제하는 오행이 없으면 晦氣合이 되어 재물이나 송사로 인한 사건사고로 생명을 잃거나 다치게 된다.

甲子일주가 己未 유년을 만나면 入墓되고 晦氣가 門에 임하니 재앙이 있다. 세운이 대운을 충극하면 무난하지만 대운이 세운을 충극하면 흉하여 격국이 불길한 사람은 죽는다. 세운과 대운이 상생하면 길하고 특히 녹마귀인이 서로 相互相合하면 더욱 길하다. 합의 주체는 양간이니 甲己합이 되는 정재운은 甲일간이 己유년을 만나니 재앙이 무겁고, 己甲합이 되는 정관운은 己일간이 甲유년을 만나니 재앙이 가볍다.

유년지지와 대운지지가 三合이나 六合하는 것을 鴛鴦合이라 한다. 지지합으로 원국을 청하게 하고나 희용의 역량이 강해지면 길하나 구기로 변하면 흉하다. 재관이 구기인 경우에 鴛鴦合이 되면 재물이 흩어지고 형벌을 당한다.

甲 戊 戊 戊 乾
寅 戌 午 辰

土가 宗主이니 土體木水用組이고 甲木이 用神이 된다. 壬申년 乙巳월이면 재성이 투간하여 日犯歲君으로 군비쟁재하게 된다. 재성은 생명과 신체에 관련되는 일이 생기니 임수가 수극화를 하지 못하니 임수자체의 일이 발생하는 것이다. 실제로 목에 악창이 생겨 정신혼미로 추락사하였다.

용신의 뿌리인 인은 화국으로 변하여 甲木용신의 역량은 쇠약하다. 己未대운 壬申유년이 되면 甲목은 대운에서 동한 己토와 合하여 土로 변하니 유년의 壬수편재를 보자마자 군비쟁재하여 목숨을 앗아간 것이다.

申년에 寅申沖하고 巳월에 寅巳申삼형으로 독열이 미리위로 치밀어 사망에 이른 것이다.

庚 甲 壬 戊
午 寅 戌 子

土가 宗主이고 偏財星으로 차종주의 생을 받으니 剋法取用으로 土體木

水용조이고 壬水가 用神이다.

운에서 임계수가 오면 무계합화로 회극되니 발복하기 어렵다. 해자운은 水火交戰이 되므로 인성운이 와도 발달이 어렵다. 무토가 병이니 제거해주는 갑을목운이 오면 약신으로 비약적인 발전이 된다. 지지로 들어오는 寅卯는 水를 설하고 火를 생조하여 흉으로 변한다. 병운은 기신으로 허영에 그치고 축토운은 습토로 晦火蓄水하고 潤木하니 좋다.

丁 庚 丁 庚
丑 辰 亥 辰

金이 宗主이니 金體火用이다. 丁火가 雙透하고 지지에 음지만으로 구성되어 음양도충으로 정화는 허자에 통근되어 취용되기 때문이다. 丙午년이 되니 그 해에 향시에 합격하고 이듬해 丁未년에 회시에 합격하였다. 寅 대운에 들자 벼슬길이 순탄하여 승진을 거듭했고 辛卯 대운에 이르자 辛은 절각의 金이고 원국의 丁火에 의해 극을 받으니 흉하지 않아 벼슬이 郡守에 이르렀다. 壬辰 대운은 천간의 壬水가 水庫 辰에 통근하고 다시 壬申년이 오자 두 개의 丁이 극을 받아 다치니 죽고 말았다.

壬辰 대운은 水가 天透地藏하여 그 힘이 본래 강한데다가 원국에 水가 왕하므로 壬申년이 되자 대운 유년의 두 壬이 원국의 두 丁을 극합하고 지지에 申辰亥丑이 되어 水가 범람한데 원국천간에 甲乙이 없어서 水生木, 木生火가 되지 못하고 戊己戌未가 원국에 없어 水를 막지 못해 용신이 멸절되어 죽은 것이다.

丁 庚 戊 乙
丑 辰 子 未

水가 宗主이니 水體土火用組이고 丁火가 用神이 된다. 丙 대운에 벼슬길에 올랐다. 乙대운의 癸酉年에 천간 乙은 대운 지지 酉의 극을 받아 질각되이 무력하므로 木이 아니고 실제로는 金과 같으니 유년 천간 癸水

는 유년과 대운의 지지 酉의 생조를 받아 왕한 데다가 원국의 月令이 子水이므로 유년 천간 癸는 원국의 戊와 합하여 火로 化하지 못하여 丁火를 극한다. 癸酉年 辛酉月에 원국의 용신 火와 희신 木이 모두 파괴되어 불측의 화를 당해 죽고 말았다.

丁 丙 乙 戊
酉 寅 卯 子

사주는 理法으로 보면 간단하다. 木이 宗主이니 木體金用이다. 酉金이 용신이다. 초년 대운 丙辰, 丁巳에 遺業이 점차 기울더니 戊午, 己未 대운에 이르자 燥土가 金을 생하지도 못하고 왕한 火氣를 설기시키지도 못하여 경영의 실패로 많은 빚을 지고 외국으로 도망을 쳤다. 庚申, 辛酉 대운이 오자 20년 동안 많은 돈을 벌었다.

乙 辛 己 癸
未 卯 未 未

土가 宗主이니 土體木水用組이고 乙木이 用神이다. 乙卯대운에 수백억을 벌었다. 만화계의 대부인 임씨의 사주이다.

甲 丙 癸 丙
午 午 巳 申

화가 종주이니 화체수용으로 계수가 용신이다. 초년 갑오운에 양인이 창궐하니 부모가 죽고 을미대운에 군비쟁재를 도우니 가산을 탕진했다.

丙申, 丁酉대운은 원국에서 투간한 병정화가 화극금으로 回剋하니 戊戌운까지 가난으로 뼈에 사무쳤다.

庚 丙 甲 辛
寅 辰 午 卯

목이 종주이고 인성이니 木體金用으로 경금이 용신이고 水는 運의 用神이고 藥神이다. 초년 癸巳, 壬辰 대운에 용신을 도우니 돈 많은 집에 태어나 걱정 없이 지냈다. 辛卯 대운에 천간의 金이 절각이 되어 가족이 죽고 가산이 기울고 재산의 대부분을 잃었다. 庚대운 丙寅년에 부인이 죽었으니 이는 천간의 庚이 대운 지지 寅에서 절각된 데다가 丙寅유년이 庚金을 극하고 庚은 絶하고 丙은 장생한 연고이며, 원국에 制化의 神이 없고 甲午月이 되자 木이 火勢를 따랐으므로 재앙이 끊이지 않더니 병으로 죽었다.

癸巳·壬辰 대운에 관살운이므로 대운 천간의 壬·癸가 군비쟁재됨을 막아주었고 대운 지지 辰土가 재를 생했으므로 가업이 풍부했던 것이다. 辛卯 대운은 재성이 무근한데다가 丙辰, 丁巳 유년이 와서 대운 천간과 유년 천간은 비록 극합되어 흉했으나 운 지지에서 재성이 통근하고 생조를 받아 죽음은 면했으나 庚寅 대운 丙寅년이 되자 庚이 절각이 되고 寅이 세운병림하여 왕성하고 원국의 기신 木火가 생왕되므로 丙寅 유년에 지지에 火가 왕성해지고 천간에 丙이 투출하고 원국에 壬癸가 없어 火를 回剋하지 못하고 원국에 戊己가 없어 轉化되지 못하므로 기신을 감당하지 못하여 庚金이 상하니 군비쟁재가 되므로 처가 죽고 자신마저 죽은 것이다.

사주에 비겁이 창궐할 때는 관살운이 오면 버틸 수 있어도 재운이 오면 버틸 수 없다. 그 이유는 관살은 비겁을 두려워하지 않는데 반해서 재성은 비겁을 만나면 꼼짝 못하기 때문이다. 재성이 용신인데 재성운이 와서 오히려 극처 상신하고 파산하는 이유는 원국과 대운과 유년과 유월을 종합해 볼 때 재성이 운에서 와도 약하여 감당치 못하고 도리어 함정 안으로 뛰어드는 결과가 되기 때문이다.

그러므로 편재운에 부친이 죽고, 여자는 식상운에 자식이 죽으며, 남자는 관살운에 자식이 죽고, 인성운에 모친이 죽는 것이다. 육친에 해당하는 오행이 운에서 올 때는 비록 희신일지라도 세력이 약하고 반격을 당하면 도리어 그 육친이 변을 당하는 것이다. 이와 반대로 기신운이 오면 그 기신이 극하는 육친에게 재앙이 생긴다. 그러므로 재운이 온다고 해서 돈을 벌고 여자가 생긴다고 속단하면 안 되며 오히려 극처하고 파산하는 것을 조심해야 하는 것이다. 특히 군비쟁재가 된 사주는 재운에 생명을 잃을 위험까지 있다.

辛 丙 辛 庚
卯 寅 巳 寅

화가 종주이고 비겁이니 火體水用으로 수는 약신이 되고 금이 용신이 된다. 수는 운에서 용신작용한다.

초년운 壬午·癸未 대운은 대운 천간 壬癸가 뿌리가 없는 절각의 水로서 재성을 설기하고 대운 지지 午未가 남방의 火地라서 火를 치열하게 하여 재성을 극하니, 부잣집에서 출생했으나 일찍 부모가 죽고 고생이 많았다.

甲 대운은 대운 지지가 申이니 본래는 큰 재앙은 없어야 할 것이지만 유년이 木火로 행하니 甲寅·乙卯·丙辰·丁巳년에 처자식이 죽고 집안이 기울었다. 申운이 오자 病神인 寅木을 沖하고 원국 천간의 庚辛金이 대운 지지 申에 통근하니 마른 싹이 물을 만난 격으로 돌연 발달했다.

申은 역마이면서 재성이므로 외국에 출입하여 돈을 버는데 경영이 순조로워 庚申, 辛酉년에 많은 돈을 벌었다. 乙酉 대운까지의 15년 동안에 대운 천간의 乙木이 본래 기신이나 원국의 庚과 합해 金으로 化하는 추세가 있고 酉가 원국의 巳와 합해 金局을 이루니 조상의 유산보다 몇 배나 더 큰 재산을 모았다. 丙戌 대운 丙子 유년에 중풍이 들어 쓰러져 일어나지 못했다. 이는 군겁쟁재가 되고 유년 지지 子水가 火를 제압하기에 역부족이었고 오히려 병신 寅卯를 생조한 까닭이다.

甲 戊 己 庚
寅 辰 卯 辰

칠살이 왕하여 殺制化格이 먼저이다. 제살하는 경금이 용신이다. 壬午 대운은 재성과 양인이 함께 오니 일덕격이 꺼리는 바이고, 丁巳유년에 寅巳刑이 되어 乙巳月에 죽으니 나이 서른여덟이었다. 평생 동안 구두쇠 노릇을 하고 적선을 하지 않았으며 惡疾이 끊이지 않았던 사람이다.

초년운 庚辰, 辛巳 대운은 金土가 有情하니 괜찮았으나, 壬午 대운 丁巳 유년이 되자 대운 천간 壬水가 원국의 유년 천간 丁과 합하여 木으로 변하고, 대운과 유년의 지지 巳午가 火方을 이루는 추세이고 유년 천간에 丁火가 투출하고 巳月에 火神이 권세를 잡아 원국의 용신 庚金을 극하여 사망한 것이다.

대운과 유년 배합의 결론 어려서부터 늙을 때까지 해마다 다르게 찾아오는 유년은 비록 대운만큼 중요한 것은 아니지만 원국 및 대운을 능히 扶抑한다. 이 말은 대운이 인간에게 끼치는 영향은 유년보다 훨씬 중요하지만 유년이 와서 원국 및 대운의 成敗得失에 영향을 미친다는 뜻이다. 그러므로 대운은 반드시 유년과 함께 참작해 봐야 비로소 어떤 년이 길하고 어떤 년이 흉한지 명확히 알 수 있다.

원국에 沖剋이 된 것을 유년이나 대운이 와서 그것을 합하면 충극이 해소된다. 원국에 合局이 없어도 대운이나 유년이 와서 合局을 해소할 수가 있다. 원국에 충극이 없어도 운에서 충극이 될 수 있다.

원국이 대운과 합할 때는 化神의 引化가 있어야 비로소 화하며 그렇지 않으면 化하지 못한다. 화신의 무는 주로 유년에 의존한다.

대운과 유년이 원국을 合局하는 동시에 충극할 때는 合局으로 논한다. 운이 원국과 합국할 때 유년에 化神이 있으면 그 화신이 合去되는지를 본다. 합거되면 引化의 역량이 소멸되므로 合이 될 뿐 化하지않는다. 원국에 合局이 있는데 운에서 또 합국이 될 때는 원국의 충극은 소멸되고 운과 원국의 합국으로 본다. 원국에 충극이 있는데 운에서 또 충극이 될 때는 원국의 충극은 소멸되고 운과 원국의 충극으로 본다.

원국에 刑이 없어도 운이 와서 원국과 刑이 되면 刑으로 본다. 원국에 沖局이나 合局이 있는데 운에서 刑이 오면 원국의 충국과 합국은 해제되고 운과 刑하는 것으로 본다. 대운과 유년이 합국하면 化하지 못한다. 모든 것은 원국과 관련될 때 비로소 化가 된다고 본다.

운이 원국의 기신을 剋制하면 길하고 원국의 희용신을 극제하면 흉하다. 운이 원국의 기신을 沖去하면 길하고 희용신을 충거하면 흉하다. 운이 원국의 기신을 합거하면 길하고 희용신을 합거하면 흉하다. 운에서 화용신이 왔는데 원국의 육신이 운의 희용신을 극제, 충거, 합거하면 평범하다.

운에서 기신이 와도 원국에 의해 극제, 충거, 합거하면 평범하다. 운과 원국이 合化하면 化神이 희용신이면 길하고 기신이면 흉하며 화신이 한신이면 평범하다. 운에서 기신이 와도 원국의 육신에 의해 용신을 生하면 오히려 길하다. 운이 원국과 형이 되면 흉하다. 원국과 대운과 유년의 三支가 方局이나 三合局을 이루면서 化神이 원국의 천간에 있거나 유년 천간에 있어 合化에 성공하면 그 해에는 가장 큰 영향이 있다. 해당되는 지지의 본래 오행은 완전히 소멸되고 化神만 왕성하게 되므로 化神이 희용신이면 대길하다. 화신이 기신이면 대흉하여 주거나 중상을 입거나 수술을 하거나 파산하거나 가정이 파탄되는 등의 재앙이 있다. 대운 간지와 유년 간지가 天剋支沖이 되는 해는 흉하다. 유년 간지와 원국의 어떤 柱의 간지가 천극지충하면 그 해는 흉하다.

원국, 대운, 유년의 三支가 一支를 충하거나 三干이 一干을 극하면 의외의 재앙이 따르고 심하면 생명을 잃는다. 二支가 一支를 충하고 二干이 一干을 극하면 재앙은 가볍다. 이 항목은 격국용신과 무관하게 발생하는 사항이다. 원국, 대운, 유년의 一支가 三支를 형하거나 三支가 一支를 형하거나 혹은 용신이 刑을 중첩되게 받거나 혹은 本限을 刑하면 의외의 재앙이 생기고 심하면 사망한다.

원국, 대운, 유년을 조합했을 때 四支가 一支를 합하거나 四干이 一干을 합하거나 혹은 一支가 四支를 합하거나 一干이 四干을 합하면 지속적인 재앙이 생긴다. 주로 개인적인 감정 풍파가 있고 혹은 질병, 손재의 재앙을 만난다.

상관이 용신일 때는 운에서 칠살이 오면 안되고 정관이 용신이면 운에서 상관이 오면 안된다. 이것을 범했을 때는 재앙이 무궁하여 관재가 있다. 여자는 부부의 인연이 깨진다. 대운 유년의 二支가 一支를 충하면 처에게 흉함이 생긴다. 원국, 대운, 유년을 배합하여 두 쌍의 방국 또는 두 쌍의 삼합국 또는 두 쌍의 六沖이 되면 그 해는 큰 재앙이 있고 사망할 위험이 있다.

원국에 沐浴이 있는데 목욕의 유년이 오면 여의치 못하다. 유년과 대운이 서로 공망이 되는 해는 되는 일이 없다.

5) 六親的 通辯

(1) 육친의 덕과 육친의 상황

생년궁은 根基先祖 생월궁은 父母苗요 생일궁은 己身花요 생시궁은 妻子로다. 생년 생월 刑沖 하면 父祖 간에 各居 했고 생일 궁이 생월 형충 抛離故基 하게 된다. 이석영[49]의 추명가에 따르면 부모덕은 월주로 보고, 배우자덕은 일시로 본다. 그러나 년령대를 고려해서 봐야 한다. 18세 이전은 선대를 감안하고 18세 이후는 선대를 제하고 간명한다.

① 부모

희용이 년주에 있으면 선대에 부를 누렸고 월주에 있으면 부모대에 富貴를 누린 것이다. 희용을 보는 것과 달리 해당육친의 상황은 正位宮에

49) 이석영은 호가 자강이고 1920년 생으로 이북지역에서 태어나고, 1948년도에 남쪽으로 내려와 사주첩경을 완결하였으며, 하루에 80명을 보았다고 할 정도로 서울 시내에서는 굉장히 유명세를 날렸다. 특히 그의 저서 "사주첩경"은 명리의 필독서가 되었으며, 한국식 명리학서를 만든 공로가 크다.

인종하여 보는 것이다. 희신인데 없으면 인연이 박하고, 기신인데 있으면 인연이 박하다. 특히, 천간을 본다. 천간 지지가 모두 없거나 모두 있으면 그 작용은 더 강해진다.

일간의 인성은 모친에 해당하고 편재는 부친에 해당하고 형제자매는 비겁에 해당하고 자식은 관성에 해당하고 배우자는 배성에 해당하는데, 해당육친에 正位宮에다 갖다 놓고 생극을 보면 해당육친의 상활을 알 수 있다. 육친은 年干이 父에 해당하고 年支가 母에 해당한다. 월간은 형제이고 월지는 자매에 해당한다. 일간은 자신이고 일지는 배우자에 해당한다. 시간은 아들이고 시지는 딸이다.

년간은 부친성인 편재가 임하는 정위인데, 편재를 살리는 식상, 재성, 관성운이 년간에 임하면 부친이 유리하다. 인성과 비겁이 임하면 편재는 극을 당하니 부친이 불리하다.

년지에 정인을 살려주는 관성, 인성, 비겁운이 오면 모친에게 유리하고 정인을 극하는 재성, 식상운이 오면 모친에게 불리하다.

年柱나 月柱에 희신이 많으면 부모와의 인연이 두텁고, 기신이면 부모와의 인연이 박하다. 年柱와 月柱에 원래 희신이 있는데, 그것이 沖이나 合으로 잃게 되면 부모와의 인연이 박하게 된다. 인성과 재성의 구조가 특히 나빠도 부모의 인연이 박하다.

② 형제

월간은 형제궁이니 비겁을 극하는 관살이나 재성이 임하면 형제가 불리하고 비겁을 살리는 비겁이나 인성운이 오면 형제에게 유리하다. 형제에게 불리하면 형제는 병고나 요절하거나 어렵게 살아간다. 월주가 희신이면 인연이 좋고 기신이면 인연이 나쁘다. 月干이 관성이고 기신이면, 형제간에 우애가 적다.

③ 배우자

배궁에 처성을 극하는 인성이나 비겁이 있으면 처가 불리하고 부성을 극하는 비겁이나 식상이 있으면 남편이 불리하다.

일지와 시지가 六合되면 결혼이 늦다. 일지에서 투간된 천간의 통변성은 배우자의 유형을 나타낸다. 일지의 12운성은 결혼 생활의 상황을 나타낸다. 일지가 희신이면 배우자의 내조나 도움이 크다. 상대방의 명조에 내 희신이 많으면 매우 좋아하게 된다. 기신이 많으면 상대방이 아무리 공세를 펴도 마음이 움직이지 않는다. 부부간에 희신이 같은 오행이면, 정이 두텁다. 대운에서 길흉의 시기가 같으면 인연이 두텁고, 그 반대라면 인연이 두텁지 못하다. 일지가 沖을 당하면 이별의 기운이 강하다. 일지에 기신인 식상이 있는 여성은 남편과의 인연이 박하다. 일지에 기신인 비겁이 있는 남성은 아내와의 인연이 박하다. 여성의 명조에 관성이 지지에 식상으로 구성되면 부부갈등이 심하다.

④ 자녀

시주에 관성을 극하는 식상이 있으면 자녀가 불리해진다. 자녀의 유산, 요절이 있다. 자녀수의 많고 적음은 水의 多少가 영향을 준다. 희신인 자식성과 조화를 이루면 자녀와의 인연은 양호하다. 화염토조나 금한수냉은 자녀를 갖기 어렵다. 水가 있어도 合이나 沖으로 잃은 명조가 더 자녀를 갖기 어렵다. 水는 생식 작용을 조정한다.

壬 辛 庚 甲
辰 丑 午 辰

형제자매궁에 칠살이 임하니 형제자매 중에 요절하거나 병고를 겪는다. 실제로 누나가 8세에 요절하였다.

壬 丁 癸 己
寅 未 酉 亥

월간에 칠살이 비겁을 극하니 형제자매에게 형극이 있었다. 모친궁에 인성이 갑기토로 변하여 회극되어 인성을 극상하므로 모친은 다병고를 겪었다.

戊 癸 庚 癸
午 丑 申 未

년간에 비견이 임하여 편재를 극하니 부친에게 불리하다. 년지에 편관이 있어 토생금하니 모친이 유리하여 장수한다. 실제로 부친은 체력노동을 하다가 54세에 사망하였다. 모친은 82세수를 누렸다.

상관이 기신이면 궁위에 해당하는 육친은 병상고를 겪거나 사고사를 겪는다.

乙 甲 丁 戊
亥 午 巳 子

火體水用이다. 상관이 기신이고 월주에 임하니 모친이나 형제자매가 조망하게 된다.

戊 癸 癸 丁 건
午 未 丑 酉

금이 종주이니 金體火用으로 오화가 용신이고 시주에 희용이 작용하므로 자식덕이 후하다. 酉가 모친이고 酉丑 合으로 강화되니 부친보다 모친이 장수한다. 酉丑 合이 되면 금생수가 되기 때문이다.

乙 甲 丙 甲
亥 辰 子 午

수가 종주이니 水體火用이다. 모친에 해당하는 수가 기신이니 모친덕이 없다. 모친궁이 자오충이 되므로 모친덕을 기대할 수 없다. 부친은 희신에 해당하므로 부친덕이 있고 병화가 갑목의 생을 받으니 부친은 장수한다.

己 己 己 甲
巳 卯 巳 戌

갑기합화토하므로 부모가 갑부이다.

(2) **배성과 인연**

일지가 印比食이면 배우자가 있다. 일지가 財殺傷官이면 반드시 月支에서 生旺해야 배우자가 건재한다. 干支는 상생, 比和되면 신속히 배우자를 만난다.

① **조혼유리**

원국에 간지합이 많으면 조혼한다. 지지삼합이나 방합이면 조혼한다. 원국에 관살이 투간되면 일찍이 남편을 만난다. 관살이 년간에 투간되면 조숙하다.

② **만혼유리**

配宮이 剋配星이고 配星이 기신이면 만혼한다. 관살이 왕하고 일주가 쇠약하면 만혼한다. 식상태왕하고 관성이 약하면 만혼한다. 일지편인은 만혼한다. 배궁이 공망이거나 배궁이 충파되면 만혼해야 한다. 관살이 늦게 출현하면 만혼한다. 배성이 기신이면 만혼한다. 월시지가 합국되면 만혼해야 한다. 운로가 상관운이고 기신운이면 결혼을 피하는 것이 좋다. 관살이 약하고 인성이 왕하면 만혼하는 것이 유리하다. 비겁이 왕하고 관살이 약하면 만혼하는 것이 유리하다.

丙 乙 甲 辛
子 酉 午 亥

日支가 殺이고 월령을 잃었으니 婚事가 어렵다.

壬 壬 乙 乙
寅 午 酉 卯

日支가 財이고 월령을 잃었지만 寅午 半合으로 婚事는 된다.

壬 癸 庚 癸
戌 巳 申 巳

日支가 財이고 월령을 얻지 못하고 時支에 入墓하여 평생 독신이다.

6) 空亡

연지 공망은 조업을 파하고 실적이 없으며 고생한다. 월지 공망은 형제의 조력이 없다. 일지 공망은 배우자 인연이 박하다. 시지 공망은 자식덕이 없고 만년이 고독하다. 연·월지 공망은 처자와 이별한다. 연·월·시지 공망은 귀한 사주가 되어 길해진다.

비견·겁재 공망은 형제가 무력하다. 식신·상관 공망은 남자는 실직 경험하고 주변에서 재능을 알아주지 않는다. 여자는 자식과 인연이 없어 출산과 양육이 어렵다. 상관공망은 종교계로 가고, 藝技에 능하고 정신적 차원이 높다. 말만 앞선다.

재성 공망은 재욕은 강하나 이루기 어렵고, 財의 변화는 수명과 관계하므로 미약한 財가 空亡이면 온몸이 아프다. 남자는 배우자 덕이 없고, 여자는 시어머니 덕이 없다. 관성 공망은 자식과 인연이 박하고, 명예욕 강해 謀事를 꿈꾸고 자존심 강하다. 여자는 남편 덕이 없고, 남편과 생사별을 한다. 칠살 空亡은 반골이고 여성은 남편 복 없다.

인성 공망은 부모가 무력하여 가정이 쓸쓸하고, 총명하지만 학업운이 받쳐주지 않고 모친의 자애를 그리워한다. 만학하고 주거가 불안하다. 편인 空亡은 직업이 일정치 않고 배움의 시기를 놓친다.

귀인이 空亡이면 은인과 인연 오래 안가고, 羊刃이 空亡이면 교만이 적을 만든다. 華蓋가 空亡이면 절대 고독 지양하고, 驛馬가 空亡이면 발전이 지연된다. 겁살이 空亡이면 냉혹해지고 盜氣가 있고, 桃花가 空亡이면 멋과 풍치 있으나 解空될 때 익사, 횡사 수 있다. 건록이 空亡이면 일간空亡이니 유명무실 되기 쉽고, 일간 空亡 또는 일간이 年干을 극하면 자기중심적이어서 믿음이나 의리를 저버린다.

戊 壬 癸 丁 乾
申 辰 丑 未

丁火 재성 空亡이니 재물에 대한 욕망은 강하여 투자하나 실패하여 散財된다. 空亡들면 빈 것을 채우려 갈망하는데 남명의 財空, 여명의 官空은 배우자에게 집착한다. 日支 空亡이고 財官이 없으면 이성을 찾아 나선다. 비겁 空亡은 형제 우애 부러워하면서 협동심은 결여되어있고, 식신空亡은 탐구 호기심은 많고 언어는 화려한데 외화내빈이다.

乙 甲 庚 甲 乾
丑 戌 午 戌

申酉 金空이다. 庚金 空亡 殺空亡이다. 알콜중독으로 사망했다.

壬 辛 辛 辛 乾
辰 酉 丑 巳

子丑 水空이다. 時干 壬水가 공망이나 巳酉丑으로 生을 받아 旺氣를 얻어 비상한 才氣 소유자로 세계적 물리학자이다.

丙 壬 癸 丁 坤
午 寅 亥 酉

四大空亡은 水이다. 일간空亡 月支 록으로 孤命이다. 비겁 空亡으로 이혼했고 그 후도 이성 관계 순탄치 않았다. 공망 중에 사대공망오행의 글자가 있으면 어떤 형태로든 굴곡을 겪고 지나야 성업하고 공명을 이룬다. 특히 육친과 관련해서는 필시 근심이 서리므로 위중한 요소다.

乙 癸 壬 壬 乾
卯 酉 子 子

사대공망은 水이나 자월임수는 왕기를 띠어 진로를 변경한 후에 발전에 속도가 붙었다. 고등고시준비를 접고 대기업에 취업하자마자 승진을 거듭했다.

壬 癸 庚 癸 坤
戌 巳 申 巳

사대공망은 金이나 월간경금이 왕기를 띠어 이로로 공명을 이뤘다. 한동안 고위직과는 인연이 닿지 않아, 마음고생을 하다가 일시에 출세했다.

사대공망이 있으면 일생건체하고 요절하는 일도 적지 않다. 일주가 사대공망이 기준이다. 가령, 甲寅이나 甲申순중의 일주의 사대공망은 金인데, 생년이 납음오행으로 금이면 사대공망을 범한 셈이 되어 여지없이 흉의가 나타난다.

辛 丙 壬 癸 坤
卯 戌 戌 卯

년주癸卯의 납음오행이 금박금으로 사대공망을 범했다. 유명한 배우였는데 41세가 되던 2003년 계미년에 사망했다.

癸 戊 庚 乙 坤
丑 辰 辰 卯

년주乙卯의 납음오행은 대계수로 사대공망을 범했다. 전설적인 가수였는데 40대인 1959년 기해년에 사망했다.

壬 癸 癸 庚 坤
子 卯 未 午

丙子유년에 살해된 여아인데 병자의 납음오행이 간하수로 바로 이 해에 사대공망을 범한 셈이 됐다.

癸 癸 戊 辛 乾
亥 卯 戌 丑

생시癸亥는 대해수로 사대공망을 범했다. 또한 시간계수는 절로공망이니 일신의 형액과 고단함을 암시한다. 사대공망의 경우에는 비록 왕기를 얻어도 해당 육친이 무덕하거나, 육친으로 인한 근심이 있다.

己 庚 丙 甲 乾
卯 子 子 寅

월일지의 자수가 사대공망을 범했다. 비록 일지는 왕기를 얻었지만 좀체 혼사가 성립되지 않는다.

辛 辛 乙 辛 乾
卯 酉 未 巳

년주 辛巳의 납음오행이 백납금으로 사대공망을 범했다. 글자 오행에 대비해도 년일시간의 신금이 사대공망을 범했고, 일지유금은 충으로 해공되어 처궁은 건전한 편이다.

丁 庚 癸 庚 乾
亥 寅 未 戌

년일간이 공히 사대공망을 범하면 자연 철학에 관심을 두게 된다. 일간공망이자 체의 공이기 때문이다.

丁 丁 庚 辛 坤
未 酉 子 丑

사대공망은 水가 자축합으로 해공되어 공망을 논하지 않지만, 丁未가 천하수로 납음오행이 사대공망을 범하여 자식으로 인한 근심이 있었다.

표<3-4> 공망조견표

一旬	海中金		爐中火		大林木		路傍土		劍鋒金		空亡	四大空亡	絶路空亡
	甲子	乙丑	丙寅	丁卯	戊辰	己巳	庚午	辛未	壬申	癸酉	戌亥	水	甲己日干
二旬	山頭火		澗下水		城頭土		白蠟金		楊柳木		六甲空亡	四大空亡	絶路空亡
	甲戌	乙亥	丙子	丁丑	戊寅	己卯	庚辰	辛巳	壬午	癸未	申酉	無	乙庚日干
三旬	泉中水		屋上土		霹靂火		松柏木		長流水		空亡	四大空亡	絶路空亡
	甲申	乙酉	丙戌	丁亥	戊子	己丑	庚寅	辛卯	壬辰	癸巳	午未	金	丙辛日干
四旬	砂中金		山下火		平地木		壁上土		金箔金		空亡	四大空亡	絶路空亡
	甲午	乙未	丙申	丁酉	戊戌	己亥	庚子	辛丑	壬寅	癸卯	辰巳	水	丁壬日干
五旬	覆燈火		天河水		大驛土		釵釧金		桑柘木		空亡	四大空亡	絶路空亡
	甲辰	乙巳	丙午	丁未	戊申	己酉	庚戌	辛亥	壬子	癸丑	寅卯	無	戊癸日干
六旬	大溪水		沙中土		天上火		石榴木		大海水		空亡	四大空亡	絶路空亡
	甲寅	乙卯	丙辰	丁巳	戊午	己未	庚申	辛酉	壬戌	癸亥	子丑	金	無

7) 疾病과 健康

(1) 사주와 질병건강

太過五行은 實症으로 病이 나타난다. 無五行이나 太弱五行은 虛症으로 나타난다. 태과로 나타난 실증은 重症이고, 불급은 태약으로 나타난 허증은 輕症이다.

사주에 태과한 오행의 장부는 기능이 항진되어 병의 원인이 되기도 하고, 없거나 태약오행의 장부는 기능이 약화되어 병의 원인이 되기도 한다. 종주오행과 태과한 오행은 구분해야 한다. 宗主五行은 土의 변화를 고려한 것이고, 太過五行은 土의 변화를 고려하지 않은 것이다. 종주오행은 용신을 구하는데 필요한 오행이고, 太過五行은 질병과 건강을 진단하는데 필요한 오행이다. 태과오행은 사주에 많이 차지하고 있는 오행으로 질병의 상태를 좌우한다. 태과오행에 병들면 못 고친다. 사람은 태어날 때부터 태과 및 불급을 짊어지고 나오는데 질병과 번뇌의 원인이다. 병을 치유한다는 것은 선천적인 태과 및 불급을 극복하는 것이다.

간은 심장을, 심장은 비장을, 비장은 폐를, 폐는 신장을, 신장은 간의 기능을 도와주는 상생작용에 따라 신체의 어느 부위가 약해지면 순차적으로 다른 부위까지 영향을 주게 된다. 간이 나쁜 사람은 심장이 약해지고 이어서 비장을 약화시키는 등 작용이 연쇄적으로 일어난다.

상극작용으로 간은 비장을, 비장은 신장을, 신장은 심장을, 심장은 폐를, 폐는 간의 기능을 억압하여 약화시킨다. 간의 기능이 너무 강하게 되면 비장을 해치고, 비장은 신장을 해치는 작용으로 역시 다른 기능들이 덩달아 약해지는 것이다. 결국 오장 육부의 균형 있는 작용은 건강을 유지시키며, 太過五行으로 불균형 된 오장육부는 반드시 기능의 약화나 질병의 요인이 되는 것이다.

오행이 태과하거나 불급이면 해당 질환에 걸리기 쉽다. 혈액의 질환은 木이 마르고 水가 없는 경우이고, 원기의 부족은 土가 습하고 火가 없는 경우이고, 해수병은 金水 상관에 겨울에 壬이 강한 경우이고, 담질환은 金水 상관에 丁이 강한 경우이고, 피부병은 土일주가 丙이 강하고 癸가 없는 경우이고, 종기병는 지지에 火金이 많고, 천간에 투간되지 못한 경우이고, 소화불량은 水土 상극 경우이고, 양기부족은 金水가 없거나 극을 당한 경우이다.

① 木太過와 木不及

木은 간과 담의 장부를 말한다. 간이 좋지 못하면 근육이 힘이 없고, 시력도 나빠진다. 간이 크면 화를 잘 내며, 신맛 나는 것은 간에 관련되어 피로할 때 신 것을 먹으면 피로가 회복된다. 손톱을 통하여 간의 건강을 알 수 있고, 간은 푸른색이라 녹색계통의 채소를 먹으면 간이 좋아진다. 간이 나빠지면 얼굴에 푸른빛이 돈다. 간은 바람으로 간에 이상이 생기면 풍기가 나타난다. 자두가 익기 전에 진한 청록색을 띠고 신맛이 강한데 간에 좋은 열매다.

木이 태과하면 간담의 기능 항진으로 신경성, 위산 과다분비가 발생하며 이로 인하여 중풍이나 소화 장애, 간암 등이 생긴다. 신경이 날카로운 사람이 살이 안찌는 이치와 같다. 또 신경 쓸 일이 생기면 잠도 제대로 자지 못하는데 이는 비위가 불편하기 때문이다. 木이 없거나 태약하면 시력저하, 혈기불순, 신경쇠약, 간담병, 탈모증, 손바닥 갈라지이 생긴다.

② 火太過와 火不及

火는 심장과 소장을 말하며 심포와 삼초를 포함한다. 심장이 건강하고 좋으면 표정이 밝고 잘 웃으며 명랑하다. 의사가 혀를 보는 것은 심장상태를 보기 위한 것이다. 쓴 음식은 심장과 관련 있다. 혈액순환이 좋으면 얼굴에 화색이 돌지만 이상이 생기면 얼굴에 붉어진다. 빨간 고추 등 빨간색 음식은 심장을 좋게 한다. 심장은 열을 내는 곳으로 심장이 좋지 않으면 몸에 열이 난다. 빨간 자두는 심장에 좋다.

火가 태과하면 심장병, 순환, 고혈압, 뇌염, 치질, 구강암, 疝氣(산기), 중풍, 골절 마비, 출혈이 생기고, 심장기능의 강화로 피의 순환에 이상이 생겨 혈압이 비정상이 된다. 폐는 심장을 식히는 작용을 하는데 폐가 약화된다. 사주에 화가 많은 사람은 담배가 매우 해롭다. 담배가 더욱 폐를 약화시켜 폐암이 될 수도 있다. 또한 목이 불타 버리므로 대머리가 될 수도 있다. 사주에 화가 많은 사람은 배우지 않아도 말이 유창하다. 공부는 등한시 하고 입으로 한 가닥 한다. 火없거나 태약하면 패혈증, 농혈,

정창, 부인병 관절염, 빈혈, 저혈압이다.

③ 土太過와 土不及

土는 비위를 말하며 비위가 좋으면 아무거나 잘 먹어 살이 찐다. 비위는 입과 관련 있고 비위가 이상이 생기면 생각을 별로 하지 않거나 또는 깊은 생각에 빠져 고민을 많이 한다. 단 것을 먹으면 소화가 잘되어 살이 찌고, 입술의 상태로 비위의 건강을 알 수 있다. 비위가 좋지 않으면 얼굴이나 몸이 누렇게 된다. 비위는 습한 것으로 살이 찐 사람은 피부에 습진이나 무좀이 잘 발생한다. 대추는 비위를 편하게 한다.

사주에 土가 태과하면 심장병, 폐질환, 고혈압, 빈혈, 발광, 야뇨증, 중풍, 위암, 자궁암, 변비가 있고, 비위기능이 좋아져 밥맛이 좋고 살이 찐다. 배가 부르고 살이 찌면 몸이 둔해지고 잠도 많이 자며, 신장 기능을 저해하여 정력이 약화된다. 또한 수는 지혜를 뜻하므로 머리가 둔해져 지혜롭지 못하게 한다. 土없거나 태약하면 부종 각기병 구취 위장병 설사 당뇨가 있다.

④ 金太過와 金不及

金은 폐와 대장을 말하며 폐가 좋으면 피부가 건강하다. 폐에 이상이 생기면 코의 기능도 이상이 생겨 감기가 들면 콧물이 나온다. 폐가 좋지 못하면 근심, 걱정, 슬픔이 많다. 매운 맛은 폐를 건강하게 하며 폐가 좋으면 몸에 털이 많다. 폐는 흰색으로 폐가 좋으면 얼굴이 백색 미인이고 폐가 좋지 못하면 얼굴이 하얗게 창백하여 진다. 하얀색 무우, 양파, 복숭아를 먹으면 폐가 좋아져 담배 피는 사람에게 좋다. 폐는 건조하여 폐가 좋지 않으면 피부가 건성을 띤다. 복숭아는 폐에 좋다.

사주에 金이 태과하면 맹장염, 폐암, 골절, 폐질환이 생기고, 폐가 강하고 산소가 많아져 영양분을 저장하는 간의 작용을 방해하고, 운동을 많이 하여 산소공급이 활발해지면 피곤해 진다. 金이 없거나 태약하면 코막힘, 치질, 기천, 탈홍, 신경통, 치통, 해수이다.

⑤ 水太過와 水不及

水는 신장과 방광을 말한다. 신장이 건강하면 뼈가 튼튼하며 사람의 정력은 뼈에서 나온다. 귀와 관련 있어 소리를 잘 들으며 신장이 나빠지면 청력이 약해지는데 나이 들면 신장 기능의 약화에 따라 정력이 약해지고 말을 잘 못 알아듣는다. 신장이 나쁘면 두려움, 공포, 불안, 초조하다. 짠 음식은 신장 기능을 강화시키나 많이 먹으면 심장이 약해진다. 신장이 좋으면 머리털에 윤기가 나며 까만 콩이나 흑염소를 먹으면 신장이 좋아지고, 신장이 나쁘게 되면 얼굴이 새까맣게 된다. 신장은 차가운 것으로 신장에 이상이 생기면 몸이 차가워진다. 밤을 먹으면 신장을 강화시킨다.

사주에 水가 태과하면 빈혈, 발광, 치매, 곱추병, 골암, 혈액암이 생긴다. 신장기능이 강화되는 반면 심장이 약화되고, 정력을 너무 소모하면 정신이 몽롱해진다. 水이 없거나 태약하면 조루산기, 泄痢(설리), 신장결석, 대하, 고혈압이다.

천간 지지가 상징하는 인체의 부위에 익숙하면 질병의 판단은 어렵지 않게 된다. 질병은 사주에서 오행이 조화되지 않아 발생하므로 특정 오행이 너무 많거나 너무 약하게 되면 해당 장부의 기능이 너무 강하거나 약하여 病의 원인이 된다. 또한 사주에서 천간에 상극이나 지지에 형충이 있을 때 피해를 받는 장부나 신체 부위에 병이 발생하거나 다치는 일이 생긴다.

甲이 庚에게 극을 당하거나 寅이 申의 충을 당하면 담에 이상이 오거나 머리와 다리를 다칠 수 있다. 乙이 辛의 극을 받거나 卯가 酉의 충을 당하면 간이 나빠지거나 손가락을 다칠 수 있고 술을 많이 먹으면 간이 나빠진다. 사주에 甲乙寅卯의 목기운이 태과하면 간암과 중풍을 조심해야 한다. 통상 간암, 폐암, 위암 등은 오행이 태과한 데서 발생한다.

심장은 활동적으로 움직이므로 심장에는 암이 생기지 않는다. 巳가 亥의 충을 당하면 얼굴에 흉이 있거나 목, 인후, 이빨이 약하다. 子卯刑이 있거나 운에서 형이 발생하면 자궁병이 생긴다. 酉酉刑이 있거나 운에서 형이 발생하면 난소에 이상이 생기거나 월경불순이 발생한다.

 십신으로 보면 편관은 일간을 공격하는 편관이 월지나 일간 주위에 있으면 병의 원인이고 편관에 공격을 받는 장부의 기능이 약화되므로 극충을 받는 천간 지지의 해당 장부의 기능이 약하거나 병이 되기도 한다. 식상이 많은 사람은 몸이 허약하기 쉽고 여자는 유산이 잘된다. 편인이 있으면 식상을 극하여 임신이 잘되지 않는다.

사주는 기본환경이라 사주의 극형충은 병의 인자가 된다. 사주에서 극형충이 있는데 운세에서 오는 기운이 약한 간지를 다시 극형충하게 되면 병이 발생하게 된다. 특이 세운의 편관운에는 항상 질병이나 사고에 유의하여야 하며, 세운에서 극충을 당하는 간지의 장부나 신체부위가 아프거나 다치기 쉽다.

신살을 활용하여 건강을 보기도 한다. 사주에 寅, 午, 丑이 있으면 이를 탕화살이 되는데 끓는 물이나 불에 의한 화상, 약물중독, 음독에 유의하고 몸이 아픈 경우가 많으며, 急脚殺이나 戈殺이 있으면 팔다리를 다치거나 신경통이 있고, 귀문관살이 있는 사람은 신경이 예민하여 정신이상이 올수 있다.

사주의 구조에서 천간은 신체의 상부, 지지는 신체의 하부를 나타낸다. 또한 年月주는 신체의 右側, 日時주는 신체의 左側을 나타낸다. 년월에서 갑경 충이 일어나면 머리 우측을 다치기 쉽고, 시지에 묘가 있는데 유운이 오면 왼쪽 다리를 삐거나 다칠 수 있다. 건강 및 질병에 영향을 많이 끼치는 신살은 단교관살, 급각살, 귀문관살 등이 해당한다. 가령, 丑寅卯未戌月생은 태어나면서 신경통이 많다. 단교관살과 급각살을 갖고 태어나기 때문이다.

丙 甲 庚 丙 乾
寅 子 子 戌

火가 4개로 태과하니 丙午 대운에 고혈압으로 약을 상복하고 있다.

壬 壬 庚 乙 乾
寅 寅 辰 未

木이 5개로 태과하니 辛亥년 어릴 적에 산에서 나무를 하다가 산위에서 굴러온 돌에 맞아 오른쪽 머리를 다쳐 흉터가 크게 있으며 寅탕화로 인하여 연탄가스를 마셔 죽을 고비를 넘겼다.

壬 乙 乙 壬 坤
午 巳 巳 寅

火가 4개로 태과하니 불길이 치열하여 저혈압으로 고생하며 인 탕화 인사 형으로 오른쪽 다리에 끓는 물로 화상을 입어 흉터가 있다.

丁 己 庚 壬 乾
卯 巳 戌 申

金이 4개로 태과하니 乙酉년에 酉가 卯를 충하여 학교에서 장난치다가 왼쪽 발을 다쳐 한 달 이상 고생하였다

壬 壬 戊 丁 坤
寅 戌 申 酉

金이 4개로 태과하니 申월은 寅과 戌은 급각이며, 오른쪽 다리의 신경통으로 고생한다.

戊 丙 己 壬 坤
戌 子 酉 寅

土가 4개로 태과하니 유월 가을 태생으로 戌이 급각이며 식신에 해당

하니 딸이 장애자이다.

甲 己 戊 己 坤
戌 巳 辰 亥

土가 6개로 태과하니 사주가 습하여 무좀, 습진이 자주 발생한다.

戊 壬 丁 辛 乾
申 申 酉 巳

금이 5개로 태과하니 辛卯 대운에 卯가 충을 당하여 간이 매우 좋지 않아 고생하는데 혹시 죽지는 않겠느냐고 상담한 사주이다. 술은 전혀 안 마신다.

丙 癸 戊 癸 坤
辰 巳 午 巳

화가 4개로 태과하니 계해 대운에 水火가 상쟁하니 혈액계통에 병이 생겼다.

(2) 오운객운의 태과불급의 병증

陽年은 태과하는 해이고, 陰年은 불급하는 해이다. 太過한 것으로 剋을 당하는 오행은 자오행을 生하지 못하여 太過한 것을 다스리지 못하여 病이 생긴다.

① 壬년 木太過년 己년 土不及년

壬년은 丁壬합으로 木이 태과한 것은 己년에 甲己合으로 土가 불급한 것과 같다. 木太過가 土不及을 극하니 금이 쇠하여 금극목이 안된다. 결국 목기가 성하여 풍기가 대행하여 장명, 설사, 식소, 복만, 체중, 번만이 생긴다.

壬年은 木이 태과하기 때문에 風氣가 유행하므로 脾土가 사기를 받게 되어 병이 생기는데 이때에는 소화되지 않은 설사를 하고 입맛이 떨어지며 몸이 무겁고 답답하며 배가 끓고 옆구리가 아프다.

己年은 土가 불급하기 때문에 바람이 몹시 분다. 그러므로 병이 생기는데 손설(泄), 곽란, 몸이 무겁고 배가 아프며 힘줄과 뼈마디에 힘이 없으며 살이 푸들거리고 성을 잘 내는 증상이 생긴다.

② 戊년 火太過년 乙년 金不及년

戊년은 戊癸合으로 火가 太過하고 乙년은 乙庚金으로 金不及하여 火剋金으로 천수, 기소, 혈실, 안면초췌, 학질, 화건, 중열 등의 증이 생긴다.

戊年은 火가 태과하기 때문에 불같이 더워서 肺金이 사기를 받게 되어 병이 생긴다. 이때에는 학질, 숨결이 약하며 기침이 나고 숨이 찬 것, 血溢과 血泄, 몸에 열이 나며 뼈가 아픈 것, 浸淫 등이 생긴다.

乙年은 金이 불급하기 때문에 불같이 더워서 병이 생기는데 이때에는 어깨와 잔등이 무겁고 코가 메며 재채기가 나오고 기침이 나며 숨이 차고 피똥이 나온다.

③ 甲년 土太過년 辛년 水不及년

갑년과 신년은 土太過가 水不及을 토극수하니 수생목이 안되어 목쇠하니 토를 막지 못하여 사지궐냉, 복중통, 체중, 번만 등이 생긴다.

甲年은 土운이 태과하기 때문에 비가 오고 습기가 많아서 腎水가 邪氣를 받게 되어 병이 생기는데 이때에는 배가 아프고 몸이 싸늘하며 기분이 좋지 않고 몸이 여위고 다리에 힘이 없으며 발바닥이 아프고 속이 그득하며 입맛이 떨어지고 팔다리를 잘 쓰지 못한다.

辛年은 水가 불급하기 때문에 濕氣가 성하여 병이 생기는데 이때에는 몸이 퉁퉁 붓고 무거우며 설사가 나고 다리가 힘이 없으며 싸늘해지고 발바닥이 아프다.

④ 庚년 金太過년 丁년 木不及년

金太過가 木不及을 금극목하여 목생화가 안되니 화가 쇠하여 화극금이 되지 못해 금극목으로 인하여 간에 목적통, 이롱무문이 생긴다.

庚年은 金이 태과하기 때문에 燥한 기운이 유행하므로 肝木이 사기를 받게 되어 병이 생기는데 이때에는 옆구리와 아랫배가 아프고 귀가 먹으며 눈에 피지고 가슴과 옆구리가 켕기면서 아랫배까지 켕기고 꽁무니, 다리, 무릎, 허벅지, 장딴지, 정강이, 발이 아프다.

丁年은 木이 불급하기 때문에 燥한 기운이 성하여 유행하므로 병이 생기는데 이때에는 속이 서늘하고 옆구리와 아랫배가 아프고 배가 끓으며 설사가 난다.

⑤ 丙년 水太過년 癸년 火不及년

水太過가 火不及을 극하여 화생토가 안되니 토극수를 하지 못해 한기로 인하여 신열, 번만, 동계, 섬어, 망언, 심중열통 등의 증이 생긴다.

丙年은 水가 태과하기 때문에 찬 기운이 심해서 心火가 사기를 받게 되어 병이 생기는데 이때에는 몸에 열이 나고 가슴이 답답하며 陰厥로 온몸이 차고 헛소리를 하며 가슴이 아프고 숨이 차며 기침이 나고 식은 땀이 난다.

癸年은 火運이 불급하기 때문에 찬 기운이 성하여 유행하므로 병이 생기는데 가슴이 아프고, 옆구리가 그득하며 가슴, 잔등, 어깨와 양쪽 팔의 속이 아프고 정신이 혼미해지는 것, 가슴앓이와 갑자기 말을 하지 못하는 증상들이 생긴다.

(2) 六氣客氣의 주병

司天의 기와 在泉의 기가 만나면 한해의 운행이 생겨난다. 司天은 한해의 기운이 가장 높이 올라갔을 때이고 在泉은 가장 아래로 내려갔을 때이다. 가장 높은 곳에 하늘(天)이 있고 가장 낮은 곳에 천(泉)이 있기 때문이다. 泉이란 땅속 깊숙이 흐르는 물 또는 마그마 같은 것들을 말한다.

主氣와 客氣가 보태지면서 만물에 영향을 미친다. 오운과 육기가 서로 상생관계로 조화를 이루면 한해가 평온하고 질병이 생겨나지 않는다. 오운과 육기가 서로 상극관계를 이루면서 균형이 깨지게 되면 기상 이변이 속출하고 질병이 만연한다. 우주의 기운은 소음에서 시작하여 궐음으로 마친다.

표<3-5> 六氣의 主客氣조견표

主氣		二之氣	三之氣	四之氣	五之氣	終之氣	初之氣
		少陰君火	**少陽相火**	**太陰濕土**	**陽明燥金**	**太陽寒水**	**厥陰風木**
		心臟,腎臟	三焦,膽	肺,脾	大腸,胃	小腸,膀胱	心包,肝
季節		春分~小滿	小滿~大暑	大暑~秋分	秋分~小雪	小雪~ 大寒	大寒~春分
		春分/淸明 穀雨/立夏	小滿/芒種 夏至/小暑	大暑/立秋 處暑/白露	秋分/寒露 霜降/立冬	小雪/大雪 冬至/小寒	大寒/立春 雨水/驚蟄
		3월4월	5월6월	7월8월	9월10월	11월12월	1월2월
客氣	客氣正位	司天右間	司天	司天佐間	在泉右間	在泉	在泉佐間
	子午年	厥陰風木	少陰君火	太陰濕土	少陽相火	陽明燥金	太陽寒水
	丑未年	少陰君火	太陰濕土	少陽相火	陽明燥金	太陽寒水	厥陰風木
	寅申年	太陰濕土	少陽相火	陽明燥金	太陽寒水	厥陰風木	少陰君火
	卯酉年	少陽相火	陽明燥金	太陽寒水	厥陰風木	少陰君火	太陰濕土
	辰戌年	陽明燥金	太陽寒水	厥陰風木	少陰君火	太陰濕土	少陽相火
	巳亥年	太陽寒水	厥陰風木	少陰君火	太陰濕土	少陽相火	陽明燥金

※ 본 내용은 黃帝內經[50]에 나오는 자료임

① 子午年

少陰君火가 염천지절에 사천하여 火氣가 임하여 火剋金하니 肺에 病이 들고, 엄동지절에 재천하면 陽明燥金으로 金剋木하니 대장, 肝에 病이 된다. 즉, 燥熱이 교차하여 병이 되므로 천해, 혈상일, 하설, 한열왕래, 비색, 재채기, 창양, 목적, 익건종통, 심통, 협통 등의 증이 생긴다.

---

50) 黃帝內經』은 東洋醫學書籍 가운데 最古最上으로 만들어진 시기에 대하여는 여러 의견들이 있으나 전국시대라는 의견이 가장 우세하다. "내경"은 어느 한 시대의 한사람의 손에서 나온 게 아니라 수많은 연대에 걸쳐 수많은 醫家들이 경험하고 깨닫고 이론화 한 것을 개괄 종합 한 것이다.『內徑』은『素問』과『靈樞』로 이루어져 있으며, 그 중 一名 『針經』이라고 불리는 『靈樞』는 解剖, 經絡 및 鍼灸에 관한 내용이 그 주류를 이루고 있어서 실천적 성격을 많이 띠고 있는 반면,『素問』은 東洋醫學의 養生, 生理, 病理, 診斷, 治療 등 각 방면 醫學原理의 내용을 두루 포함한 종합 의학 이론서이다.

② 丑未年

太陰濕土 염천지절에 사천하여 濕土가 임하여 土剋水하면 腎에 病이 들고, 엄동지절에 太陽寒水가 재천하여 水剋火하면 脾, 膀胱에 病이 든다. 즉 寒熱이 교차하여 병은 신중, 족부종, 곽란, 비만, 복창, 사지궐냉, 구급, 각하통, 요통 등의 증이 생긴다.

③ 寅申年

少陽相火가 염천지절에 사천으로 火氣가 하림하여 화극금하면 폐가 병이 들며, 엄동지절에 재천하여 厥陰風木이 재천하여 금극목하면 간에 병이 든다. 즉, 風火가 교차하여 병은 열중해천, 실혈, 목적, 후통, 이롱, 목현, 창양, 심통, 계종, 감모 등 증이 생긴다. 상화는 가화로 심포 삼초에 해당한다. 火가 2개이니 火가 문제이다.

④ 卯酉年

陽明燥金이 염천지절에 사천하여 燥氣 하림하여 金剋木하면 간에 병이 들고, 엄동지절에 少陰君火가 사천하면 화극금으로 심과 대장에 병이 든다. 즉, 火燥가 교차하여 한열, 해흉울, 도현진동, 근위무력, 억민, 불신양협, 심중열통, 목동개홍, 소변적 등 증이 생긴다.

⑤ 辰戌年

太陽寒水가 염천지절에 사천하여 寒氣가 하림하여 水剋火하면 방광심기에 병이 들며, 엄동지절에 太陰濕土가 사천하면 土剋水하므로 비, 방광이 병이 된다. 즉, 한습이 교차하여 처음에는 한으로 고생하다가 나중에는 여로 변하여 화울병이 생기고 피부병, 마비, 족위무력, 신종 등 증이 생긴다.

⑥ 巳亥年

厥陰風木이 염천지절에 사천하여 風氣가 하림하면 목극토하므로 肝, 脾에 병이 들며, 엄동지절에 少陽相火가 재천하면 삼초, 간에 병이 생긴다. 즉, 風火 상리하여 병이 되니 이롱, 진도현훈, 복만, 장명, 하리, 체중, 식감증이 생긴다.

8) 결혼인연

(1) 독신사주

殺傷梟刃이 2개 이상이면 독신녀다. 일지 편관은 부부금슬이 없다. 여명에 비견겁이 많으면 남편이 바람을 많이 피우고 본인도 바람을 많이 피운다. 좀 더 강한 남녀를 희구하기 때문이다.

원국에 관성이 있으나 미약한 자, 관성과 용신이 합충극된 자, 관성이 운로에서 입묘된 자, 여자사주 편인이 많아도 독신녀이다. 양인이 있으면 독신녀이다. 配星이 庫에 있으면 독신녀이다. 사주에 용신을 극하든지 용신운으로 흐르지 못하면 독신녀이다. 독신유형은 결혼을 하지 않거나 이혼해서 실제로 혼자 사는 경우이다.

남성은 사주에 財星이 없거나 공망되고 부부 자리에 상충살이 임하면 그러하다. 고신살 또는 과숙살이 있게 되면 그러하다. 여성은 官星과 食傷이 없으면서 배궁에 殺星이나 공망이 되면 그러하다.

이혼 후 혼자서 살아가는 남성은 재성이 다른 오행과 合이 되어 재성을 극한 오행으로 변해 버리고 배궁에 공망, 상충, 고신, 과숙살로 구성된 경우이다. 재성이 다른 남성을 상징한 오행과는 합이 되고 암합을 이루면 혼자 살아가지만 사실상 숨겨 둔 사람이 있게 된다. 여성은 관성위주로 보면 된다.

甲寅, 乙巳, 丙午, 戊午, 辛亥은 孤鸞寡酷殺로 극처하고 극부하고, 甲寅 乙巳, 丁巳 戊申 辛亥은 孤鸞殺로 呻吟殺이고 獨守空房한다.

無財인 남자는 無官인 여자를 만나면 결혼한다. 다만 결혼을 해도 부부의 덕을 기대할 수 없다. 남편이 잘해주거나 경제적인 능력이 있으면 오히려 사별한다. 별거하고 사는 것으로 만족해야 한다. 인성이 편중된 경우 자식을 늦게 두거나 절손한다. 일지인성이 태과하면 마마보이가 되고 어머니의 간섭으로 부부이혼이 생긴다. 배성이 없으면 배성을 생하는 육신이 배성이 된다. 진술축미에 암장된 재성이 개고되어 있으면 처가 총명하나 개고되지 않으면 첩을 두거나 본처와 무정하게 떨어져 산다. 배궁에 화개살이 형충되면 처가 부정하거나 남편을 극한다.

생일이 자화간합하면 복록이 모이며 총명하나, 자화간합일주는 壬午, 丁亥, 戊子, 甲午, 辛巳, 乙巳, 辛巳, 癸巳, 丁亥, 己亥 중에 음일간인 乙巳, 辛巳, 癸巳, 丁亥, 己亥은 천간에 관살이 또 투출하면 이른바 명암부집이다.

명암부집이 되면 암합으로 인하여 은밀한 거래나, 도움, 남에게 떳떳이 밝히지 못한다. 하지만 명암합은 언젠가는 밝혀지거나 드러나게 된다. 그런데 명암합이 되면 필히 바람을 피우거나 부부인연이 박하거나 의처증 있는 남편을 두게 된다. 암장간끼리 암합한 것은 변질되는 통변으로 본다. 변질된 통변은 두 번째 육신에 해당한다. 官이 合하여 다른 육신으로 변하면 첫 번째 인연과 실패한다. 官星이 入墓하는 地支와 동주한 여명은 무능한 남편을 만나거나 나중에라도 무력한 백수가 된다.

庚 丙 甲 甲 여
寅 寅 戌 子

편인이 많아 독신녀이다.

丁 甲 癸 甲
卯 申 酉 申

칠살양인이니 독신녀이다.

甲 戊 辛 辛 坤
寅 寅 丑 卯

목체금용이다. 무신대운에 대권을 잡은 박근혜대통령의 명조이다. 배성이 기신이고 배궁에 살이 있다. 傷官이 중중하니 자신의 뜻을 위하여 결혼을 하지 않는다. 남자가 가정으로 들어오면 殺로 변하지만 사회에서는 남자가 많은 정치생활이 된다. 결혼을 했다면 재혼과 파혼을 면하지 못한다. 자식과 있는 남자는 년지에 卯인데 인연이 되지 못한다. 空亡된 자식이 絶지에 임하고 庫지로 들어가니 자식도 없는 것이다.

형제에 해당하는 토는 木剋土에 시달리니 도움이 되지 않는다. 부친에 해당하는 癸수는 丑중에서 극설을 당하니 단명하고 모친은 丙화로 임하니 후처소생이 된다. 亡身이 중중하고 살기를 띄니 경계의 대상으로 차갑고 무서운 사람으로 평을 듣는다.

丁未대운에 미토가 축미충으로 희신을 충하고 묘미합으로 살기로 변하여 배신을 당한다. 지지자로부터 외면당하여 대권도전에 실패하였다. 乙未년은 희용이 격동하고 묘미합목으로 배신과 배반 때문에 정권위기에 몰리게 된다.

(2) 애인사주

후처나 애인으로 살아가는 여명은 正官이 比肩과 暗合하는 경우이다. 정관이 식상에 의하여 수해를 입으면 후처지명이고 폭군의 남편을 만난다. 여명사주 비견겁이 왕하면 소실 재취 부인이니 애인으로 살아간다. 주중에 비겁이 있고 관살이 있으면 남편이 축첩을 하는데 만약 비견이 관살과 합이 되거나 일주가 약하고 비겁이 강하면 애인으로 살아간다. 인수다봉이고 관살 없거나 관살혼잡 되고 사주 탁하든지 상식이 태왕하여 균형을 이루지 못하면 애인으로 살아간다.

男戀殺인 甲寅, 甲申, 丁丑, 己丑, 戊申, 辛未, 壬寅, 癸未 일주의 남자는 배우자 몰래 다른 애인을 숨겨 두었다가 망신을 살 우려가 있다. 女戀殺인 乙丑, 丁丑, 丙申, 己未, 庚寅, 辛未, 壬寅, 壬申 일주의 여자는 배우자 몰래 다른 애인을 숨겨 두었다가 망신을 살 우려가 있다.

甲 乙 丙 庚
申 巳 戌 辰

년간의 금이 월간으로 부터 극을 당하니 첫 째 남편은 인연이 없다.

丁 己 壬 壬
卯 酉 子 辰

유대운 묘유충하여 남편사별하고 신약하니 소실로 살아간다.

庚 丁 丁 壬
戌 丑 未 辰

월간丁이 壬과 합하고 일월지 충 하여 남편을 빼앗긴 형상이니 소실이다.

(3) 재혼사주

男命이 比劫局이면 두 번 혼인한다. 지지가 한 글자로만 구성되면 두 번 혼인한다. 남명이 재성이 쌍으로 있거나, 여명이 관살이 쌍으로 있는데 그 중 하나가 공망 되거나 그중 하나가 상하거나 겁탈당하거나 형극되면 두 번 혼인한다.

여명이 부궁이 아름답지 않은데 관살이 혼잡하거나, 관살을 쌍으로 암합하거나, 관살에 재가 혼잡하거나, 관은 투출하지 않았는데 살이 투출하면 두 번 혼인한다.

신강한데 食傷生財하면 두 번 혼인한다. 식상생재하면 재물을 쉽게 얻는다. 여기다 재성이 유기하면 여자와 인연이 많은 바람둥이다. 財를 기뻐했는데 偏財格이나 財局을 이루면 첩을 얻는다. 財가 쌍으로 있는데 日支와 合이 되면 첩을 얻는다.

日支가 相合하여 雙財가 되면 두 번 혼인한다. 남명이 刃이 왕성하거나 여명이 상관이 성하면 첩을 얻는다. 남명이 刃이 많으면 반드시 두 번 혼인하고, 여명이 상관을 범하면 반드시 두 번 혼인한다. 日支에 처성이 있는데 천간에 처성이 있어 別星을 이루면 두 번 혼인한다.

재성이 없는데 雙財가 庫에 들어있거나, 雙財가 암장되어 있으면 두 번 혼인한다. 일지와 월지가 沖하면 두 번 혼인한다. 일주의 간지와 같은 쌍진살이 있으면 두 번 혼인한다. 도화살, 홍염살이 많은데 자오묘유가 모두 있으면 두 번 혼인한다.

자오묘유가 없으면 이혼은 안하되 다툼이 있다. 식상과 재가 쌍으로 있으면 두 번 혼인한다. 신왕재왕하면 두 번 혼인한다. 편재가 많으면 첩을 둔다.

乙 癸 辛 壬 坤
卯 酉 亥 寅

삼행으로 得氣하여 宗主인 水가 용신이 된다. 水用神을 극하는 火土대운은 흉하다. 관성이 없어도 관운에 결혼한다. 그러나 관성이 없으니 독신사주이니 소실이나 재혼을 면하지 못한다. 己대운에 결혼하지만 己土濁壬으로 이별하고 戊대운에 재혼하였다.

丁 丁 甲 己 坤
未 巳 戌 未

배성인 水가 없는 경우는 해자축수운에 남자가 들어오면 결혼한다. 그래서 丁丑대운 庚寅年에 결혼했다. 축중계수만으로도 남자가 들어오니 己丑年에 남자를 만났다.

축술미로 들어오는 남자이니 좋은 인연이 아니다. 계수는 다른 여자와 교제한 남자이다. 즉, 여자경험이 많은 남자와 인연이 된다.

화토기운이 강해 성급하니 후다닥 결혼한다. 부모에게 알릴 여유조차 없다. 식상의 자유로운 영혼이 동하니 더욱 그러하다. 화토중탁으로 조후문제가 생기고 식상에 형살이 임하니 불임과 유산으로 고생한다.

(3) 국제결혼

국제결혼의 팔자는 국내에서 먼 거리에 있는 사람끼리 결혼을 하거나 외국을 자주 출입하는 상대와 결혼을 하게 된다.

① 配宮에 역마살이 있는 경우

② 남성은 재성이 역마살에 해당하고 여성은 관성이 역마살에 해당이 되면 그러하다.

③ 寅이 配星이면 홍콩, 동북아세아권, 러시아 등의 사람과 결혼하게 된다.

④ 申이 配星이면 구라파 쪽이며 그 중에서도 남서 지방 사람과 결혼을 하게 된다.

⑤ 巳가 配星이면 아랍권, 중앙아시아 사람과 결혼하게 된다.

⑥ 亥가 配星이면 미국에서도 북부 지역 사람과 결혼하게 된다. 이밖에도 配星이 酉이면 미국에서도 중부 지역 또는 서부 지역 사람과 결혼한다. 配星이 卯이면 일본 사람과 결혼하게 되고, 配星이 辰戌丑未이면 중국 사람과 결혼을 하게 된다.

국제연애를 하는 경우는 寅申巳亥의 지장간과 암합하는 일주이다. 암합을 깨는 운에 헤어짐의 아픔이 있고, 국내인 끼리는 상대방이 외국으로 떠나 버리는 아픔을 겪게 된다.

종교인은 인성과 식상이 천간에 나타나 강한 세력을 이루고 관이 약하거나 공망이 되어야 정신적인 면이 강하여 많은 사람을 자비와 사랑으로 계도하고 선도하는 일을 하게 된다. 식상이 강하면 나를 따르는 신도가 많아 교주가 된다.

지지에 戌亥子丑寅卯가 2자 이상이 임하면, 어두운 밤의 세계에서 광명의 빛을 찾아 앞으로 나가므로 종교에 뜻이 많다. 戌, 亥, 子, 丑, 寅, 卯는 눈에 보이지 않는 정신적인 세계의 종교에 연관되는 일을 하게 된다.

인수는 한 곳에 정좌하여 도를 향하여 정진하는 것으로 사주에 인수가 강한 성직자 는 수행자로 득도를 위하여 정진한다. 인수가 강한 수행자는 도만 닦는다. 인수가 강하면 수행 중심이고 教學적인 면이 강하다.

역술가는 인수가 강하면 교육적인 인자를 가지고 사람들을 계몽하기도 한다. 어려움을 당하여 어쩔 줄 모르고 헤매는 사람들에서 현명하게 살아가는 길을 열어주는 인자로서 작용한다.

원국에 巳午未 인자가 2개 이상이 있으면 교회에 다니고, 戌亥子丑寅이 있으면 절에 다니고, 辰巳가 있으면 仙道가 된다.

丙 丙 癸 壬 乾
申 戌 卯 戌

년지식상이 화개이니 조모가 불교신자이고, 월지에 도화인성이니 모친이 재취로 시집왔다. 卯戌합으로 인성과 식상이 합이 되니 자신의 행동이 모친 때문에 주눅 들어 있고, 조모와 모친은 서로 간에 답답해한다.

재성이 역마이고 시주에 있으니 국제결혼하게 된다. 申中壬수는 혼혈아를 낳게 된다. 처자식과 격각되니 집밖에서 출생하고 떨어져 살게 된다. 卯戌 철쇄개금[51]이 있어 醫工業에 종사한다. 역마재성이니 외화획득을 하게 된다. 재성과 식신이 합신으로 들어오니 장모봉양하게 된다.

丙 甲 壬 辛 坤
子 申 辰 巳

수체화용이다. 남편은 투간득지하니 출세가도를 달린다. 辰月申금일주이니 팔다리가 쑤신다. 관성이 지살로 해외로 시집가나 국제결혼하고, 식신이 형살을 당하니 낙태수술을 하여 본다. 官食同臨하여 혼전에 아기를 가진다. 신중임수는 유학으로 인연이 되고 병임충과 병신합은 자식이 눈에 이상을 겪을 것을 암시한다.

---

51) 卯酉戌3자가 만나면 鐵鎖開金으로 의약가가 된다. 신음을 해방시켜주는 것으로 道, 醫學, 易, 卜, 宗教人에 많이 나타나고 있다

(4) 부부궁

夫婦宮이란 자신이 태어난 日支이다. 단, 월지가 용신이면 배우자궁으로 겸하여 볼 수 있다. 일지가 비견이면 자신과 비슷한 형제자매처럼 살 수 있는 배우자를 선호하고, 일지가 겁재이면 자신보다 경쟁력이 있고 자신보다 조건이 좋은 배우자를 선호한다. 일지가 식신이면 자식처럼 작고 아담하고 예쁜 상대를 선호하고, 일지가 상관이면 몸매와 다리가 빼어난 상대를 선호한다. 여자는 말이 거칠고 싸가지가 없다.

일지가 편재이면 만만한 사람을 배우자로 맞이한다. 무시하고 함부로 대할 수 있는 배우자와 인연이 된다. 일지가 정재이면 자신이 아끼고 편안하게 사랑할 수 있는 상대를 선호한다. 여자는 매월 일정한 월급을 가져다주는 남자와 인연이 된다. 남자가 돈을 안 가져다주면 이혼감이다.

일지가 편관이면 마누라 잔소리할 경우 도피해 포장마차 가서 소주한잔 하며 참을성을 발휘한다. 여자편관이면 남이 볼 때는 잘하나 둘만 있으면 잔소리한다. 남의 눈을 많이 의식한다. 일지가 정관이면 건전하여 바른생활하고 이혼 없다. 여자는 정관이면 남편내조를 잘한다.

일지가 편인이면 잔소리 듣고 살 팔자이니 거친 여명과 인연이 되고, 여자는 월지편인이면 좁살영감을 만난다. 남자일지가 정인이면 엄마나 누나처럼 포근한 여자가 인연이다. 여자정인이면 아빠 같고 오빠처럼 포용하는 남자가 인연이다.

日支관성이면 주말커플, 장거리커플이 좋고, 일지인성이면 매일보고 만나고 스킨쉽 있는 것이 좋고, 일지비겁이면 배우자가 나보다는 능력이 있어야 좋고, 일지식상이면 몸과 마음이 같이 다 주는 것이 좋고, 일지재성이면 상대방은 내 말에 고분고분 해주는 것이 좋다.

同一空亡이면 결혼, 동업을 하면 길하다. 合은 三合이 중심이고 六合이나 方合은 그 다음이다. 년지와 일지가 三合되면 성생활에서 만족을 얻는다. 일지가 월지 또는 시지와 충 하면 생리사별하거나 배우자와 자식의 도움이 없거나 고부간의 갈등이 있다.

천간은 象에 해당하고 지지는 物에 해당하나 천간지지의 응통을 보면 짝의 향배를 알 수 있다. 한다. 천간은 마음속에 무형의 상으로 존재하는 것이고 지지는 유형의 드러난 상이다. 가령, 己일주 남명은 壬이 들어오면 미혼자는 결혼을 하고 싶고, 바람둥이는 새로운 여자를 만들고 싶어지고 돈을 벌고 싶어진다. 그러나 실제로 결혼상대가 들어오고 돈이 들어오려면 지지로 水가 어떤 형태로든 들어와야 한다. 즉, 천간지지가 동시에 들어오는 壬子년이면 반드시 결혼하니 유부남은 바람이라도 피우게 된다. 壬辰년은 수를 결성하는 신자가 있으면 재가 들어오고, 임오년은 오가 자를 포함하여 들어오니 재가 들어오고, 壬申년은 수결성하는 인자가 있으면 재가 들어오고, 壬戌년은 오히려 辰戌沖하면 진중에 있던 여자도 나간다.

종주왕신의 육신을 制化해줄 육신을 찾아야 한다. 가령, 인성종주이면 식상종주가 짝이고 천생연분이다. 일지가 합생하면 희희락락이 되는 짝이다. 토가 많으면 목이 많은 짝을 만나면 훌륭한 자식을 둔다.

천간삼기는 천간으로 소통이 되는 것이고 지지삼합은 지지로 소통이 되는 것이다. 남자는 재성과 식상의 소통이 되어야 짝이 붙고 여자는 관성과 재성이 소통이 되어야 짝이 붙는다.

① 일지가 용신희신이면 좋고 기신이면 좋지 않다.

② 일지가 정인, 정관, 식신이면 좋고 효신, 칠살, 상관이면 좋지 않다.

③ 양인·백호·괴강일주는 일지가 형충파해 되면 나쁘다.

④ 일지가 他支와 합이 되어 기신이 되면 나쁘다.

여자의 남편복은 官의 청탁을 보고 나서 日支로 본다. 관이 청하다는 것은 비겁이 왕성하여 기신인데 관이 제압하거나 재생관, 관생인수하여 유통이 되거나 신왕한데 관도 힘이 있는 등이다. 관이 탁하다는 것은 관살이 태왕한데 인수가 없고 식상도 無氣하거나 관이 미약한데 재가 없고 식상만 있어 제극할 때이다.

(5) 궁합인연

궁합은 日干과 日支, 納音五行, 用神으로 남녀의 궁합의 애정도를 살핀다. 내가 가장 필요로 하는 배우자는 자신의 용신을 가지고 있는 사람이다. 용신을 찾아 상대방의 사주일간과 비교하여 판단한다.

첫째, 혼인할 남자와 여자의 사주에서 찾아낸 用神이 동일하면 가장 이상적인 좋은 궁합이다. 가령, 용신이 화인 남명이 동일하게 火용신인 여명을 만나면 이상적인 궁합이다. 用神은 인연의 구심점이기 때문이다.

둘째, 혼인할 사람의 用神이 혼인할 상대방의 日干과 같으면 좋은 궁합이고, 같으면서 힘이 강할 때는 더욱 좋은 궁합이다. 가령, 火용인 남명은 火일간의 여명을 만나면 좋은 궁합이고 火가 월령을 얻지나 득지, 득세하면 더욱 좋은 궁합이다.

셋째, 혼인할 사람의 用神이 혼인할 상대방 사주의 간지와 剋沖하면 궁합이 좋지 않다. 가령, 火용신의 남명이 火를 극충하는 水간지를 간지 여명을 만나면 궁합이 좋지 않다.

① 日柱 無根者는 日干의 祿으로 인연한다. 나의 부족한 오행의 띠를 얻는 것은 운명을 개척하는 궁합법이다. 가령, 財多身弱命이면 비겁에 祿에 해당하는 띠를 먼저 찾고, 투출한 配星이 無根일때 配星의 祿으로 인연한다. 즉, 群比爭財命이면 財星의 祿에 해당하는 띠를 찾는다. 子息이 없거나 약하다면 남자는 官星, 여자는 食傷에 해당하는 띠를 만나면 자식을 가질 수 있다. 배우자성이 太弱하다면 남자는 財星, 여자는 官星의 祿旺에 해당하는 띠를 구하면 배우자와 해로할 수 있다. 배성이 심약하면 進神으로 인연한다. 배성심약하고 剋당하고 있을 때는 退神으로 한다.

② 配星이 없으면 배성의 년주나 일주에 해당하는 사람을 만나면 결혼

이 된다. 궁합이 불리해도 서로의 혼인시기가 맞으면 결혼이 된다. 일간끼리 합하면 외형적으로 사고하는 이상향이 잘 맞고, 지지는 속마음이니 合이 되면 불만을 표출하지 않고, 沖은 서로 밀어내는 마음이고, 刑은 격동적이고 끈끈한 애정을 과시하는 마음이다. 속궁합은 상호刑이 되는 것이 가장 좋다.

③ 배성다출시 正財 正官으로 인연하나 透干된 配星을 찾는다. 配星이 일지에 있으면 일지가 인연띠이고 配星이 月干이나 時干에 있으면 配星과 동주한 지지가 인연띠이다. 日支 암장간 배성이면 그대로 인연이다. 日支 암장간이 용신이면 그대로 인연한다. 日支가 배성일 때 그대로 인연한다. 日支 時柱에 앉은 자가 배성으로 인연한다. 藏干된 配星을 찾는다. 透干된 配星이 없으면 藏干된 配星을 찾는다. 藏干된 配星과 동주한 지지가 인연띠이다. 辰戌丑未중에 있는 藏干의 配星은 충 하여 開庫해주는 지지가 인연띠이다. 自庫자는 沖 開庫者로 인연한다. 남자는 財星入墓면 沖開庫者로 인연한다. 여성은 官星入墓면 沖개고자로 남편을 정한다.

④ 三合지지중에 빠진 지지가 配星이거나 장간配星이면 인연띠이다. 三合中 2자가 있으면 한자는 허자다. 월지와 일지사이 허자만 빼고 나머지는 허자는 인연이 되는 띠다.

⑤ 配星이 여러 개이면 年月의 配星과 동주한 띠가 優先한다.

⑥ 配星이 없으면 拱挾된 허자의 配星이 있으면 인연띠이다.

⑦ 지지쌍자이면 쌍자와 합이 되는 띠가 인연이다. 가령, 亥亥이면 寅과 인연이 된다. 같은 자가 나란히 있을 때 도충기로 생각해라.

⑧ 辛日生은 壬亥로 인연하고, 壬日生은 戊己土로 인연하고, 庚日生은 丁으로 인연하고, 己日生은 癸로 인연하고, 丙日生은 酉亥로 인연하고, 乙日生은 庚申으로 인연하고, 壬癸生은 巳生으로 인연한다.

⑨ 官殺混雜女는 偏官沖剋者가 인연이고, 正偏財혼잡남은 편재충극자

가 인연이다.

⑩ 년월이 대칭으로 三合, 沖 원진을 깨는 인자가 인연이고, 냉한자는 따뜻하게 하는 자가 인연이고. 뜨거운 자는 냉해주는 자가 인연이다.

결혼은 배성의 뿌리가 들어오고, 남과 여가 공히 합쳐지는 지지년도에 결혼한다. 가령, 배성의 뿌리가 되는 년도에 결혼한다. 두 사람이 공통으로 합쳐지는 辰년과 亥년에 결혼한다.

사주에 어디에도 배우자성이 없으면 배우자성의 록왕의 띠를 배우자후보로 삼는다. 가령 庚금일주의 남성이면 배우자성의 건록인 卯띠가 배우자의 후보가 된다. 그러나 배우자성이 지지합으로 묶여 있으면 합을 풀어주어야 배우자인연이 가능하다. 실자가 아니고 공협허자나 쌍자허자로 있는 경우도 있다.

배우자성이 있어도 혼잡중복이 되면 배우자성을 정리해주는 띠가 배우자의 후보가 된다. 가령, 庚금일주남명이 甲乙목이 혼잡투간되어 있다면 갑목을 제거해주는 己토의 건록인 午띠가 배우자후보가 된다.

사주에 지장간의 정기로 있으면 삼합에 해당하는 띠가 배우자후보가 된다. 여기중기로 있다면 스스로 작용하지 못하니 타 오행이 열어주어야 작동한다. 가령, 丙辰일주여명의 경우에 辰中癸수는 여기중기로 있어 스스로 인연이 되지 못한다. 辰을 戌로 沖하여 열어주거나 辰丑破하여 열어주어야 인연이 닿는다. 그래서 진을 열어주는 戌띠나 丑띠가 배우자의 후보가 된다.

사주천간에 배우자성이 있고 뿌리가 없는 경우는 뿌리가 되어주는 띠가 배우자의 후보가 된다. 己토일주의 여명이 뿌리 없는 甲목이 사주에 있다면 寅목의 뿌리가 되는 건록인의 띠가 배우자의 후보가 된다.

배우자성이 공망이 되어 있으면 공망을 해결해주는 띠가 배우자후보가 된다. 공망지지와 동주한 배우자성은 공망이 되기 때문에 동주한 지지를 풀어주는 띠가 배우자후보가 된다. 가령, 丙午일주에 癸卯가 있다면 계수관성은 공망에 빠져 있는 卯를 沖해주는 酉띠가 들어와 癸수관성은 공망이 풀어져 인연이 된다.

사주원국에 子午沖이나 寅申沖이 있어 배우자성이 충거되고 있으면 충을 말려주는 띠가 배우자후보가 된다. 子午沖에는 亥수를 동원하여 亥午로 암합하게 함으로써 子午沖을 피해갈 수 있다.

辛 己 壬 己 남
未 亥 申 巳

결혼적령기에 巳午대운을 맞이하여 재성 水가 絶, 胎에 빠니지 30세까지 결혼을 하지 못했다.

乙 庚 乙 癸 남
酉 午 卯 未

일간이 두 재성과 투합하고 있어 결정이 늦어지니 결혼이 늦다. 33세에 결혼했다.

戊 庚 辛 戊 남
寅 戌 酉 戌

비겁다봉이니 33세가 되도록 결혼을 못하고 있다.

辛 丙 辛 辛 남
卯 子 卯 卯

일간이 3개의 재성과 투합하고 있어 결정이 늦어지니 결혼이 늦다.

丙 丁 己 乙 남
午 酉 卯 酉

월지와 일지가 충이 되므로 혼인에 파란이 많고 혼인이 늦다.

乙 戊 癸 己 여
卯 辰 酉 卯

일간이 월지에 死·墓·絶이 되면 여자는 결혼이 늦고, 정관이 월지에서 死·墓·絶이 되어도 결혼이 늦다.

辛 辛 乙 戊 여
卯 亥 卯 辰

辛亥는 고란일주이니 38세 辛亥대운 乙巳년에 천극지충하여 상관견관이 되니 남편이 병사했다.

辛 辛 己 癸 여
卯 巳 未 未

水가 용신이 되는데 己의 극을 받았으니 용신이 손상되어 평생 고생이 많다. 24세에 결혼하여 일남일녀를 낳았으나 26세 壬戌대운 戊申년에 용신이 멸절되어 남편이 죽고 재가했다.

丙 辛 乙 癸 여
申 未 丑 未

여명은 상관을 크게 꺼린다. 정관丙을 申중壬水상관이 극하고 丑중癸水가 천간에 투출되어 丙火를 방해하고 있어 25세 丁未년에 칠살이 오니 관살혼잡이 되고 未가 월지 丑을 충하니 三未가 一丑을 충한다. 그 해 남편이 교통사고로 죽었다.

戊 丁 乙 丁 여
申 未 巳 亥

정관亥가 巳와 충하니 극부한다. 29세 乙卯년에 亥卯未 木局이 되어 亥水정관이 木으로 변하니 남편이 타살되었다.

壬 丙 癸 己 여
辰 戌 酉 未

식상이 혼잡하고 태왕하며 관살혼잡까지 겹치고 인성이 없으니 감정을 절제하지 못하고 호색하여 극부한다. 남편을 업신여기고, 간통하다가 己대운에 상관 무리를 이루니 정관이 다친다. 그리하여 남편이 목을 매어 자살했다.

丙 甲 辛 戊 여
寅 子 酉 子

정관 辛이 식신 丙과 합하니 남편이 일찍 죽었다.

壬 甲 丁 甲 여
申 午 卯 午

년주와 일주가 같으면 극부한다. 다만 동갑과 결혼하면 면할 수 있다.

辛 甲 丙 己 여
未 寅 寅 酉

甲일간의 여자가 寅·巳·午月에 나고 천간에 丙火와 辛金이 있으면 남편을 극한다.

癸 丙 乙 丁 여
巳 子 未 未

火土가 왕하고 정관 癸水가 약하므로 극부했다.

甲 丙 丙 丁 여
午 午 午 未

양인이 많고 관살이 없으니 극부했다.

甲 己 丙 丙 여
戌 卯 申 寅

申酉戌月에 출생하면 木을 극하고 관살혼잡에 상관이 있고 인성이 많아도 극부한다. 인성은 관성을 설기시켜 무력하게 만들기 때문이다.

癸 癸 戊 庚 여
亥 未 寅 午

寅卯月에 생하면 식상이 왕성하므로 극부할 우려가 있다. 甲戌 대운에서 남편이 죽을 위험에 처했으나 사주의 庚이 甲木을 극해 주므로 戊土가 보호되어 죽음을 면했고, 대운 지지 戌이 寅午戌 三合 火局을 이루므로 戌운에 남편이 발달했다.

戊 癸 甲 癸 여
午 未 寅 卯

상관 甲이 투출하고 정관 戊가 투출하니 상관견관이 되어 흉하다. 정관과 상관이 투출하므로 흉하여 일찍 남편이 죽었다.

壬 辛 丁 乙 여
辰 未 丑 丑

秋冬에 출생하면 火가 쇠약하므로 극부할 우려가 있는데 설상가상으로 壬과 辛까지 투출했다면 壬은 丙火를 극하고 丁火를 합거하며 辛은 丙火를 합기하므로 극부할 우려가 있다. 이 여자는 일찍 남편이 죽었다.

壬 丙 乙 癸 여
辰 午 卯 卯

정인·칠살·양인이 모두 있으니 독신녀다. 예술과 문학을 직업으로 택하여 생활했다.

甲 癸 戊 甲 여
寅 卯 寅 辰

상관견관이 되고 정관이 상관을 깔고 앉으니 부부이별이 아니면 극부할 팔자다.

(6) 혼인시기

정신적인 융합이 되도록 日支와 六合하거나 三合하는 年와 月이 된다. 육체적인 욕망이 성한 식신年에 혼인하기 쉽다. 食神이 일지와 합이 되는 해가 가장 일반적이다. 희신에 해당하는 세운에도 처첩이 생기는 경우가 많다. 재성이 왕성하거나 관살이 왕성한 경우에 남자는 재성운이고 여자는 관살운에 조혼한다. 남명이 비겁이 많거나, 여명이 관살혼잡이거나 관살이 사주 상에 나타나지 않거나, 日時가 상충되었거나, 대운이 기신에 해당하면 만혼한다.

年月日柱에 대부분 비겁이면 화류계 여자와 혼인하거나 내연관계를 맺으니 이로 인해 부모형제와 소원하게 되는 수가 많다. 편재가 많으면 연애 혼인할 경우가 많다. 도화는 일지를 기준으로 정하는 것이 원칙이나, 연지를 기준으로 일지가 도화에 해당하면 연애 혼인한다. 또 일지를 중심으로 재성과 도화가 동주하면 연애 혼인한다.

사주의 전부가 양간지 또는 음간지이면 연애 혼인한다. 지지의 재성이 육합이나 삼합이 되면 연애 혼인한다. 연애 혼인은 주로 비견에 해당하는 年月에 행한다. 애인이 생기는 시기는 희신이 왕성해지는 年月이거나 일지와 육합이나 삼합하는 해이다.

① 운의 지지가 사주의 월지나 일지를 沖하면 혼인하기가 힘들며 설혹 한다 하여도 결과가 불리하다.

② 남녀를 불문하고 용신운이나 희신운에 혼인을 하게된다.

③ 여명에 관살이 중첩하면 인성운에 혼인하며 상관견관이 되면 재성운에 혼인한다.

④ 남명은 재성운에, 여명은 관살운에 혼인한다.

⑤ 처성이나 남편성이 간합, 삼합, 육합 하면 혼인한다.

⑥ 여명은 식상이 합을 하는 운에 결혼한다.

⑦ 사주상의 일간과 세운의 천간이 합을 하면 혼인한다.

⑧ 사주원국에 재성이 있고 식상운이 올 때 남명은 혼인한다.

⑨ 사주원국에 배성이 있고 세운 지지가 건록이나 장생이 될 때 혼인한다.

⑩ 사주원국에서 관살과 재성이 합을 할 때 혼인한다.

⑪ 일지와 대운, 세운의 지지가 삼합을 이룰 때 혼인한다.

⑫ 일지 또는 월지의 지장간이 세운 천간과 암합할 때 혼인한다. 가령, 간지암합은 戊子, 丁亥, 壬午, 辛巳이고, 지지암합은 子戌, 丑寅, 卯申, 午亥, 寅未이다.)

⑬ 세운지지와 대운지지가 合하고 세운의 지지가 도화로 올 때 혼인한다.

도화의 유년이 와서 사주 또는 대운의 지지와 合하면 그 해에 결혼할 수 있다. 이때는 결혼이 안 되어도 애인이 있다. 천을귀인이 되는 유년이 오고 충이 되지 않으면 결혼이 가능하다. 사주에 쟁합 또는 투합이 될 때 유년에서 삼합이나 육합하는 원앙합이 되어 쟁합과 투합이 해소되면 그 해에 혼인이 가능하다.

재관으로 들어오는 운이 배성운이면 결혼운이다. 배성을 합하는 운이 와도 결혼운이다. 대운과 유년운이 천간지지로 삼합이나 육합되면 결혼운이다. 용신운이면 결혼운이다. 지지나 천간이 배성운으로 들어오면 결혼운이다. 천간에 재관이 간합하거나 혼인궁의 지지가 삼합이나 육합하면 결혼운다.

乙 癸 丁 辛 남
卯 未 酉 巳

26세 丙午년이 정재운이고 지지가 巳午未 火方을 이루므로 재성이 합한 것이 되어 중매 결혼했다.

辛 壬 癸 癸 남
亥 午 亥 酉

42세 乙卯년에 재성을 생하므로 결혼했다. 이 사주는 비겁이 왕성하고 재성이 약하므로 결혼이 늦었다. 그런데 식상운이 와서 재성을 생하니 결혼한 것이다.

乙 辛 戊 壬 여
未 巳 申 子

丙대운은 정관운이므로 결혼했다. 午대운은 칠살운이므로 남편을 극하고 재혼했다.

己 己 己 庚 여
巳 酉 丑 戌

식상용비격이다. 丁亥대운 辛未년에 공무원 시험에 합격하고 丙戌대운 乙亥년에 결혼했다. 무관사주는 관이 들어오는 운에 결혼한다.

己 丙 庚 庚 여
丑 子 辰 寅

24세 癸丑년에 천간이 정관이고 지지가 일지와 반합국이 되어 년상의 남자와 동거하다가 27세 丙辰년에 대운 지지 丑이 일지 子의 정관과 합하므로 다른 남자에게 시집을 갔다.

辛 乙 戊 戊 여
巳 酉 午 寅

丙대운 丙申년(19세) 에 사주의 칠살을 丙이 합하여 결혼했다. 여자는 관살이 남편이므로 대운이나 유년에서 사주의 관살을 합하면 결혼한다.

(7) 재물인연

財星이 년주에 있으면 년상의 여인과 인연이 있고, 첫사랑이다. 처의 성격이 할머니와 비슷하다. 희용이면 할아버지대에 잘 살았다. 財년이 오면 선조한테 물려받은 재산이 불어난다.

월주에 재성이 있으면 부친이 자기자리에 있으니 완고하고 똑똑하다. 신강은 아버지를 무시하고 신약이면 아버지를 무서워한다. 아버지가 돈을 많이 벌어도 신약하면 유산관리가 안 된다. 연상의 여인과 인연이 있다. 여명은 남자를 장난감으로 생각하고 남편을 종처럼 부린다. 재년이 오면 부모에게 물려받은 재산이 불어난다.

일지에 財가 있으면 여자가 항상 따르고 돈을 달고 산다. 남의 돈이라도 주머니에 돈 떨어지면 맥 빠진다. 재성이 시주에 있으면 말년에 부자이고, 결혼이 늦고 자식이 사업으로 성공한다.

❶ 天財

天財는 식신천지응통에 장생을 둔 암장재를 말한다. 자고 일어나면 재물에 마당에 눈처럼 쌓여간다.

己 戊 庚 己 곤
未 申 午 巳

무토일간이 사오미화국을 이루어 소유욕이 많고 화려함을 좋아한 이멜다사주이다. 화체수용이니 수는 운에서 용신이고 약신으로 작용하며 식신이 용신이니 신중임수편재가 진용신이다. 천지웅통한 경신금이 생지가 되어주면 재물이 넘친다.

❷ 飛財

비재는 암재가 있고 이를 비출하여 일간이 취하는 재물이다. 비출하여 취할 수 있는 것은 천간과 명암합이 되면 무한비출이 된다.

庚 壬 丙 乙 건
戌 戌 戌 未

술미중에 암재가 있고 이를 비출하여 취하는 재물이 세계적이다. 빌게이츠 사주이다.

乙 壬 辛 辛
巳 戌 丑 巳

암재가 술중정이 있는데, 이를 비출하여 취하니 남이 범하지 못할 재물이 바다처럼 마르지 않는다. 암재를 비출하여 취하는 것은 천간이 비합하면 재물로 들어온다. 삼성재벌의 사주이다.

❸ 眞財

간합합 일간의 재성이 되는 지장간합화기는 眞財가 된다. 가령, 丙일간이 丙辛合水하고 지지의 장간 戊癸 合火(戌子)를 보면 진재가 된다.

❹ 鬼財

일주의 납음오행에서 보아 간합화기 오행이 재성이 되는 것을 말한다. 辰戌丑未가 귀재이면 가수, 연예인, 화가, 감독으로 큰 재물을 얻는다. 가령, 일주의 납음오행이 금이고 정임합목이 있으면 귀재가 된다.

❺ 用財

용재는 용신운에 들어오는 재물은 쌓여가는 것을 말한다. 재물이 가격상승으로 부가 쌓인다.

丙 甲 甲 壬 건
寅 辰 辰 申

수명이니 병화는 편재이고 식신에 해당하니 부자사주이다. 木이 宗主이니 木體金用이고 申금이 용신이고 土는 희신이다. 신왕재왕하니 물려받은 유산의 가격폭등으로 己酉운에 큰 부자가 되었다.

❻ 類財殺

지지의 삼합이 財로 化하면 類財殺이라고 하며 名利가 풍부하다.

❼ 財會殺

財會殺이 있으면 처는 미모이고 의외의 큰 재물을 얻을 수 있지만 財多하면 오히려 자신이나 妻가 비명횡사한다.

庚 乙 庚 乙 건
午 未 辰 巳

금이 종주이니 금체화용으로 午화가 용신이다. 금명이 을미가 있어 재회살을 만났다. 년지 火命이면 辛丑, 금명이면 乙未, 수명이면 丙戌, 목명이면 戊辰이 해당한다. 재가 기신이니 재회살이 동하여 건강이 좋지 않아 승려로 출가했다.

재물의 유인력이 가장 강한 것부터 순서를 매긴다면, 재성, 관성, 인성, 식상, 비겁이다. 투간된 육신을 근묘화실로 본다. 천간은 氣이고, 지지는 質에 해당하는데, 손에 실질적으로 잡히는 것은 質이다. 실질적인 富貴는 地支로 결정된다. 富의 문제는 식상과 재성의 구조가 결정짓고, 貴의 문제는 관성과 인성의 구조로 결정짓는다. 지이적 측면은 人德과 主體性의 문제로 비겁의 구조로 결정한다.

① 財星

재성이 천간으로 투간되면 실용주의에 해당한다. 이러한 사람은 자신이 속한 사회에서 누구보다도 물질적으로 풍요롭기를 염원하고 또 그렇게 되기 위해서 행동한다. 인생관은 '한 번 사는 인생 즐겁게 살자' 이다.

한마디로 인생을 즐기려면 부족하지 않을 만큼 돈이 있어야 한다. 돈을 많기 벌기 위해서는 현실적 기회를 작 포착해야 되고, 대인관계가 넓어야 되고, 자기 계발을 통해서 능력을 쌓아야 된다.

돈에 대한 강한 집념과 집착으로 인해서 친구간의 의리, 윤리와 도덕, 체면과 명분보다도 실리적인 이익을 우선한다. 그로인해 현실에서 돈을 벌 수 있는 기회와 능력, 남과의 경쟁력이 매우 높다.

❶ 金錢形 財星

지지에 재성이 왕신으로 있으면 현실에서 돈 벌 가능성이 가장 높다. 평생을 함께 해온 친구라도 자기의 이익을 위해서는 하루아침에 등 돌릴 수 있는 뻔뻔함을 가지고 있다. 남의 이목에 신경쓰지 않고, 명분과 체면 때문에 주저하지 않고, 배려와 양보를 하느라고 손해를 보지 않기 때문이다.

지지에 재성인 사람은 태어날 때부터 계산기를 손에 쥐고서 나왔다고 해도 과언이 아니다. 여럿이서 같은 장소에 가서 똑같은 구경을 하더라도 본능적으로 돈 냄새를 잘 맡는다. 친구들이 경치에 취해있는 동안 무의식 재성은 눈에 보이는 것이 다 사업 아이템인 것이다.

한마디로 돈에 대해서는 민감한 동물적인 본능의 소유자다. 그러다보니 자기에게 이익이 될 만한 사람들과의 교제에도 많은 공을 들인다. 세속적인 관점에서 대인관계가 매우 넓고 다양하다. 남녀노소를 가리지 않기 때문이다. 돈의 뿌리는 인맥이라는 것을 누구보다도 경험상으로 잘 알고 있다.

위와 같은 성향 때문에 비록 겉으로는 풍요롭고 화려한 삶을 살아가기에 남들에게 부러움의 대상이 될 수 있지만 정작 본인 자신은 정신적 공허감을 느끼며 삶의 만족도는 떨어진다. 진정한 행복감을 느낄 마음의 여유가 없기 때문이다. 늘 뭔가에 쫓기듯이 긴장된 상태로 오직 돈을 향해서만 달려드는 불나방 같은 운명이다.

❷ 利己形 財星加官星

지지에 재성관성이 왕신으로 있으면 남보다 더 많은, 남보다 더 높은, 남보다 더 빠른 부귀영화를 추구한다. 재성은 오직 재물이라는 하나의 목표를 정하고 그것에만 집중하지만, 재성관성은 돈을 쫓으면서도 명예적인 부분까지 함께 생각하기 때문에 유인력이 약하다. 재성관성은 한 번 정도는 양보하는 척이라도 하기 때문이다.

세상물정에 밝아 위계적인 사회에서 누구보다도 성실하게 살아가므로 상사의 눈에 들지 않을 수 없다. 처세술 또한 뛰어나다. 세상이 무엇을 원하는지, 조직이 자기에게 어떠한 태도를 원하는지에 대해 감각적으로 파악이 다 된 상태이므로 세상과 조직의 요구에 바로바로 부응할 준비가 되어 있다.

늘 더 많이, 더 빨리, 더 높이 라는 강박관념과 스트레스에서 벗어날 수가 없다. 이런 사람을 가장으로 둔 가족이라면 주위에서 부러움의 대상이다. 그러나 본인은 숨이 막힐 것 같은 답답함을 느낀다. 처자식을 위해서 더 능력 있는 남편이 되어야 하고, 돈을 더 잘 버는 아버지가 되어야 하기 때문이다

❸ 實用形 財星加食傷

지지에 식상재성이 왕신인 사람은 자신이 살고 있는 현실, 자기가 일하고 있는 현장, 자기에게 주어진 조건 안에서 최대한의 적극성을 발휘하여 실제적 이익을 창출한다.

식상이란 내재된 자신의 능력을 밖으로 표출한다는 면에서는 돈을 벌 기회를 많이 만들 수 있기에 상당히 긍정적이지만, 또 다른 한편으로는

냉철한 현실 판단력은 그리 높지 않다. 식상은 이상주의에서 현실주의로 넘어오는 중간 단계에 해당되기 때문이다.

식상은 책략가적 기질이 다분하므로 온갖 아이디어를 짜 내어서 돈만 벌 수 있다면 피도 눈물도 없이 불도저처럼 상대를 몰아붙일 수 있다. 식상재성인 사람이 사업을 한다면 첨단의 신기술과 아이디어를 개발하여 사업에 도전하는 기술집약형 사업을 하려고 한다. 말 그대로 벤처사업가 기질이 차고 넘치는 것이다.

❹ 道德形 財星加印星

지지에 재성과 인성이 공존하면 상반된 두 성향이 동시에 존재한다. 재성이 존재하기에 남보다 많이 가지고 즐겁게 살면서도 동시에 인성도 존재하므로 도덕적인 갈등을 하면서 한평생을 살아가게 된다. 돈을 벌기 위해서라면 수단과 방법을 가리지 않고 적극적으로 행동하다가도 남들의 이목과 평판을 의식해서 제멋대로 행동하지 못하고, 변화무쌍한 감정을 표출하면서 쾌락과 유희를 쫓다가도 이성 있는 인간으로서 정신적 안정을 지향하게 되고, 개인적인 즐거움과 자신의 이익을 우선시하다가도 이해와 인내를 중요시하여 배려와 양보를 하기도 한다.

내적갈등으로 인해서 돈에 대한 집중도가 떨어지고 스스로가 흔들리다 보니, 돈 벌 기회가 찾아와도 덥석 잡지를 못하고 시간을 지체하게 될 우려가 크고, 주변사람들이 투자를 하고 싶어도 이 사람 자체가 뭔가 확신이 없어 보이니 큰돈을 내어놓고 투자하기가 꺼려지게 된다.

❺ 物質形 財星加比劫

지지에 비겁과 재성이 동시에 공존하므로 돈을 벌고자 하는 집착과 현실에서 개인적인 즐거움을 취하고자 하는 집념이 강하나 비겁이 함께 있어서 그러한 집착과 집념이 희석된다.

비겁은 인간성 좋고, 욕심이 없으므로 마음씨 좋은 사람처럼 보인다. 비겁의 이러한 성향의 근저에는 자신의 대외적 이미지를 중시하자는 계산이 암암리에 깔려있다. 내가 탐욕스럽게 행동을 한다면 사람 좋다는 소리를 듣는 나의 이미지에 먹칠을 한다고 생각하기 때문이다.

비겁은 자신이 속한 곳에서 일하지 않고 한가하고 느긋한 생활을 하고자 한다. 그러기 위해서는 물질적으로 모자람이 없는 삶이 어느 정도는 뒷받침되어야 한다. 돈을 벌기 위해서 몸과 마음을 다해 애쓰다가도 갑자기 번 돈을 한꺼번에 다 써버린다. 즉 정신적 가치를 위해서 써 버릴 돈이 필요하다.

비겁과 재성이 공존하면 사람들에게 인색해져서 죽을둥살둥 돈에만 집착하다가도 느닷없이 남들에게 베풀고 남김없이 퍼줄 것처럼 행동한다. 이성적인 판단을 하다가도 갑자기 감정이 폭발한다. 이로 인해서 변덕스럽고 예상하기 어려운 행동은 많은 사람들을 헷갈리게 하지만 가장 괴로운 것은 본인 자신이다.

② 官星

관성이 천간으로 투간되면 성공지향적이다. 자신이 속한 사회에서 누구보다 영향력 있는 위치에 올라야 하며, 항상 현재보다 나은 내일을 위해 살아야 한다. 그 누구보다 배우자와 자식을 우선시하며, 사적인 관계보다는 공적인 관계가 앞선다. 그래서 개인주의적인 성향과 출세주의적 성향 그리고 경쟁적인 성향을 많이 지니고 있다.

실력으로 당당히 남과의 경쟁에서 이겨 부귀를 차지하겠다는 의식이다. 그러기 위해선 배려심이나 양보심, 순수한 인간성, 공동체 정신, 이상주의적 자세 등을 우선시하기 보다는 생명이 다하는 날까지 남 보다 더 뛰어난 사람이 되고자 한다.

❶ 權力形 官星

관성은 조직에 대한 충성도가 가장 높다. 천간의 관성은 합리적인 충성이면, 지지의 관성은 맹목적인 충성이다. 지지의 관성은 상하관계가 명백한 수직적 계층구조 사회 안에서 남들에게 무시당하지 않기 위하여 더 높이 오르고자 한다. 나름 성실한 노력을 통하여 자신을 채찍질해가면서 권력의 정점에 도달하고자 한다.

지지의 관성은 윗사람들이 보기에 참으로 성실하고, 모범적이고 충직한 부하직원이다. 그래서 인사고과를 매길 때에도 높은 점수를 주게 된다. 당연히 직장 안에서 승진도 빠르고 그에 따라 연봉도 오르고, 모든 처우와 조건들이 상승하게 된다. 오로지 상명하복의 정신으로 충직하게 일하다보니 돈이 저절로 따라 오는 형국이다.

오로지 한 길만을 고집하며 남보다 더 높은 위치에 오르고자 하는 사람이다. 순수한 인정과 개방된 사고와는 거리가 멀기에 독자적으로 사업을 하는 것은 맞지 않는다. 오직 상명하복이 요구되는 조직 안에 있을 때만이 돈과 명예를 온전히 얻을 수 있는 유형이다.

❷ 儒教形 官星加印星

지지에 관성과 인성이 공존하면 사회적 규범과 전통을 중시하는 보수주의자이다. 사회의 위계질서와 제도권 안에서 출세하여 남들에게 인정받는 삶을 희구한다. 그래서 남들이 보기에 폼이 나는 직업에 종사하고자 한다. 소위 말해서 의사, 검사, 판사, 고급공무원, 교수, 대기업, 공기업 등 안정적이고 체면이 서는 직업을 좋아한다.

사회적으로 볼 때 안정적인 직업에 종사하고자 하고, 남보다 더 높은 신분을 인정받을 수 있는 위치에 오르려함으로 인해서 최소한 중류층 이상의 삶은 보장받게 된다. 평생 철밥 그릇은 확보한 셈이기에 경제적 굴곡이 크지 않다.

사회가 요구하는 완벽한 스펙을 갖추려 성실하게 노력한다. 남들이 나를 어떻게 판단하고 평가하는지에 대해서 상당히 예민하게 반응하므로 자신의 이미지에 손상이 가지 않도록 예의와 도덕을 잘 지킨다.

돈을 버는데 있어서 적극적으로 행동하지 못하기 때문이다. 곧 죽어도 양반이라는 식의 체면을 중시하기에 지나치게 돈만 밝히는 언행을 한다면 남들에게 손가락질 받을까봐 두려워하기 때문이다.

불필요한 명분에 집착하게 되고, 좋은 기회가 찾아와도 남들의 시선을 의식하느라 하지 않아도 될 고민을 해서 중요한 타이밍을 놓쳐버리기도 한다.

남들에게 싫은 소리를 제대로 하지 못한다. 왜냐하면 남에게 나쁜 사람이라는 소리를 들을까봐 전전긍긍하기 때문이다. 늘 남의 눈을 통해서 자신의 행위를 한정지으므로 스트레스가 이만저만이 아니다.

❸ 身分形 官星加比劫,

지지에 관성과 비겁이 공존하면 현실에서 맡은 바 책임을 다하여 남보다 더 높이 출세하자는 욕구가 강하면서, 비겁의 영향으로 두루두루 어울려서 함께 잘 살자는 공동체를 지향하는 성향도 존재한다.

관성의 영향으로 세상을 수직적 계층구조로 파악하기에 남 보다 더 좋은 학교, 더 좋은 회사, 더 높은 직급을 향해서 달려간다. 남과의 경쟁에서 뒤떨어지지 않기 위해 자기 계발을 통해 능력을 쌓아가는 것이다.

비겁은 세상을 수평적 계층구조로 파악하려는 성향도 갖추고 있기에 남과의 경쟁의식이 떨어지고 현실에서 개인적 즐거움과 세속적 성공에 대한 집착의 정도가 상당히 약해진다. “인생은 빈손으로 왔다가 빈손으로 가는 것이다. 아등바등 살 필가 없다.”

자신의 사회적 신분이 우선 보장이 되는 것이 먼저이고, 그것을 버리고 취하고는 나중의 문제인 것이다. 관성과 비겁이 공존하면 사회적으로 볼 때 어느 정도의 수준은 유지가 된다는 의미이다. 비겁이 늘 공존하기에 어느 순간 세속적인 돈과 명예를 뒤로하고 자유로운 영혼이 되어서 자연을 벗 삼아 유유자적하게 살고 싶은 충동이 항상 잠재하고 있다.

❹ 權利形 官星加食傷

자신의 능력을 발휘하여 자유로운 업종을 선택해서 돈을 벌 것인가, 아니면 직장에 들어가서 합당한 대우를 받으면서 돈을 벌 것인가를 놓고 고민하는 형국이다.

식상과 관성이 공존하면 편리한 삶을 위해 기존의 법을 고치려 하다가도 한편으로는 전통을 고수하고자 하고, 상명하복식으로 살다가도 직장을 뛰쳐나가서 개인의 끼를 발휘하는 창조적인 일을 하고 싶어한다.

식상은 굳이 조직생활을 하려면 자기만의 권한과 책임이 있는 위치에서 자신만의 역량을 발휘하는 부서나 위치에서 일해야 한다. 관성은 기존의 관습과 규칙을 지키고, 전통과 규범을 수호하고자 한다면, 식상은 관성의 보호막 자체를 찢어버리고 광야를 향해 자유롭게 달려가고자 하는 것이다.

③ 印星

印星이 천간으로 투간되면 보수성향이다. 인성은 고상하며 품격 있는 생활을 추구한다. 전통과 관습을 받들고 예의와 위계질서를 잘 지킨다. 무엇보다 명분과 체면을 중시 여겨 남보다 높은 신분을 유지하는 삶을 살고 싶어 한다.

이러한 의식을 지니면 남과는 차원이 다른 삶을 살기위해서 돈이 필요하게 된다. 아무리 인격적으로 훌륭하고 흠잡을 데가 없다고 해도 돈이 부족하면 남과 차원이 다른 생활을 할 수가 없다. 그래서 돈이 있어야 하고 돈을 벌기 위해서 남과는 다른 노력을 기울여야 한다.

그러나 명분과 체면을 중시하는 탓에 돈을 벌기 위해 무슨 일이든 할 수 있는 타입은 아니다. 그래서 선택한 것이 학문적으로 우위에 서거나 도덕적으로 존경을 받는 위치에 올라서는 것이다.

❶ 安定形 印星

인성은 자신의 신분 안정을 최고로 우선시하여 사회적 평판, 타인의 시선, 남들의 평가에 대해 매우 민감하다. 자신은 점잖은 양반이라고 생각하므로 남들에게 나쁜 소리를 듣게 되어서 자신의 고상한 이미지에 손상이 가지 않을까 전전긍긍하므 행동을 함에 있어서 신중에 신중을 기한다.

과감한 투자, 신속한 결단, 창의적 혁신성은 인성과는 거리가 멀다. 인성은 모든 조건이 갖추어지고, 안정망이 확보되고, 사회적으로 검증을 거치고, 사람들에게 인정을 받게 된 이후에야 비로소 움직이기 시작하여 자신의 돈을 투자할 수 있다.

인성은 참고 견디는데 있어서는 누구보다도 뛰어나다. 남보다 더 평화롭게 살고자 노력하며 매사를 인내하며 도덕적이고 안정적으로 살고자 한다. 참을성이 강한 인성은 돈이 없어서 초래되는 불편한 현실과 고통스런 날들을 근엄한 자세로 꾸역꾸역 견뎌낼 수 있다.

인성은 곧 죽어도 양반인 것이다. 남들에게 인격적으로 인정을 받기 위해 전통과 윤리를 존중하고 이해타산을 따지기 보다는 양심적인 모습으로 살아가고자 한다.

인성이 돈을 벌기 위해서는 공부를 많이 하여 학자가 되거나, 연구직의 길을 가거나, 직장에서 관리직 분야에 종사하거나, 임대사업 등을 통해 안정적으로 수입을 버는 것이 좋다.

❷ 名分形 印星加食傷

인성은 생각을 우선시하고, 식상은 행동을 우선시한다. 이러한 상반된 두 성향이 무의식에 공존하고 있는 것이다. 조심스레 생각만 하다가 인생을 끝낼 것인가, 아니면 과감하게 행동으로 옮길 것인가를 두고 대의명분 때문에 평생 갈등을 하게 된다.

자신의 대의명분 이라는 목적을 위해서 타인의 말을 수용하고 사려 깊게 행동하는 신중한 사람이다가도 갑자기 돌발적인 행동을 하여 이성이 아닌 감정에 따라서 튀는 행동을 하기도 한다. 또한 논리적으로 상대를 설득하다가도 본능적인 자신의 직감에 따르라는 독선적인 모습으로 변모하기도 한다.

인성과 식상이 공존하면 돈을 버는데 있어서 아무래도 불리하다. 윤리도덕을 따지자는 인성, 기존질서를 거부하자는 식상. 분명 돈을 버는데 있어서 실용적이지는 못하다.

❸ 利他形 印星加比劫

인성과 비겁이 공존하면 무엇보다 남들에게 싫은 소리를 못하기 때문에 주위 사람들에게 이용을 당할 가능성이 높다. 사람은 착한데 현실적인 이해관계를 다퉈야 할 때에는 바보 같다는 소리를 듣게 되는 경우가 많다.

21세기 자본주의사회에서 돈을 벌려면 무엇보다도 남의 이목과 평판, 그리고 의리와 인간다움에 너무 연연해서는 안 된다. 개인적인 성공과 출세, 그에 따른 개인적인 즐거움과 실제적인 이익을 먼저 생각해야 한다. 세상의 중심이 나 라는 생각으로 현실을 살아가야만 돈을 벌수 있는 가능성이 높은 것이다.

오직 돈을 벌 가능성만을 놓고 보았을 때, 우리가 살고 있는 현실에서는 주위 사람들을 배려하고 자신의 이익을 양보하는 착한 사람보다는 법과 원칙을 준수하기 보다는 자신의 즐거움이 우선인 이기적인 사람이 부자가 될 가능성이 높다.

인성과 비겁이 공존하면 이타형이기 때문에 자신과 가족의 이익과 즐거움 보다는 남의 이익과 즐거움을 우선한다. 이런 사람이 한 가정의 가장이라면 경제적인 관점에서 보았을 때 무능한 남편, 무능한 아버지일 뿐이다.

자신은 깨끗하고 고고한 이미지를 연출하면서 세상을 살아갈 수 있겠지만 그로인해서 가족들이 받는 현실적 고통은 어찌할 것인가. 정작 자신의 가족은 가난에 시달리면서 지쳐 가는데 남들의 어려움을 먼저 생각하는 가장을 과연 어떻게 평가해야 할 것인가.

인성과 비겁이 공존하면 친절하고 예의바른 사람이다. 사회적 약자에 대한 배려와 어려운 이웃에 대한 동정심이 무척이나 크다. 경제적 관점이 아닌 순수한 인간적인 관점에서 본다면 최고의 위치를 차지할 것이다.

④ **食傷**

食傷이 천간으로 투간되면 진보성향이다. 개혁적이고 개방적이다. 기존의 법과 규칙에 얽매이지 않는다. 신분의 높고 낮음, 재산의 많고 적음, 배움의 깊고 얕음에 따라서 사람을 차별하지 않는다. 한마디로 고리타분하지 않은 쿨한 성격의 사람이다.

어딘가 매이지 않고, 소유하려 하지 않기에 희생과 봉사정신도 강하다. 기존의 틀을 바꾸고 부수어서 인간의 편리함을 도모하고, 기존의 관습을 철폐하여 인간이 존중받는 사회를 꿈꾸는 개혁가이다.

돈에 대한 애착이 크지 않다보니 물질적 차원에서 경쟁력이 높지 않. 단지 자신의 계획과 꿈, 그리고 야망을 실현시키기 위해서 목적이 아닌 수단으로서 돈이 필요할 뿐이다. 자기 자신보다 남을 위하는 삶을 추구하기 때문에 그러한 것을 현실에서 이루기 위해서 돈이라는 수단이 필요하다고 생각한다.

❶ **冒險形 食傷,**

식상은 자기가 처한 현실에 안주하지 않고 항상 새로운 것을 모색하는 특성이 강하다. 상식적인 삶을 거부하고 남들이 생각하지 못한 기발한 아이디어를 가지고 창조적인 삶을 지향한다.

❷ **本能形 食傷加比劫**

식상과 비겁이 공존하면 자유와 평등을 무엇보다도 중요시한다. 개혁을 통하여 신분철폐를 실천하는 본능형이다. 본능형은 남에게 간섭받거나 구속당하는 것을 극도로 싫어한다. 직장과 가정이라는 울타리 안에 갇히는 것도 체질적으로 몹시 버거워한다.

비겁과 식상이 공존하면 조직에 속하기 보다는 자신의 재능과 끼를 살려서 혼자 일할 수 있는 전문직종이나 기능직에 종사하는 것이 본인의 발전을 위해서 좋다. 무엇보다도 정신과 신체의 건강을 중시하며, 세속적 가치보다는 사람을 우선순위에 두므로 사회적 부귀영화는 그다음 문제이다.

비겁과 식상이 공존하면 남의 이목과 사회적 평판에 그다지 신경을 쓰지 않으므로 자유로운 창의적 인간이라고 말할 수도 있겠지만 사회적 질서와 조직의 규범 안에서 남들과 융화하고 윗사람에게는 고개도 숙이면서 세상의 흐름에 맞춰나가려는 관습적 규범의식이 약하다. 이러한 성향 때문에 세상 속에서 돈을 벌기가 만만치 않다.

⑤ 比劫

비겁이 천간으로 투간되면 義理形 比劫으로 박애주의이다. 의리와 우정을 중요시한다. 재물이 많고 적음, 지위의 높고 낮음에 차별을 두지 않고 두루두루 모든 인간을 사랑한다. 참으로 마음씨 좋은 아저씨, 아줌마이다. 그로인해서 자신의 실속을 영악하게 챙기지를 못한다.

비겁은 마음과 몸의 건강을 중요시한다. 순수한 정신과 깨끗한 몸을 유지하면서 유유자적하면서 살고자 한다. 바쁘게 돌아가는 세상 속에서 각박하게 살고 싶어 하지 않는다. 비록 도시에서 직장생활을 하더라도 늘 마음 한 구석에는 귀농, 귀촌을 꿈꾼다. 그래서 주말마다 산과 들로 자연을 만끽하기 위해서 여행하는 것을 좋아한다.

돈이 안 되는 일만 골라서 하는 친구들끼리 뭉칠 가능성이 많기 때문이다. 따라서 현실감각에 뒤쳐져서 경쟁사회에서 점차 멀어질 수가 있다.

비겁은 이익을 앞에 두고 자신만의 안위를 생각하지 않는다. 이기적이지 않고 이타적인 성향을 가지고 있기에 혼자만 잘 살자는 것이 아니라 너와 나가 함께 잘 살자는 공동체주의를 지향한다.

개인의 부귀영화보다는 모두가 함께 나누는 이상주의를 꿈꾸는 것이다. 그러다보니 돈을 앞에 두고 양보심을 발휘하고 의리에도 강한 모습을 보인다. 형이하학적인 물질적 삶이 아닌 형이상학적인 정신적 삶을 추구하며 살아가는 것이다.

비겁은 가족들 중에 경제적으로 어려운 사람이 있으면 기꺼이 도와주고자 한다. 친구간에도 마찬가지다. 보증을 서 달라는 친구의 부탁을 냉정하게 거절하지 못한다. 비겁은 순수한 인간성을 지녔기에 비록 자신이 경제적으로 손해를 볼지라도 가족이나 친구들과의 의리와 우정을 저버릴 수 없는 것이다.

정신력의 강도와 밀도의 차원에서 본다면 비겁은 식상, 재성, 관성, 인성 보다도 월등히 높은 수준을 지니고 있다. 한마디로 말해서 그릇의 크기가 광대하고 심원하다. 그런데 이렇게 정신력의 수준이 높은 비겁이 돈 앞에서는 왜 그리 파란이 많은 것일까.

비겁은 자신보다 약자의 눈물에 무척이나 약하다. 비겁의 내면에는 늘 인간을 사랑하는 마음이 있기 때문에 불쌍한 사람들을 보면 그냥 지나치지 못한다. 함께 아파하고, 함께 눈물을 흘리며 그들을 도와서 함께 나아가고자 한다. 그것이 바로 인간된 도리라고 생각하기 때문이다.

비겁은 재물과 권력에 대한 욕심이 적고 정신과 신체의 건강을 우선시 한다. 이해득실을 따져서 탐욕스럽게 이익을 쟁취하기 보다는 사람으로서 지켜야할 도리와 우정을 중시하여 가족, 친구, 이웃들의 어려움을 해결하기 위해 발 벗고 나서는 것이다.

통변에 대한 구체적이고 상세한 내용은 다음 편에서 후술하기로 한다. 통변의 심화편에서 통변술의 고급테크닉과 원리가 공개될 것이다.

참고문헌

본서를 저술함에 참고한 논문 및 책의 원저자 및 편저자 諸賢들께 지면을 통해서나마 깊은 감사의 뜻을 전하고자 한다.

1. 서승 <연해자평평주> 대북 무릉출판유한공사, 1999
2. 만민영<삼명통회> 대북 무릉출판유한공사,1998
3. 심효첨 著, 서락오 평주 <자평진전평주> 대북 무릉출판유한공사 ,1999
4. 임철초 평주 <적천수천미> 대북 무릉출판유한공사,1999
5. 서락오 註 <궁통보감> 대북 무릉출판유한공사, 2001
6. 홍원식 譯 <황제내경소문> 전통문화연궁회, 1996
7. 김희경 역 <조선의 복점과 예언> 동문선,1991
8. 한동석 <우주변화의 원리> 대원출판사, 2013
9. 김상연 <컴퓨터 만세력> 갑을당, 1992
10. 야령 <팔방위 성명술> 성운사
11. 왕일명 著 <성명학개론 >서장인민 출판사
12. 김주홍 著 <신성명학철리> 평문사출판사
13. 정보국 著 <작명대전> 가람출판사
14. 박태섭 <주역을 읽으면 미래가 보인다> 선재, 1999
15. 김홍경 편역 <음양오행설의 연구> 신지서원, 1993
16. 이상규 <명리학원론> 명문당, 1994
17. 이은성 <역법의 원리분석> 정음사, 1985
18. 정현우 <신비의 운명학> 명문당, 1988
19. 신육천 <사주감정비결집> 갑을당, 2007
20. 유태현 <팔자소설>행림출판, 2013
21. 진열 <실용사주학개론> 울타리출판사, 1990
22. 임자평 <생활인을 위한 역술> 명문당, 1984
23. 최윤석 <사주보는 법> 동양서적, 1977

24. 윤제악 <사주신비의 연구> 한림원, 1988
25. 남궁상 <한국사주학보감> 역학사, 1982
26. 전태수 <방위학입문> 명문당, 1978
27. 김상연 <명> 갑을당, 2009
28. 이정근 <한의학과 사주팔자> 민족문화사, 1989
29. 강태호 <궁합론전서> 동양서적, 1986
30. 김우제 <사주자해> 대지문화사, 1971
31. 김의철 <사람팔자 알 수 있다> 피플뱅크, 1992
32. 심재열 <명리정종정해> 명문당, 1987
33. 박일우 <삼명통회> 명문당, 1978
34. 김우제 <적천수정해> 명문당, 2002
35. 김석진 <대산주역강해> 대유학당,1993
36. 김성진 <한국인의 사주팔자> 무궁화출판사,1991
37. 김용정 <과학과 철학> 범양사,1996
38. 김춘식 <오행생식요법> 도서출판 오행생식,1998
39. 김충렬 <중국철학사> 예문서원,1994
40. 김원희 <명리요론> 청관음양연구원,2001
41. 문재곤 <한대의 역학연구> 석사학위논문,1989
42. 박일우 <삼명통회> 명문당,1988
43. 박재완 <명리사전> 동양출판사,1978
44. 방건웅 한국정신과학 학술대회 논문집,2001
45. 백영관 <사주정설> 명문당,1983
46. 서우기 <황제내경 영추강의> 미래M&B,2002
47. 서자평 <연해자평> 대성출판사,1995
48. 성철재 한국정신과학회 학술대회 논문십,2000
49. 신상춘 <사주가 운명과 심리에 미치는 영향과 교육과의 관계>

세종대학교 교육대학원 석사학위 논문,1991
50. 신천호 <음양오행의 개론> 명문당 1992
51. 심경호 <주역철학사> 예문서원,1994
52. 심재열 <연해자평 정해> 명문당, 1993
53. 오홍근 한국정신과학 학술대회논문집, 2001
54. 이을호 <다산의 역학> 민음사,1993
55. 이석영 <사주첩경진결> 한국역학교육원,1996
56. 이명복 <체질을 알면 건강이 보인다> 대광출판사, 1993
57. 예광해 <적천수천미> 지남, 1998
58. 유태우 <운기본질 기본론> 음양맥진 출판사,1994
59. 윤태현 <경방역의 연구> 동국대학교 대학원 박사학위논문, 1999
60. 이세동 <주자의 주역본의 연구> 석사학위 논문,1995
61. 이선종 <사주로본 직업적성검사와의 관계> 석사학위논문, 1995
62. 이상백 <한글의 기원 : 훈민정음의 해설> 통문관, 1957
63. 이정근 <한의학과 명리학> 명문당, 1992
64. 이정래 <의역동원> 미원문화재단,1994
65. 장동순 <음양오해의 과학적 조명> 월간역학, 1999-2002
66. 전세일 한국정신과학회 논문집, 2001
67. 정창근 <주역을 통한 인체질병 예측연구> 한양대 석사학위논문,1996
68. 조헌영 <통속한의학개론> 학림사, 1983
69. 진 열 <사주핵심강의> 우리출판사,1995
70. 종의명 <사주와 한의학> 여강출판사, 1995
71. 최학림 <사주정해> 1,2 1994
72. 한동석 <우주변화의 원리> 행림출판사,1996
73. 홍원식 <황제내경 소문> 전통문화연구회, 2002
74. 홍역사상연구소, 주역과 수리. 물리학 ,2002

75. 궁통보감정해(최봉수 권백철 편역)
75. 곽신환 <주역의 자연과 인간에 관한 연구> 성균관대학교 박사논문1987
76. 위호선<중국 고대 음양오행설의 전개와 그 사상적 특성>
영대학교 석사학위논문 1994
77. 김문갑 <음양오행설의 기원과 형성에 관한 연구>
한남대학교 석사학위 논문,1996
78.정국용 <성격특성의 예측을 위한 사주명리학에 관한 연구>
동의대학교 박사학위 논문,2003
79. 강귀수 <전통과 훈민정음의 연구과제>, 공주사대 논문집 19, 1981
80. 강길운 <훈민정음 창제의 당초 목적에 대하여>, 국어국문학 55·56·57,1972
81. 강만길 <한글 창제의 역사적 의미> 창작과 비평 12.2, 통권 44호,1977
82. 강신항 <훈민정음해례 이론과 성리대전과의 관련성> 국어국문학 26. 1963
83. 박종갑 <사주추명학> 법문북스, 2014
84. 엄윤문 <명학비해> 동양서적 1984
85. 강진원 <역으로 보는 동양천문 이야기> 정신세계사, 2006
86. 강신주<회남자 황제내경> 김영사, 2007
87. 김교빈 <동양철학과 한의학> 아가넷, 2005
88. 김완희 <한의학 원론> 성보사, 1999
89. 김용섭 <회남자의 철학세계> 경산대출판부, 1997
90. 김영호 <명리학특강> 논형, 2008
91. 권일찬 <동양과학개론> 충북대출판부, 2010
92. 노병한 <음양오행사유체계론> 안암문화사, 2005
93. 류태우 <운기체질해설집> 음양맥진출판사, 1983
94. 박기성 김성호 공저 <오윤육기 음양오행통변보감> 남산당 1988
95. 박영배 김태희 편저 <운기의학> 성보사, 2005
96. 박용규 <입체음양오행> 태웅출판사, 2006

97. 배병철 <기초한의학> 성보사, 2000
98. 백남철 <오운육기학> 한림의학사, 1981
99. 사송령 <음양오행설의 연구> 신지서원, 1993
100. 신성수 <주역통해> 대학서림, 2005
101. 심재훈 <갑골문> 민음사, 1990
102. 양계초 <음양오행설의 연구> 신지서원,1993
103. 염정삼 <설문해자주> 서울대출판문화원, 2009
104. 이상엽 <명리정의> 아신, 2000
105. 인회하 <한의학기초이론> 우용출판사, 2009
106. 이준우 <명리정설> 명문당, 1985
107. 오상도 <인사명리> 역리원 2009
108. 윤찰렬 <황제내경소문> 주민출판사, 2003
109. 전창현 <한의학의 원류를 찾다> 청홍, 2008
110. 조성우 <역학원리와 명리강의> 명문당, 1994
111. 황무연 <한의학과 인체의 신비> 고려의학, 1993
112. 이해형 편역 <명리대전> 대지문화사, 1999

<저자소개>

성명 : 정단 李 旻 倉

학력 : 성균관대학교 대학원 사회복지학과 석사

경력 : 명리학 연구 및 상담 20년(주역, 명리학, 성명학, 기문명리 등)

(전) 보건복지부 서기관

(현) 사회복지사

(현) 사단법인 한국 역술인 협회 정회원, 사단법인 역리학회 정회원

(현) 정단철학원 대표(http://jdsaju.co.kr/)

(현) 카페 정단명리학회(http://cafe.daum.net/yongsinjo)

(현) 명리 강의 및 상담 중(연락처 : 010-5163-3593)

저서 : 명리학원론(명문당, 1994년), 종주명리(근간 예정) 외 다수

성명 : 朴 憲 九

학력 : 원광대학교 동양학대학원 박사

한국고전번역원 수료

논문 : 『滴天髓』 原文과 原註 飜譯(석사학위취득)

『滴天髓闡微』 中和論에 관한 연구(박사학위취득)

자격 : 한자교육진흥회 국가공인1급

한자교육진흥회 국가공인 사범

한자교육진흥회 한자·한문 3급 지도사

滴天髓定石 Ⅰ

초판 1쇄 2015년 8월 5일

지은이 **박 헌 구 · 이 민 창**

펴낸이 장석홍

펴낸곳 도서출판 장서원

주소 서울 용산구 남영동 7-1 (201호)

전화 703-5362 팩스 797-5362

등록 제 03-01213호

E-mail shjang1011@hanmail.net

정가 25000원

파손된 책은 바꿔드립니다.